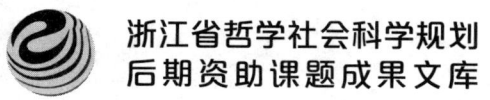

浙江省哲学社会科学规划
后期资助课题成果文库

浙江省社科规划后期资助重点项目（21HQZZ002Z）

# 浙江道教方志研究

王文章 ◎ 著

巴蜀书社

图书在版编目(CIP)数据

浙江道教方志研究/王文章著.—成都:巴蜀书社,2024.6
ISBN 978-7-5531-2112-3

Ⅰ.①浙… Ⅱ.①王… Ⅲ.①道教-地方志-研究-浙江 Ⅳ.①B959.2

中国国家版本馆 CIP 数据核字(2023)第 230453 号

# 浙江道教方志研究
ZHEJIANG DAOJIAO FANGZHI YANJIU

王文章 著

| | |
|---|---|
| 策划编辑 | 张照华 |
| 责任编辑 | 张照华 张红义 |
| 封面设计 | 木之雨 |
| 出　　版 | 巴蜀书社 |
| | (成都市锦江区三色路238号新华之星A座36楼 |
| | 邮编区号610023) |
| | 总编室电话:(028)86361843 |
| 网　　址 | http://www.bsbook.com |
| | 发行科电话:(028)86361856 |
| 经　　销 | 新华书店 |
| 照　　排 | 成都木之雨文化传播有限公司 |
| 印　　刷 | 四川宏丰印务有限公司(028)85726655　13689082673 |
| 成品尺寸 | 170mm×240mm |
| 印　　张 | 35.5 |
| 字　　数 | 750千 |
| 版　　次 | 2024年6月第1版 |
| 印　　次 | 2024年6月第1次印刷 |
| 书　　号 | ISBN 978-7-5531-2112-3 |
| 定　　价 | 180.00元 |

本书若出现印装品质问题,请与印刷厂联系

# 序

　　道教作为中国的本土宗教，其文学研究深受学人重视，涌现出一大批优秀的研究成果，如李长之、王梦鸥、柳存仁、饶宗颐、周勋初、罗宗强、刘守华、袁行霈、孙昌武、李丰楙、陈洪、萧登福、葛兆光、潘显一、詹石窗、张松辉、丁放、贾晋华、王汉民、黎志添、谢世维、蒋振华、赵益、苟波、陈引驰、吴光正、罗争鸣、倪彩霞、吴真、许蔚、白照杰、游佐昇、麦谷邦夫、金秀雄、深泽一幸、砂山稔、土屋昌明、太田辰夫、柯睿、柏夷、施舟人、劳格文、贺碧来、傅飞岚等中外学人的相关论著，便是其中的杰出代表。统观这些研究，或着重于道教经典的文学思想及其文本的文学性阐释，或聚焦于经典作家的修道生活及其对创作心态的影响，或集中于道教思想、仙道题材、道教人物形象在文学作品中的表现，或检讨道教文学、音乐、图像与道教仪式的互动，或检讨各道派教徒的各体文学作品及其教内外影响，林林总总，胜义纷呈，不胜枚举。不过，就道教文学文献的专题研究来说，却有一个领域尚未得到学界专门且全面深入的研讨，那就是道教方志的文学研究；而王文章博士在巴蜀书社出版的《浙江道教方志研究》，从一定意义讲，则有相当重要的补白之用。

　　文章君于2015年秋季进入福建师范大学文学院中国古代文学专业

随我攻读"宗教文化与中国文学"方向的博士学位。此前我招收的13位学生，全都是中国古典文献学专业的，毕业论文选题皆在佛教文献学或佛教文学领域，故文章君算是我指导的第一个中国古代文学专业的博士生（2014年，我承乏接替陈庆元师担任该博士点的负责人）。虽说"两古"专业相通之处甚多，但我的指导经验一片空白。当时我们商定的选题是"浙江近世道教方志研究"，这主要是考虑到此前文章君已对浙江地区的道教方志有所涉猎，既有点校道教方志的经验，又在《宗教学研究》《中国道教》《中国地方志》等刊物发表过多篇专题论文，基础较好。

此次出版的书稿，因作者充分吸收了匿名评审专家和答辩专家的合理化建议，又经过四年多的仔细打磨，故无论在材料的运用，还是对观点的提炼，乃至篇章结构的微调，相较答辩稿，都更趋科学合理。就个人再读后的感受，是书至少具有三方面的优点：

一是从道教"三洞十二部经"的经典文体分类出发，明确了道教方志在道经中的"纪传"性质，进而强调"道教方志研究理应同道教十二部经分类中的其他道典一样，成为道教研究的重要对象之一，而不仅仅是文献的来源"。而这种超越前贤的科学的价值预判，既为全书奠定了坚实的理论基础，又对其他后续研究者有良多启迪。

二是全方位检讨了浙江道教方志编纂、刊刻、收藏的历史文化语境，重点从法脉传承、宫观沿革、三教互动、宗教管理制度等层面阐释了浙江道教方志的宗教学研究价值。凡此，说明作者具有阔通的研究视域，故能从"专志"中挖掘出浙江道教方志的多重研究价值。

三是突出了文献、文学、文化三位一体的整体研究进路。冯国栋先生《"活的"文献：古典文献学新探》（载《中国社会科学》2020年第 11 期）一文指出："文本性、物质性、历史性与社会性是文献最重要的四个性质，古典文献学应该是对文献四方面性质的整体研究。纵向分析文献的历史性，横向揭示文献的社会性，将文献的内部研究与外部研究结合起来，或可尝试建立一种整体的'活的'文献研究。"其论颇富启发性，按我粗浅的理解，文章君对道教方志之"纪传"文体性质的判定以及对浙江道教方志的文学属性、文体风貌和文学思想的阐发，似可归入纵向的"内部研究"，而第四章"道教方志的文献辑补价值"、第五章"地方志对道教方志的辑补"，则似偏重于横向的"外部研究"，两者的结合，则基本上做到了"'活的'文献研究"。统观全书，则完全做到了文献、文学、文化三位一体的整体观照，尤其第三章"道教方志文学研究"是重中之重，突显了作者的专业特长。

当然，论文也有值得拓展之处，如对综合性地方志与宗教类专志的异同、浙江道教方志的独特性及其与江南其他道教方志的关联性等问题，似都可予以适当的介绍。不过，我本人对道教方志素无钻研，只是"篷窗窥天缥"（语出吴敬梓《文木山房集》卷三《腊月将之宣城留别蘧门》）的观感，写出供文章君一哂。

我与文章君，实属师友关系，并在学习工作中多有交叉重叠处，如：文章君于1999—2002年在浙江大学中文系师从沈松勤先生攻读硕士学位，我则于2000—2001年在浙江大学古籍研究所师从张涌泉先生做敦煌学的博士后；文章君于2011—2012年来文学院做陈庆元先生的访问学者，我则于2002—2005年在陈门做中古文献的博士后。虽然文章君受各种条件的限制而使其硕、博求学有13年的间距，但他的向学之心从未泯灭，能在教学课务繁重之时写出高水平的学位论文，令人钦佩，让人鼓舞。我想，只要学术初心犹在，专心致志地做一件自己喜爱的事，总会有所成就的。我也深信，文章君以浙江道教方志研究为起点，将来定然能完成江南或东南道教方志一类的系列研究，为道教文学研究奉献出更多的新成果。

李小荣

2023 年 10 月 19 日识于福州仓山梦枕堂

# 目录

绪　论　　　　　　　　　　　　　　　　　　　　　　001

## 第一章　道教方志的概貌　　　　　　　　　　　　　009
### 第一节　道教方志的概念及内涵的界定　　　　　　010
一、道教方志的内涵与外延　　　　　　　　　　　010
二、道教方志与《道藏》"三洞十二部经"文体分类的关系　　　　　　　　　　　　　　　　　　　017
### 第二节　道教方志编纂的历史语境　　　　　　　　025
一、浙江优越的经济条件为道教发展提供了土壤　　025
二、道教宫观的定位、分布与高道辈出　　　　　　038
### 第三节　道教方志的编纂、刊刻与收藏　　　　　　063
一、道教方志的编纂群体与编纂目的　　　　　　　064
二、道教方志的刊刻与收藏　　　　　　　　　　　079
三、浙江存世、存目道教方志统计　　　　　　　　090

| | | |
|---|---|---|
| **第二章** | **道教方志的宗教学价值** | 097 |
| 第一节 | 教派流传情况的记载 | 097 |
| | 一、记录道教法派的承传 | 098 |
| | 二、记录道教宫观的沿革 | 120 |
| 第二节 | 道教与儒、释二教互动关系的记载 | 135 |
| | 一、儒、道交往 | 136 |
| | 二、佛、道交往 | 153 |
| 第三节 | 道教方志的管理价值与文化价值 | 167 |
| | 一、宗教管理制度的存录 | 167 |
| | 二、官方崇祀与民间信仰的反映 | 181 |

| | | |
|---|---|---|
| **第三章** | **道教方志文学研究** | 195 |
| 第一节 | 道教方志的文学属性 | 196 |
| | 一、道教方志与史家方志在编纂观念上有所不同 | 196 |
| | 二、道教方志与史家方志在卷目设置上互有异同 | 202 |
| | 三、道教方志与史家方志在文学风貌上面目有别 | 209 |
| 第二节 | 道教方志文体概貌述论 | 220 |
| | 一、文体分类及作品辑录 | 220 |
| | 二、文体特点 | 233 |
| 第三节 | 道教方志艺文思想内容探微 | 298 |
| | 一、记录宫观沿革,演绎教派承传 | 299 |
| | 二、阐释教理玄道,论辩人情物理 | 304 |
| | 三、抒写交游之情,倡论隐逸之乐 | 312 |
| | 四、记叙灵踪法迹,描绘游仙体验 | 316 |
| | 五、描述宫观胜景,抒写游历感悟 | 324 |

**第四章** 道教方志的文献辑补价值　331

第一节　道教方志对史籍、方志的辑补价值　331

一、对《宋史》《元史》《明史》《清史稿》等正史
的增补　332

二、对《浙江通志》《西湖志》等地方志的辑补　345

第二节　道教方志对诗文作品集的辑补价值　363

一、对《全宋诗》等的辑补　363

二、对《全宋文》《全元文》等的辑补　395

第三节　对其他道教和佛教经籍的辑补　404

一、对其他道教经籍的辑补　404

二、对佛教经籍的辑补　410

**第五章** 地方志对道教方志的辑补　421

第一节　地方志对道教方志的辑补　424

一、对道教人物的辑补　424

二、对宫观沿革的辑补　433

三、对碑铭诗文的辑补　441

第二节　金石典籍对道教方志的辑补　457

一、金石典籍与地方志不同的编纂表现　458

二、金石典籍对道教方志的辑补　469

第三节　佛教方志对道教方志的辑补　493

一、佛教方志中道教方志文献的辑录情况　494

二、"释氏仙风，玄谈释理，不妨并志"的佛教方志
　519

结　论 543
主要参考文献 549
后　记 555

# 绪　论

　　道教方志是记录某一地域道教发展情况的文献，为地方志的重要门类之一，属于专志，内容涉及与道教发展相关的山水景观、人文胜迹、宫观祠宇、道教人物、灵异故事、宗派教义、管理制度、经济状况等众多方面。因其地方志的属性，某种意义上说，道教方志是诸多道教文献中关于道教发展情况最为清晰而可信的记录。基于此，广大道教研究者在研究中都十分重视对道教方志的利用，无论是寻绎道教源流，考订人物生平，探讨斋醮仪式，还是追索历史真相，推定教派发展等，莫不参稽取用。因其内容的庞杂性、征实性，道教方志在道教研究中对于问题发现、文献佐证等都有着举足轻重的作用和地位。

　　道教方志除却资料价值之外，其本身也是道教典籍之一。道教典籍传统分类一般以陆修静的三洞十二部经分类法为圭臬，明代编纂的《道藏》即将道教方志归于十二部经的记传类，与《列仙传》《道教灵验记》等记人物、记故事的传记同列；就这一层面来说，道教方志属于道经，其本身就应该是道教研究的重要对象，对其开展本体研究切实而必要。

　　学界对明《道藏》的研究相对而言较为全面而深入，海外众多道教学者已经开始将目光聚焦于《道藏》之外的道教典籍，但在众多研究成果中，关于道教方志研究的并不多。与之相对应，同属于记传类的人物传记、灵异故事类（如《穆天子传》《列仙传》《续仙传》《历世真仙体道通鉴》等）的道教典籍却颇受关注，成果丰硕。从中国知网文献相关检索结果来看，直接以道教记传类典籍为题的研究论文中，涉及《穆天子传》的有一百余篇，《列仙传》的有三十余篇，《历世真仙体道通鉴》的有十余篇，而与之相关的研究论文更是数量众多，足以显见道教人物传记和灵验故事在道教研究中受关注的程度。

"记传者，如道君本业，皇人往行之例是也。记，志也；传，传也。谓记志本业，传示学人。"① 记传类的本意即在于通过对道教名仙高道、灵踪异迹的记载，向修道者明示修行方向，坚定其从道决心。根据"十二部经"中"记传"文体的定义，道教方志似乎并不属其列，属性的模糊性，可能是道教研究界相对忽视道教方志研究的一个重要原因。如对于道教文学研究者而言，道教方志虽在《道藏》中被归入记传类，但其实并非文学研究的范畴，故而在讨论道教典籍十二部经中的记传类道经时，就会不自觉地将其或排除在外，或避而不谈，而将研究视角集中在仙传和灵异故事等文学特点比较显著的记传类道经上。

道教文体分类离不开具体的时代环境，明《道藏》既然将道教方志归入记传类，其用意可能是将道教方志与《列仙传》《道教灵验记》之类的道经视作同一类属。即道教方志是道教宫观祠庙或胜迹的传记（专传），重在为宫观存史、山林增重，为教派续统，为本教弘教，进而在儒、释、道三教争流中，维护道教的本体地位，其"记志本业，传示后人"的本旨是一致的。正如娄近垣所言："苟编志阙如，今东鲁

---

① （宋）张君房编，李永晟点校：《云笈七签》，中华书局，2003年，第106~107页。

圣裔独多志述之书，恐吾教之遗憾者，正复不少。"① 后之道教方志编纂者，甚至将道教方志视作信史，推至至高的地位。"省会郡邑之有志，志其大也。大则不及详，然邑较详于郡，郡较详于省，至山川殿宇，直志中之一耳。若《水经》《山海经》，而后如华阳、匡庐、武夷之属皆以山水志，而近则灵隐、丹霞诸寺亦有志，茅山、武当、洞霄诸道观亦有志，则又详于邑矣。大要专则详，兼则略，而不以不信者乱信，斯与信史等。"② 因而，道教方志研究理应同道教十二部经分类中的其他道典一样，成为道教研究的重要对象之一，而不仅仅是文献的来源。

道教方志本体及其相关的研究相对薄弱。如道教方志整体性研究成果中，较具代表性或相关参考价值的著作有：张勇的硕士论文《明代道教方志研究》（山东大学，2013 年）、张全晓的博士论文《明代武当山志研究》（华中师范大学，2011 年）、张群的博士论文《南岳山志研究》（武汉大学，2013 年）、苑秀丽与刘怀荣的《崂山道教与〈崂山志〉研究》③ 和刘永海的《元代道教史籍研究》④。张勇的论文虽然以道教方志整体性研究为对象，但以一篇硕士论文驾驭整个明代的道教方志未免力不从心，其论证多数只能是浮光掠影，浅尝辄止，难以深入透彻。张全晓、张群、刘怀荣和苑秀丽的研究对象名为山志，而非道教方志，所以还需加以区别对待。山志一般分地理类专志、道教山志和佛教山志三种类型。张全晓《明代武当山志研究》和张群的《南

---

① 胡道静、陈耀庭、段文桂等主编：《藏外道书（第一九册）》，巴蜀书社，1994年，第 422 页。
② 四库全书存目编纂委员会编：《四库全书存目丛书（史部第二四六册）》，齐鲁书社，1996 年，第 409 页上。
③ 苑秀丽、刘怀荣：《崂山道教与〈崂山志〉研究》，中国社会科学出版社，2011 年。
④ 刘永海：《元代道教史籍研究》，人民出版社，2010 年。

岳山志研究》实际上是基于山志的整体性研究成果，以历代编修的山志为基点，考察山志的发展历程、编纂和刊刻情况，探查的山岳文化以及山志的文献价值、学术价值等。明代武当山为道教名山，期间纂修的四部重要官修山志（任自垣的《敕建大岳太和山志》、方升的《大岳志略》、王佐的《大岳太和山志》、凌云翼的《大岳太和山志》）虽名为山志，然均以弘扬武当道教为重要意旨，故可归于道教方志研究的范畴，张全晓的论文也基本上由之可以归入道教方志整体性研究的成果。南岳衡山并非道教独尊之名山，其历修山志中既有地理类山志，也有佛寺志和道观志，故张群的《南岳山志研究》只可归入山志类研究成果。苑秀丽、刘怀荣的《崂山道教与〈崂山志〉研究》分上下二编，上编为崂山道教研究，下编为《崂山志》研究。其崂山道教研究并非以《崂山志》为出发点，因而整体而言尚不能算作纯正的道教方志研究。刘永海的《元代道教史籍研究》研究对象包括道教典籍十二部经分类中的谱录和记传两大类，如《长春真人西游记》《玄元十子图》等，道教方志只是其中一部分，故而并不是以道教方志为主的研究。此外，就地域而言，现有的道教方志整体性研究成果基本上是局限在某一名山，其研究视域还可以更加开阔一些。比如，以省份或更广地域中的道教方志为研究对象开展研究，对于发现道教方志的编纂规律与特点，探讨其宗教学、史学和文学价值等来说无疑更为宏通，更有代表性。

因其地方志的属性，学界多是从史学、文化学或宗教学的角度出发，对道教方志开展相关研究。其实，道教方志除了史学、宗教学、文献学、民俗学等价值之外，文学价值也是一个不容忽视的层面。道教方志中收录有大量的诗文题记，一些道教方志甚至完全以记录文学作品为要，如《洞霄诗集》《琼花题咏全集》等。道教方志的作者群十分广泛，涵盖帝王将相、知名作家、高僧名道、普通官员和乡贤士绅等，所录诗文题记不仅具有较高的校勘和辑佚价值，对于全面考察古代文学创作情况也有着重要的意义。另一方面，道教方志的文体编排是基于时代通行的文体分类观念，是中国古代文体的重要组成部分，对道教方志文体分类进行历时性考察对于研究中国古代文体发展、演变同样有着重要的意义。如元代不著撰人《天台山志》中尚只有辩、赋、碑、诗、记、铭六种文体，清代娄近垣的《重修龙虎山志》在文体编排上则分为纶言（制诰）、语录、碑文、诗歌、记、书、序、表、赋、铭、赞、跋计12种文体，明显趋于细密，反映出道教文献在文体分类和编排上的发展。以道教方志整体性研究为出发点，关注道教方志中的文学作品研究，考察道教方志的文体分类情况，对于拓展中国古代文学研究领域是十分有意义的。

浙江在中国道教史上居于重要地位，堪称道教大省。对此，浙江大学孔令宏教授在《浙江道教史（自序）》[①]中归结了六点原因：其一，洞天福地，仙境广布。如杜光庭《洞天福地岳渎名山记》中列出的道教十大洞天（浙江3处，委羽山洞、赤城山洞、括苍山洞）、三十六小洞天（浙江9处，四明山洞、会稽山洞、华盖山洞等）和七十二福地（浙江18处，盖竹山、仙磕山、东仙源等），浙江总占比达四分之一。其二，道派林立，传播活跃。如茅山宗、神霄派在浙江的传播等。其三，高道辈出，人才济济。如叶法善、杜光庭、张伯端等高道。其四，著述宏富，异彩纷呈。如闵一得的《金盖心灯》《天仙心传》等道教著作。其五，影响深远，价值重大。如道教对浙东学派大家吕祖谦、叶适、陈亮、王阳明等的影响。其六，道士云集，信徒众多。如

---

① 孔令宏、韩松涛、王巧玲：《浙江道教史》，中国社会科学出版社，2015年，第1～5页。

现今浙江宫观林立，全真、正一道士人数占大陆地区总数的五分之一左右等。

与浙江道教发展相对应，浙江的存世道教方志也是数量众多，在全国居于领先地位。如广陵书社编《中国道观志丛刊》《中国道观志丛刊续编》共收录道观志 98 部，其中浙江就有 25 部，是存录道观志最多的省份。浙江的地方志资源也是非常丰富的，其中有大量的关于古代佛道教发展的文献记载。如何建明等主持编纂的大型丛书《中国地方志佛道教文献汇纂》①共收录方志总计 6813 种（含合集），其中浙江就有 581 种（不含合集）。该丛书以"人物""寺观""诗文碑刻"分卷，人物卷共计 133 册，其中浙江分册为 19 册；寺观卷共计 408 册，其中浙江分册为 62 册；诗文碑刻卷共计 498 册，其中浙江分册为 82 册。在全部 1039 册中，浙江佛道教文献分册就有 163 册，占比近 15%，足以显见浙江佛道教文献的丰富性。②

近古（宋元明清）是道教方志的发展高峰期，以近古浙江道教方志为研究对象，通过对近古浙江道教方志的系统爬梳和整体观照，考察浙江道教方志在不同历史时期的主要内容与特点，对于揭示浙江道教发展情况、道教方志的编纂规律与特点，理清道教方志与方志学、文学间的关系，发掘道教方志的宗教学、文献学价值，进而考察、透视中国古代道教发展的状况和规律等无疑有着重要的意义。

本书即尝试以近古为断代③，对浙江道教方志进行系统研究和整

---

① 何建明主编：《中国地方志佛道教文献汇纂》，国家图书馆出版社，2013 年。

② 地方志辑录佛道教文献经常是佛道、寺观并称，虽然《中国地方志佛道教文献汇纂》所录佛道教文献大多数为佛教文献，但册数占比还是能反映出各省间道教文献的大致比重。

③ 浙江存世道教方志主要集中在宋元明清四代，此以近古为断代开展研究，就研究对象而言已具备充分的代表性，足以发现浙江道教方志的特点和发展规律，故下文所论道教方志的时代性俱限定于此，不再另作说明。

体观照。通过对浙江道教方志的爬梳，参以浙江政治、经济、刻书、藏书等状况分析，对浙江道教方志的编纂者、编纂原因、编纂目的、刊行方式、收藏环境等外部条件进行系统考察，继而对道教方志本体的内容、体例、特色等进行分析，以揭示浙江道教方志的历时性发展情况，发掘其宗教学、文学和文献学价值。

# 第一章
# 道教方志的概貌

　　浙江道教方志存世数量众多，在中国存世道教方志中占有极大的比重，以广陵书社《中国道观志丛刊》[①]《中国道观志丛刊续编》[②] 为例，前者共收录道观志 50 种，其中浙江 15 种，后者共收录道观志 48 种，其中浙江 10 种，即在已刊全国 98 种道观志中浙地道观志居然有 25 种，占四分之一强[③]。浙江道教方志存世数量众多自非偶然，它与浙江特殊的地理环境、宗教生态、浙江道教的发展、经济的繁盛、文化的发达等要素息息相关，寻绎浙江道教方志的编撰、刊刻与流传情况，亦应由此入手。

---

　　① 广陵书社编：《中国道观志丛刊》，江苏古籍出版社，2000 年。
　　② 张智、张健主编：《中国道观志丛刊续编》，广陵书社，2004 年。
　　③ 以上两部书所刊道观志多为近古所编，尤以明清二代居多。虽不能完全反映中国存世道观志的全貌，但综合而言仍基本含括现今存世道观志的主体，故浙江道观志所占比重一定意义上还是能够说明浙江道教方志编纂与流播情况及其在全国的代表性地位。另：道观志只是道教方志的主体形式，道教方志从广义上来说并不仅仅局限于道观志，地方志、金石志、佛寺志等中收录的道教文献皆可以视作道教方志文献，虽然其大多只是作为地方志、金石志、佛寺志编纂的构成要素之一，在编纂在体例上并不系统，但其保存道教文献的方志属性是不容否认的。

## 第一节　道教方志的概念及内涵的界定

研究道教方志，必然要对道教方志进行定性，确定其内涵与外延，这样才能在选定道教方志研究对象时既不遗漏应入选的道教方志文献，也不会阑入其他非道教方志类文献。同时，作为道教经籍的重要文体之一，道教方志在《道藏》文体分类中究竟居何类属，也是需要加以分辨的问题。

### 一、道教方志的内涵与外延

何为道教方志？较少有研究者对其作出明确的定义，其文献类属的认定也存在标准不一的问题，而界定标准的分歧，带来的自然是道教文献归属的不确定性。

较早对道教方志进行定义的是刘雅萍，其论文《中国道教方志研究概述》在对道教方志作出了定义与分类的基础上，综合论述了20世纪以来中国道教方志的研究状况：

> 道教方志是记录某一特定地区道教发展状况的文献。具体来说，道教方志是关于道教地理环境、人文景观、宫观祠庙、道教人物、神异故事等方面的文献记载。……按照方志所描述的对象，大致可以分为三类：一是记录一地道观名胜的总志，如《南岳总胜集》《洞天福地岳渎名山记》等等；二

是专记某座或是某山宫观的专志，如《白云观志》《龙虎山志》等；三是记载和民间信仰有关但又和道教复杂的神仙谱系有密切关联之宫观的专志，如《敕封天后志》《吴山城隍庙志》《觉云轩云霄玄谱志》等。①

刘雅萍根据道教方志的常涉内容如道教地理环境、人文景观、宫观祠庙、道教人物、神异故事等对其作出界定，再以宫观为核心，将道教方志分为三种类型。由分类和例示不难看出其所论道教方志应该说属于狭义的道教方志，即基于道教宫观相关文献纂辑整理而成的专志。② 这三种类型基本涵盖了道教方志的类属，也得到了一些研究者的呼应。如张勇在其硕士论文《明代道教方志研究》中就提出"随着道教和地方志的发展，至晚从东晋南朝时就出现了一些以记载道教地理环境、人文历史、名胜古迹、人物传说和道教状况为主，兼及其他的一类文献，这就是我们所说的道教方志，具体包括道教名山志、道教宫观志、道教祠庙志等"③，其道教名山志、宫观志、祠庙志与刘雅萍的道教方志三分类相仿佛。

对道教方志概念的界定和类型的划分是否允当的一个重要检验标准就是具体道教方志文献的认定与归类，就这一层面而言，现今学界对道教方志的理解与界定仍然存在分歧和不确定性，需要厘清。

关于道教方志的整理，最重要的有广陵书社编《中国道观志丛刊》

---

① 刘雅萍：《中国道教方志研究概述》，《图书馆理论与实践》2011年第8期，第42页。
② 笔者认为广义的道教方志除了刘雅萍所列宫观专志之外，还应包括地方史志、山水志、金石典籍等历史地理文献辑录的关乎道教教派传衍、高道传记、宫观沿革、灵踪仙迹、山水名胜和诗文题记等方面的文献材料。
③ 张勇：《明代道教方志研究》，山东大学硕士论文，2013年，第6页。

和张智、张健主编《中国道观志丛刊续编》两部丛书①。另《道藏》《藏外道书》《中华续道藏初辑》《三洞拾遗》等大型宗教文献均收录了一些道观志，其中多有与《中国道观志丛刊正续编》所录重复之作。当然，考虑到道观志的认定标准是否划一问题，《道藏》《藏外道书》等大型文献中应有一些本属道观志而未被认定者。笔者即拟以《中国道观志丛刊正续编》为依本，结合其他学人对道教方志的认定与分类情况，对道教方志略作界定。

刘雅萍、张勇的道教方志认定与分类标准相近，然根据《中国道观志丛刊正续编》所辑书目，就会发现二者在某些道教方志认定上与《正续编》存在标准不一和归类有异的问题。先以刘雅萍的论文为例，按其对道教方志的分类，以辑录某一道观、或某一道教人物、或某一道教名山诗文题咏的诗文集（如《洞霄诗集》《麻姑集》《琼花题咏全集》等）自不能视作道教方志，而这些诗文集恰恰收录于《中国道观志丛刊正续编》中。又根据其"记录一地道观名胜总志"的界定，《中国道观志丛刊正续编》中辑录的记录东林山佛寺和道观等内容的《东林山志》是否应在其列？再以张勇的示例看，其文第12～13页将宋元时期较为著名的道教方志列表统计，其列表内容有两点值得关注：一是他将《四明洞天丹山图咏集》《古楼观紫云衍庆集》类诗文题咏集计入道教方志，而前者《中国道观志丛刊正续编》未予辑录，后者则加以辑录。四明洞天为道教三十六洞天之一，《四明洞天丹山图咏集》与《古楼观紫云衍庆集》当为同一类型道教文献，二者认定的标准应该是相同的②。二是他将北宋景祐年间的《黄山图经》和熙宁年间陈舜俞

---

① 广陵书社于2015年将两部《丛刊》合集出版，名曰《中国道观志丛刊正续编》，为行文方便，后文以《中国道观志丛刊正续编》统称二部著作。
② 《中国道观志丛刊正续编》并非辑录现存所有的中国道观志，从编者的角度看，可能还有后续补辑编纂的考虑，故此失录乃正常之现象，未必为辑录者失察之误。

的《庐山记》列入道教方志，其认定的依据当为道教名山志。黄山、庐山是否属于道教名山本身就值得商榷，而从二志的内容看，《黄山图经》主要记述的是黄山的峰洞泉石景致和相关逸事[①]，虽有零星寺观记录，然皆依之山峰景致，故归入传统史部地理类的山志似乎更为合适；《庐山记》以游踪的视角记述庐山山水与寺观景致及相关人文故实，视作佛教方志似乎更为合宜[②]。如果说张勇将与道教宫观、人物、名山有关的诗文集列入道教方志补上了刘雅萍道教方志分类的部分缺失的话，二者对道教方志的界定尚存有的一个共同问题就是关于道教名山志（记录一地道观名胜的总志）的认定问题，即如何区别某一山志是地理类的山志还是宗教类的道教山志或佛教山志的问题。这一问题也体现在何建明主编的大型文献《中国地方志佛道教文献汇纂》与前引《中国道观志丛刊正续编》在文献征选标准的歧异上。

何建明在《〈中国地方志佛道教文献汇纂·寺观卷〉前言》中界定了其文献范围：

> 列入中国科学院北京天文台编《中国地方志联合目录》（中华书局一九八五年版）和《北京图书馆普通古籍总目·地志门》所示的全国性或跨地域性总志，省（市区）、府、州、县（区、旗）、卫、所、关、岛、乡镇志以及乡土志、山水志、名胜志等志书及具方志初稿性质的志料、采访册、调查记、游记和当时当地记事的札记等，也包括当代学者对唐宋以前方志文献的辑佚资料，但不包括单独的寺观志和以佛教

---

[①] 王德毅主编：《丛书集成续编（第二一九册）》，新文丰出版公司，1989年。
[②] 新文丰出版公司编辑部编：《丛书集成新编（第九〇册）》，新文丰出版公司，1985年。

道教为主要内容的山水志。①
　　　　　　

根据其文献范围介绍，地理类山水志与以佛道教为主要内容的山水志自是两类不同类型方志，后者属于以宗教为主体内容的专志，故不在其文献征引之列。然以浙江为限，结合《中国地方志佛道教文献汇纂》与《中国道观志丛刊正续编》目录，我们会发现二者间存有明显龃龉的几部文献，即同一文献，《中国地方志佛道教文献汇纂》与《中国道观志丛刊正续编》均予以辑录，前者视其为地理类山水志，后者则视之为道教方志。它们分别是：（唐）徐灵府撰《天台山记》、（明）胡昌贤纂《委羽山志》、（清）王维翰续辑《委羽山续志》、（清）郑永禧辑《烂柯山志》、（清）吴玉树辑《东林山志》。另《中国地方志佛道教文献汇纂》中还录有（元）邓牧纂《大涤洞天记》，《中国道观志丛刊正续编》虽未辑录此本，然辑录有《洞霄图志》，二者同为记录洞霄宫的重要道教方志文献，名称不同，版本有异。

山志属于方志专志的一种，一般而言，学界所论的多为狭义的山志，与上文"记录一地道观名胜的总志""道教名山志"相对应。学界对山志概念的定义，较早见于万霞的硕士论文《明清浙江山志述论》，其后张群在其博士论文《南岳山志研究》中也沿用了这一定义②。万霞将山志分为广义和狭义两类：

> 广义上的山志指的是以山为记载对象的书籍，这其中便包括了一些游记、遍览记等。本文所要探讨的则是更为狭义

---

① 何建明主编：《中国地方志佛道教文献汇纂·寺观卷（目录册）》，国家图书馆出版社，2013年，第7页。
② 张群：《南岳山志研究》，武汉大学博士论文，2013年，第1页。

的山志，即以山为主要记载对象，体例与地方志大体相似的书籍，包括与山志体例和内容相似的山记。①

万霞关于狭义山志的定义，有两个关键意涵，一是"以山为主要记载对象"，即限定了山志的记述重点；二是"体例与地方志大体相似"，即以地方志为依据标示了山志的体例特征。"地方志书，是指全面系统地记述本行政区域自然、政治、经济、文化和社会的历史与现状的资料性文献。"② 山志作为地方志的重要类属，自当具备地方志的某些体例特征，定义限以"大体相似"实乃出于概念界定简洁含括之需要。

山志的常见体例，古人已有论列，其要在上推方志所从属之史类，以史为体，如（清）闵麟嗣之论：

> 予谓志也者，史之一体也。而山志实备诸体，故纪岩壑，史之志地里也；纪建置沿革，史之志礼也；纪云物，史之志天文也；纪人物仙释，史之世家列传也；纪诗文，史之志艺文及文章散见于各传者也。③

山志以山为主体，辑录峰洞泉石、建置沿革、气候风物、高道大德、诗文题记等文献，与地方志常用的纲目体例相合。论之以史为体，一在上溯其源，二在提高其品。

---

① 万霞：《明清浙江山志述论》，复旦大学硕士论文，2010年，第3页。
② 陈昌编著：《煤炭志书编纂十讲·国务院〈地方志工作条例〉》，煤炭工业出版社，2013年，第155页。
③ 《续修四库全书》编纂委员会编：《续修四库全书（七二三·史部·地理类）》，上海古籍出版社，2002年，第694页。

那么应如何从山志中区分辨别出道教山志呢？笔者以可当结合刘雅萍、张勇、何建明、万霞的界定而综论之，其关键就在"道教山志是以山为地域主体，以道教为主要内容，以存史、弘教为主要目的的方志文献"。按照这一标准，上述《中国地方志佛道教文献汇纂》与《中国道观志丛刊正续编》中分类有分歧的文献即可以重新厘清①：

《天台山记》作者徐灵府为唐代道士，全记虽以游踪行迹的形式展现天台山诸胜，然其重点在记录天台山神异的自然景观、寺院道观和佛道人物，尤以道教为主要内容，旨在弘教，故当为道教山志。

"大有空明之天，始得有所称说考证，巍然跨越中诸胜而帝之矣。"②《委羽山志》以彰显委羽山的洞天福地地位为本旨，故当为道教山志。

"东林之山川旧迹、声明、文物，藉以不朽。"③《东林山志》以东林山的存史为本旨，且其亭宇、园林、寓贤、淑媛、仙佛、释老等子目的设置与地方史志较为接近，故当属于地理类山志。

烂柯山虽为道教七十二福地之一，然郑永禧纂辑《烂柯山志》，并非出于存史、弘教的目的，而是意在寄予心志、显扬乡梓、以广闻见。志书所载也并非以道教或道教宫观为核心，而是以山林所属为要，综稽烂柯山的道观、寺庙、书院、墓葬、祠宇等相关文献而成，无论从编志的本旨还是从志书所录，该志视作地理类的山志应更为得宜。

---

① 山志包括地理类山志和道教山志、佛教山志，此区分只是从道教方志（专志）研究的角度将道教方志从山志大类中区分出来，并不是要改变二者的从属关系。
② 张智、张健主编：《中国道观志丛刊续编（第19册）》，广陵书社，2004年，第4页。
③ （清）吴玉树辑：《东林山志（卷二四）》，回仙观藏版，清嘉庆十八年（1813）刊，第6页。

《大涤洞天记》学界多认定其即为《洞霄宫志》之删节本（亦有争议之言），其"宫观""山水""洞府""古迹""碑记"的内容安排亦莫不以洞霄宫为中心，故当为道教山志。

在明确道教山志判别标准的基础上，笔者拟对刘雅萍的道教方志定义稍作补充，以应用于本文之论述对象：道教方志是以存史、弘教为目的记录某一特定地区道教发展情况的文献。具体来说，道教方志是关于道教地理环境、人文景观、宫观祠庙、道教人物、宗教思想、法派传承、神异故事、社会交往等方面的文献记载。狭义的道教方志指以宫观为中心的专志，大致分为四类：一是以记录某地诸多宫观名胜为主的总志，如《南岳总胜集》《金陵玄观志》；二是记录某山或某座宫观的专志，如《龙虎山志》《通玄观志》；三是记载和民间信仰有关但又与道教复杂的神仙谱系有密切关联的宫观祠庙专志，如《上海城隍庙》《崔府君祠录》；四是辑录与宫观或道教洞天福地等相关的诗文集，如《麻姑集》《洞霄诗集》。广义的道教方志除了宫观专志之外，还应包括地方史志、山水志、金石志等历史地理文献中的关乎道教教派传衍、高道传记、宫观沿革、灵踪仙迹、山水名胜和诗文题记等方面的文献材料。

本文的论述重点在狭义的道教方志，同时也会适当采择广义道教方志即地方史志、金石志、山水志等的部分道教方志文献以延展、深化相关论证。

## 二、道教方志与《道藏》"三洞十二部经"文体分类的关系

关于道教十二部经文体分类的系统提出者，学界一般认为是南朝陆修静。关于道教经典三洞十二部的分类，后来学界大贤论之甚详，

如朱越利的《道经总论》、李小荣的《敦煌道教文学研究》①等都专章对其分类法的历史渊源、确立过程、具体内涵等进行了详实的检讨。朱越利主张本土论，强调道教经典的文体分类更多源自道教长期发展过程中教派的发展及不同教派关系的调和等因素，是中国本土目录学的重要成果之一。他认为："道经用三乘术语仅强调三洞即三品，没有吸收佛教三乘说的具体教法。也就是只吸收了外壳，而拒绝了内核。"②"历史上有些佛教徒指摘道经十二部分类法效法佛教三藏十二分教。……对照一下即可知晓，道教的十二部与之不同。从南北朝时期的水平衡量，应当说十二分类法继承了我国目录学的优秀传统，切合道经的实际情况，明了实用，是一项很了不起的创造，是我国古代目录学中的一枚硕果。"③李小荣则主张融通论，强调道教经典的文体分类"是中古时期外来佛教文化与本土传统文化相碰撞的产物"④，其中本土文化是更为直接的文化渊源。"陆修静等人对道教'十二部经'的命名，显然借鉴了佛经翻译中的'十二分教'，并且同样具有文体分类的功能和作用。"⑤本书的重点不在"三洞十二部经"的文体分类探讨，而关注的是道教方志在《道藏》"三洞十二部经"文体分类中的从属关系，即十二部经文体分类中与道教方志有关的部分。

李小荣将陆修静与宋文明十二部经的称名作了比较（以陆之称名为本，宋有异名者则以括号标注）：经之本源（本文）、神符、玉诀、灵图、谱录、戒律（诫律）、威仪、方诀（方法）、众术、记传、玄章

---

① 详见朱越利：《道经总论》，辽宁教育出版社，1991年，第172～208页；李小荣：《敦煌道教文学研究》，巴蜀书社，2009年，第1～48页。
② 朱越利：《道经总论》，辽宁教育出版社，1991年，第179页。
③ 朱越利：《道经总论》，辽宁教育出版社，1991年，第188页。
④ 李小荣：《敦煌道教文学研究》，巴蜀书社，2009年，第11页。
⑤ 李小荣：《敦煌道教文学研究》，巴蜀书社，2009年，第19页。

（赞颂）、表奏。他提出"陆、宋二人的十二部经之称名，得到了后来学者普遍的认同和运用"①，并选取七种代表性的经典称名进行对比，认为"虽然各家所定的名称与陆、宋二氏小有区别，但他们对每一部类的理解并无本质上的差异"②。基于这一判断，笔者节引（唐）孟安排《道教义枢》中对此十二部经称名的释义如下，作为理解《道藏》编纂的文体依据：

> 第一本文者，三元八会之书、长行源起之例是也。……本者，始也，根也，是经教之始，文字之根；又得理之元，万法之本。文者，分也，能诠理也。既能分判二仪，又能分别法相，既能辨析万事，又能表诠至理也。
> 
> 第二神符者，即龙章凤篆之文、灵迹符书之字是也。神以不测为义，符以符契为名。谓此灵迹，神用无方，利益众生，信如符契。
> 
> 第三玉诀者，即河上公释柱下之文、玉诀解金书之例是也。玉名无染，诀语不疑，谓决定了知，更无疑染。
> 
> 第四灵图者，如舍景五帝之象、图局三一之形，其例是也。图，度也，谓度写玄妙，传流下世。
> 
> 第五谱录者，如生神所述三君、本行之陈五帝，其例是也。谱，绪也；录，记也，谓绪记圣人，以为教法，亦是绪其元起，使物录持也。
> 
> 第六戒律者，如六情十恶之例是也。戒者，解也，界也，止也，能解众恶之缚，能分善恶之界，又能防止诸恶也。律

---

① 李小荣：《敦煌道教文学研究》，巴蜀书社，2009年，第6、10页。
② 李小荣：《敦煌道教文学研究》，巴蜀书社，2009年，第11页。

者，率也，直也，栗也，率计罪怨，直而不枉，使惧栗也。

第七威仪者，如斋法典式、请经轨仪之例是也。威是俨巍可畏，仪是轨式所宜，亦是曲从物宜而为威制也。

第八方法者，如存三守一、制魄拘魂之例是也。方是方所，法者节度，明修行治身，有方所节度也。

第九众术者，如变丹炼石、化形隐景之例是也。众，多也；术，道也。修炼多途，为入真初道也。

第十记传者，如道君本业、皇人往行之例是也。记，志也；传，传也。谓记志本业，传示后人也。

第十一赞颂者，如五真新颂、九天旧章之例是也。赞以表事，颂以歌德，故诗云：颂者，美盛德之形容。亦曰偈者，憩也。四字五字，为憩息之意耳。

第十二章表者，如九斋启愿、三会谒请之例是也。章，明也；表，奏也。谓申明心事，上奏大道之。①

根据孟氏的定义，本文是道教一切教义的根本，乃道教经文中最神圣、最核心的部分。神符则是与道教符箓有关的典籍。玉诀乃注释或阐释道教典籍的文书，如玉之纯澈、如诀之笃定，让人对道教典籍的内容能豁然明了。灵图即以画图的形式对道经进行解析的道典，一般应为文图相配合的文体形式。谱录是记录道教圣真先哲生平事迹的道典，注重的是为教派追溯元始、立范垂统。戒律是劝善戒恶的教戒文书。威仪重在规范宗教仪式的威严合宜，"就是指斋醮科仪一类的经

---

① 《道藏（第二四册）》，文物出版社，上海书店，天津古籍出版社，1988年，第816页中～817页上。

籍"①。方法乃指导道士修身养性、自我炼养的典籍，包括存思、行气等。众术是介绍炼丹和道教各种法术的典籍，注重的是外在的修行、变化。记传是记录道教最高仙真生平灵迹的典籍，类似佛教的《佛本生经》。赞颂是歌颂仙真事迹与品德的道经，多用四言五言诗歌类句式。章表乃祈禳时的上表和奏疏，是向神灵表明心曲的重要文本。

按照道教三洞十二部经的文体分类，前文所议道教方志究竟应该归入何种文体呢？笔者翻检今本《道藏》目录②，将其"三洞四辅"各部中的道教方志选出归类，列简表如下：

| 序号 | 道教方志名称［编纂者］ | 所在部类 | 所属文体 |
| --- | --- | --- | --- |
| 1 | 茅山志［（元）上清经箓四十五代宗师刘大彬］★ | 洞真 | 记传 |
| 2 | 太华希夷志［（元）登仕郎河中府知事张辂］★ | 洞真 | 记传 |
| 3 | 西岳华山志［（金）莲峰逸士王处一］★ | 洞真 | 记传 |
| 4 | 南岳小录［（唐）道士李冲昭］★ | 洞玄 | 谱录 |
| 5 | 洞天福地岳渎名山记［（唐）华顶羽人杜光庭］★ | 洞玄 | 记传 |
| 6 | 梅仙馆（观）记［（南宋）仙坛观道士杨智远］★ | 洞玄 | 记传 |
| 7 | 金华赤松山志［（南宋）松山羽士倪守约］★ | 洞玄 | 记传 |
| 8 | 仙都志［（元）玉虚住山陈性定］★ | 洞玄 | 记传 |
| 9 | 天台山志［（元）不著撰人］★ | 洞玄 | 记传 |
| 10 | 龙瑞观禹穴阳明洞天图经［（宋）翰林学士李宗谔］ | 洞玄 | 记传 |
| 11 | 四明洞天丹山图咏集［（元）曾坚等］ | 洞玄 | 记传 |
| 12 | 南岳总胜集［（宋）道士陈田夫］★ | 洞玄 | 记传 |
| 13 | 华盖山浮丘王郭三真君事实［（宋）玉笥山道士沈庭瑞、道士章元枢等］★ | 洞神 | 谱录 |
| 14 | 大涤洞天记［（宋）邓牧］★ | 洞神 | 谱录 |

---

① 李小荣：《敦煌道教文学研究》，巴蜀书社，2009年，第37页。
② 文物出版社、上海书店、天津古籍出版社联合出版的《道藏》为明代《正统道藏》与《万历续道藏》之合集，"共收道书一千四百七十六种，合五千四百八十五卷"（胡道静《道藏前言》）。

续表

| 序号 | 道教方志名称［编纂者］ | 所在部类 | 所属文体 |
| --- | --- | --- | --- |
| 15 | 终南山说经台历代真仙碑记［（元）茅山道士朱象先］ | 洞神 | 记传 |
| 16 | 古楼观紫云衍庆集［（元）朱象先］★ | 洞神 | 记传 |
| 17 | 御制真武庙碑［（明）朱棣］ | 洞神 | 记传 |
| 18 | 玄天上帝启圣灵异录［（明）不著撰人］ | 洞神 | 记传 |
| 19 | 武当福地总真集［（元）洞阳道人刘道明］★ | 洞神 | 记传 |
| 20 | 武当纪胜集［（元）云麓樵翁罗霆震］ | 洞神 | 记传 |
| 21 | 西川青羊宫碑铭［（唐）翰林学士乐朋龟］ | 洞神 | 记传 |
| 22 | 宋东太乙宫碑铭［（宋）翰林学士扈蒙］ | 洞神 | 记传 |
| 23 | 宋西太乙宫碑铭［（宋）翰林学士宋绶］ | 洞神 | 记传 |
| 24 | 宋中太乙宫碑铭［（宋）朝奉郎吕惠卿］ | 洞神 | 记传 |
| 25 | 龙角山记［（唐）李隆基、（宋）韩望等］★ | 洞神 | 记传 |
| 26 | 天坛王屋山圣迹记［（唐）杜光庭］ | 洞神 | 记传 |
| 27 | 唐王屋山中严台正一先生庙碣［（唐）录事参军卫邢］ | 洞神 | 记传 |
| 28 | 宫观碑志［（宋）陶穀、（金）郑子聘等］ | 洞神 | 记传 |
| 29 | 庐山太平兴国宫采访真君事实［（元）不著撰人］★ | 正一 |  |
| 30 | 赣州圣济庙灵迹碑［（明）宋濂］ | 正一 |  |
| 31 | 岱史［（明）查志隆］★ | 续道藏 |  |

另：《道藏阙经目录》卷下还录有三部疑似为道教方志的文献，分别是《十大洞天三十六小洞天记》《青城山记》《武夷山记》。[①]

上表中共列录道教方志 31 种，其中收录于《中国道观志丛刊正续编》（★号标识）的有 17 种，未著录的 14 种，试简要论之。其一，《太华希夷志》以笔者所见，当非道教方志，而是道教人物志。其要有两点，一为作者的编纂目的为的是彰显希夷先生（陈抟）的高风亮节，

---

① 《道藏（第三四册）》，文物出版社，上海书店，天津古籍出版社，1988 年，第 509 页。

并无推崇太华山之意。二是志中所录二卷内容都是与陈抟的交谊、言行有关，无关乎华山道教宫观。正如《道藏提要》所论"本传对陈抟学行搜罗颇详，对其恬退高隐、玄默修养，叙述尤详。较之《宋史》陈抟传约详数倍。元代《历世真仙体道通鉴》陈抟传与此传大致相似，但稍简略"[①]。可见，本书明显为陈抟个人传记，并无显扬宫观或道教名山之意。其二，《龙瑞观禹穴阳明洞天图经》选录的均为越中道教名山及仙道传闻，类似《洞天福地岳渎名山记》，属于道教名山总志，应列入道教方志。其三，《四明洞天丹山图咏集》详细介绍了四明洞天各山川洞穴和宫观沿革，并收录了大量有关四明洞天的诗歌，乃道教名山之专志。其四，《天坛王屋山圣迹记》搜录与王屋山洞天胜迹相关的诗文汇而成集，旨在彰显洞天胜迹，是类似《洞霄诗集》之诗文集，当属道教方志。其五，《唐王屋山中严台正一先生庙碣》虽叙司马承祯事迹，因立石祠庙，服务宫观，故当为道教方志。其六，《御制真武庙碑》《西川青羊宫碑铭》《宋东太乙宫碑铭》《宋西太乙宫碑铭》《宋中太乙宫碑铭》《宫观碑志》《赣州圣济庙灵迹碑》等无论是多篇碑文的合录还是单篇碑文的辑录，都是以某一宫观或祠庙为中心，或述灵踪仙迹，或载创建缘起、创建目的、创建始末，皆勒石铭记，志存久远，当列入道教方志。

从"三洞十二部经"文体分类的角度看，上表中道教方志的文体类属主要由"记传""谱录"两类构成。因"正一部"和"续道藏"没有文体分类，此处以《道藏》"三洞"28部道教方志计，其中属于"记传"类的有25部，属于"谱录"类的仅有《南岳小录》《华盖山浮丘王郭三真君事实》和《大涤洞天记》3部。"记传"类压倒性的数据说明从《道藏》编纂者的角度看，道教方志原则上归属"记传"类文

---

[①] 任继愈主编：《道藏提要》，中国社会科学出版社，1991年，第230页。

体应无疑义。根据前文孟安排的诠释，"谱录"和"记传"本就是同而有异的两种相近文体，相同之处在于二者都是对道教先圣仙君的记述，不同之处在于"谱录"重在谱系的传承，注重追溯教派、教法的缘起，其出现"和魏晋南北朝十分兴盛的谱牒之学不无关联"[①]；"记传"则在于记录道教最高神过往的为人处世诸种神异事迹，以宣示道法，其"记志本业，传示后人"无疑是借鉴了佛教"本生"这一文体术语。从宽泛的角度看，记录道教仙真生平事迹等内容的都可以纳入"记传"或"谱牒"中，可能只是因为"记传""更直接的依据是中国悠久的史传文学传统"，符合古代志人的惯例，所以编《道藏》者更乐于安排类似文献。

当然，"谱牒""记传"的记载对象是道教仙真生平事迹，而非以宫观和道教洞天福地为中心。那么，《道藏》为何将道教方志列入"记传"一目？"寺观之有志，自杨衒之《洛阳伽蓝记》始。"[②] 学界多认为寺观志的肇端为北魏杨衒之所撰之《洛阳伽蓝记》，该志成书于547年；道教方志的出现则相对较晚，今存较早的《天地宫府图》《天台山记》《南岳小录》《洞天福地岳渎名山记》等俱为唐代道教方志。笔者臆测，陆修静厘定"三洞十二部经"分类法远早于杨衒之著成《洛阳伽蓝记》，当时并无宗教方志可供参考，故其分类也就没有考虑道教方志，为其确定对应的称名。后世论道经文体者或陈陈沿袭陆说，或稍加变通，而未改其分类法之根本。故而当明代编纂《道藏》时，无所依本的编者只能基于史传的传统观念和时兴的方志编纂传统，将道教方志归入"记传"文体。"记志本业，传示后人"，由记录仙真转而应

---

① 李小荣：《敦煌道教文学研究》，巴蜀书社，2009年，第36页。
② 何建明主编：《中国地方志佛道教文献汇纂·寺观卷（第140册）》，国家图书馆出版社，2013年，第19页。

用于记录宫观和洞天福地，二者存史和弘教的目的是相通的，就这一层面而言，《道藏》对道教方志的归类，无形中扩大了道教"记传"文体的内涵。

## 第二节　道教方志编纂的历史语境

浙江山水秀丽，多道教依存之仙灵窟宅，加以近古社会经济状况较为优越，故域内宫观林立，教派纷呈，高道辈出。虽亦间或历经兵燹、天灾、经济萧条之摧折，而道教往往能颓而复振，薪火相续，不绝如缕。出于弘教和教派传衍等目的，与地方志的编纂大环境相呼应，道教方志的编纂在浙江大地上普遍兴起，无论是道观专志还是地方志、金石志、佛寺志中的道教方志文献的编纂，皆颇为可观。浙江道教方志的编纂，其前提和基础有三个主要方面：一是浙江优越的经济条件对道教发展的支持，二是道教宫观的广布，三是道教教派的流衍和高道辈出。简而言之，即浙江经济为浙江道教发展提供了有力的支撑，是道教发展的保障；而道教发展的必然表现是宫观广建，高道辈出；继而以宫观为轴心点，出于弘教、存史等目的的道教方志编纂便蔚然成风。当然，统治者对宗教的态度政策也是影响道教发展以及于道教方志编纂的重要因素。

### 一、浙江优越的经济条件为道教发展提供了土壤

隋唐五代以来，北方战乱频仍，大量人口被迫南迁，他们为浙江

带来先进的思想文化和农业技术，促成了浙江经济的深度开发，使浙江成为中国经济中心南移后江南经济的重要支柱。在经济发展的基础上，统治者开始更多关注道教的辅翼作用，他们创设宫观，建坛祈禳，设教化民，使宗教成为维系其政治统治的重要辅助。

近古浙江经济的发展，肇其端者为钱镠。钱镠（852—932），字具美，杭州临安人，五代时，他以杭州为中心，建立吴越政权，割据东南。钱镠采取保境安民，不轻启战事的政策，他不违唐命，又交通窃取"正统"的梁政权，表面以弱示人，而实则坐大一方。据《新五代史》记载："梁太祖即位，封镠吴越王兼淮南节度使。客有劝镠拒梁命者，镠笑曰：'吾岂失为孙仲谋邪！'遂受之。"[1] 并不因朱温（梁太祖）篡唐凌越自己而与之公然对立。钱镠重视兴修水利，发展农业，他改变贞观以前主要依靠民力修筑海塘的传统，上表请命，动用官帑来构筑捍海塘，控遏钱塘潮水，使"昔之汪洋浩荡，今成沃壤平原"[2]，又维护西湖水域，"始置撩湖兵士千人，专一开浚"[3]，以保障杭城饮水和农业灌溉。钱镠的生聚政策，奠定了浙江经济雄踞江南的基础地位，一如叶适所言："夫吴越之地，自钱氏时独不被兵，又以四十年都邑之盛，四方流徙尽集于千里之内，而衣冠贵人不知其几族，故以十五州之众当今天下之半。"[4]

---

[1] （宋）欧阳修撰，（宋）徐无党注：《新五代史》，载中华书局编辑部编：《"二十四史"（简体字本）》，中华书局，2000年，第552页。

[2] 王国平总主编：《杭州文献集成（第32册）·钱氏家乘》，浙江古籍出版社，2017年，第621页。

[3] （元）脱脱等撰：《宋史》，载中华书局编辑部编：《"二十四史"（简体字本）》，中华书局，2000年，第1612页。

[4] 王德毅主编：《丛书集成续编（第一二九册）》，新文丰出版公司，1989年，第801页下。叶适此论旨在说明钱镠吴越国至宋代以来浙江长期人口辐辏所带来的人多地少和养育危机等社会问题，然其前提之论恰恰说明了钱镠对浙江经济的开拓之功。

在经济发展的基础上，钱镠倡导文教，推崇佛、道二教，以神道设教巩固其统治，推动了道教在浙江的发展。天柱观是钱镠着意修复与恩遇的道教宫观，它地处余杭大涤山中，毗邻钱镠的出身地临安，初建于唐弘道元年（683），至钱镠时已窳败不堪。钱氏对天柱观的营缮与扶持既有尊荣乡梓、衣锦还乡的用意，也有巩固出身之地、稳定政治根基的考虑。光化二年（899），钱镠奉章上进，奏请重修天柱观，至光化三年（900）七月工程竣工，钱氏自撰《天柱观记》以记之。钱氏对天柱观的支持是一以贯之的，正赖吴越国历代帝王的尊崇优遇，"天柱观才异军突起，开始成为江南地区有重大影响的道观。北宋初期，天柱观改名为洞霄宫，从此不断得到宋廷的封赏，于是成为全国地位最显赫最重要的道观之一"[①]。而随着洞霄宫实力的壮大，本宫住山道士开始别创道观，如郎如山在余杭重建龙德通仙宫，舒元一在临安创建元清宫等。他们以道观为据点，传教布道，推动了道教在浙江的发展。

　　近古浙江经济发展的第二个重要时期是两宋。两宋浙江经济的发展，其内在基础有二，一在大量北方移民的南迁，二在五代十国时期吴越钱氏启其端绪的长期休养生息治国之策。人力资源对浙江经济开发的助益，首推历史上最重要的三次大规模移民潮：一是永嘉之乱中北方世家大族及其部曲的南迁，二是安史之乱中北方人口的大规模南移，三是靖康之乱、二帝北狩、宋室南渡中伴随政治中心南迁的大规模人口迁徙。南迁移民不仅为浙江带来了丰足的劳动力，也带来了先进的技术、文化和生产经验。钱氏开国后，保境安民，发展生产，再继以北宋百年承平之治，至宋室南渡，浙江一跃而成为了全国政治经

---

[①] 刘凯：《唐末五代杭州天柱观与江南道教发展论考——以钱镠所撰〈天柱观记〉为中心》，《中山大学学报（社会科学版）》2014年第2期，第100页。

济文化的中心。

  日本学者斯波义信曾在其《宋代江南经济史研究》中对浙江的人口、田产和税赋情况有所论及，据其所论，"宋至明初长江下游流域人口密度高水平的地方为：杭州 261（V 期）、嘉兴 294（元）、苏州 277（元）、292（明初），约合现代水平的一半多些。另外，人口密度指数超过 100 人/km² 的地方有杭、明州、绍兴、嘉兴、苏州、常州、镇江、江宁府、湖州等，几乎全在中心区域且在长江以南。相反，边缘区大概在 50 人/km² 左右"[①]。从斯氏所列几个主要的人口高密度分布区可知，宋至明初，浙江无疑是一个核心的人口聚集地，以相比周边不足一半的土地供养同等数量的人口，其经济实力可见一斑。漆侠先生统计了北宋元丰年间南北诸路的户口和垦田数据：户口上北方诸路以陕西路为最，达到 1357204 户，南方则以两浙路为最，达到 1778941 户；垦田面积上北方诸路以陕西路为最，达到 44529838 亩，南方则以江南西路为最，达到 45046689 亩（两浙路为 36247756 亩）[②]。漆先生从总体上分析了北方与南方诸路的户数垦田比，认为南方不仅在垦田数量上超过了北方，在垦田劳动生产率上也是超过北方的，如果加上南方水田产量的优越性，其实际效率还要更高。在此基础上，漆先生列举了宋神宗元丰年间与宋宁宗嘉定十六年诸路的户口，其中两浙路分别为 1778941 和 2220321，放眼全国，唯江南西路可以与之轩轾。

  浙江人多地少，自然条件并不优越，浙江人主要从两个方面入手，实现经济上的突破：一是深耕细作，提高土地的利用效率，增加土地

---

 ①（日）斯波义信：《宋代江南经济史研究》，方健、何忠礼译，江苏人民出版社，2001 年，第 149 页。

 ② 漆侠：《宋代经济史（上册）》，上海人民出版社，1987 年，第 67~68 页。

产出，以较少的土地聚集、育养大量的人口。正如南宋高斯得所言，相比于蜀人的勤力事田，"浙人治田，比蜀中尤精。土膏既发，地力有余，深耕熟犁，壤细如面，故其种入土，坚致而不疏。……其熟也，上田一亩收五六石，故谚曰'苏湖熟，天下足。'虽其田之膏腴，亦由人力之尽也。"① 二是拓展工商业等"末技"产业，扩大经济来源，激发社会经济活力。浙人尚实，自范蠡师法计然的商业思想，以其"积著之理"壮大越国国力，工商非末流、非贱业的思想就一直得到浙地思想界巨擘的支持。从浙东学派的陈亮、叶适、吕祖谦，到理学大师王阳明，再至清代四明黄宗羲，莫不倡导功利，肯定"工商皆本"。两宋时期，杭、嘉、湖的丝绸业、杭州的印书业、盐业、茶业等均在国内独擅其场。宋代浙江工商业的发达，可从其商税中窥其一斑。斯波义信在《宋代江南经济史研究》中做了一份"唐末至北宋时期按税别财政收入变化表"，在表后他提出唐末至北宋"在经济发达地区，有抓住依赖商业财源提高商税的趋势"，并重点以浙江湖州的商税为例，暗示了浙江在宋代商业发展中的核心地位。陈国灿、奚建华根据《宋会要·食货·杂录》进行统计，认为"从熙宁十年（1077）前到熙宁十年，两浙路商税总额由 473422 贯增至 894275 贯，增长了 88.90%，成为全国商税最多的一路"②"熙宁十年以前，两浙路年酒税额为 1680205 贯，已在全国各路中占居首位"③。土地的深耕细作和工商业的开拓，为浙江经济注入了活力，使得偏居东南一隅的浙江成为两宋时期经济发达的重要地区。经济的发展，辅以两宋崇道的宗教大环境，为浙江道教迎来了一个飞速发展的黄金时期，这一趋势在南宋定都杭

---

① 新文丰出版公司编辑部编：《丛书集成新编（第六五册）》，新文丰出版公司，1985 年，第 142 页。
② 陈国灿、奚建华：《浙江古代城镇史》，安徽大学出版社，2003 年，第 111 页。
③ 陈国灿、奚建华：《浙江古代城镇史》，安徽大学出版社，2003 年，第 113 页。

州后达到了极致。

两宋朝廷重视道教,史不绝书。太祖开国,对道教尚有所约束,至太宗朝,因外界对其执掌权柄的合法性尚存疑窦,故而他格外注重依托宗教来暗示、印证自己继统的合理合法性。《云笈七签·翊圣保德真君传》载宋太宗为晋王时,真君即降言赵守真:"吾将来运值太平君宋朝第二主,修上清太平宫……但为吾启大王,言此宫观上天已定增建年月也,今犹未可。"[1]暗示太宗必将继承大统,而信重道士,构筑宫观则为其后续必然之报偿。果然,太宗甫一即位,就召请道士张守真设醮宫中,沟通仙界。结果真君降言于内臣王继恩,明示太宗善秉宋政、皇图必将永固。其后,真君多次降言,为太宗征讨、禳灾等预告吉兆,直至张守真去世,才不复降言。

为体现对道教的重视,对真君护持的敬奉,太宗征召高道,在全国广建宫观,舍地赐钱,不一而足。如征召、礼遇道士陈抟、丁少微,谈玄问道;在苏州建太一宫,在舒州建灵仙观,在京师建太一宫,敬祀神祇等。当然,真君辅佐太宗云云,无非是太宗"非法"继统后的自我圆释。"从《翊圣保德传》的记载中不难看出,所谓神仙下凡,不过是一派道士希望获得宋室保护而策划的计谋。"[2]在这里宗教和皇权各取所需,互相利用,自然地结合到一处。更其重要的是,宋太宗开启的神道护国模式直接影响了后世两宋帝王的崇道行为,真宗的天书屡降、认祖保生天尊大帝赵玄朗,徽宗的自封教主道君皇帝,皆踵其事而增其华。终宋一代,重视道教,优待道徒,倡建宫观,自然成习。

浙江在两宋时期经济的发达,已如前论。在皇庭营构出的崇道大环境下,伴随道教在浙江的传播与发展,浙地宫观建设必然也是蔚为

---

[1] (宋)张君房编,李永晟点校:《云笈七签》,中华书局,2003年,第2222页。
[2] [日]窪德忠:《道教史》,萧坤华译,上海译文出版社,1987年,第192页。

大观。然检之史志，两宋浙江宫观的建设存在前后期不平衡的状况，即北宋时期浙江兴建的宫观相对较少，南宋时期兴建的宫观则要多得多。这当然与政治中心的南移密切相关。南宋定都杭州，秉政宋帝的崇道热情虽比不上北宋的真宗、徽宗，但经历劫难、山河限隔、二帝北狩的苦痛尚萦于怀，惴惴忧生、国难再临的忧虑时现于心，构筑宫观以为国祈福、庇佑自身，就成为他们现实中为安身立命所迫切需要经营的事情了。以国都杭州为中心，宋廷一方面复建开封宫观，如太乙宫、四圣延祥观等，彰显新政权对北宋帝统的承继关系，另一方面又新建大量宫观，如至德观、景隆观等，以强化神道设教，使得浙江的宫观建设达到了较高的历史水平。明代沈朝宣在《仁和县志》中称："然吾杭之寺观独甲于海内者，盖以东南财赋之地，杭号繁华，游手游食者易相汇集。矧自五季以来，钱氏据有两浙，宋高宗南渡之后，世积承平，一时惑于其说，或欲远延香火，或欲懋建功德，寺观之多，此其故也。"[①] 以杭为例，独标钱镠吴越国和南宋两代，推动宗教发展和寺观建设，正是从经济支撑、政治扶持的角度着眼的。

元明清三代，随着国都的北定，浙江已远离政治中心，但朝廷经济仰仗东南的整体格局未变，浙江经济在国内的重要地位也一仍其旧。这一点，我们可以从三代浙江地区的税收情况见其一斑。

元代税收，据陈国灿、奚建华依《元史·食货志》统计，"到元中期，每年江浙行省的秋税粮为 4494783 石，占全国总额 12104708 石的 37.13%；夏税钱为 57830 锭，占全国总额 149273 锭的 38.74%；商税为 269027 锭，占全国总额 76 万余锭的 35.39%；酒税为 19.6 万余锭，占全国总额 40 万余锭的 49%；醋税为 1.1 万余锭，占全国总额 2.2 万

---

[①] 何建明主编：《中国地方志佛道教文献汇纂·寺观卷（第 116 册）》，国家图书馆出版社，2013 年，第 12 页。

余锭的 50%"①。以一隅之地承担全国三分之一以上的粮税和近一半的酒税、醋税，江浙行省的经济重要性不言自喻。另据李幹将江浙行省与腹里（即中书省所辖地）地域面积和粮数所作的比较，"江浙行省从辖区面积上说，仅当腹里的三分之一，但腹里岁粮却止占全国百分之十八，江浙行省反占全国粮数三分之一，行省粮数二分之一。江浙田赋是腹里的两倍以上，实际是六倍以上"②。相对其他行省，江浙行省经济的富庶是显而易见的。当然，元代的江浙行省包括今天的浙江省、福建省和安徽、江苏、江西的部分地区，并不独限浙江一地。然"江浙税粮甲天下，平江、嘉兴、湖州三郡当江浙什六七"③。税粮总数居江浙行省十分之六七的三郡中浙江就占居两个，元代浙江经济的发达程度及其重要地位可以想见。

自元代终始，江浙经济对国家的经营都是起着主要的支撑作用，江浙的得失甚至关乎元代政局和国势的走向：

> 当元统、至元间，国家承平之时，一岁粮入京师至一千三百五万八千八百六十四石，而江浙四分强。……通十分也。金入凡三百余锭，银入凡一千余锭，钞本出一千余万锭，丝入凡一百余万斤，棉凡七万余斤，布帛凡四十八万余匹，而江浙尝居其半。及张（张士诚）有浙西，方（方国珍）有浙

---

① 陈国灿、奚建华：《浙江古代城镇史》，安徽大学出版社，2003 年，第 207 页。另：此统计数据略有疏误。据《元史》志第四十二，元泰定之初，天下岁入粮总计 12114708 石（非 12104708 石），其中江浙行省计 4494783 石，占 37.1%。详见（明）宋濂等撰：《元史》卷九十三，《二十四史》（简体字本）（全六十三册），北京：中华书局 2000 年版，第 1567 页。

② 李幹：《元代社会经济史稿》，湖北人民出版社，1985 年，第 431 页。

③ （明）宋濂等撰：《元史》，载中华书局编辑部编：《"二十四史"（简体字本）》，中华书局，2000 年，第 2094 页。

东，而京师索然，识者以为元之气数推可知也。①

据明代权衡《庚申外史》所记，承平之时，江浙纳粮占全国总额的十分之四，而金银、钞、丝、绵等缴纳甚至一度曾占到全国一半的额度，所以当元末群雄割据，张士诚、方国珍占居浙西、浙东，元政权便失去了最为重要的经济支持，其覆亡的大势也就人所共见了。

当然，江浙行省税收在全国所占的比重之高除了其经济的富庶之外，也有元政府分而治之以及对江南横征暴敛的外在因素使然。蒙古军队掳掠成性，在其占领浙江的过程中对浙江经济造成了较大的破坏。元统一中国后，采取民族歧视与压迫的政策，对于原南宋统治区课税较重，又经常增加赋税，横征之酷，民不堪命。如大德七年"增两淮、荆湖、江南东西道田赋，斗加二升"②，一年之赋，陡然增加百分之二十，幅度之高令人咋舌。阿合马、桑哥辅政理财期间，更是不顾惜民命，以致桑哥败亡。御史台奏忻都、王巨济等党附之害称："党比桑哥，恣为不法。理算江南钱谷，极其酷虐，民嫁妻卖女，殃及亲邻，维扬、钱塘受祸最惨，无辜死者五百余人。"③"江南盗贼窃发，良以此也。"④

元末农民战争中，张士诚乘乱据有江苏和浙江这两块富饶之地，因张士诚与朱元璋的对抗关系，浙江在明初曾被征以较高的税额。"十三年三月，减苏（苏州）、松（松江）、嘉（嘉兴）、湖（湖州）粮额。

---

① 《续修四库全书》编纂委员会编：《续修四库全书（四二三·史部·杂史类）》，上海古籍出版社，2002年，第783页。
② （明）宋濂等撰：《元史》，载中华书局编辑部编：《"二十四史"（简体字本）》，中华书局，2000年，第408页。
③ （明）陈邦瞻撰：《元史纪事本末》，中华书局，1979年，第54页。
④ （明）陈邦瞻撰：《元史纪事本末》，中华书局，1979年，第50页。

初帝平吴，怒四府为张士诚守，乃籍诸豪族及富民田，以为官田，按私租簿为税额。杨宪为司农卿，又以地膏腴增其赋，亩加二倍，视他方倍蓰。"[1] 后建文朝再次下诏，减免江、浙田赋，"亩不得过一斗"，但"永乐中，尽革建文政，浙西赋复重"[2]。作为历来富庶之地的浙江，在元末的战争中曾饱受创伤，经济萧条，人口锐减，然只要经济复苏，其在中国经济中的核心地位仍是不可动摇，而相应的税赋也是超越多省。陈国灿、奚建华根据梁方仲《中国历代户口、田地、田赋统计》乙表 29、35 中有关数据编制的《明代浙江秋粮米征额及在全国总额中的比重和各省中的序位表》显示：洪武二十六年（1393）浙江秋粮米额为 2667207 石，占全国总额的比重为 10.79%，在各省中居第一位；弘治十五年（1502）额度为 2366386 石，比重为 9.66%，居第二位；嘉靖二十一年（1542）额度为 2368169，比重为 9.79%，居第二位；万历六年（1578）额度为 2369764，比重为 10.76%，居第二位。[3] 考虑到洪武年间浙江税额全国居首有朱元璋刻意报复的因素及影响，就其抽样统计看，有明一代，浙江的秋粮米额居全国各省的第二位上下应是没有问题的。税额的多寡虽有官方横征暴敛的因素在，但浙江相较其他省份的经济优势才是官方更多课征的内因。

清代初期，浙江依然承载了较多的赋税，是全国赋税较重的地区之一。陈锋、张建民、任放根据康熙《大清会典》卷二十《户部·正赋》统计、制定的《顺治、康熙两朝田赋本、折征收统计与比较表》显示：顺治十八年，浙江布政司折色银（两）2572592.1，本色粮（石）1361367.7，仅次于江南布政司（分别为 4602739.8 和 2788518.7），居全

---

[1] （清）龙文彬纂：《明会要》，中华书局，1956 年，第 1009～1010 页。
[2] （清）龙文彬纂：《明会要》，中华书局，1956 年，第 1010 页。
[3] 陈国灿、奚建华：《浙江古代城镇史》，安徽大学出版社，2003 年，第 233 页。

国第二位。康熙二十四年,浙江布政司折色银(两)2618416.2,居全国第三位(第一位江南布政司5121517.6,第二位山东布政司2818019.5),本色粮(石)1345772.2,居全国第一位。[①] 顺治十八年的江南省包括今天的安徽省、江苏省、上海市和江西、湖北部分地区,地域范围超越浙江甚多,是当时经济文化最为发达的省份。康熙年间江南省已经拆分,然表中数据并无安徽省、江苏省,故其统计当仍是沿用清初江南省的地域范围。由此统计可见,浙江省经济在清顺治、康熙间依然居于最为重要的位置。

当然,粮食税额并不能完全反映浙江的经济状况与经济地位,经济统计数据也因为地区的差异性而难称客观,如张研就指出清代的计量标准十分复杂:其一是土地计量标准的复杂性,传统的计量土地的"亩"的规格在各省之间和各省省内都大不相同。"其中江西、广西的情况较为类似,田亩面积与湖广同科而比浙江为大"[②],"江浙地区为主要粮食产区和重赋区,一般以'亩'计田。从赋役征收出发,多用小弓小亩,这是限制此一地区亩产量的至关重要的因素"[③]。其二是农作物的计量标准"斗""升""石"等及不同农作物间的计量标准都不尽相同。其三是土地的肥瘠、种类等对亩产的影响很大,需要区别对待。且经济的发展是一个动态的过程,浙江经济的发展及其在全国的地位自非一成不变,如清初的浙江,即因饱受战火的摧折而经济凋敝,加之清政府沿袭明代的重税额度,而且还推行海禁政策,浙江经济的恢复就非常迟缓。太平天国农民运动中,浙江作为江南主战场之一,人口锐减,民生凋敝,经济萧条,如"(嘉兴府)战后人口仅及战前人

---

① 陈锋、张建民、任放:《中国经济通史(第八卷·上)》,赵德馨主编,湖南人民出版社,2002年,第70~71页。
② 张研:《清代社会经济史研究》,北京师范大学出版社,2010年,第50页。
③ 张研:《清代社会经济史研究》,北京师范大学出版社,2010年,第50页。

口的34.3%，人口损失208.7万，人口死亡率高达65.7%"①，"太平天国战争使得杭州府损失人口300万，人口损失率为80.6%"②。但从地域经济历时性的总体状况看，浙江经济在元明清三代经济中的重要地位及其受统治者的重点关注则是无可疑议的，而这正是浙江道教得以发展的基础性支撑所在。

元明清三代，道教经历了由盛而衰的发展过程。元政权在未定江南以前，着力支持和利用的是北方的全真教和真大道。如成吉思汗挥师西进时，即远召千里之外的丘处机，垂询劳问，示态汉人，争取民心。元代对道教的总体策略是以南宋的灭亡为界限的。"在灭南宋之前，主要是对北方的全真道、真大道教和太一教等道派的大力争取和利用……在灭南宋以后，其重点转为争取南宋统治区内最有影响的天师道。"③至元十三年（1276），元世祖召见36代天师张宗演，命他总领江南道教；十七年（1280），"诏令杜道坚护持杭州、明州诸宫观"④。玄教、天师道的受宠则直接推动了道教在江南的发展，浙江也自在沾溉之列。如张留孙的弟子"吴全节、王寿衍、陈日新、薛宗曦、孙宣谦等都曾住持杭州的道观宗阳宫、佑圣观、延祥观、开元宫等，在杭州有较大的影响"⑤。

明代自朱元璋建国后，即采取对道教强化管理的政策，在京师设立道录司，地方设立道正司、道会司，分层级实现对道教的制度化管

---

① 曹树基：《中国人口史（第五卷）》，葛剑雄主编，复旦大学出版社，2000年，第473页。
② 曹树基：《中国人口史（第五卷）》，葛剑雄主编，复旦大学出版社，2000年，第474页。
③ 卿希泰主编：《中国道教（第一卷）》，知识出版社，1994年，第62页。
④ 《浙江省宗教志》编辑部编：《浙江省宗教志·资料汇编（三）》（征求意见二稿），《浙江省宗教志》编辑部，1995年，第55页。
⑤ 林正秋：《杭州道教史》，中国社会科学出版社，2011年，第153页。

理。成祖之后，明代帝王对道教的优视日趋厚重，至世宗嘉靖年间而达到高潮。世宗皇帝兴建宫坛，斋醮扶乩，赏赐无度；先后宠遇道士邵元节、陶仲文，礼遇非常，位极人臣。世宗之后，明代帝王虽然依旧宠遇道教，但由于国势日颓，国家的内囊已然掏空，再加上道教自身的严重腐化，其渐趋没落已不可阻逆。然有明一代的崇道风气，使得浙江道教得以继续发展，一方面旧有宫观得到修缮并开始转型，这一点尤其表现在前朝的皇家宫观逐渐民间化；另一方面则是新的宫观的不断兴建，以扩充原有的宫观数额。如林正秋统计"明代杭州入册登记的道教宫观近40所。在数量上，超过了元代。……明代地方志书所列的道教宫观之名，有三分之二创建于唐宋及元代，而明代新建宫观不到三分之一"①。

清代统治者自关外入统，因其本身信仰的宗教为萨满教，故自然会接受佛教的洗礼、优视佛教，而对道教则采取限制加利用的策略。例数清代诸帝，除了雍正帝崇尚三教合一，恩遇龙虎山道士娄近垣，对道教比较重视之外，几无优待道教的帝王。乾隆即位后，正式将藏传佛教定为国教，道教的生存空间日渐逼仄。如乾隆四年（1739），"议奏嗣后真人差委法员往各省开坛传度，一概永行禁止"②；三十一年（1766），降龙虎山真人一品旧爵为三品；五十四年（1789），"谕正一真人嗣后著五年一次来京"③。嘉庆二十四年（1819），"谕正一真人系属方外，原不得与朝臣同列，嗣后仍照旧例，朝觐、筵燕概行停止"④。故清初虽有王常月重振龙门派宗风，带来龙门派的中兴，但因为缺少政治上的支持，道教加速没落的大势并没有改变。

---

① 林正秋：《杭州道教史》，中国社会科学出版社，2011年，第168页。
② 刘锦藻撰：《清朝续文献通考》，浙江古籍出版社，2000年，第8494页。
③ 刘锦藻撰：《清朝续文献通考》，浙江古籍出版社，2000年，第8494页。
④ 刘锦藻撰：《清朝续文献通考》，浙江古籍出版社2000年，第8494页。

相对于清代道教没落的整体趋势，浙江的道教并未趋同，反有逆势发展之态势。据孔令宏、韩松涛、王巧玲所著《浙江道教史》，清代中期、晚期，浙江全真道非常盛行，宫观数量大为增加；正一道虽略显衰落，在部分地区仍是较为兴盛。"总体来看，清代浙江道教不但没有衰落，反而有较大的发展。这表现在全真道，尤其是龙门派在台州、湖州、杭州等地，无论是在宫观寺庙、人数还是在教义理论建树方面都取得了很大的成绩。"[①]

综前所述，近古浙江整体较为优越的社会经济条件是道教得以发展的基础，而浙江道教的发展，道派的传衍，宗教理论的创新，尤其是宫观的建设又推动了道教方志的编纂，浙江存世道教方志卷帙浩繁，究其根本，离不开浙江经济和道教发展这一大前提。

## 二、道教宫观的定位、分布与高道辈出

道教宫观不仅是教徒生活、修行、传道和举行宗教仪式的重要场所，也是道教方志藉以编撰的主体。浙江道教方志的编纂，其立足点在宫观，即以宫观为中心，搜集、编纂与之相关的山水岩洞、宫观建置、仙踪灵迹、神仙高道、教派传衍、文人题咏等文献，以再现宫观发展的原始本末。而高道的出现，不仅能为宫观增重，为道教方志编纂提供文献素材，还会影响到方志编纂者对道教文献的重视程度。

### （一）寺观并称中道教宫观的从属地位

古人在编志属文时多以寺观并称，实际上道教宫观无论是在数量

---

[①] 孔令宏、韩松涛、王巧玲：《浙江道教史》，中国社会科学出版社，2015年，第691页。

上还是在规模上都无法与佛教寺院相提并论。关注、研究道教，阅读方志中的道教文献，必须要明了寺观并称的具体所指以及道教宫观的实际地位。

关于寺观实力和数量的对比，古人常持有的一种说法是"什一之论"，即佛教寺院约为道教宫观数量的十倍。如（宋）潜说友《咸淳临安志》寺观部分总论称："今浮屠老氏之宫遍天下，而钱塘为尤众。二氏之教莫盛于钱塘，而学浮屠者为尤众，合京城内外暨诸邑，寺以百计者九，而羽士之庐不能什一。"[1] 又如（明）陈让、夏时正《成化杭州府志》称："杭自晋以来至五季为钱氏擅有，宋南渡为行在，佛老之居倍他郡，而创于钱氏者十五六，佛氏之居视老氏又十八九焉。"[2] 僧道人数上的比较，也是寺观数量对比的重要参考，据宋真宗天禧三年官方对僧道的统计数据："凡度二十六万二千九百四十人，道士七千八十一人，女冠八十九人，僧二十三万一百二十七人，尼万五千六百四十三人。"[3] 道士、女冠、僧、尼人数相加为二十五万二千九百四十人，与总额相比少了一万人，即便将这一万人计入道士数额，以道士一万七千八十一人计，僧尼的数量也大大超过道士、女冠，达十四倍多。又（宋）陈耆卿《赤城志·版籍门二》"寺观"部分共记载台州府寺院365座，宫观19座（包括台州府和所辖黄岩、仙居、临海等县），寺院为宫观数的十九倍多。[4] 这说明"佛氏之居视老氏又十八九焉"的说法还是比较接近事实的，甚至多少还有一些保守。

---

[1] 何建明主编：《中国地方志佛道教文献汇纂·寺观卷（第111册）》，国家图书馆出版社，2013年，第128页。

[2] 四库全书存目丛书编纂委员会编：《四库全书存目丛书·史部（第一七五册）》，齐鲁书社，1996年，第669页下。

[3] （清）徐松辑：《宋会要辑稿》，中华书局，1957年影印，第7880页上。

[4] 《文渊阁四库全书（第四八六册）》，台湾商务印书馆，1986年，第702～721页。

因为寺观之间巨大的数量差距，加之佛教的社会影响力远超道教，地方史志在列录"寺观"时寺院、宫观的地位往往判若云泥，道教宫观有时纯粹成为佛道二教共存或儒释道三教合流的点缀，或仅为存取古迹、志不忘本之用。如（清）曹膏、唐宇霖修，陈琦等纂《奉化县志》称：

> 二教并行，互有消长，但黄老之说前于丈八金人，□自中土所谓"蓝天琼室"者，类矜积翠流丹。今奉境内惟知白马兰若，而紫台元观无闻，其以太乙受箓者又多附昆庐演梵天三乘，宜玉真阆无人焉。且芷珠宫尽为瞿昙也，特其故址仍存旧乘，名未可没耳。①

虽言佛道二教并行，互有消长，等视齐观，甚而强调道教之肇端中国早于佛教，有维护道教汉统的意愿，但面对本县境内道教没落，教徒纷纷依附佛教，转奉其法事，宫观尽数化为寺院的现实，修志者也只能依本史官"网罗天下放失旧闻"的职责，辑录旧有宫观相关文献，存之史册，略尽心志。

佛教有高僧大德辈出以崇饰教门，所受政治待遇较高等因素也是寺观并称中宫观被弱化、忽视的重要原因。如（清）魏峘修，裘琏等纂《钱塘县志》寺观卷小序称：

> 两峰三竺之胜，幽贞所庐，其徒间有杰音，琴聪、蜜殊，白、苏风流，不损吏治，有其存之，莫可废也。志寺观。②

---

① 何建明主编：《中国地方志佛道教文献汇纂·寺观卷（第147册）》，国家图书馆出版社，2013年，第73页。

② 何建明主编：《中国地方志佛道教文献汇纂·寺观卷（第115册）》，国家图书馆出版社，2013年，第330～331页。

琴聪、蜜殊为钱塘诗僧，分别以擅琴、嗜蜜而得名，行迹见苏轼《赠诗僧道通》一诗，"雄豪而妙苦而腴，只有琴聪与蜜殊"①。苏轼诗下自注云："钱塘僧思聪，总角善琴，后舍琴而学诗，复弃诗而学道。其诗似皎然而加雄放。安州僧仲殊诗，敏捷立成，而工妙绝人远甚。殊辟谷，常啖蜜。"② 在魏峴看来，正是因为琴聪、蜜殊等僧人间有妙诗存世，与白居易、苏轼风流倜傥而无损吏治一样，事迹高古，足堪表传，所以编纂方志者把他们记录了下来。

魏峴在《钱塘县志》卷末总论又称：

> 二氏之教，不士不氓，方袍员冠，舍其父母家室而以法嗣为子孙。其饮食居处，犹吾民也，有土田而赋税，亦吾民也。乃上可交于王公，下可等于农圃，于是氏号分而伦类别焉。我皇上钦崇佛教，鹫岭、南屏、云栖、玉泉诸刹，驾多亲幸，或赐御书匾额、御制诗歌，缁衣法侣，每承顾问，非夫神智绝伦、修证交彻者何以仰答圣聪乎？③

虽起首以佛道二教并称，肯定其教徒均为国民，而终篇以皇上对佛教的恩遇和事迹收束，不及道教一言，个中寺观地位之不同，斑斑可见。

一些方志，即便编志者在卷首说明中将佛道二教等量齐观，并如实辑录所隶属的寺观，但寺观间数量的明显差距，也显见道教宫观处

---

① （清）王文诰辑注，孔凡礼点校：《苏轼诗集》，中华书局，1982年，第2451页。
② （清）王文诰辑注，孔凡礼点校：《苏轼诗集》，中华书局，1982年，第2451页。
③ 何建明主编：《中国地方志佛道教文献汇纂·寺观卷（第115册）》，国家图书馆出版社，2013年，第428页。

于从属地位。如（清）赵之珩修，章国佐等纂《于潜县志·建置志（寺观附）》卷前小序称："夫旧迹固不可泯矣，若释道所创建，倘亦备游观而纪胜迹也"。①其后著录的寺院有狮子正宗寺、寂照教寺、广觉院、三学院等共计35座，另有简列名录的慧明庵、正觉庵等佛庵27座；相比之下著录的宫观仅有塑春观、真庆观、生仙宫3座，杂处在广寺群庵间，寥若晨星。

寺观在方志中的不同地位可能还体现在二者的列序关系上，即地位优越者在方志中居前编排。在近古编纂的方志中，"寺观卷"寺院先列似乎已成共识。像宋代崇奉道教，潜说友著《咸淳临安志》时将宫观列置于众多寺院之前以示优视，乃极少的案例。笔者检视何建明主编的《中国地方志佛道教文献汇纂·寺观卷》浙江部分，在列录寺观时将宫观置于寺院之前的，州志、府志类仅有（宋）陈公亮撰《淳熙严州图经》中的淳安县部分和（宋）钱可则修，郑瑶、方仁荣纂《景定严州续志》中的淳安县、分水县部分，其他如建德县、桐庐县部分二志仍是依照先寺后观的体例编排。出现这种同一志书中体例不一的情况，可能与编志者的不细谨有关。因为古代州志、府志的文献材料多取材于县志，若沿袭照搬，就容易产生体例不一的情况。即宋代《严州图经》《严州续志》所取材之《淳安县志》《分水县志》其"寺观卷"可能将宫观列于寺院之前，与《桐庐县志》《建德县志》将宫观列之于后不同，编纂州志者在取用编纂时不加统一，致有是误。至（明）杨守仁、徐楚纂《严州府志》，则将淳安县、分水县部分的寺院置于宫观之前，保持全志体例的统一。汇纂类县志中仅有（明）姚鸣鸾纂修的《淳安县志》将宫观置于寺院之前，至（清）刘世宁修、方桼如纂

---

① 何建明主编：《中国地方志佛道教文献汇纂·寺观卷（第123册）》，国家图书馆出版社，2013年，第391页。

《淳安县志》和李诗修、陈中元等纂《淳安县志》，均又将寺院置于宫观之前。以之推测，可知在地方志寺观卷中的常态为寺院当列录于宫观之前，部分宫观前置的特例在编志者看来自非正体，应当纠正。

因而，在方志文献编纂中，道教宫观虽然也是重要内容之一，但与同处"方外"的佛教相比，其影响力远不能及。道教在方志编纂"寺观"并称中的从属地位既揭示了道教的实际宗教地位与社会影响力，也从一个侧面说明了道教方志的珍贵价值。

### （二）浙江道教宫观的地域分布情况及特点

浙江道教宫观的地域分布的探查可以从两个层面展开：一是浙江宫观在"洞天福地"说中所占的比重及其地域分布情况，二是浙江宫观分布的地域特点。

#### 1. "洞天福地"说中的浙江道教宫观

洞天福地是道教神仙体系和思想观念的重要组成部分，多以风景秀丽、植被茂密、水资源丰富的名山为主，是道士远离世俗纷扰、静居修炼以登仙界之地。洞天即指山洞，因其幽深莫测，曲折回环，道士认为它可以潜通人间与仙界。福地即为有福之地，道士认为居此可以享受福分，进而修炼成仙。"'洞天福地'的观念大约形成于东晋以前，编集上清派仙人本业的《道迹经》《真诰》均已提到有'十大洞天''地中洞天三十六所'，《道迹经》还称引道书《福地志》和《孔丘福地》。"[①] 而最有影响的"洞天福地"说则出现在道教较为发达的唐代，以司马承祯的《天地宫府图》和杜光庭的《洞天福地岳渎名山记》为经典诠释，从而确立了"十大洞天""三十六小洞天"和"七十二福

---

① 卿希泰主编：《中国道教（第四卷）》，知识出版社，1994年，第136页。

地"共计 118 处道教神境界定。"洞天福地"说的提出与流行，与道教的发展密切相关，它类似一个支点或辐射点，以其为中心可以影响到周边道教宫观的创建和教派的传衍。浙属洞天福地及其在"洞天福地"说中所占的比重，既喻示了浙江道教的在中国道教中的地位，也因其辐射作用影响到了浙江道教宫观的整体创建，是浙江道教宫观地域分布的重要指标体现。

《天地宫府图》《洞天福地岳渎名山记》虽所载洞天福地的类别及数量相同，但二者在编排方式、内容构成、语言风格和内涵界定上却不尽相同，其洞天福地的具体地域指向也不完全一致。①

司马承祯《天地宫府图》编之在前，存录于（宋）张君房所编《云笈七签》中。前有序文，后列十大洞天，三十六小洞天和七十二福地。每类前以"太上（太上老君）曰"定性，级别由上而下，其中十大洞天"处大地名山之间，是上天遣群仙统治之所"，② 三十六小洞天"在诸名山之中，亦上仙所统治之处也"，③ 唯七十二福地"在大地名山之间，上帝命真人治之，其间多得道之所"。④ 具体描述的语言上，则务求简约，洞天部分交代其序列、面积、别号、地理位置和治仙，如："第一王屋山洞。周回万里，号曰小有清虚之天，在洛阳、河阳两

---

① 现存《道藏》本中《洞天福地岳渎名山记》只有"十大洞天"部分标志了序号，"三十六洞天"和"七十二福地"并未标注序号，故此序号为笔者根据其所列洞天福地的先后顺序增补。又《洞天福地岳渎名山记》中"七十二福地"似乎只有七十一处。检《天地宫府图》所载"第二十三真墟。在潭州长沙县，西岳真人韩终所治之区。第二十四青玉坛。在南岳祝融峰西，青鸟公治之。"《洞天福地岳渎名山记》中作"洞真坛，在长沙南岳祝融峰"，则此"南岳祝融峰前"当脱"青玉坛"三字；原文似应表述为"洞真坛，在长沙县。青玉坛，在南岳祝融峰"，《洞天福地岳渎名山记》增补入青玉坛则恰成七十二福地。
② （宋）张君房编，李永晟点校：《云笈七签》，中华书局，2003 年，第 609 页。
③ （宋）张君房编，李永晟点校：《云笈七签》，中华书局，2003 年，第 611 页。
④ （宋）张君房编，李永晟点校：《云笈七签》，中华书局，2003 年，第 618 页。

界，去王屋县六十里，属西城王君治之。"① 福地部分则更加简略，一般只介绍序列、方位和治仙，如："第四东仙源。在台州黄岩县，属地仙刘奉林治之。"② 杜光庭《洞天福地岳渎名山记》撰之在后，全记所录涵盖大荒、十天之内和海外诸多仙道处所，涉及仙灵传说圣地、人间修道宫观等，分为"岳渎众山""中国五岳""十大洞天""五镇海渎""三十六靖庐""三十六洞天""七十二福地""灵化二十四"八类，洞天福地仅其部分而已。语言上务求简略，内容则如序文所言"聊纪所管郡县及仙坛宫观大数而已"。③ 如"霍童山霍林洞天，三千里，在福州长溪县"。④

据《天宫地府图》和《洞天福地岳渎名山记》所载，浙江洞天福地的占有率、名称及分布并不完全相同，这主要体现在"七十二福地"中。⑤ 现以《天宫地府图》为主，以《洞天福地岳渎名山记》为辅，⑥ 简要统计论析如下：

十大洞天，浙江占有其三。分别是：第二委羽山洞，在台州黄岩

---

① （宋）张君房编，李永晟点校：《云笈七签》，中华书局，2003年，第609页。
② （宋）张君房编，李永晟点校：《云笈七签》，中华书局，2003年，第619页。
③ 《道藏（第一一册）》，文物出版社，上海书店，天津古籍出版社，1988年，第55页中。
④ 《道藏（第一一册）》，文物出版社，上海书店，天津古籍出版社，1988年，第57页下。
⑤ 《天地宫府图》和《洞天福地岳渎名山记》中洞天福地记录的名称、序列、面积、地理位置和治仙等信息不尽相同：有面积、治仙不同的，如赤城山洞，"司马本"作"三百里"、治仙"玄洲仙伯"，"杜本"作八百里、治仙"王君"；有序列不同的，如华盖山洞，"司马本"为第十八洞天，"杜本"为"十七洞天"；有名称不同的，如"司马本"第三十四"天目山洞……名曰天盖涤玄天"，"杜本"为"天柱山大涤玄盖洞天"；有地理位置不同的，如第二委羽山洞，"司马本"作"台州黄岩县"，"杜本"作武州。本统计重在说明浙江洞天福地所占比重，故重点在于洞天福地的名称、序列和地理位置，面积和治仙则略去。
⑥ 为比对方便，此处以"司马本"代称《天地宫府图》，以"杜本"代称《洞天福地岳渎名山记》。

县，"杜本"称在武州，当误。第六赤城山洞，在台州唐兴县。第十括苍山洞，在处州乐安县，"杜本"称在台州乐安县；乐安县即今仙居县（唐末属处州），乃唐行政区划之变更所致。

三十六小洞天，浙江占有其九。分别是：第九四明山洞，在越州上虞县，"杜本"称在越州余姚县；四明山跨此二地，两说皆可。第十会稽山洞，在越州山阴县镜湖中。第十八华盖山洞，在温州永嘉县。第十九盖竹山洞，在台州黄岩县。第二十七金庭山洞，在越州剡县。第二十九仙都山洞，在处州缙云。第三十青田山洞，在处州青田县。第三十四天目山洞，在杭州余杭县，"杜本"作"天柱山大涤玄盖洞天""在杭州余杭县天柱观"，应为同一处所。第三十六金华山洞，在婺州金华县。

七十二福地，据《天地宫府图》浙江占有其十八，据《洞天福地岳渎名山记》则占有其十九（实为十八，见后论）。其中二本俱存的有十三处：第四东仙源，在台州黄岩县；"杜本"为第三，在温州白溪。第六南田山，在东海东；"杜本"为第四，名"南田"，在处州青田。①第七玉溜山，在东海，近蓬莱岛；"杜本"为第五，名"玉瑠山"，在温州海中。第八青屿山，在东海之西，与扶桑相接；"杜本"为第六，

---

① 东海、青田相去甚远，故此南田山和南田当非一处福地。又：（明）陶宗仪撰《说郛·洞天福地岳渎名山记》（《文渊阁四库全书（第八七九册）》，台湾商务印书馆，1986 年，第 578 页上）作"南田山"，据之《道藏》本当脱一"山"字。检《赤城志》卷二十二《宁海》（《文渊阁四库全书（第四八六册）》，台湾商务印书馆，1986 年，第 777 页上）载"南田山，在县东海中，上有平畴，可三十顷。"则此《天地宫府图》中之南田山可能在台州宁海县，下表统计"司马本"按此计入。另：孔令宏等所著《浙江道教史》："据《舆地纪胜》称，在浙江青田县南田，南田山在青田县城南一百五十里处。（《浙江道教史》，第 2 页）"应是将司马本的南田山与杜本的南田混同为一，其说可能有误。据《天地宫府图》所录"南田山，在东海东，舟船往来可到，属刘真人治。（《云笈七签》，第 620 页）""舟船往来可到"说明此南田山明显位于海上或极度广阔的水域中央，青田乃内陆地区，其南田山并无此地域特征，且不论东海在唐代的具体位置所属及南田山究竟是否隶属浙江，《天地宫府图》中的南田山不在青田境内应该是可以确定的。

在东海口。第十二大若岩,在温州永嘉县东一百二十里;"杜本"为第六十六。第十四灵墟,在台州唐兴县北;"杜本"为第十二,在台州天台山。第十五沃洲,在越州剡县南;"杜本"为第十三。第十六天姥岑,在剡县南;"杜本"为第十四,在台州天台南。第十七若耶溪,在越州会稽县南;"杜本"为第十五,在越州南樵风径。第二十八陶山,在温州安国县;"杜本"为二十六,在温州安固县。第二十九三皇井,在温州横阳县;"杜本"为第七十一,在温州仙岩山。第三十烂柯山,在衢州信安县;"杜本"为第二十七。第五十七天柱山,在杭州于潜县;"杜本"为第六十五,名"白鹿山",在杭州天柱山。

"司马本"辑录而"杜本"不载的福地有五处:第二盖竹山,在衢州仙都县;第三仙磕山,在温州梁城县五十里;第五西仙源,在台州黄岩县峤岭一百二十里;第六十司马悔山,在台州天台山;第六十三,芡湖鱼澄洞,在古姚州。

"杜本"辑录而"司马本"不载的福地有六处:第二石磕源,在台州黄岩县峤岭;第十七清远山,在婺州浦阳县东白山;第四十七虎溪,在湖州安吉县;① 第五十九四明山,在梨州;② 第六十四大隐山,在明州慈溪县天宝观;第六十八西白山,在越州剡县。③

---

① (明)陶宗仪《说郛》辑录杜光庭《洞天福地岳渎名山记》载:"虎溪,在江州(今江西九江)。《文渊阁四库全书(第八七九册)》,第 577 页上)"且佛门盛传有庐山东林寺"虎溪三笑"的典故,虎溪(山)自应在江州。《道藏》本所录似误,姑录于此。若去掉"虎溪",则二本所录浙江洞天福地数量相同。

② 梨州,未详所在。"杜本"该条下有"魏道微上升处"。魏道微,绍兴地方志有收录,"上虞人,好道,相传仙去。今邑中有其墓。"[(清)俞卿修,周徐彩纂《绍兴府志》,《中国地方志佛道教文献汇纂·人物卷(第 45 册)》,第 122 页](明)诸万里《于越新编》亦载之,则此梨州当在绍兴境内,隶属浙江。

③ 上文所列洞天福地文字材料分别取自(宋)张君房编,李永晟点校:《云笈七签》,中华书局,2003 年,第 609～631 页;《道藏(第一一册)》,文物出版社,上海书店,天津古籍出版社,1988 年,第 56 页下～59 页中。

分计《天地宫府图》（司马本）和《洞天福地岳渎名山记》（杜本）所录浙江洞天福地如下表（去除"虎溪"）：

| 司马本 / 杜本 | 杭州 | 嘉兴 | 湖州 | 宁波 | 绍兴 | 温州 | 金华 | 台州 | 丽水 | 衢州 | 舟山 |
|---|---|---|---|---|---|---|---|---|---|---|---|
| 十大洞天 | | | | | | | | 3/2 | 0/1 | | |
| 三十六洞天 | 1/1 | | | | 3/3 | 1/1 | 1/1 | 1/1 | 2/2 | | |
| 七十二福地 | 1/1 | | | 1/1 | 4/5 | 1/3 | | 8/5 | 1/1 | 1/1 | |
| 总计 | 2/2 | 0/0 | 0/0 | 0/1 | 7/8 | 5/4 | 1/2 | 12/8 | 2/4 | 1/1 | 0/0 |

从表中看，司马本中浙江洞天福地共计 30 处，由多而寡计分别是台州 12 处，绍兴 7 处，温州 5 处，丽水 2 处，杭州 2 处，金华、衢州各 1 处；杜本中浙江洞天福地共计 30 处，由多而寡计分别是绍兴 8 处，台州 8 处，温州 4 处，丽水 4 处，杭州 2 处，金华 2 处，宁波、衢州各 1 处。两本合计而取中间值，由多而寡分别是台州 10 处，绍兴 7.5 处，温州 4.5 处，丽水 3 处，杭州 2 处，金华 1.5 处，衢州 1 处，宁波 0.5 处。由统计看，除了舟山悬绝海外，没有洞天福地外，浙江经济最为发达的杭嘉湖地区洞天福地的数量反而最少，两本合计值仅 2 处。而高山峻岭众多的金、丽、衢地区也很少，合计仅有 5.5 处。浙江大多数的洞天福地集中在温台平原和宁绍平原周边山区，分别是 14.5 处和 8 处。

造成这一现象可能有多方面的原因：一是洞天福地确立的首要标准一般是有一定高度的山地，故经济富庶的杭嘉湖平原地区分布数量较少，而山地绝少的嘉兴地区无一洞天福地更是说明了这一问题。二是水系、山地植被与景观的决定作用，即洞天福地所在地要水系发达，植被葱茏，山境奇秀，符合道士心中对灵境的期许，这一方面，温、台诸山占有优势。三是交通条件要便利，即洞天福地要便于与都会和人流辐辏之地实现交通衔接，以满足修道者既脱离俗境、静心修道又不离人境以获取必要给养的目的。① 当然，决定洞天福地的选址是多重因素的综合，比如丽水、衢州、舟山等地虽然山水秀丽，但洞天福地的数量较少，其原因可能就在交通不发达、经济相对落后上；杭州虽为山水之城，然不太符合洞天福地应适当远离都市的要求，总而言之兼具山水、交通、经济之利的台州、绍兴、温州其洞天福地数量之众多就可以理解了。

**2. 浙江宫观的分布情况**

浙江宫观数量历来很少有详实的官方统计，宫观数据信息（如宫观和道士的数量等）多散见于地方志和文人文记②中，不成体系，既不能表现横向上的数据比较，也不能显示其纵向上的发展态势，难以勾勒出浙江宫观分布与发展的历史脉络。对浙江道观宫观分布情况的探查可以考虑个案与整体研究两种形式，个案研究重在寻绎某一府县的宫观分布情况，以展现该地宫观分布的局地特点；整体研究则是以浙江全省的宫观分布为探查对象，借以了解道教宫观在浙江不同地域的整体分布态势。鉴于在册宫观资料的匮乏，以及一地道教宫观发展的传统惯性，个案与整体研究可以从断代的角度进行分析，即以某一时期的宫观统计数据来推定其历史上的总体分布态势。这种统计方式，

---

① 李会敏，杨波，周亮，郑群明，王凯的《基于"洞天福地"的中国"福地"分布探究》一文利用GIS技术分析和BPI建模研究洞天福地，指出海拔高度、植被条件、降雨量、河流、唐代主要交通、唐代地方行政中心和唐代商业中心对洞天福地空间分布的影响，有一定的科学性，可资参考。文载《湖南师范大学自然科学学报》2016年第4期，第39卷第8～16页。

② 本书中的"文记"一词，指诗词曲之外的文字记录或文章，包括散文、骈文、辞赋等。

虽不尽科学（如忽略了道教宫观发展的历时性变化），然在材料匮乏的情况下多少能管窥蠡测，了解浙江宫观分布之一鳞半爪。

如前所论，古代文献对宗教场所的记述多以寺观并称，很少有分列的数据统计，加之古人统计寺观多约略言之，这为研讨寺观中居于从属地位的道教宫观的数量及分布情况带来困难。如明代田汝成《西湖游览志余》卷十四、十五"方外玄踪"论及杭州的佛道高德，其引言部分即介绍了杭州宗教场所的存续情况：

> 杭州内外及湖山之间，唐已前为三百六十寺。及钱氏立国，宋朝南渡，增为四百八十。海内都会，未有加于此者也。为僧之派有三：曰禅、曰教、曰律。今之讲寺，即宋之教寺也。……大抵僧家以禅那为宗旨，而教所以致禅。……教而不知禅，是不识家也；律则慎摄其威仪，而涵养其智定，禅与教者之所兼资焉。[①]

田氏所论方外当然包括佛道二教，但其论列之开篇则只谈佛寺而不言道观，进而只言佛理不言道论，后文枚举的也都是杭州名寺，没有宫观。这一方面因为佛教的影响力大大超越道教，另一方面也可能是因为宫观数量远不及佛寺，无法在论述中形成宗教影响力巨大的效果，故略而不言。且田氏所论"三百六十""四百八十"明显为推测数据，泛泛而言，推究浙江宫观的分布，自然不能以此类材料为据，而是要寻求具体的文献和数据支撑。

杭州为浙江的政治、经济、文化中心，道教的发展及宫观的分布

---

[①] 王国平主编：《西湖文献集成（第3册）》，杭州出版社，2004年，第465～466页。

历来引领全省，至南宋而达到极致，从个案研究的角度看，其宫观的分布情况最具影响力和代表性，故试而论之，以例其余。

  杭州的道观常态数量究竟有多少，史上并没用相关的官方统计数据，其历时性发展情况如何，也缺少足够的文献说明。有论及者也多寺观并提，缺少明确的数据支撑，如"今浮屠老氏之宫遍天下，而钱塘为尤众。二氏之教莫盛于钱塘"①　"寺观之盛，未有甚于杭州者"②之类。近古文献中对杭州宫观的详实列举，当首推（宋）吴自牧所著《梦粱录》。据吴氏所列，南宋时期杭州御前宫观有东太乙宫、显应观等10座，其他城内宫观有天庆观、元贞观等25座，在城及附廓女冠宫观有福田、新兴等9座，城外七县除洞霄宫外，仅有23座。③ 统而言之，杭州城及附属七县共有宫观67座，其中杭州城44座，城外七县23座，杭州城的宗教中心地位一览无遗。南宋时期为杭州道教发展的鼎盛期，其宫观数量和地位自当冠绝海内，且吴氏所列俱为存世宫观，不同于明清方志"不计存废"的宫观辑录方式。44所城内和附郭宫观构成了南宋杭州城宫观分布生态图，其数量虽无法与寺院抗礼，然从道教宫观历史发展的角度而言，也算得上蔚为壮观了。④

  笔者再以陈让、夏时正《成化杭州府志》为据，对明成化年间的杭州道观数量作一粗略统计：道观总数共计65座，包括杭州城（29）、

---

  ① 何建明主编：《中国地方志佛道教文献汇纂·寺观卷（第111册）》，国家图书馆出版社，2013年，第128页。

  ② 何建明主编：《中国地方志佛道教文献汇纂·寺观卷（第115册）》，国家图书馆出版社，2013年，第330页。

  ③ 《文渊阁四库全书（第五九〇册）》，台湾商务印书馆，1986年，第122页下～123页上。

  ④ 另：（宋）吴自牧《梦粱录》有"然二教之中莫甚于释，故老氏之庐十不及一"之论，结合前引田汝成《西湖游览志余》"宋朝南渡，增为四百八十（寺）"的约数，此处杭城43座宫观的统计比例还是比较符合实情的。

钱塘县（5）、①海宁县（8）、余杭县（1）、富阳县（8）、临安县（5）、于潜县（4）、昌化县（5）。其中始建于宋以前的有10座，始建于两宋的有35座，始建于元代的有16座，始建于明代的1座，未说明始建时代的2座；明确说明修志时已毁的15座，未交待存废情况的18座，现存的（包括并入其他道观的）32座。另翻检《建德县志》②、《淳安县志》③、《萧山县志稿》④、《严州府志》⑤，共收录萧山、建德、淳安三地道观19座。其中明确为成化以前始建的7座，成化以后始建的6座，未标注始建时间的6座。以当今杭州的行政区划计，去掉海宁县的8座，再增补以萧山、建德、淳安三地的道观7座，明成化间杭州的道观数（不计存废）应为64座。当然，《成化杭州府志》的统计并不准确，如余杭县只有道观1座，明显与史实不符。据（清）张吉安等修《余杭县志》⑥，共记录余杭道观19座，其中明确为明以前所建的有16座，3座未详。这样，不计存废的话，明成化年间，杭州的道观数应为79座。当然，这些都是以今天的大杭州概念来统计的，考虑到宫观的废弛情况，其存世宫观的数量和地位自然无法与《梦粱录》

---

① 《成化杭州府志》中钱塘县所列宫观为四圣延祥观、表忠观、西太乙宫、玉清宫、神霄雷院，其中前四座《梦粱录》均加著录，为杭城宫观，神霄雷院在庆化山，虽在城外，亦应属杭城宫观，故实际上其杭州城宫观应含括钱塘县的5座宫观，为34座。
② （清）周星峄等修，严可均等纂：《建德县志》，《中国方志丛书·华中地方·第五四七号》，成文出版社有限公司，1983年。
③ （清）李诗等纂修：《淳安县志》，《中国方志丛书·华中地方·第二〇八号》，成文出版社有限公司，1975年。
④ 张宗海等修，杨士龙等纂：《萧山县志稿》，《中国方志丛书·华中地方·第八四号》，成文出版社有限公司，1970年。
⑤ （清）吴士进修，吴世荣增修：《严州府志》，《中国方志丛书·华中地方·第五五号》，成文出版社有限公司，1970年。
⑥ （清）张吉安等修，朱文藻等纂：《余杭县志》，《中国方志丛书·华中地方·第五六号》，成文出版社有限公司，1970年。

所列杭城 43 座、七县 24 座相提并论。

另民国钟毓龙编著,钟肇恒增补《说杭州》①,其中对杭州祠庙寺观也作了细致的搜集整理。据其分类,其中属于"神道神话者"有"东岳庙、城隍庙、龙王庙"等 28 座,属于"崇德报功者"有"药王庙、轩辕宫、关帝庙"等 73 座,属于"道教者"有"佑圣观、紫阳庵、通玄观"等 22 座。这其中,"神道神话"庙除极少数"如痘神庙"属佛教寺庙外,大多数如"玉皇殿""三官庙""太岁庙""雷祖殿""火神庙"等当属于道教宫观。加上一些宫观有多处行祠,如"杭州玉皇殿有四""杭州之东岳庙有三"等②,其总数应不少于 28 座。"崇德报功者"多数为儒教或民间祭祠,然亦有少量庙宇如"伍公庙""金龙四大王庙""朱大天君庙""灵卫庙"隶属道教宫观祠庙。再加上道教既有的 22 座宫观,《说杭州》统计的道教宫观总数当在 54 座以上。当然,钟氏统计的是历代杭州曾有之宫观有址可寻者(不计存废),基本局限于杭州城,不包括杭属各县,且其统计标准也值得商榷③。与《梦粱录》中不计祠庙的 43 座宫观统计数据相比较,其 22 座宫观的数量明显少了很多。

---

① 王国平主编:《西湖文献集成(第 11 册)》,杭州出版社,2004 年,第 661~750 页。

② 王国平主编:《西湖文献集成(第 11 册)》,杭州出版社,2004 年,第 661~663 页。

③ 钟氏统计的分类标准明显不够科学。他将杭州的祠庙寺观分为四类,即"属于神道神话者""属于崇德报功者""属于佛教者"和"属于道教者"。前两类以崇祀的神主来分类,后两类以所属宗教来分类,二者之间在逻辑上存在互相包含的关系。其所列"属于道教者"中的"文昌阁""丁仙阁""元帅庙"等虽可视作宫观,但近古方志在统计中往往只会将其视作祠庙祭坛,不列入其宫观统计中。如《梦粱录》在列录宫观之外,在卷十四"祠祭"中列录有神坛祠庙如"山川神(20)""忠节祠(7)""仕贤祠(7)""古神祠(9)""土俗祠(32)""东都随朝庙(1)""外郡行祠(15)"共计 91 座,其中一些如东岳行宫、忠清庙(即清代伍公庙)等实际亦可归属道教宫观。详见《文渊阁四库全书(第五九〇册)》,第 113~119 页。

浙江全省道教宫观的分布情况可据明清时期编纂的《浙江通志》了解一二。《浙江通志》有四个重要的版本，分别为明嘉靖本（胡宗宪修，薛应旂等修）、清康熙本（王安国等修）、雍正本和光绪重刊本（即乾隆初李卫、嵇曾筠等修《敕修浙江通志》）。① 其中明嘉靖本为《浙江通志》的开篇之作，然"体制之未备，考订之未详"；② 体例最优的为最后集成的光绪重刊本。据鲁涤平《景印浙江通志序》称：

> 雍正七年，诏各省修志，浙督李卫设局编纂，凡历五年，成志二百八十卷。迨乾隆初，总督嵇曾筠更为补订，表上付刊。光绪二十五年，复经浙江官书局重刻，即今本通行者，是《四库总目》称其体例视他志为优，盖笃论也。③

明清方志编纂，后继者多依本前志，考订续补，踵事增华，间也有调整体例，务求完备者。光绪重刊本《浙江通志》是在雍正本基础上修订而成的，280卷的雍正本才是《浙江通志》的奠基之作。

定本刊行的《浙江通志》在卷帙安排上设有"寺观"分卷，辑录了浙江各地一些重要的佛寺道观。据笔者统计，此志共辑录浙江各地宫观146座，其中杭州府县18座，嘉兴府县19座，湖州府县19座，宁波府县8座，绍兴府县15座，台州府县16座，金华府县13座，衢

---

① 此本《中国地方志集成》中定名为《雍正浙江通志》，民国商务印书馆影印本则定名为《浙江通志》。观嵇曾筠《敕修浙江通志序》，此志虽基本成书于雍正十三年（1735），然经嵇曾筠"递加检阅，重为审定"并进献乾隆帝则已在乾隆元年（1736）七月，故似应题作《浙江通志》为当。当然，若以内容定，此系列《浙江通志》实际可分为三个版本，即嘉靖本、康熙本和雍正本（未及刊行）。

② （清）李卫、嵇曾筠等修：《浙江通志》，商务印书馆，1934年，卷前第1页。

③ （清）李卫、嵇曾筠等修：《浙江通志》，商务印书馆，1934年，第1~2页。

州府县9座,严州府县7座,温州府县6座,处州府县16座。① 从数据上看,宫观分布最多的是经济最为富庶的杭嘉湖地区,共计56座(若计入严州府则为63座),其次为金华、丽水、衢州地区,共计38座,然后是宁绍地区23座,温台地区22座。这样的统计结果只能粗线条勾勒同时期浙江宫观的分布情况,难称客观。最重要的一点就是所录宫观数量远远少于各地实际存废的宫观数量,比如其中未著录道观的有定海、山阴、萧山、建德、寿昌五县,(明)杨寔纂修《宁波郡志》(成化四年刻本)即著录有渊德观、旌信朝元宫、圣妃宫等9座定海宫观;(清)戚延裔修,马天选等纂《建德县志》(清康熙二十三年刻本)著录有洞真观、龙兴观、凤翔观等6座建德宫观;彭延庆修,姚莹俊纂,张宗海续修,杨士龙续纂的《萧山县志稿》(民国二十四年铅印本)著录有康熙、乾隆间存世的南山道院、北山道院等多座萧山宫观。② 按照地方志多沿袭前志和不计存废的寺观辑录传统来看,无疑《浙江通志》中辑录的各地宫观数量是值得商榷的。当然,从另一个层面看,《浙江通志》辑录的为全省宫观,限于方志篇幅只能根据一定标准裁夺删减,择其要者,不能如府县方志一般详细全面。③ 只是这样一来,我们就不能仅仅根据《通志》的统计来审视浙江宫观的整体分布了,似乎结合浙江各地道士的统计数据来综合评定更为切实可行。

---

① 详见(清)李卫、嵇曾筠等修:《浙江通志》,商务印书馆,1934年,第3865~4007页。

② 《宁波郡志》《建德县志》《萧山县志稿》所录分别见《中国地方志佛道教文献汇纂·寺观卷(第144册)》第357~358页、第125册第399~400页、第126册第259~261页。

③ 一般而言,县志详于府志,府志详于省志,而关于道教宫观的记载,即便是相对最为详实的县志,对于他们认定的乡村野观,也是略而不录的,因而浙江各地实际存有过的道教宫观数量,应该远远大于地方志中列录的宫观数量。

民国二十五年（1936）姜卿云修订的《浙江新志》① 有1934年对浙江各地信教教徒人数的调查统计，虽为民国时期的数据，但从宗教沿袭性的角度来说对认识分析浙江宗教的地域形态还是有一定的借鉴意义的。居其统计，全省佛教徒476372人，基督教中耶稣教徒38809人、天主教徒31802人，道士15538人，回教徒4171人。道士仅为佛教徒的3.26%，西方宗教耶稣教、天主教教徒的数量也大大超过道教教徒。兹取其中关于道士的统计数据，列表如下：

| 地名 | 道士男＋女数量（人） | 地名 | 道士男＋女数量（人） |
| --- | --- | --- | --- |
| 杭州 | 626＋253＝879★ | 天台县 | 48＋17＝65 |
| 杭县 | 135＋3＝138 | 仙居县 | 176＋55＝231 |
| 海宁县 | 336＋10＝346★ | 总计 | 3516 |
| 余杭县 | 96＋2＝98 | 金华县 | 104＋12＝116 |
| 临安县 | 91＋12＝103 | 兰溪县 | 40＋5＝45 |
| 于潜县 | 38＋2＝40 | 东阳县 | 72＋29＝101 |
| 昌化县 | 16＋0＝16 | 义乌县 | 77＋1＝78 |
| 富阳县 | 121＋38＝159 | 永康县 | 17＋11＝28 |
| 新登县 | 20＋6＝26 | 武义县 | 57＋4＝61 |
| 总计 | 1805 | 浦江县 | 64＋17＝81 |
| 嘉兴县 | 146＋5＝151 | 汤溪县 | 143＋0＝143 |
| 嘉善县 | 82＋4＝86 | 总计 | 653 |
| 桐乡县 | 58＋0＝58 | 衢县 | 97＋2＝99 |
| 崇德县 | 167＋2＝169 | 江山县 | 84＋13＝97 |
| 平湖县 | 122＋4＝126 | 龙游县 | 36＋0＝36 |
| 海盐县 | 159＋16＝175 | 常山县 | 118＋5＝123 |
| 总计 | 765 | 开化县 | 29＋0＝29 |

---

① 何建明主编：《中国地方志佛道教文献汇纂·寺观卷（第109册）》，国家图书馆出版社，2013年，第47～74页。

续表

| 地名 | 道士男＋女数量（人） | 地名 | 道士男＋女数量（人） |
| --- | --- | --- | --- |
| 吴兴县 | 608＋134＝748★ | 总计 | 384 |
| 长兴县 | 351＋84＝435★ | 建德县 | 54＋4＝58 |
| 武康县 | 138＋3＝141 | 寿昌县 | 34＋0＝34 |
| 德清县 | 100＋25＝125 | 遂安县 | 84＋0＝84 |
| 安吉县 | 62＋1＝63 | 淳安县 | 33＋0＝33 |
| 孝丰县 | 41＋3＝44 | 桐庐县 | 48＋3＝51 |
| 总计 | 1556 | 分水县 | 38＋0＝38 |
| 鄞县 | 126＋36＝162 | 总计 | 298 |
| 镇海县 | 35＋4＝39 | 永嘉县 | 481＋124＝605★ |
| 慈溪县 | 65＋8＝73 | 乐清县 | 297＋52＝349★ |
| 定海县 | 120＋5＝125 | 瑞安县 | 524＋176＝700★ |
| 奉化县 | 26＋1＝27 | 平阳县 | 581＋121＝702★ |
| 象山县 | 47＋5＝52 | 泰顺县 | 32＋0＝32 |
| 南田县 | 9＋0＝9 | 玉环县 | 252＋47＝299★ |
| 总计 | 487 | 总计 | 2687 |
| 绍兴县 | 782＋69＝851★ | 丽水县 | 52＋0＝52 |
| 萧山县 | 437＋118＝555★ | 青田县 | 77＋10＝87 |
| 诸暨县 | 229＋95＝324★ | 松阳县 | 71＋0＝71 |
| 余姚县 | 225＋58＝283★ | 缙云县 | 58＋2＝60 |
| 上虞县 | 223＋149＝372★ | 龙泉县 | 45＋2＝47 |
| 嵊县 | 110＋37＝147 | 云和县 | 1＋0＝1 |
| 新昌县 | 57＋25＝82 | 遂昌县 | 15＋0＝15 |
| 总计 | 2614 | 庆元县 | 18＋0＝18 |
| 临海县 | 496＋107＝603★ | 宣平县 | 40＋0＝40 |
| 黄岩县 | 846＋1047＝1893★ | 景宁县 | 353＋8＝361★ |
| 温岭县 | 349＋56＝405★ | 总计 | 752 |
| 宁海县 | 259＋60＝319★ | 全省总计 | 15517 |

从表中看，道士人数居第一位的是台州地区，达 3516 人；第二位为温州地区，2687 人；第三位为绍兴地区，2614 人；第四位为杭州地区，1805 人（若将当时隶属绍兴的萧山县及建德地区纳入杭州，去除今属嘉兴的海宁县，则杭州地区道士为 2312 人；此消彼长，将超越绍兴位列第三位）；第五位为湖州地区，1556 人；第六位为嘉兴地区，765 人（若计入海宁县，则为 1111 人，位序不变）；第七为位丽水地区，752 人；第八位为金华地区，653 人；第九位为宁波地区，487 人；第十位为衢州地区，384 人。以局地论，黄岩县以 1893 人高居榜首，其他接近和超过 300 人的有杭州、海宁县、吴兴县、长兴县、绍兴县、萧山县、诸暨县、余姚县、上虞县、临海县、温岭县、宁海县、永嘉县、乐清县、瑞安县、平阳县、玉环县、景宁县。以今日的行政区划看，温州 5 地，台州 4 地，绍兴 4 地，杭州 2 地，湖州 2 地，嘉兴 1 地，丽水 1 地。

结合两项数据可以大致归结出浙江道教的地域性分布态势，即台州、温州、绍兴、杭州为极度发达地区，湖州、嘉兴、丽水为次发达地区，金华、宁波、衢州则属于相对落后地区。这一道教发展地域态势的形成可能有几方面的原因：一是它与浙江"洞天福地"的分布相关联。如洞天福地数量最多的台州、绍兴、温州地区教徒数量最多，而洞天福地数量较少的衢州、宁波等地道士数量则较少，说明洞天福地在道教发展中具有重要辐射影响力。洞天福地不仅仅是道教发展的轴心点，其存在往往也喻示着周边众多的道教生存与发展的理想地理人文环境。二是宗教发展惯性的影响。即历代道教较为活跃的地区其道教发展往往有一定的延续性，如台州、绍兴、杭州历来为道教名流丛集传教之地，道教发展较为稳定。三是地区政治、经济、文化实力对道教发展的影响。杭州、湖州、嘉兴虽然洞天福地不多，但杭嘉湖地区历来为浙江经济最为富庶的地区，强大的经济、文化实力足以支撑道教的发展，杭州更是凭借其政治、经济、文化中心地位而成为道教发达地区。相对而言，宁波虽然经济较为发达，但缺少道教发展的传统环境；衢州则经济相对落后，地理交通条件也没有优势；金华经济虽至明清时期经济渐转强势，但相对杭嘉湖地区仍较落后[1]，且缺少道教发展的传统环境，故三者道教发展相对其他地区居于落后态势。

道士的数量是一地道教兴盛与否的重要标志，也是道教宫观规模和数量的重要参考，那是否可以根据道士的统计数据来推定浙江宫观的分布情况呢？

上表中道士数量的分析有两个因素须待解决：一是道士的认定标准。史料中记载的道士多是官方认可的登记在册的教徒，他们往往需要通过一定的考试，并持有官方发放的度牒，民间普通的信教教徒则不会被纳入官方正式的教徒统计数据；而此民国时期的道士统计则未必然，一些居家信众可能都会被统计在内。二是每一宫观道士的人数限定。不同历史时期道教宫观的发展情况不一，官方对宫观和道士人数的总体控制也会有所不同[2]，有严格限定单位宫观人数的，也有仅

---

[1] 近古浙江各地经济的发展情况可看参看陈国灿、奚建华：《浙江古代城镇史》，安徽大学出版社，2003年。

[2] 例如明代初年，朱元璋以"僧道日多，蠹财耗民"，决定限制僧道的发展，"乃诏天下府州县止存大观寺一，僧道并处之。非有戒行通经典者，不得请给度牒""二十四年六月丁巳，命礼部清理释道二教，限僧三年一度给牒。凡僧道，府不得过四十人，州三十人，县二十人。民年非四十以上，女年非五十以上，不得出家"。[（清）龙文彬纂：《明会要》，中华书局，1956年，第694～695页] 一方面归并寺观，控制寺观数量，另一方面对各地僧道徒的数量也作出了限制，只是这些规定在明中后期无法得到持续的贯彻执行，成为具文。相比之下，北宋至道三年（997）的宗教政策则很是宽松，如《宋会要》记载"天下僧尼道士系帐童行各于元额十人外更放一人，其寺观院舍及僧道童行不及十人者每院特放一人，并取系帐年深从上者更不试经业"。[（清）徐松辑：《宋会要辑稿》，中华书局，1957年，第7878页上]

仅限定系帐童行人数的，还有完全放任不管的，因而根据某一时期道士的人数来推定存废道教宫观的数量并不现实。

当然，地方志中尚有一些零星的道观与道士数量统计，虽不成体系，亦可略供参鉴。其一是宋《赤城志》卷十五中的台州府宫观和道士数量统计。《赤城志》统计的为宋大观三年至嘉定十五年（1109—1222）的人口数据（含宗教教徒），其中临海、黄岩、天台、仙居、宁海五县道士共计124人，五县共有宫观17座，平均起来每座宫观的道士数量应该是近7.3人。① 这是宋代官方记录的道士统计数据，并不包括宫观的依附人口。但若细绎的话其道士和宫观的统计也是存在问题的，其一如宫观数据中宁海县有一座天庆观，拥有田280亩、地107亩、山80亩，是一座颇具规模的道观，而在其道士统计中宁海县却没有道士，明显存在遗漏。其二是（清）彭孙贻、童申祉纂《海盐县志》，卷中称："康熙四年奉部清查通邑寺院僧尼道士名数。册载寺庙庵亭一百六十七座，实在僧人三百七十名。道观庙亭三十五座，实在道士七十六名。"② 材料以道观、庙亭统而言之，而庙亭又未必有道士驻持，故35座道观、庙亭中究竟有多少宫观，其与76名道士之间的比率如何，很难确定。《赤城志》修于南宋嘉定年间，当时为浙江道教发达时期，所列道观又广占田亩，规模较大，其平均在册道士数量可能相对较多（如按明初县道士不过20人的限定，其天台县57名道士的数量即过限甚多）。因而相对于省志、府志著录的名宫伟观，普通

---

① 《赤城志》分表所列道士数：临海30人，黄岩9人，天台57人，仙居25人，统计总数为121人，与前面所列总额124人不相符。具体宫观见《文渊阁四库全书（第四八六册）》，台湾商务印书馆，1986年，第720～721页，道士人数见《文渊阁四库全书（第四八六册）》，台湾商务印书馆，1986年，第724～725页。

② 何建明主编：《中国地方志佛道教文献汇纂·寺观卷（第138册）》，国家图书馆出版社，2013年，第299页。

宫观的在观道士人数应该较少。若参照（清）朱文藻《金鼓洞志》称引的普通佛教庵院住僧数量，一般可能也就在二三人左右。[①] 如上表道士统计所论，虽然我们无法确定浙江道教宫观的整体数量，但各地宫观数量所占比重应该与道士的数量大致成正比。从这一角度说来，浙江道教宫观的地域分布态势亦应如道士统计表所显示的那样，由洞天福地、地方经济文化和道教发展传统环境三大主体要素所左右，表现出以台州、杭州、绍兴、温州为主核心区，湖州、嘉兴、丽水为次，宁波、金华、衢州为末的三级宫观生态构成。而道教方志的编纂，也是与这一生态构成相关联。

### （三）道教人物的分类与影响

如果说宫观是道教方志编纂的立足点的话，那么道教人物则是这个立足点得以成立的重要元素，或者说道教人物的影响力决定了宫观的建设规模、延续历史和社会认可度等，进而也左右了该宫观在方志和宗教志编纂中的定位。

大体而言，影响浙江宫观的道教人物可以分为四种类型：第一类是传说中的神仙，如董双成、黄初平等，他们属于道教神祇，因其神通的法力和灵异的故事而为人所敬仰，宫观奉养他们一方面可以增强道教的神秘力量和影响力，另一方面也可借以强化与民间宗教的融通，提升宫观和宗教的社会地位。如在黄初平仙灵传说的基础上形成了黄大仙信仰，进而推动赤松宫和各地民间黄大仙祠庙的修建。受其影响

---

① （清）朱文藻《金鼓洞志》卷五称："旧传栖霞有七十二静室，盖合岭南北言之也。其实岭北庵院只二十余，皆创自前明，或兴于本朝，亦有名存而已废者。其有存者，住僧二三人，仅守山产数亩，樵苏自给，甚者无力修葺，渐致倾圮。"详见胡道静、陈耀庭、段文桂等主编：《藏外道书（第二○册）》，巴蜀书社，1994年，第257页上。

所及，倪守约编纂了《金华赤松山志》以彰显黄大仙神迹，启迪后人。第二类是神仙化的道教人物，如吕洞宾、张果等，这类人物往往史有其人，但在其事迹传播的过程中增加了太多的灵踪玄怪内容，人物本身实际上已脱离了原先普通道士或高道的身份，衍生为神通广大的仙者，很多宫观自然会借其灵迹以扩大社会影响力。如湖州东林山的回仙观，即主要凭借吕洞宾的榴皮画壁类的灵异传说而为道观增重，东林山也因其传说而吸引众多的文人墨客、各级官员登临凭吊，吟咏抒怀。《东林山志》的编纂中，回仙观和吕洞宾故事的相关题咏自然就成了一个重要的组成部分。第三类是有一些灵踪轶事的高道大德，如杜昺、葛洪等，这类人物虽富有一些灵异传说，但其主体仍是作为一名现实道士而存在的。如葛洪在浙地留有众多的行迹和传说，其炼丹井遍布省内，杭州的葛岭即因其而得名，由其信仰而创建的抱朴道院成为杭州地区葛洪崇祀的一座最重要的宫观。第四类为道行深笃的普通道士，如吴筠、司马承祯、杜光庭、唐子霞等，他们虽没有什么灵异的传说，但精心修道，以其德行或事迹在社会上有着较大的影响。如唐子霞在宣和年间主持洞霄宫，后在盗贼临境的情况下坚持本职，不愿弃宫，直至遇害。论其气节，丝毫不让饱受儒家忠义观念习染的士大夫，不仅增光宫观，也提升了方志编纂者的重视程度。①

上述道教人物分类从总体上又可以归为两类，一类是出生于浙江的本地道教人物，如郭文、魏伯阳、马湘、叶静能等。另一类则是游

---

① 关于唐子霞的事迹，（宋）邓牧撰《洞霄图志》与（清）闻人儒《洞霄宫志》中所载有所不同。《洞霄图志》述其行迹为"后远游，莫知所终"；《洞霄宫志》述其行迹为守宫而死于贼手，与地方志所载相同。检《洞霄图志》石正素（石自方）先生传，有宣和间誓志守宫，死于贼手的事迹，与地方志所载略同。邓牧寓据洞霄宫，对洞霄人物事迹相对较为熟悉，笔者以为唐子霞事迹地方志和《洞霄宫志》所载可能有误，即将石自方事迹混入了唐子霞生平传记中。

方浙江的外来道教人物，如葛洪、司马承祯、闾丘方远、白玉蟾等。但无论怎样分类，他们都以自己的行迹以不同的形式和影响力对浙江宫观的建设和道教的发展施加影响，甚而也影响到方志编纂者对他们的关注，进而影响到道教方志的编纂。以（清）李卫等修《敕修浙江通志》为例，其中列举了由上古至清初的浙江道教人物赤松子、董双成、张道陵、葛洪等共计150人[①]。他们或影响教派的传衍，如暨齐物之承朱君绪三洞法箓；或影响宫观的创建，如徐五真人之于太清观、潘先生之创建天柱观；或施功于社会，如张与材之盐官治理潮水；或著文以立说，如刘大彬之编纂《茅山志》，等等。正如《浙江通志·仙释》小序所言："三教虽殊，其理则一，盖三归二谛，原本自修；抱一守中，实参儒训。究其指趣，皆足以觉牖群蒙，助扬教化。浙地蕴灵毓秀，缁流羽士多托迹于此，考宗风而披仙箓，其人斯在，有可称述者。志仙释。"[②] 无论是编纂道观志还是地方志，都不得不预留篇幅追述高道行迹，显扬宗风，道教人物对道教方志编纂的影响不难想见。

## 第三节　道教方志的编纂、刊刻与收藏

　　狭义的道教方志指以宫观为中心的专志，一般涉及与宫观有关的地理环境、古迹建置、道教人物、宗教思想、神异故事、诗文题

---

[①] 何建明主编：《中国地方志佛道教文献汇纂·人物卷（第33册）》，国家图书馆出版社，2013年，第215～380页。

[②] 何建明主编：《中国地方志佛道教文献汇纂·人物卷（第33册）》，国家图书馆出版社，2013年，第215页。

记等内容。与儒教存史的观念相应，宫观道士多崇尚编纂方志，记录宫观的发展和教派的传衍情况，既增重山林，提高道教的社会影响力，又提醒后继道流勿忘前师筚路蓝缕、勤恳自守之志，恪守祖训、发扬宗风、增修宫观，维系教派的长期发展。除了道士出于护法、弘教的目的来编纂道教方志之外，封建帝王和士大夫也会出于各自的目的而涉足道教方志的编纂，三者共同构成了道教方志的编纂群体。

## 一、道教方志的编纂群体与编纂目的

道教方志的编纂者主要由道士和士大夫两类群体构成，其中士大夫又可以分为文士和官吏（有时身兼二重身份）。在极少数情况下，帝王也会成为道教方志的编纂者。道教方志的编纂者身份不同，其编纂目的和编纂方式也存在差异。

以上列《道藏》中 31 部道教方志的编者计，其中由道士主持编纂的有 13 部，士大夫编纂的有 13 部，帝王编纂的有 2 部（其中《龙角山记》为唐玄宗与士大夫韩望等合编），不著撰人有 3 部。可以看出，在道教方志编撰中道士足与士大夫相颉颃，其编纂道教方志占据了近一半的篇目。再统计近古部分存世浙江道教方志，其中属于道士编纂的有倪守约《金华赤松山志》、陈性定《仙都志》、孟宗宝《洞霄诗集》、何道隆《灵卫庙志》、梅志暹《重阳庵集》、仰蘅《武林玄妙观志》6 部。① 属于士大夫编纂的则有李宗谔《龙瑞观禹穴阳明洞天图经》、邓牧《洞霄图志》、曾坚等《四明洞天丹山图咏集》、姜南等《通

---

① （唐）徐灵府《天台山记》编纂时代为唐代，故未计入。四库本《灵卫庙志》题为"（明）夏宾撰，杨廷筠增辑"，笔者认为其编者当为道士何道隆。

玄观志》、杜翔凤《昭利庙志》、徐日炅《烂柯山洞志》、章士坰等《吴山伍公庙志》、丁午《城北天后宫志》《紫阳庵集》、朱文藻《金鼓洞志》《吴山城隍庙志》、吴玉树等《东林山志》、郑永禧《烂柯山志》、冯赓雪《台南洞林志》、郑烺《崔府君祠录》、仲学辂《金龙四大王祠墓录》、闻人儒《洞霄宫志》、丁申等《广福庙志》、卓炳森等《玉皇山庙志》等20部。① 就数量对比看近古士大夫编纂的道教方志数量大大超越了道士所编，已非复《道藏》所录二者足相颉颃的局面。就时代而言，宋元时期道士所编道教方志3部，明清时期所编亦为3部；而宋元时期士大夫所编道教方志有3部，明清时期所编则有17部。结合前列《道藏》所录31部道教方志编纂上道士、士大夫"分庭抗礼"的事实，说明至明清时期，道教方志的编纂主体已转为士大夫群体，道士虽然仍占一定的比重，但已不能与士大夫相提并论了。

　　上自帝王，下至士大夫和道士，虽然编纂道教方志的主旨多数仍在于弘教和助益教化，但因编者角色定位的不同，在具体的编纂目的上还是存在一些不同之处。

　　以帝王之名义撰写或编纂的道教方志较少，多为单篇的宫观碑记，其政治意义往往较为突出，即通过渲染、突显某一神祇或宫观的独尊地位，为其政治统治提供合法性依据。与之相应，经过帝王着意推崇的神祇、宫观便多少具备了皇家的身份，在道教的神祇谱系和宫观建置中具有了超卓的地位。这方面的典型代表有《龙角山记》《御制真武庙碑》《宋东太乙宫碑铭》等。

　　《龙角山记》收集了唐、宋、金三代有关龙角山宫观建置、老君崇

---

① 此统计主要以《道藏》和《中国道观志丛刊正续编》所收道教方志为主要依据，其标准存疑者俱录之。

祀、投龙祈禳等方面的碑记、诏令、祈祷文等①，全志按时间顺序编辑，最后有明确时间落款的是金大定十一年（1171）四月的一篇《祈雨祭文》，可知其成书应在金代。又最后一篇文记为王良翰的《祈雪文》，文曰"自秋八月至于今一百五十余日"②，则编志的时间至迟应在金大定十二年（1172）或之后。《龙角山记》不著撰者，唐明皇所撰《御制庆唐观纪圣铭》是其中重要的一篇碑记，文中记录了李渊和李世民征讨天下时太上老君的三次降神预言，其"老君言我亳庙之中，枯柏更生，子孙当王；又云我神兵助军伐刘黑闼，立夏当平，事果如言"③之类的话，无非强调了沧海横流现实下天命归于李氏的必然性和合法性，"示我龙兴之兆"才是太上老君三次降神的根本目的。其后的《唐明皇诏下庆唐观》《唐明皇再诏下太上老君观》《金箓斋颂》等诏令祈祷文，无疑进一步夯实了庆唐观的皇家宫观地位和太上老君李唐王朝守护神的身份。"可以说，羊角山的道教传统与其山脚下的老君祠一样，完全是凭空制造的，是在特殊形势下为满足现实政治需要而制造出来的，其根基和来源是国家权力，而非当地的信仰传统。"④ 帝王御笔为记，立碑以垂之久远，正是为了完成这一造尊神、立圣宫的运动，其撰写道教方志为政治合法性服务的取向欲盖而弥彰。

《御制真武庙碑》为朱棣所撰，时在永乐十三年（1415）八月。朱

---

① 《道藏提要》标注《龙角山记》为"李隆基、韩望等撰"是针对志中各篇目的作者而言的，就志书的编纂者来说当为"不著撰者"。其他如《道藏》所辑《天坛王屋山圣迹记》题作"杜光庭等撰"，也是这种情况。详见任继愈主编：《道藏提要》，中国社会科学出版社，1991年，第724页。
② 《道藏（第一九册）》，文物出版社，上海书店，天津古籍出版社，1988年，第700页中。
③ 《道藏（第一九册）》，文物出版社，上海书店，天津古籍出版社，1988年，第693页上。
④ 雷闻：《龙角仙都：一个唐代宗教圣地的塑造与转型》，《复旦学报（社会科学版）》2014年第6期，第91页。

棣以燕王之位起兵夺其侄子建文帝的皇权，为了鼓舞士气、强化道义，故而选取了道教中北方之神真武作为自己的守护神，以此强化"龙兴之兆"乃天命所授。朱棣夺位登基后，又耗费了大量的人力物力，自永乐十一年（1413）至二十二年（1424），历时12年修建武当宫观，将武当山营造为崇奉真武大神的道教洞天福地，为其篡位夺权的合法性提供信仰支持。此《御制真武庙碑》是朱棣为其起兵之地——北京所建真武庙撰制的碑文，是朱棣崇奉真武神祇运动的重要组成部分。"顾惟北京为天下之都会，乃神常翊相予于艰难之地，其可无庙宇为神攸栖、与臣民祝祈倚庇之所？"[①]朱棣在北京营造真武庙的目的是为了眷顾龙兴之地，虽与他全力推尊武当来作为真武祖庭的待遇有别，但一北一南，分庭而立，借真武以巩固政治统治的目的则是一致的。他亲濡翰墨，撰写碑记，以帝王之身份彰显赤诚之心，无非是通过尊神来强化其继统的合法性罢了。

帝王撰写道教宫观碑记，虽未必尽出其手，但以"御笔"或"诰命"出之，其尊崇的意义和权威性自非一般道教碑记所可比拟。此外，尚有另一种情况，即帝王授意、大臣执笔，以大臣的名义撰写道教宫观碑记。因于帝王和宫观的独特地位，此类宫观碑记虽由大臣代撰，仍与前述帝王御笔碑记一样，具备了浓郁的尊神以护统的政治意义，《宋东太乙宫碑铭》《宋西太乙宫碑铭》《宋中太乙宫碑铭》即此方面的代表。东太乙宫、西太乙宫、中太乙宫俱为宋皇家宫观，所祀五福太乙之神实乃有宋国家之守护神。他地位高贵，"太史公书云'天神之贵者曰太一（太乙），太一之佐曰五帝'"[②]；他神通广大，"上循五宫，

---

[①]《道藏（第一九册）》，文物出版社，上海书店，天津古籍出版社，1988年，第640页下。
[②]《道藏（第一九册）》，文物出版社，上海书店，天津古籍出版社，1988年，第687页下。

下视九土，所至则民皆富寿，所临则岁必丰穰。"① 故祀之可以祈禳国泰民安，皇祚永固。太平兴国八年（983）"诏立太一宫于皇都之巽地，所以宅神灵而昭瑞德也"②。九年，宋太宗亲幸东太乙宫礼祀，并诏选道士和太监同为监护，确立三元节令等定期祈禳仪范，命吏部侍郎扈蒙撰写碑铭以记录原委、表彰盛事、祈福万年。西太乙宫建于宋仁宗天圣六年（1028），仁宗及皇太后均有拜谒，翰林学士、侍读学士、玉清昭应宫判官宋绶奉敕撰《宋西太乙宫碑铭》。碑铭前记后铭，碑记部分记录了东、西太乙二宫的创建及历代宋帝奉祀情况，碑铭部分则歌颂神功玄化，祈祷福祉，佑护帝后。中太乙宫创建于神宗熙宁四年（1071），迄工于熙宁六年（1073），乃神宗应司天监言"太乙五福之神将于七年行临中宫"的位置，请"立祠其地以奉神"而修建。吕惠卿受命撰《宋中太乙宫碑铭》以记录其事，颂扬盛景，祈祷福佑宋室、泽被万民。宋室颇为注重太乙神的崇祀，南渡后，复建开封御前宫观，东、西太乙二宫自在其列，且因内设供奉皇帝元命之殿，其政治与宗教地位越发地突出。

士大夫编纂道教方志，基于编纂者的身份、所志宫观或道教洞天的规模地位等，其主要目的自与帝王巩固皇权的政治目的不同。浙江道教方志的士大夫编纂群体大致可分为文士（乡绅）和官吏两类，其中文士指的是没有仕宦身份的普通文人，官吏则往往是兼具文士身份的地方官宦。士大夫群体编纂道教方志的目的主要体现在四个方面：

第一，继承中国古代优良的史传传统，以存史为己任，志在藏之名山，垂之久远。在崇尚史学的时代，士大夫通过修史以实现"经国

---

① 《道藏（第一九册）》，文物出版社，上海书店，天津古籍出版社，1988 年，第 687 页下。

② 《道藏（第一九册）》，文物出版社，上海书店，天津古籍出版社，1988 年，第 687 页下。

之大业，不朽之盛事"的目标，进而因"立言"而立身"三不朽"之列。在这方面，道教方志虽比不上正统史志，但在修撰史志机遇较少的情况下，也不失为众多士大夫借以实现其修史理想的重要途径。"庙有志如国有史，三长宜擅才淹通。"① 寺观祠庙之有志与国家之有史性质相同，本着史学的传统，士大夫执笔撰辑道教方志自然也应是一件荣光的事情。

朱文藻为清乾隆、嘉庆年间的金石学家，一生著述宏富，除校有《三朝北盟会编》《默记》《南宋书》《桐溪诗草》等书外，还纂辑有《金鼓洞志》《吴山城隍庙志》《崇福寺志》《余杭县志》《朗斋碑录》等。他还曾参与汪宪振绮堂群籍的校勘和清廷《四库全书》的编校工作，晚年又参与阮元《两浙輶轩录》、王昶《西湖志》《金石萃编》的辑订工作，在学界享有较高的声名。朱文藻为杭州栖霞岭鹤林道院纂辑《金鼓洞志》，即非因宗教信仰，而是出于其金石学家广辑博搜的学风和史学家志以存世的传统——"钦惟高宗纯皇帝驻跸栖霞，天章宠贲，由是穷岩焕彩，寒谷生辉，既不可无纪载。至于仙踪屡降，灵异叠彰，亦不可使湮没。"② 类似的观念还体现在他所辑《崇福寺志》中。崇福寺曾为杭城一宏寺，历史悠久，然至清代已寥落不堪。朱文藻的居所距离崇福寺不远，常相走访，考虑到"此寺较古，不可无志以垂久远"，便"与玉山上人咨访耆宿，参稽故籍，创成《寺志》"③。

继承史传传统是士大夫编纂道教方志的核心目的和主要驱动力，它催生出众多的编纂观念和形式有别的编纂行为。如因史传传统而关

---

① 王国平主编：《西湖文献集成（第25册）》，杭州出版社，2004年，第935页。
② 胡道静、陈耀庭、段文桂等主编：《藏外道书（第二〇册）》，巴蜀书社，1994年，第189页上。
③ 王德毅主编：《丛书集成续编（第四九册）》，新文丰出版公司，1989年，第3页上。

注道教方志的传承性，及增补前人之所未备的观念。《通玄观志》首修于明正德、嘉靖年间之姜南，后为清康熙年间吴陈琰所增补。吴陈琰增补旧志时称"夫志者，志也。前人有不可已之志而未竟者，必后人百计以图，而后为善继人之志"，[1]即强调其增补旧志、重在传承不绝的意旨。参与参校的马铨则在《通玄观志后跋》中对道士朱闳绪延请吴陈琰增修旧志，存绝续废的举动给予了"不朽之盛业"的高度评价。

史传传统还派生出补辑郡邑志乘的观念。明清时期为方志编纂的繁盛期，省志、府志、县志、山水志、寺观志的编纂勃然而兴。一般而言，因所辖区域和方志篇幅的关系，府志详于省志，县志详于府志，而最详实者则为山水寺观之志。与方志所涉地域统辖相关联，方志的文献采择也多采用自下而上的序列，即县志文献供给府志编修取用，府志文献供给省志编修取用。如明清二代，方志供给采择的终端为《一统志》，雍正朝敕命李卫编修《浙江通志》，其中一个重要的目的就是供编纂《清一统志》之用，故"特命直省纂修通志，进呈睿览，煌煌乎甚巨典也。浙江于雍正九年开局编纂，前督臣相继裁定，于雍正十二年冬先缮稿本咨送《一统志》馆，以备采择"[2]。身处"末层"的道教方志，其编纂也就有了供郡邑志采择的目的。如屠倬在论及仰蘅《武林玄妙观志》的价值时即提出："夫郡邑之为志，不能无自而成也，必采乎山川寺观之志。吾知他日之志郡邑者，其必于是书有采焉，无疑也。"[3]

第二，修志以护法，从神道设教的角度肯定道教的护国佑民、助

---

[1] 四库全书存目丛书编纂委员会编：《四库全书存目丛书·史部（第二四六册）》，齐鲁书社，1996年，第409页上。

[2] （清）李卫、嵇曾筠等修：《浙江通志》，商务印书馆，1934年，第5页上。

[3] 王国平主编：《西湖文献集成（第24册）》，杭州出版社，2004年，第1053~1054页。

益教化等作用。道教为统治者所接纳，首在"上以祝鸿祚，下以祐民生"。①且其本来就在士大夫生活中扮演着重要的角色，士大夫在治病祛疾、求子祈福、祭奠先人等方面多有交游道士、仰祈道教神灵的举动，为宫观捐献土地、财物，进而为之撰写诗文题记、编纂道教方志等都属于相应的感恩护法之义。

朱文藻等编纂《吴山城隍庙志》，是因为城隍神"水旱疾疫，祷祀有应，其祀为最重"；又因为所崇祀城隍神为明代公正廉洁、不惧权贵，有"冷面寒铁"之称的按察使周新，"其神为最忠……其地为最胜。恭遇圣驾南巡赐额函香，其典尤甚巨，非群庙之所得。此则庙之有志未可废也"②。故而两浙盐业法道卢淞主持兴复城隍庙时，"乃属朱朗斋、诸愚庵、胡蓉镜三君增修。庙竣而志稿成，凡八卷十五门"③，以纪录庙制兴废源流和神灵事迹等，使得"览斯编者"，可睹御驾亲临之盛典，知城隍福佑之神威；守斯土者，可以时祭祀，关注民瘼，维系风教，助治一方。

闻人儒编纂《洞霄宫志》则是出于感恩护法："（贝本恒）挟册来访，欲余汇集成篇，以复名山之《志》。余深愧不学，方谢不敏，无以应命。适豚子久膺痼疾，得本恒符箓起死而复生，情不可却，乃撷拾往时记载，用分数卷。"④贝本恒以《宫志》相托，闻人儒婉言相拒。但之后因贝本恒治好了其爱子的病，人情难却，闻人儒便又转而受命编纂，履行感恩护法之义。再如郑烺编纂《崔府君祠录》，也是因为

---

① 何建明主编：《中国地方志佛道教文献汇纂·寺观卷（第107册）》，国家图书馆出版社，2013年，第31页。
② 王国平主编：《西湖文献集成（第25册）》，杭州出版社，2004年，第733页。
③ 王国平主编：《西湖文献集成（第25册）》，杭州出版社，2004年，第731页。
④ 张智、张健主编：《中国道观志丛刊续编（第17册）》，广陵书社，2004年，第6页。

"有子不育",后得严杰建议到崔府君祠祈祷"而亦得一子",为感念崔府君赐子,"因思有以酬之,遂辑此《录》"①。

此外,道教神祇本就有与儒教互相参用者,如上述之城隍神,而这又进一步提升了士大夫对编纂道教方志、维系宫观存续的关注度。如杭州吴山之伍公庙,既为官方定为江海潮神大庙,以捍潮御灾,为民造福,又为道士所持守,成为道教祠庙,所奉伍子胥乃儒道并相崇祀之神灵。故金志章在《吴山伍公庙志序》中称:"谓宜有纪载,以志盛美、备观览。乃前人欲纂述而未遑,后人虽辑略而未备,事文阙佚,是亦学士大夫之责也。"②他认为道教方志相关文献的缺失,也是士大夫的责任。对主持沈永青以修纂庙志为己任的行为大加赞赏,称扬所纂《庙志》"详而尽,慎而不诬,以之信今垂后,足与公之庙貌并传永久焉"③。

第三,在编纂道教方志中显扬儒家学术,维护儒家官方意识形态的地位。以儒家观念审视道教方志文献,多是从道教辅翼儒教的角度着眼,强调存录道教方志以辅济儒教伦理纲常之教化的作用,其时刻彰显的乃是儒教的主体地位。这类观念,在地方志的编纂中体现的尤为明显。如(明)刘伯缙修、陈善等纂《杭州府志》"寺观"卷小序:

> 今之斥二氏者咸执韩子"人其人、庐其居"之说为律令,此伸崇吾道之恒言。乃圣祖诏旨只有归并丛林之文,而不尽

---

① 王德毅主编:《丛书集成续编(第二二五册)》,新文丰出版公司,1989年,第3页。

② 王国平主编:《西湖文献集成(第25册)》,杭州出版社,2004年,第616页。又《西湖文献集成(第25册)》将《吴山伍公庙志》题作"(清)金志章等修纂",误;据志中序文,当为"章士坦原本,沈永青增补"。

③ 王国平主编:《西湖文献集成(第25册)》,杭州出版社,2004年,第617页。

为毁撤，何哉？其见远矣。无俾繁炽以鼓众，而第旧贯是仍、因俗为教，俾之恭梵诵以祝鸿釐，谈冥报以导愚昧，盖以吾道用二氏，而非进二氏以垺尊于吾道，亦奚不可邪？……兹取其号称丛林者前列之，提其纲，而归并各宇则附注于下，止列其名与地，而不为详载。至于成化志中虽已录入、考非敕建赐额者，亦惟汇置末编以存旧迹，不得与前等同。自余非丛林赐额及咸淳、成化二志所不收者，皆不以混简牍，庶于明制典、崇正教之意两无失云。①

一方面和诸多儒学卫道者一样，标举肯定韩愈"人其人、庐其居"的打压佛道二教宗教观念，另一方面又尊崇朱元璋开国时拟定的归并丛林、限制佛道二教发展的国策，强调佛道二教为国祈禳、教化愚民的作用和儒教对佛道二教的统摄、利用地位，给予二教以一定的包容。进而在编修方志时对普通寺观等而下之，略存其名录"不为详载"或不予登载，以突显国家崇尚儒教的本旨。三教中最弱势的道教在地方志编纂中的地位于中可以想见。类似的言论在地方志中比比可见，如（清）张思齐纂修《余杭县志》"寺观"小序称："邑洞霄、径山名闻天下，游观者代有高贤，但虑谈空说法，流弊滋深。子舆氏曰：经正则庶民兴，在维风者以吾道为任也。"②倡导儒教在维系国家风教中的本体地位，提请谨防佛道二教空谈误国，淆乱人心。（清）谢廷玑纂修《昌化县志》称："旨哉！先儒之言曰：有儒教以牧天下之豪俊，有二教以牧天下椎埋屠狗之人。天地之大，安所不容，必屑屑焉举浮屠紫

---

① 何建明主编：《中国地方志佛道教文献汇纂·寺观卷（第112册）》，国家图书馆出版社，2013年，第245~246页。
② 何建明主编：《中国地方志佛道教文献汇纂·寺观卷（第122册）》，国家图书馆出版社，2013年，第16页。

宫而室庐之，何所见之不广哉？"① 更是从儒教包容二教的角度推演出三教分治众生的观念，推尊儒教教化之人，将佛道二教教化之民等而下之，三教所处的地位判若云泥。

如果说地方志编纂重在云集地方自然山水、政治、经济、文化、社会、祀典、民俗等方面的历史文献，那么佛道教等宗教文献只是其中一个支脉，在史学正统的观念影响下，编志者强调宗教的附属或从属地位，突显儒道的正统地位。那么在一些道教方志中，也不乏这样的观念，则足以说明士大夫在编纂道教方志时不忘儒统的意识。如（清）王棻评价王维翰所辑《委羽山续志》时指出，此志虽为胡昌贤《委羽山志》续志，但相较前志有"三善"中提到："前《志》侈言神仙，《续志》表章儒术，使学者有所感发兴起，三也。"② 所谓"表章儒术"，针对的是王维翰着意淡化胡昌贤《委羽山志》中过多的神异色彩而言。志前黄维诰序也称："公余批阅前志，杂引群书，多言神仙之事。此（王维翰《委羽山续志》）则于有用之学实有证明，余乃知王生之用意良厚，非独为山灵生色已也。"③ 对王维翰《续志》中体现的淡化神异、突显儒学致用之精神给以突出的奖掖。其他如（清）冯赓雪撰《台南洞林志》，倾力搜罗登载临海洞林，寻幽访胜之外，也有为儒教张目的考量："临海诸洞，至国朝始显。释氏得其七，道流得其二，吾儒仅得其一，仙岩、南屏是也。尚有金鳌、玉台、芙蓉、灵寿极秀灵之处芜没沙莽，苟能辟作书室，即今之二酉、鹿洞也，特揭其

---

① 何建明主编：《中国地方志佛道教文献汇纂·寺观卷（第124册）》，国家图书馆出版社，2013年，第39页。
② 张智、张健主编：《中国道观志丛刊续编（第19册）》，广陵书社，2004年，第465页。
③ 张智、张健主编：《中国道观志丛刊续编（第19册）》，广陵书社，2004年，第147页。

名以俟同志者商之。"①

第四，增山林之辉光，寄情山水，以备游览者检索或神游之用。"天下名山僧占多"，道教宫观虽远不及佛寺，但占居名山胜水的出发点则是一致的。浙江道教宫观除名列洞天福地者之外，很多宫观都择名山要地以居之，如杭州吴山之通玄观、重阳庵、伍公庙，栖霞岭之鹤林道院、紫阳庵，湖州东林山之回仙观，宁波四明山之福顺观等。这样的宫观，因其地利，既能助力道士修养身心，习道修仙，也能吸引士大夫畅游其间，游目骋怀，题咏唱和，进而提高宫观的社会影响力。

士大夫们多有云游天下名山胜水之心志，编纂道教方志，记录山水景观，一方面可以满足自己登山临水、为文志迹的雅好，另一方面也可以为他人提供游玩的目的地和线路，减少旅途周折；还可为因地理、交通等条件限制或学业、公务繁忙而难遂游历之愿的士大夫提供展卷以"神游""卧游"的替代品。如临海山水佳致比比，然载之《道藏》洞天福地者仅盖竹洞天。故（清）冯赓雪撰《台南洞林志》，"冥搜遐讨"，搜罗临海洞府二十八处，"兹特详其界位，辨其径途，绘其岩壑，俾后有游者可按图而索，计程以赴焉"②。除了为人游览提供帮助外，冯赓雪编纂《台南洞林志》还有显扬增重乡梓的用意，即通过搜罗记录临邑"閟乎烟霞"之洞府，提请"后之君子循仆屐痕，按所记辟治，则今日猿狄之宫，即他年弦诵之地也，委宛、白鹿将尽萃吾邑矣"③。宫观岩壑，多在险远，"地势辽邈，人莫悉睹。于是乎《山

---

① 广陵书社编：《中国道观志丛刊（第 24 册）》，江苏古籍出版社，2000 年，第 15 页。

② 广陵书社编：《中国道观志丛刊（第 24 册）》，江苏古籍出版社，2000 年，第 13 页。

③ 广陵书社编：《中国道观志丛刊（第 24 册）》，江苏古籍出版社，2000 年，第 3 页。

海》诸书，与夫十洲、五岳、洞天、福地、名山等《志》并行于世。盖将使天下好奇之士，不必亲历其地，一抚卷而可知其悉也"[①]。《通玄观志》的编纂，则将"景趣实佳，石色莹然，可镌可玩"的吴山水景致收录笔端而传诸四方，使得士大夫不必亲历其地，展卷可游。闻人儒编纂《洞霄宫志》，"庶足以供披览而作卧游，与田叔禾《西湖游志》未尝非可以律观也"[②]，也有供足不出户的士大夫"神游""卧游"的考量。

　　山水记载还可以起到增重宫观，广泛宣传的作用。地处名山的道教宫观本就与周遭山水融为一体，荣损与共，故修志者多列"山水"一门，先话及山水之胜而后及于宫观之宇，使二者相得益彰。如《通玄观志》《金鼓洞志》《委羽山志》《洞霄宫志》等都列有"山水"卷，细致记述宫观周遭峰、洞、泉、石等山水景观和文人诗文题记。"刘禹锡云：'山不在高，有仙则名。'通玄观之得名，以其踞吴山之趾，故山不高而地自胜也。"[③] 闻人儒纂辑《洞霄宫志》，慨叹"海内名山率皆有志，如我浙台、宕其较著矣。田叔禾志《西湖游览》，要不徒为美观，盖亦有征文考献之意存焉，则兹山胜甲天下，又何可无纂辑耶"[④]，将大涤山与洞霄宫并举，强调山林也应藉志以增辉、传世的必要性。

　　当然，上述所列四方面乃其荦荦大端者，士大夫编纂道教方志的

---

　　① 四库全书存目丛书编纂委员会编：《四库全书存目丛书·史部（第二四六册）》，齐鲁书社，1996年，第477页下。
　　② 张智、张健主编：《中国道观志丛刊续编（第17册）》，广陵书社，2004年，第6页。
　　③ 四库全书存目丛书编纂委员会编：《四库全书存目丛书·史部（第二四六册）》，齐鲁书社，1996年，第412页上。
　　④ 张智、张健主编：《中国道观志丛刊续编（第17册）》，广陵书社，2004年，第36页。

目的还有很多。有因宫观涉及众多名士贤圣而编纂道教方志以记之者。如鲁曾煜认为朱熹曾提举洞霄宫，陈儒有《奉安考考亭先生文》以记之，山林增重，儒统在焉，洞霄宫自然不能无《志》，"盖《志》以人重，匪其人莫之镇而亦弗傅"①。有记录宫观建置，以备重建之需者。如洞霄宫多遭火灾，乾隆十六年（1751）冬月一场大火，诸多宫观建筑化为灰烬。住山贝本恒欲重加修葺，苦于旧志散佚，无从参考，于是延请闻人儒重纂《观志》，为重建宫观提供图示和建置信息。"今从山川以迄古迹沿考，搜录记载，别卷分门，条晰井井，庶使披图开卷以览，举案可作卧游，止葺本宫之要图，作开兹山之首务。"②吴作哲在其序中也称闻人儒《洞霄宫志》记载详实，让人能对宫观的原委盛衰了如指掌，目睹浩劫余灰，犹然而生兴废举坠之志，"于是宫之焕然如昔，可计日俟也"③。还有欲承继祖辈修志之绪而再编者。如《东林山志》之成书，其始为明初陈廷巘编纂，"厥后族祖印玉公邀同闵云来先生纂修"④。至清嘉庆年间，其后人陈大绅又重倡修志，延请吴玉树辑之。陈氏一门，递相祖续，编修山志，不忘先人事业就是一个重要的原因。

道士是宫观的实际持有者和经营人，相对而言，他们对编纂道教方志最为热心。明清以前道教方志编纂内容有限，体例简要，道士往往可以独立承担，故多独撰之作，如陈性定《仙都志》、倪守约《金华

---

① 张智、张健主编：《中国道观志丛刊续编（第17册）》，广陵书社，2004年，第23页。
② 张智、张健主编：《中国道观志丛刊续编（第17册）》，广陵书社，2004年，第14页。
③ 张智、张健主编：《中国道观志丛刊续编（第17册）》，广陵书社，2004年，第18页。
④ （清）吴玉树辑：《东林山志（卷二四）》，回仙观藏版，清嘉庆十八年（1813）刊，第6页。

赤松山志》。明清之后，道教方志内容渐多，文献富足，编排体例也趋于繁复，虽不乏道士独任编纂，但更多的则是道士与士大夫合作编纂或延请士大夫独撰。如道士张复纯延请朱文藻编纂《金鼓洞志》，贝本恒延请闻人儒编纂《洞霄宫志》，道士郁存方、朱闳绪参与编纂《通玄观志》等。与士大夫相比，道士主持或参与编纂道教方志，其核心目的当在于弘教，无论是强调方志编纂承继前贤之志，增补相续，传之久远，还是网罗名人诗文题记，记录名胜佳致，光耀山林，都是基于维系宫观的存续和影响力、保障道教教派传衍不息这一出发点的。换言之，如果说士大夫编纂道教方志的核心驱动力是史传传统，志在存史，那么道士热心道教方志编纂的核心驱动力则在宣教，志在存教。兹简要列举一二。

《赤松山志》：（宋）倪守约每日端坐静庐修道，心无他念，只忧心仙踪灵迹无法启迪后人，为了彰显祖师之道，于是"采摭源流，举其宏纲，撮其机要，定为一编，号曰《赤松山志》，俾来者有可考焉"①。

《洞霄图志》：（元）沈多福主持洞霄宫，"惧灵踪奇闻久将湮没"，便让孟宗宝、邓牧"搜罗旧籍，咨询故老，考订作《洞霄图志》。……非但游息于斯，洞见今古，而足迹未能至者一睹此《志》，便眇眇然如行翠蛟、白鹿间，有颃颉飞霞之想，亦涤心一助也"②。

《金鼓洞志》：（清）朱文藻受托编撰《金鼓洞志》，《志》中特设

---

① 《道藏（第一一册）》，文物出版社，上海书店，天津古籍出版社，1988年，第69页下。

② 《文渊阁四库全书（第五八七册）》，台湾商务印书馆，1986年，第407页上。沈多福作《序》在元大德九年（1305），则邓牧、孟宗宝编纂《洞霄图志》自应在元代。四库馆臣将编者邓牧、孟宗宝界定为宋人，乃在其生平志向上。为方便起见，本文征引邓牧《洞霄图志》、孟宗宝《洞霄诗集》其作者一仍四库本，即系定在宋代，而非其编纂道教方志时的元代。前文涉及邓牧、孟宗宝二人或宋或元的系年问题，也当作如是观。

"祖教""法嗣"二卷，意在"俾后之贤嗣知所法效，而益思光裕于无穷焉"。[1] 道士赵来洲展阅朱文藻所撰《金鼓洞志》，顿觉家山如在目前，有思归之念，于是援笔为文，作《跋》卷末，"既感居士之暝写晨书，为林泉增色，尤嘉巢云之善承先志，地以人灵焉"[2]。

总之，上至帝王下至士大夫、道士，在神道设教的大背景下，他们编撰道教方志的目的有所不同。帝王编撰道教方志多是从维护皇权正统的角度出发，注重的是道教延续国祚、福佑万民之功用。士大夫编撰道教方志则多由秉承史传的传统使然，注重存史立言，垂诸不朽，而在思想观念上则更多强化的是儒教的正统地位，希冀以儒教来统摄道教。道士编撰道教方志的根本目的在于存教、弘教，关注的是道教方志的宗教意义，注重的是宣教、扩大宗教的社会影响力以及获取更多的经济来源、政治支持以维系宗派门风和道派传衍等。

## 二、道教方志的刊刻与收藏

与《度人经》之类助人消灾祛祸、养神长生的道教经典不同，道教方志是文献性较强的存教、存史之作，个中虽也会有一些神异故事和文人诗文题记，但终究难以在社会上引发广泛的阅读兴趣。且因为道教方志多以某一宫观为中心，基于教派的分衍，它在道教不同宫观、不同教派间也未必能传播开来。因而，作为宫观之私史，道教方志的受众多为宫观道士和与此宫观有一定关联的士大夫，受众面窄，其刊刻、流传与收藏相对而言较为不易。

---

[1] 胡道静、陈耀庭、段文桂等主编：《藏外道书（第二〇册）》，巴蜀书社，1994年，第283页上。
[2] 胡道静、陈耀庭、段文桂等主编：《藏外道书（第二〇册）》，巴蜀书社，1994年，第298页上。

## （一）道教方志的刊刻

古代典籍的常见流传方式有两种，即抄录与刊刻。抄录、刊刻各有利弊，故而能相辅而行。以抄录论，其长处是成本低，随遇而抄，转相递受，易于校补，对于珍本、孤本之类书籍而言颇为重要。其短处则在传抄易误，抄录的质量往往取决于抄录者本人，缺少必要的校勘工作，书籍流传的速度相对较慢，范围也相对有限。以刊本论，其长处在于刊行量较大，书籍流传的速度快、范围广，像苏轼、白居易等知名文人文集之类的甚至可以做到家传户有；且刊本在刊行前有必要的校雠工作，讹误相对较少。其短处则在于刊刻的成本较高，所刊书籍多需有广大的受众群体，书稿后期的增补、校正等不易施行。当然，这只是相对而言，抄本也可能因为转相抄录而容易保存书籍，为后续刊行或校对提供底本；刊本也可能因为校勘者水平不高而贻误更广，为害更大。比如阮元《四库未收书提要》称孟宗宝《洞霄诗集》"是本明有高以谟刊，近亦不可得见。此从旧钞过录，中有残缺处"①，即强调了今本《洞霄诗集》乃是因刊本散佚而从抄本处补辑得来。刊本之害则如陆游《渭南文集·跋历代陵名》所言："三荣守送来近世士大夫所至喜刻书版，而略不校雠，错本书散满天下，更误学者，不如不刻之愈也，可以一叹。"②刊本发行量大，如果校勘非得其人，舛误频出，自会因书籍的广泛流传而贻误众人，反不如不刻，手录为宜。

道教方志编纂不易，刊刻更难，其要即在刊刻书籍所费不赀上。如（清）丁申：《武林藏书录》所载元至正二十一年陈基、钱用主持修

---

① 《续修四库全书》编纂委员会编：《续修四库全书（九二一·史部·目录类）》，上海古籍出版社，2002年，第18页下。
② 《文渊阁四库全书（第一一六三册）》，台湾商务印书馆，1986年，第511页下。

复西湖书院宋书板,"所重刻经史子集欠缺以版计者七千八百九十有三……用粟以石计者一千三百有奇,木以株计者九百三十,书手刊工以人计者九十有二,对读校正则余姚州判官宇文桂、山长沈裕……"①书院缮补书目较多,费用高昂,赖有官方的财力支持才能完工。清嘉庆戊辰,吴中会一禅师在楞严寺修治经版,"凡集大藏经论等一千六百五十五种,装成一千四百三十八册,又附贮藏外论疏语录各书一百五十种,装为四百五十六册,综为二柜,藏诸寺之莲灯阁上……是役也,共用白金三百四十两。此邦绅笏,赞我胜缘者,别勒芳名,同昭善果"②。工程浩大,也是依赖地方士绅的资助才得以完工。不难想见,依赖宫观之力刊刻一部道教方志,自非易事。如孟宗宝所编《洞霄诗集》,宋绍定间洞霄宫道士龚大明、王思明刊刻大涤山留题诗文,咸淳十年(1274)化为灰烬;至元大德六年(1302)孟宗宝与叶林、邓牧删定重刻,其间历时近三十年之久。③ 相比价格不菲的刊刻费用,受众较少、几乎无利可图的道教方志很难得到书商的青睐,而自掏己橐对于多数囊中羞涩的道士或士大夫而言也是难以胜任,因而,抄录、刊刻结合,是多数士大夫和道士的选择。道教方志的刊行方式,大致而言有如下几种:

其一,先行手录再期刊刻。士大夫或道士编纂道教方志,按照一般的流程,首在选定编纂人选,探讨编纂事宜;再分工施行,搜访文献,考订事实,走访探迹,汇而成集,是为草创,再待时机筹资刊行。

---

① 王德毅主编:《丛书集成续编(第五册)》,新文丰出版公司,1989年,第728页上。
② 王德毅主编:《丛书集成续编(第五册)》,新文丰出版公司,1989年,第782页下。
③ 胡道静、陈耀庭、段文桂等主编:《藏外道书(第三四册)》,巴蜀书社,1994年,第56页下。

如《金鼓洞志》的编纂，"倡论于鲍居士渌饮、王居士耦村、赵居士晋斋三君，拟分任"①。后道士张复纯偶阅朱文藻所撰《洞霄续志》，谒见谈论，以观志相托，便改由朱文藻负责编纂。朱文藻"爰就见闻所及，草创一编，成书八卷"②。编订后"手录而归之（张复纯），俾质之高贤增审焉"。③ 张复纯在得到朱文藻"力疾草创，率多笔误"的手录版《金鼓洞志》后，不敢付诸刊刻，直至次年（1807）夏经由梦隐道人校雠之后方才"镂版传世"。

其二，抄本、刊本互补，如章士坍原本，沈永青增补的《吴山伍公庙志》。同治初年，吴康甫负责重建杭州吴山伍公庙，按时祭拜，祈佑一方生灵。而伍公庙《旧志》散佚已久，与文典为不相称。于是吴康甫走访藏书家丁丙，"得旧本借抄，重刻之"④。将抄本转化为刊本，刊刻行世。后再从程步庭处借得《溧阳县志》，以刊本增补抄本，使得传本终成全帙。（清）王维翰编纂《委羽山续志》，在参考胡昌贤刊本前《志》时，面对前刊本"间用古文奇字"的现象，则以"太平黄壶舟先生及同邑王子庄二抄本俱仍之"而一字不敢改正⑤。这都是参看抄本以校定刊本的例子。

其三，以抄本的形式流行。道光二十七年（1847）秋，王棻畅游委羽山，道士章本旭向其出示胡昌贤所修《委羽山志》。黄岩历经战乱

---

① 胡道静、陈耀庭、段文桂等主编：《藏外道书（第二〇册）》，巴蜀书社，1994年，第298页下。
② 胡道静、陈耀庭、段文桂等主编：《藏外道书（第二〇册）》，巴蜀书社，1994年，第189页上。
③ 胡道静、陈耀庭、段文桂等主编：《藏外道书（第二〇册）》，巴蜀书社，1994年，第189页上。
④ 王国平主编：《西湖文献集成（第25册）》，杭州出版社，2004年，第724页。
⑤ 张智、张健主编：《中国道观志丛刊续编（第19册）》，广陵书社，2004年，第155页。

之余，此志传本几乎不可得见。王棻"因借抄是本，以原帙还之"①，为保存胡本《委羽山志》复增一传本。王棻是无意索求，偶然得之，时人朱时涞则是专访胡本《委羽山志》，久访而不得。后与文昌阁羽士交谈，知其曾阅读胡本《委羽山志》，辗转寻觅，最终得偿所愿，抄的苦觅已久的胡本《委羽山志》。

  其四，刊本、抄本并行。此乃古籍流传中的常见现象，道教方志也不例外。即便是有刊本发行，由于贫穷或习于抄录的习惯，士大夫借归后手抄一册也是常有的现象。如明代大儒宋濂，年少时因家贫，无从得书，便"每假借于藏书之家，手自笔录，计日以还"②。清代编撰《四库全书》，所录《大涤洞天记》即为明代的抄本。邓牧《洞霄图志》的地方志本为元代抄本，与明抄本《大涤洞天记》并行，同时亦有《洞霄图志》的刊本行世。此乃刊本、抄本并行之例。

  其五，手录增补刊本或备注刊本。编纂道教方志，搜集地理环境、宫观建置、高道行迹、诗文题记等文献需要长时间的坚持，一有新的收获要及时抄录，日积月累，渐至宏富，而后方能结集增补刊行。文人手录，有时是为了节约刊行成本，有时则是出于对已有刊本随时进行补辑的需要，即对道教方志刊本通过手录补入一些新的内容，或手录以校勘补正。如朱时涞搜访胡昌贤所辑《委羽山志》，后阅读从大有宫借出的山志刊本，一看便知为先前黄壶舟先生所借本，因书中"有壶舟补正数处"③。黄壶舟所借本为历经劫难之后的残破刊本，其补正数处自当以手录之无疑。

---

  ① 张智、张健主编：《中国道观志丛刊续编（第19册）》，广陵书社，2004年，第302页。
  ② （明）宋濂：《宋濂全集》，浙江古籍出版社，2014年，第1877页。
  ③ 张智、张健主编：《中国道观志丛刊续编（第19册）》，广陵书社，2004年，第304页。

## （二）道教方志的收藏

浙江道教方志的收藏，既得益于浙江藏书的大环境，亦受制于传统藏书思想观念。

浙江为文化发达之地，历代多藏书之家，藏书风气浓郁。南宋定都杭州，经济文化中心的南移使得浙江的官方与私人藏书都颇为丰硕，如成立于南宋的西湖书院至元代仍藏有大量的南宋监本书板，藏书亦夥。与官方藏书相应，浙江的私家藏书也非常可观，著名的藏书家有杭州的周煇、陈起、周密、贾似道，嘉兴的岳珂，湖州的叶梦得、陈振孙，宁波的楼钥，绍兴的陆宰、陆游等。[①] 至明清时期，浙江的藏书更是达到了鼎盛，清末四大藏书楼浙江占有其二，为湖州陆心源的皕宋楼和杭州丁丙的八千卷楼，其他如鲍廷博的知不足斋藏书楼、范钦的天一阁藏书楼、吴骞的拜经楼等也都是享誉国内的著名藏书楼。其时凡学问、文学大家，多有其藏书楼，庋藏典籍，以书交友、诗文创作、书画品题与研习学问等相得益彰。如明代洪楩的三瑞堂藏书、胡震亨的好古堂藏书、茅坤的白华楼藏书、宋濂的青萝山房藏书、胡应麟的二酉山房藏书、清代厉鹗的樊榭山房藏书、杭世骏的道古堂藏书、卢文弨的抱经堂藏书、汪宪的振绮堂藏书等皆其例也，[②] 不胜枚举。正如丁申所言："武林为浙中首郡，天水行都，声名文物，甲于寰宇，士多好学，家尚蓄书，流风遗韵，扇逸留芬。"[③] 浙江藏书风气之盛，于杭州即可见一斑。

---

① 详见顾志兴：《浙江藏书史（上册）》，杭州出版社，2006年，第27~82页。
② 详见顾志兴：《浙江藏书史（上册）》，杭州出版社，2006年，第167~256页，第308~559页。
③ 王德毅主编：《丛书集成续编（第五册）》，新文丰出版公司，1989年，第721页上。

现今浙江道教方志存留数量众多，主要自当归功于浙江历来的藏书风气。以（清）丁丙《八千卷楼书目》为例，其"史部·地理类"中即录有大量的道教方志，其中地理类"山水之属"122部中属于浙江的有（唐）徐灵府《天台山记》一卷、（宋）倪守约《赤松山志》一卷、（明）冷时中《烂柯山志》一卷、（清）吴玉树《东林山志》二十四卷4部道教方志；地理类"古迹之属"132部中属于浙江的有（宋）邓牧《洞霄图志》六卷[①]、（明）梅志暹《重阳庵集》五卷、（清）闻人儒《洞霄宫志》四卷、（清）金志章《伍公庙志》六卷、（清）朱文藻《金鼓洞志》八卷、（清）卢松《城隍庙志》八卷、（清）仰蘅《武林玄妙观志》四卷、（清）郑烺《崔府君祠录》一卷、（清）唐九恒《广福庙志》一卷、（清）冯赓雪《台南洞林志》二卷、（清）卓炳森《玉皇山庙志》一卷、（清）仲学辂《金龙四大王祠墓录》六卷、（清）丁午《天后宫小志》一卷、《紫阳庵集》一卷14部道教方志，总计达18部之多，[②]要知道《道藏》收录的道教方志若去除单篇碑记类也不过20余部，丁丙所录18部浙江专属道教方志就藏书家而言可谓蔚为大观。

丁丙热衷搜集地方文献，尤喜搜罗整理杭州地方文献，曾编纂有《武林掌故丛编》《武林坊巷志》等，故其八千卷楼藏书中所收录的大量道教方志在浙江藏书家中并不具有代表性。笔者检视《四明天一阁藏书目录》，所录道教方志仅有"辰字号橱"中的《紫云衍庆集》《南岳总胜集》《罗浮山志》《齐云山志》《太华山志》《南岳小录》《龙虎山

---

[①] 邓牧为由宋入元名士，其生活年代各书所题不一，有称"（宋）邓牧"，亦有称"（元）邓牧"。本文以所引文献为据，故不同材料在涉及邓牧生活时代上可能会出现或宋或元的不同。

[②] 详见《续修四库全书》编纂委员会编：《续修四库全书（九二一·史部·目录类）》，上海古籍出版社，2002年，第171～176页。

志》《茅山志》《太岳太和山志》9部,① 且均不涉浙江。再以陆心源《皕宋楼藏书志》为例,其中收录的道教方志有《南岳小录》《西岳华山志》《仙都志》《梅仙观记》《洞天福地记》5部,涉及浙江仅《仙都志》1部。② 他如鲍廷博父子刊刻的《知不足斋丛书》,其中收录的浙江道教方志也仅有邓牧的《洞霄图志》和孟宗宝的《洞霄诗集》2部。三者与丁丙所录浙江道教方志在数量上反差巨大,这说明浙江道教方志在收藏上相对而言并未得到藏书家足够的重视。具体而言,其相关因素和可能有如下几个方面:

首先,藏书者虽多秉持经史子集的传统藏书分类观念,但在具体的图书收录上,他们无意收录专门的宗教志,所录道教方志一般也是因为视作地理类典籍而予以收录,并非出于存史、存教的目的,这自然影响了道教方志的采择与著录。如前所列天一阁藏书,其中的9部道教方志从书名上看都可以视作道教山志,归属于地方志中的山志类属,故而得以收录,而其他的宫观专志则付之阙如。鲍廷博父子的《知不足斋丛书》所录《洞霄图志》《洞霄诗集》,前者其前身有《大涤洞天记》,很多著录家均视之为余杭大涤洞天的专志,此处也应以此而予以收录;后者名为《诗集》,实以文集的名类得到收录。在编纂者看来,二者皆非宫观专志无疑。再以前列《八千卷楼书目》为例,丁丙虽收录了18部浙江道教方志,但在归类上4部归属于地理类"山水之属",14部归属于地理类"古迹之属",与《天下名山图》《玲珑山志》《西湖梦寻》《西湖志》《艮山杂志》等山水志和《长安志》《紫阳书院志》《宋东京考》《武林第宅考》等专志同列,辑录而非出自存教的目

---

① 详见王德毅主编:《丛书集成续编(第二册)》,新文丰出版公司,1989年,第835~836页。

② 详见《续修四库全书》编纂委员会编:《续修四库全书(九二八·史部·目录类)》,上海古籍出版社,2002年,第365~371页。

的是很明显的。

其次，一些正统的藏书家出于"宗经"等传统观念，对收录宗教典籍有所排斥，可能也会影响到道教方志的收录。如李宗莲在《皕宋楼藏书志序》中认为天一阁藏书有五处不及皕宋楼，其中第三处为："天一所藏，丹经道箓、阴阳卜筮，不经之书，著录甚多，皕宋则非圣之书不敢滥储。"[①] 对天一阁储藏道教等"不经之书"颇有微词，而"非圣之书不敢滥储"自然也代表了陆心源皕宋楼藏书的"宗经"取舍标准。之后，李宗莲在其所纂《金盖山志》中追述了山志的编纂情况，进一步申明了他的山志编纂观念：

> 山志最古者（宋）惠远《庐山纪略》、（唐）李冲昭《南岳小录》，自是而后，侈陈灵异、诠说仙真类，皆缁流黄冠，自张其教，惟（元）邓牧所作《洞霄图志》详略有法。……若夫金丹大旨，非下士所得闻；神怪之说，又儒者所不道。是志也，于模山范水岂曰能贤，惟不敢附会荒唐，为山灵所腾诮，将使后之览者一展卷而可抵卧游，此则予志金盖之志也。[②]

金盖山为道教名山，清代龙门派高道闵一得曾创建纯阳宫，修道于此，并撰有记录龙门派传衍情况的重要典籍《金盖心灯》。而在李宗莲所纂山志中，则完全去除了一般道经和道教山志例所不免的金丹灵迹，他

---

① 《续修四库全书》编纂委员会编：《续修四库全书（九二八·史部·目录类）》，上海古籍出版社，2002年，第2页上。
② 石光明、董光和、杨光辉编：《中华山水志丛刊·山志卷（第20册）》，线装书局，2004年，第270页下。

认为"如欲抉异搜奇，有《金盖心灯》一书在"①，这使得《金盖山志》体例"纯正"，没有厕身道教山志之列，而是成为了一部地理类山志。在这种不涉神异的儒家正统思想和"宗经"观念的影响下，结合前述地理方志的辑录理念，藏书家们虽庋藏一些道教方志，往往也多是因其与《道藏》相关联，具有"道经"的身份。这一方面源自《道藏》乃道教经典的理念，另一方面也是因为《道藏》传本的丰富性和持久的影响力。

（清）阮元在《杭州灵隐书藏记》中称："隋唐释典大备，乃有开元释藏之目。释道之名'藏'，盖亦摭儒家之古名也。明侯官曹学佺谓释道有藏，儒何独无，欲聚书鼎立。其意甚善，而数典未详。"② 在士大夫看来，《道藏》乃道教经典，是芜杂的道教书籍中经过审择较为规范的品类，乃宗教之"经"，藏书所录，可以为据。如前所列《四明天一阁藏书目录》中的 9 部道教方志即有 5 部与《道藏》所录相同，而陆心源皕宋楼藏书的 5 部道教方志则完全与《道藏》所录相同，其中《梅仙观记》还为宫观专志。这说明皕宋楼藏书著录道教方志可能即采自《道藏》，恰好与李宗莲强调的"非圣之书不敢滥储"的藏书理念一致。再以（明）祁承爜《澹生堂藏书目》为例，祁氏热衷地方文献的搜集整理，故藏书中多有不经之作。澹生堂藏书史部下著录道教方志 13 部，分别为《岱史》《太岳太和山志》《茅山志》《齐云山志》《九鲤湖志》《名山洞天福地记》《仙都志》《阁皂注》（二卷，疑即《阁皂山

---

① 石光明、董光和、杨光辉编：《中华山水志丛刊·山志卷（第 20 册）》，线装书局，2004 年，第 273 页上。
② 王德毅主编：《丛书集成续编（第五册）》，新文丰出版公司，1989 年，第 740 页上。

志》）《麻姑集》《西岳华山志》《太姥山志记》《恒岳志》《龙虎山志》,① 这其中为《道藏》著录的有 5 部,亦可见《道藏》作为道教"经典"的影响力。

第三,藏书经费开支较大,藏书的实用性决定了道教方志收录的不易。藏书需要别建书库、雇佣管理人员等,日销月耗,所费不赀,如元代的西湖书院即有"郡人朱庆宗捐宜兴州田二百七十五亩归于书院,别储以待书库之用"。② 寺观藏书多设有藏经阁或专门的库房,其经营管理同样需要耗费不菲的财力。如清嘉庆十四年(1809),阮元在灵隐寺后建书藏,俾僧人持守,其条例称:"守藏僧二人,由盐运司月给香灯银六两,其送书来者,或给以钱,则积之以为修书增厨之用,不给勿索。"③ 对于经济实力不太雄厚的道教宫观而言,能建有藏经阁或藏书楼的多为名宫大观或高道大德,如元洞霄宫主持孟宗宝创建集虚书院,藏书研读、讲学传道;元三茅观道士张雨建黄箓楼储藏古代图史等。如此,藏书不易便或多或少会影响道教方志的收藏。笔者检视丁申《武林藏书录》所录官方收藏镂版,与道教有关的典籍多为医药类或劝善类的实用书籍。如明万历"杭州诸公署镂版",涉及道教的有《类证本草》《食物本草医方选要》《经验良方》《本草医旨脉诀》《卫生易简方》《太上感应篇》等。"杭州官刻书"中有《食物本草》《经验良方》《医方选要》《原病式》《苋斋医要》等。④ 浙江众多私家

---

① 《续修四库全书》编纂委员会编：《续修四库全书(九一九·史部·目录类)》,上海古籍出版社,2002 年,第 623～626 页。
② 王德毅主编：《丛书集成续编(第五册)》,新文丰出版公司,1989 年,第 728 页下。
③ 王德毅主编：《丛书集成续编(第五册)》,新文丰出版公司,1989 年,第 741 页上。
④ 王德毅主编：《丛书集成续编(第五册)》,新文丰出版公司,1989 年,第 733～734 页上。

藏书楼较少收藏道教方志，可能也有对其实用性不强的考虑。

　　当然，道教方志的编纂、刊刻与收藏本就是一个联动的过程，道教方志的较少传世也是受道经刊刻不易的大环境影响，如丁申称："然释有经典，道有符箓，版刻流传，较儒学尤为罕觏。"[1] 另一层面，地方藏书也会影响道教方志的编纂，如（清）王维翰编纂《委羽山续志》，即认为台州藏书家较少，可供参稽的书籍不多而影响到《续志》编纂的质量："是编所续，尚多未备，盖吾台鲜藏书家。惟临海洪氏之倦舫、宋氏之红杏轩、太平戚氏之南野草堂，颇有插架。外此殊觉寥寥，故见闻有限，采辑不详，尚冀博雅君子匡所不逮。"[2] 反言之，朱文藻为清代藏书家，得益于自藏书和杭州优越的藏书环境，其编纂道教方志时在文献取汲上相对而言就要丰足得多，这一点，从《金鼓洞志》《吴山城隍庙志》的体例和所录文献就可以看出。

## 三、浙江存世、存目道教方志统计

### （一）浙江存世道教方志

| 序号 | 书名 | 编纂者 | 归属地 |
| --- | --- | --- | --- |
| 1 | 天台山记 | （唐）徐灵府 | 台州 |
| 2 | 龙瑞观禹穴阳明洞天图经 | （宋）李宗谔 | 绍兴 |
| 3 | 金华赤松山志 | （宋）倪守约 | 金华 |
| 4 | 仙都志 | （元）陈性定 | 丽水 |

---

[1] 王德毅主编：《丛书集成续编（第五册）》，新文丰出版公司，1989年，第781页下。

[2] 张智、张健主编：《中国道观志丛刊续编（第19册）》，广陵书社，2004年，第156～157页。

第一章　道教方志的概貌　091

| 序号 | 书名 | 编纂者 | 归属地 |
|---|---|---|---|
| 5 | 四明洞天丹山图咏集 | （元）曾坚等 | 绍兴 |
| 6 | 天台山志① | （元）不著撰人 | 台州 |
| 7 | 洞霄图志 | （宋）邓牧 | 杭州 |
| 8 | 洞霄诗集 | （宋）孟宗宝 | 杭州 |
| 9 | 烂柯山洞志 | （明）徐日旻 | 衢州 |
| 10 | 昭利庙志 | （明）杜翔凤 | 金华 |
| 11 | 通玄观志 | （明）姜南，（清）吴陈琰 | 杭州 |
| 12 | 委羽山志 | （明）胡昌贤 | 台州 |
| 13 | 重阳庵集 | （明）梅志暹、俞大彰 | 杭州 |
| 14 | 灵卫庙志 | （明）夏宾、杨廷筠 | 杭州 |
| 15 | 洞霄志 | （明）戴日强 | 杭州 |
| 16 | 烂柯山志② | （清）郑永禧 | 衢州 |
| 17 | 委羽山续志 | （清）王维翰 | 台州 |
| 18 | 吴山伍公庙志 | （清）章士坍、沈永青 | 杭州 |
| 19 | 金龙四大王祠墓录 | （清）仲学辂 | 杭州 |
| 20 | 台南洞林志 | （清）冯赓雪、叶书 | 台州 |
| 21 | 洞霄宫志 | （清）闻人儒 | 杭州 |
| 22 | 广福庙志 | （清）唐恒九 | 杭州 |
| 23 | 玉皇山庙志 | （清）卓炳森等 | 杭州 |
| 24 | 吴山城隍庙志 | （清）朱文藻 | 杭州 |
| 25 | 金鼓洞志 | （清）朱文藻 | 杭州 |
| 26 | 紫阳庵集 | （清）丁午 | 杭州 |
| 27 | 城北天后宫志 | （清）丁午 | 杭州 |
| 28 | 武林玄妙观志 | （清）仰蘅 | 杭州 |

① （清）范邦甸撰：《天一阁书目》子部"洞元记传"称《天台山志》一卷，龙瑞观禹山人撰。"所指不知是否为此部道教方志。详见《续修四库全书（九二〇·史部·目录类）》，第183页上。

② 另有一版本《烂柯山志》，为（清）冷时中辑，吴山涛参定，潘世懋等校《烂柯山志》，藏天津图书馆。

续表

| 序号 | 书名 | 编纂者 | 归属地 |
|---|---|---|---|
| 29 | 东林山志 | （清）吴玉树 | 湖州 |
| 30 | 崔府君祠录 | （清）郑烺 | 杭州 |

说明：一、本表所列道教方志（专志）主要是根据前文笔者的道教方志标准，结合《中国道观志丛刊正续编》《道藏》等文献所录来选定的。其中事关宫观建置和宗教活动内容宏富的单篇碑记、且未收录于其他道教典籍者亦可视之为道教方志，如《天台山记》；文人文集、地方志、金石录中著录的单篇碑记、文记不在此列。二、（宋）邓牧编《大涤洞天记》，《四库提要》认为其为《洞霄图志》之删节本，学界有异议，此不录。三、《中国道观志丛刊正续编》将（明）胡昌贤编、（清）王维翰续辑《委羽山志》计为一部书，笔者认为王维翰所辑为续志，非增补，故当单列。四、民国沈睿等编《觉云轩霄玄谱志》虽列入《中国道观志丛刊正续编》，因非近古，故未计入。五、虽然笔者认定（清）郑永禧辑《烂柯山志》、（清）吴玉树编《东林山志》为山志而非道教方志，杜翔凤《昭利庙志》、仲学辂《金龙四大王祠墓录》非道教祠庙志，但考虑到《中国地方志丛刊正续编》的影响力，此处权且计入，后文论述中亦权且视作道教方志而略有论及。六、表中所列编纂者乃学界所认定者，并非笔者所认定，实际上有部分道教方志的作者仍值得商榷，此处从众。七、表中所列大致以时代为序，因为各道教方志具体成书时间待考订处较多，故成书时间排序上并不精确。

## （二）浙江存目道教方志

| 序号 | 书名 | 作者 | 文献出处 |
|---|---|---|---|
| 1 | 武林宫观志 | （清）吴允嘉 | （清）李卫等修《西湖志》 |
| 2 | 开元宫图 | 不著撰人 | （清）李卫等修《西湖志》 |
| 3 | 紫阳庵志 | 不著撰人 | （清）李卫等修《西湖志》 |
| 4 | 紫阳道院志 | （清）凌绍中 | （清）丁丙《紫阳庵集》 |
| 5 | 瑞石山紫阳集① | （明）范志敏（即范棲云） | （清）李卫等修《西湖志》 |
| 6 | 武林紫阳道院志 | （清）凌绍雯 | （清）李卫等修《西湖志》 |
| 7 | 吴山城隍庙志 | （明）钱斯馨 | （清）李卫等修《西湖志》 |

---

① 疑此《瑞石山紫阳集》即（清）莫栻所辑《瑞石山志（抄本）》中之《鳌峰唱和诗》等内容，详见何建明主编：《中国地方志佛道教文献汇纂·诗文碑刻卷》（第144册）》，国家图书馆出版社，2013年，第2~93页。

续表

| 序号 | 书名 | 作者 | 文献出处 |
|---|---|---|---|
| 8 | 吴山城隍庙志① | （清）顾鸣廷 | （清）朱文藻等纂《吴山城隍庙志》 |
| 9 | 灵卫庙志② | （明）沈友儒 | （清）朱文藻等纂《吴山城隍庙志》 |
| 10 | 吴山志▲ | （清）金志章 | （清）朱文藻等纂《吴山城隍庙志》 |
| 11 | 大涤洞天真境录 | （宋）唐子霞 | （宋）邓牧撰《洞霄图志》 |
| 12 | 升元观集▲ | （清）周科耀（即周道昱） | （清）汪日桢纂《南浔镇志》 |
| 13 | 烂柯集▲ | （宋）毛友 | （清）杨廷望纂修《衢州府志》 |
| 14 | 续修烂柯山志③ | （清）潘世懋 | （清）姚宝煃等修《西安县志》 |
| 15 | 宗阳宫志 | 不著撰人 | （清）李卫等修《敕修浙江通志》 |
| 16 | 天台山图又天台小录④▲ | 不著撰人 | （清）李卫等修《敕修浙江通志》 |
| 17 | 天台山志 | （明）徐表然 | （清）李卫等修《敕修浙江通志》 |
| 18 | 仙都志 | （明）李永明 | （清）李卫等修《敕修浙江通志》 |
| 19 | 仙都观记 | 不知作者 | （清）李卫等修《敕修浙江通志》 |
| 20 | 洞霄宫旧钞志⑤ | （明）无名氏 | （清）郑沄修《杭州府志》 |

---

① （清）朱文藻：《吴山城隍庙志·凡例》称"《城隍庙志》旧撰者二：其一为明季道士钱斯馨撰，崇祯戊寅巡抚喻思恂序，今已不传；一为康熙甲申钱塘顾鸣廷撰，分祀典、庙制、修葺、事迹、灵应、碑记、主守七门。为书只四十翻，纪载未备。今惟祀典、事迹、灵应、碑记仍其旧目……灵应一门，专纪降祥降殃。旧志所采，止于康熙甲申，今增入二十余条，皆近世见闻确凿者。"（《王国平主编：《西湖文献集成（第25册）》，杭州出版社，2004年，第735页）又检朱文藻《吴山城隍庙志》，标注"旧志"处并不多，则朱文藻编纂《庙志》时，钱本已佚，顾本尚存，其《庙志》乃部分参稽顾本《庙志》，非以之为底本。

② 沈友儒可能只是为《灵卫庙志》作序，并未参与编纂，朱文藻《吴山城隍庙志》所记似误。

③ 疑即冷时中所修《烂柯山志》，当为存世本。

④ （明）陶宗仪《说郛》卷十下引尤袤《遂初堂书目》，其"地理类"书目录辑有《天台山图》《天台小录》（《文渊阁四库全书（第八七六册）》，第491页下），则当视之为二本不同书籍。

⑤ （清）金志章《洞霄宫志序》称"明晚黄象鼎修《余杭志》，载戴日强辑《洞霄志》一册，顾讹沿失次，所在而是"，不知是否指的此志。详见张智、张健主编：《中国道观志丛刊续编（第17册）》，广陵书社，2004年，第16页。

续表

| 序号 | 书名 | 作者 | 文献出处 |
|---|---|---|---|
| 21 | 乾元观志 | （明）许令典 | （清）陈璚等修《杭州府志》 |
| 22 | 重修吴山城隍庙志 | （清）顾鸣廷 | （清）李卫等修《西湖志》 |
| 23 | 洞霄诗集续 | （清）朱文藻 | （清）张吉安等修《余杭县志》 |
| 24 | 洞霄图志续 | （清）朱文藻 | （清）张吉安等修《余杭县志》 |
| 25 | 天目山真境录▲ | （宋）唐子霞 | （清）蒋光弼等修《于潜县志》 |
| 26 | 佑圣宫志略 | （清）张云锦 | （清）彭润章修《平湖县志》 |
| 27 | 真隐观志▲ | 不著撰者 | （清）戴枚修《鄞县志》 |
| 28 | 会稽洞记▲△ | （唐）贺知章 | （清）戴枚修《鄞县志》 |
| 29 | 瀛海纪言▲△ | （元）吕虚夷 | 罗士筠修《象山县志》 |
| 30 | 仙都山志① | （民国）干人俊 | 干人俊纂修《宁海县续志稿》 |
| 31 | 烂柯山志 | （明）瞿溥 | （清）郑永禧辑《烂柯山志》 |
| 32 | 烂柯纪事▲ | 不知作者 | （清）郑永禧纂修《衢县志》 |
| 33 | 委羽山志② | （清）卢廷幹 | （清）喻长霖等修《台州府志》 |
| 34 | 仙居十八洞天志③▲ | （清）朱亢宗 | （清）喻长霖等修《台州府志》 |

---

① 此《仙都山志》为民国干人俊所编，非近古道教方志，此处著录为存其目，以便于相关研究者知悉。

② （清）陈钟英等修《黄岩县志》称："是书因胡伯举旧志而增广之……今有抄本，不全，咸丰末诸生王维翰重加搜葺，为续志六卷，凡胡志所有不复载。"则此本为残本，乃胡昌贤旧志之增订本，为王维翰编《委羽山续志》所借鉴。详见《中国地方志佛道教文献汇纂·诗文碑刻卷》第203册，第175页。

③ 喻长霖等纂修《台州府志》"仙居十八洞天志"条下称："括苍洞，在仙居东南五十里，称第十洞天。宋时庆云道士王崇祐尝撰《大洞天志》十卷，久佚不传，亢宗乃搜采丛残，编为是书，以存其略，见《仙居新志》，今存。"括苍为道教第十洞天，据文意及注4（清）王寿颐等《仙居志》所录"仙居十洞天志"条，此"十八洞天"的"八"字当衍。文称"今存"，然笔者未曾搜见存世本，此存疑。详见何建明主编：《中国地方志佛道教文献汇纂·诗文碑刻卷（第200册）》，国家图书馆出版社，2013年，第261页。

续表

| 序号 | 书名 | 作者 | 文献出处 |
|---|---|---|---|
| 35 | 大洞天志① | （宋）王崇祐 | （清）喻长霖等修《台州府志》 |
| 36 | 旌德观志略▲ | 不著撰者 | （清）郑沄修《杭州府志》 |
| 37 | 仙岩志▲ | （明）王应辰 | 《钦定四库全书总目》卷七十六 |
| 38 | 缙云仙都山志▲△ | （明）李时孚 | （明）徐𤊹《徐氏家藏书目》 |
| 39 | 金龙四大王事迹 | （清）俞星留 | （清）嵇曾筠等修《浙江通志》 |
| 40 | 卯山图传▲△ | 吴素时 | （清）嵇曾筠等修《浙江通志》 |

说明：一、文献出处仅为笔者所检阅本，也可能并非文献的实际（或原始）出处，如《天台山图又天台小录》乃李卫等修《敕修浙江通志》所录，但其条下标注"按《遂初堂书目》不著名氏"，则其所本实为（宋）尤袤《遂初堂书目》，此处仅标注《敕修浙江通志》。二、因笔者目力所限，若有将存世道教方志误认为存目者，还望知者不吝指出。三、加"▲"号者为尚不能确定是否为道教方志者，"△"者为疑似散佚者。四、文献编纂者仅列首一人，后续编者省却，如（清）张吉安等修、朱文藻等纂《余杭县志》，此处仅列"（清）张吉安等修"。

---

① （清）王寿颐等修《仙居志》"仙居十洞天志"条称："宋时庆云道士王崇祐尝撰《十洞天志》十卷，久佚不传。"《十洞天志》与喻长霖等纂修《府志》所录《大洞天志》名异，未知二者名称孰是。详见何建明主编：《中国地方志佛道教文献汇纂·诗文碑刻卷（第203册）》，国家图书馆出版社，2013年，第2页。

# 第二章
# 道教方志的宗教学价值

　　道教方志是以弘教、存史为目的，基于方志的编纂理念，在内容上虽涉玄怪神异，但远不像一般道经那般离奇玄幻、荒怪不经，故而从记录事实的角度看，其可信度在道教典籍中是最高的，相当于道经中的"信史"。浙江道教方志多层面记录了各地道教的发生、发展情况，内容庞杂而可资征稽，有着较高的宗教学价值。

## 第一节　教派流传情况的记载

　　从弘教、存史的角度看，道教方志既是一部宫观的发展史，更是一部道教教派的传衍录。通过记录一地宫观的周遭环境、建置沿革、宗派流衍、仙踪灵迹、诗文题记等，一方面存录、弘扬宫观的印记与辉光，另一方面则志在激发后继者勿忘立教之本、善继祖风、兴废举坠，以维系宫观和教派的长期发展。正所谓"缵仰祖风，以光其教"。[①] 在道教徒

---

　　① 四库全书存目丛书编纂委员会编：《四库全书存目丛书·史部（第二四六册）》，齐鲁书社，1996年，第406页下。

看来，编纂道教方志，与儒家立言垂世的"三不朽"观念相类，是一项可"广誉四方，垂光百世"的不朽之盛事。

## 一、记录道教法派的承传

"法派"者，顾名思义，乃信从同源或相近玄理的道教支派，是道教宫观的实际经理或持有群体。作为道教经籍中的"信史"，道教方志中的"法派"记录在文献辑佚、考辩等方面显得尤其有价值。据张崇富先生的界定，"法派"的内涵有四个要点，"首先，从时间上来说，道教的法派应该是唐宋代以来形成的道教内部的支派。……其次，道教'法派'的创派宗师，一般为名人或道法卓著的人物……再次，'法派'当有具体的'道院'为依托，多为本门法派所创建，为本法派拜师、修道的场所。另外，'法派'成熟的一个重要的标志就是字辈出现。"[1] 根据张先生的界定，"法派"与宫观道院相互依衬，是教派发展较为成熟、道教宫观富有一定宗教影响的重要标志之一。但具体到各部道教方志上，因其定位和类属的不同，对"法派"记录的重视程度不一，彼此间还是存在较大的差别。

### （一）祠庙志往往没有法派的相关记录

道教祠庙多主祀某一民间信仰与道教神仙谱系相关联的神祇，如城隍神、天妃、崔府君等。祠庙的规模一般不大，容纳的道士有限，加之其与民间及官方千丝万缕的联系，缺少"经教"的生成条件，就中形成道教教派相对不易。且祠庙志的编纂，多是从社会功用的角度

---

[1] 张崇富：《龙虎山法派考》，《宗教学研究》2016年第4期，第19～20页。

出发，关注的是神祇崇祀在政治、经济、世风和民生等方面的影响力，这也影响了祠庙志编纂者对"法派"的关注。

浙江存世道教方志中的祠庙志有《灵卫庙志》《昭利庙志》《城北天后宫志》《吴山城隍庙志》《崔府君祠录》《金龙四大王祠墓录》《吴山伍公庙志》《广福庙志》《玉皇山庙志》9部，其中没有"教派"记录的有《灵卫庙志》《昭利庙志》《城北天后宫志》《崔府君祠录》《金龙四大王祠墓录》《吴山伍公庙志》《广福庙志》7部，录有道士名录，"法派"印记不甚明显的有《吴山城隍庙志》1部。[①] 简单论列如下：

祠庙由道士主持，然所奉多为儒道共祀神祇，有着鲜明的官办色彩。如吴山伍公庙祀神为伍子胥，历朝多列于国家祀典，虽常设主持为道士，而营建、修缮多出自官方维护现实政治统治的需要。自唐以还，累朝有兴修、致奠，清帝南巡，也"遣官致祭，复亲洒宸翰，书匾以赐，敬悬庙中，劝民崇祀，实超百王而上之"。[②] 在杭城诸多祠庙中，崇祀地位最为显赫。《吴山伍公庙志》共六卷（另附"卷首"），内容主要以伍子胥为核心，记录相关的建置、祀典、敕诏、古迹、本传事迹、诗文题记等，仅在个别文记中提及少数主持道士的姓名，未成法派。如乾隆十九年（1754）金志章《序》中所称主持沈永青，万历四十一年（1613）年金世行《序》中提及募缘的主持道士"夏建寅、叶瑞洪、沈惟高"等。

其他无法派记录的祠庙志一般也是目次简略，内容搜罗单一，基本围绕所祀神祇展开。如《灵卫庙志》一卷，目录仅列三项，分别为"建庙本末""国朝碑文""附录"，内容涉及灵卫庙的创建、重修，神

---

[①] 《玉皇山庙志》虽以庙志为名，实际上是一部以玉皇山福星观为核心的道教方志，乃道教宫观专志，著录有福星观全真派弟子的"法派"信息，本文将其列入本节第三点宫观专志部分进行论列。

[②] 王国平主编：《西湖文献集成（第25册）》，杭州出版社，2004年，第616页。

祇（朱跬、曹胜、祝威）的奉敕、祀告、题咏和钱塘县令义埋、祭奠遗骸的文记。《城北天妃宫志》一卷，内容分涉天妃本传、历朝祭文和封敕、清代修宫碑记和匾额及文人雅集天妃宫的相关诗作等。志中偶有提及的道士，也基本限于祠庙主持，寥寥一二，且多在文记中，没有专文或专节列示，如《灵卫庙志》中的守庙道士何道隆见于《建庙本末》一文，《城北天后宫志》主持沈祖乔见于《秋鸿馆记》一文。

再看著录道教徒、有"法派"印记的《吴山城隍庙志》。（清）朱文藻等纂《吴山城隍庙志》共八卷，附录"卷首"。其卷五为"主持"，记录吴山城隍庙的历任主持高道，为观察祠庙志"法派"印记难得的文献记录。"主持"卷共分上下两部分，上部记录"屋宇""高道"，下部记录相关诗文。屋宇为道士止息和修行的场所，与张崇富先生所言之"法派"所依附的具体的"道院"相类似。《志》中援引《旧志》交代了城隍庙屋宇的兴置与管理情况：

> 建庙以来，即设住持，以藏器物，以司灌献，历有年所，徒众日蕃。于是依山环庙，比屋而居。庙左右共一十三房，曰延庆，曰中和，曰永固，曰古朴，曰长生，曰福善，曰长寿，曰淳朴，曰守一，曰淳素，曰宝定，曰长春，曰清修。……庙制：每岁左右各一房轮值。一月之殿事，左值之月，住持按月分给在左各房，额设薪水银两，无有阙失。右值之月，其住持分给在右各房同。虽庙中纤悉之入，必均分之，不均者罚。论者谓立法之公，宜其传世之远欤。①

吴山城隍庙自建立以来即常设主持，由官方延聘，以负责器物管理和

---

① 王国平主编：《西湖文献集成（第25册）》，杭州出版社，2004年，第828页。

奉祀神祇等事务。因为城隍祠庙所祀为省城"捍御之神",于典祀为尤重,所以参与服务道士日渐增多,屋宇增建,环山而设,左右分列,于是便有了分舍轮值的庙制,来维系祠庙的长期规范管理。

《旧志》所载十三房,至朱文藻修志时仅存十一房,名称也有更易。根据朱文藻的记载,其屋宇规模及主持人数如下:

| 左七房 | 右八房 |
| --- | --- |
| 元庆房:房12间,主持5人 | 清秀房:房15间,主持7人 |
| 长生房:房6间,主持4人 | 古朴房:房15间,主持4人 |
| 宝定房:房6间,主持3人 | 福善房:房6间,主持3人 |
| 守一房:房6间,主持3人 | 淳素房:房9间,主持3人 |
| 长寿房:房6间,主持2人 | 长春房:房9间,主持3人 |
| 永固房:房6间,主持2人 | 淳朴房:康熙甲申以后,并入长春房 |
| 宝月房:康熙甲申以前,并入元庆房。 | 中和房:康熙甲申以后,并入古朴房 |
|  | 上古房:康熙甲申以前,并入淳素房 |

表中所列11房共计有主持39人,朱文藻文中有注"主持人数,以见在受度者为断,其未经披戴者,不在数内"[①],则主持乃正式受度的道士,观其文意,祠庙中还应驻守有不少道教信众。

屋宇之后,朱文藻列录了主持高道23人,其中明确主持何房的有王守宁(元庆房)、徐法祥(元庆房,王守宁徒孙)、施远恩(长生房)、陈本达(宝定房)、钟有相(守一房)、王德明(清秀房)、沈仁安(清秀房)、徐有祯(古朴房)、李天玉(福善房)、陈冲志(福善房)、李真源(淳素房)。从记录看,各房主持之间并没有明显的宗派师承关系,而其内部则有师承。如:"(徐)法祥字渭伯,元庆房王守

---

① 王国平主编:《西湖文献集成(第25册)》,杭州出版社,2004年,第829页。

宁之徒孙也，石门人。"① "（王）德明字克新，海宁人。生四岁而孤，七岁有出尘想。慕清秀房沈心贶，九岁入元（玄），有高道，因来依焉。"② "（沈仁安）甫九岁，超然有出尘志。遂至吴山清秀房，受业于王克新。"③

根据张崇富先生对"法派"的界定，《吴山城隍庙志》中列录诸多主持只能说有"法派"的印记，难称严格意义上的"法派"。其原因有四点：一是朱文藻所修志中仅以"主持"标示该卷卷目，未用"法派"或"法嗣"等名目，其不视之为法派的态度较为明确；④二是主持基本由官方延聘，职权范围很是有限，与道观主持相去甚远，且没有"道法卓著"的人物，"主持只给扫除之役，前代即少表著，求如徐道彰辈，已不可得"；⑤三是并未见共同的祖师传承和相近的教派思想关联；四是没有法派成熟的字辈标志。这种状况可能代表了道教祠庙的常态，即主持多由官方延聘、职权范围有限，祠庙内部虽有师承关系，但因缺少"经教"要素（比如共同的祖师或相近的宗派思想等）而难称法派。吴山城隍庙"为省会香火大社，较之洞天邃室，景象各殊"，⑥规模非一般道教祠庙可比；朱文藻又是清代乾嘉时期的著名金石学家，在祠庙志中分卷著录道士乃自然之义。而多数祠庙志一方面局限于其祠庙的规模狭小，道士数量不多，另一方面局限于修志者的编志观念与能力，在祠庙志中就很少著录有教徒或"法派"信息。当然，《吴山城隍庙志》虽未著录法派，其著录的主持分房和承传关系、

---

① 王国平主编：《西湖文献集成（第25册）》，杭州出版社，2004年，第833页。
② 王国平主编：《西湖文献集成（第25册）》，杭州出版社，2004年，第835页。
③ 王国平主编：《西湖文献集成（第25册）》，杭州出版社，2004年，第836页。
④ （清）朱文藻在所纂《金鼓洞志》中即设有"教祖"卷、"法嗣"卷，说明其对道教法派的理解是很清楚的。
⑤ 王国平主编：《西湖文献集成（第25册）》，杭州出版社，2004年，第853页。
⑥ 王国平主编：《西湖文献集成（第25册）》，杭州出版社，2004年，第853页。

高道小传等对于研究道观管理、道教人物和教派间的相互影响等还是有着较高的宗教学价值的。

### （二）道教山志较少关注法派的记录

道教山志是以山为地域主体，以道教为主要内容，以存史、弘教为主要目的的方志文献。与祠庙志和宫观专志不同，道教山志关注的主体对象是山地，往往重在记录山地的形胜、道教的发展环境和历史状况、相关的诗文题咏等，虽可能涉及仙道的著录，但因为其中心不在某一宫观，故较少具备法派的特点。

浙江存世道教山志有《金华赤松山志》《天台山志》《仙都志》《大涤洞天记》《委羽山志》《委羽山续志》《烂柯山洞志》《烂柯山志》《台南洞林志》《东林山志》10部。其中完全没有人物分卷或条目记录的有《天台山志》《大涤洞天记》《台南洞林志》《烂柯山洞志》《烂柯山志》5部。

烂柯山因王质遇仙的传说而著名，虽为道教洞天福地，却很少著名道观，仅有山下一座集仙（或曰"仙集"）观，远不及同列的宝严寺。（明）徐日炅修志时，道观殿宇已剥蚀不堪，至（清）郑永禧纂志时，观已久废，只能是从地方志和文人题咏中觅得一点线索。徐《志》注重的是辑录烂柯山诗文，郑《志》虽篇幅大为增加，却未单列"人物"名录，偶有著录，也仅限于地方巨族人物，而非道门中人。（清）冯赓雪《台南洞林志》以搜访临海的洞天胜境为本旨，自然不会涉及道观和法派。《天台山志》1卷，不著撰人，篇幅不长，重在记录天台山洞、井、宫观及相关诗文题记，偶有列录一二道士，也是附在宫观之下。《大涤洞天记》，（宋）邓牧撰，分为"宫观""山水""碑记"3卷。《四库提要》将其视为《洞霄图志》的删节本，称："核其书，即牧所撰《洞霄图志》内宫观、山水、洞府、古迹、碑记五门而删其人物，每门又颇有刊削，不皆全文。"① 笔者以为，《大涤洞天记》与《洞霄图志》名称的不同可能反映了二者不同的文献属性，即前者当定位为道教山志，后者则定位为道教宫观志。"人物"门的删削和增入，正反映了编纂者的编纂意图：若重在山地，自可相对忽视人物；而若重在宫观，作为东南伟观的洞霄宫，当然要增入"人物"一门。

《金华赤松山志》《仙都志》《委羽山志》《委羽山续志》《东林山志》5部道教山志都设有人物条目或门类，主要应是出于地灵人杰，为山林增荣的目的，其中所列人物均不足以构成法派。《金华赤松山志》1卷，（宋）倪守约撰，分类颇为细密，有"丹类""洞穴类""山类""水类""宫宇类""人物类"等条目，"人物类"下列录有唐、宋道士舒道纪、董惟滋、黄彦达、盛旷、周大川、吴养浩、朱知常7人。《仙都志》2卷，（元）陈性定撰，有"神仙""高士"条目以著录高道，"神仙"条目下列录唐代道士周景复、刘处静2人，"高士"条目下列录宋元时期玉虚宫道士游大成、楼大度、黄见素、李伯祥、刘延用、洪瑞本、叶葆和、詹虚一、陈观定、林天任、谢天与、徐元瑨、赵嗣祺、李德宁14人，多为玉虚宫主持，已具有了"法派"的某些特征，然时间跨度大，并未形成完备的师承体系。②《仙都志》编者陈性定为玉虚宫道士，"高士"条目下仅录玉虚宫高道，而未录同处仙都山的妙庭观高道，可能有意在突显本观、为其存史的目的，《仙都志》更

---

① 四库全书存目丛书编纂委员会编：《四库全书存目丛书·史部（第二四三册）》，齐鲁书社，1996年，第138页。
② 《仙都志》"高士"下仅有一条标识师承关系，即："洪端本，号高溪；叶葆和，号竹涧；詹虚一，号寄庵；陈观定，号楚山；皆丽水人，四世师弟子也。袭大道之正传，皆玄门之领袖，楚山君改易宫向，勋迹尤多。"详见《道藏（第一一册）》，文物出版社，上海书店，天津古籍出版社，1988年，第82页上、中。

多具有了玉虚宫专志的色彩。（明）胡昌贤《委羽山志》6卷，卷二为"仙道"，列录委羽山自太古至明代的仙道人物黄帝、李八百、刘奉林、赵伯玄、西灵子都、司马季主、鲍卡阳、周义山、刘讽、黄子阳、司马法育、青童君、中元丈人、青谷先生、青庐子、段季正、葛洪、萧子云、羊愔、杜光庭、洪濛子、范锜、董大方、王中立、北芷泉、严中、陈岳27人，俱为曾修道委羽山或在委羽山留有遗迹、传闻的仙真高道，虽间有一二师承关系，如周义山、刘讽、黄子阳都曾师事司马季主，然仙道混杂，历时久远，其要自不在法派。（清）王维翰《委羽山续志》6卷，将"仙道"与"宫室""摭余""杂记"合为一卷，在"仙道"条目下仅列录许碏、杨来基、陈复朴、沈永良、章本旭5人，人数大为减少，其中标注师承关系的只有杨来基、陈复朴师徒，且与前《志》没有重复。人物记录上二《志》均多离奇不经的记述，神异色彩浓郁。《东林山志》24卷，其中卷14至19为人物卷，卷目分别为"勋贤""先正""寓贤""淑媛""仙佛""释老"。道教人物分"仙""老"二类，与"佛""释"同列于"仙佛"和"释老"卷中。两卷列录有"仙"葛洪、吕洞宾、张珍奴、潘洞雷4人，"老"杨承元、黄道昌、施冲元3人；又"寓贤"卷中列录有羽士沈一炳（谷音），实际著录仙道共8人。（清）吴玉树《东林山志》并非道教山志（详前论），其编纂的目的在于显扬山林、增荣乡梓，故人物卷涵盖官宦、乡绅、名士、烈女、僧尼、高道多种类型。

### （三）道教宫观专志是法派记录的主要载体

宫观专志是记录某座或某山宫观的道教方志，其关注的重点在于宫观的发展沿革，作为宫观的持有者和管理者，道士或教派的信息辑录自然是这类道教方志关注的核心内容。当然，基于宫观的规模、历史、影响力及道教方志编纂者的学养和修志观念等多重因素,不同宫观专志在道教法派的记录上会有所不同。

浙江存世道教宫观专志有《洞霄图志》《洞霄宫志》《通玄观志》《重阳庵集》《金鼓洞志》《武林玄妙观志》《紫阳庵集》《玉皇山庙志》8部,其中有明确法派记录的为《通玄观志》《金鼓洞志》和《玉皇山庙志》3部,其他的5部则需区别另议。兹择要论议如下:

1. 《紫阳庵集》《重阳庵集》既无法派分卷,也无人物条目

(清)丁午《紫阳庵集》仅有相关文记记录道士数名,可依稀了解其法派传承情况。其开山祖师为元至元间法师徐洞阳,弟子为丁野鹤,二人为紫阳法派的开创者和奠基人,乃法派中的"名人或道法卓著人物"。丁野鹤化去后,"紫阳之名益大彰闻,于是元学士承旨赵文敏公题其匾曰'紫阳道院',一时名公巨卿若黄潜卿、张光弼、陈刚中、萨天锡、倪元镇诸君子咸有题咏"①。正统年间师承弟子为范致虚(范栖云)、范应虚,②范应虚弟子为章本全、顾本玉。③ 紫阳道院兴废不一,"自野鹤化去,未及百年,而昔之殿台楼馆鞠为茂草"④。正统九年(1444)范致虚兴复之,而"自正统迄今凡百五十年,又不知几经兴废矣"⑤。道教人物辑录者较少,时间跨度大,自有原因。从徐洞阳到丁

---

① 胡道静、陈耀庭、段文桂等主编:《藏外道书(第二〇册)》,巴蜀书社,1994年,第392页上。
② 胡道静、陈耀庭、段文桂等主编:《藏外道书(第二〇册)》,巴蜀书社,1994年,第392页。
③ 胡道静、陈耀庭、段文桂等主编:《藏外道书(第二〇册)》,巴蜀书社,1994年,第393页下。
④ 胡道静、陈耀庭、段文桂等主编:《藏外道书(第二〇册)》,巴蜀书社,1994年,第391页上。
⑤ 胡道静、陈耀庭、段文桂等主编:《藏外道书(第二〇册)》,巴蜀书社,1994年,第392页上。

野鹤再到范应虚、范致虚和章本全、顾本玉,传承人物虽少,而高道、道院、字辈皆备,可以称之为小规模的紫阳法派。紫阳庵祖师徐洞阳"一日梦紫阳张平叔授以真诀,遂大感悟,因号其居曰'紫阳'",[①] 张叔平即全真教南宗初祖张伯端,故紫阳法派当为全真教南宗支派之一。

(明)梅志暹等《重阳庵集》中的法派相关记录也见于文记,零星跳落,间隔不一。据《集》中所引《杭州志》,重阳庵开山者为唐开成年间的韩道古,继之者为元大德年间的冉无为。[②] 重阳庵在明初被列为全真丛林,而全真教兴起于金元时期,因而在法派祖师的认定上,周鼎《重阳庵记》首列冉无为。"冉之席,刘碧虚继之;继刘之席,为江铁庵氏;继江之席,为杨古岩氏、孙守素氏;继守素者,为钟本清氏;本清之继,则志暹焉。志暹初受业三茅宁寿观副都纪张静庵为弟子。骆仲仁又继暹之席以领众,而师友之相代,先后一轨也。"[③] 周鼎《记》作于成化十一年(1475),实际上在周鼎作《记》前还有一位重阳庵住持何志远,关于何志远的记载见于正统十年(1445)陈赟所撰《重建青衣童子亭记》的立石落款。成化十五年(1479)朱镛为梅志暹作《八咏诗序》称"今嗣其道者,羽士钱塘梅师志暹"[④]。说明1479年梅志暹为宫观主持,则何志远位列其前无疑也,至于是否在钟本清等之前,则无法确证。[⑤] 骆仲仁后继者见诸文记的住持有九位,为潘崇正、沈月川、徐渊贞、俞大彰(宾梅)、陈曰可、朱之一、邱春岳、俞沾恩、陈戴墨。潘崇正为骆仲仁弟子,见于成化十五年(1479)朱镛

---

① 胡道静、陈耀庭、段文桂等主编:《藏外道书(第二〇册)》,巴蜀书社,1994年,第391页上。
② 王国平主编:《西湖文献集成(第24册)》,杭州出版社,2004年,第937页。
③ 王国平主编:《西湖文献集成(第24册)》,杭州出版社,2004年,第939页。
④ 王国平主编:《西湖文献集成(第24册)》,杭州出版社,2004年,第945页。
⑤ 江铁庵主持宫观时间在1335或1359年,早于何志远百年左右,详见本节第二部分宫观部分"重阳庵"沿革的论证。

所作《八咏诗序》"师与其徒骆仲仁、仲仁之徒潘崇正珍袭之"①。嘉靖十三年（1534）王子谟撰《重阳庵集跋》中称："予避形役，适以贤访，煮茗挥麈之余，（俞大彰）出历代传教之谱册、八景之歌章，从可知矣。有如近祖古春梅公之冲虚纯一、玉峰骆公之体元妙道、苍崖潘公之崇元守正、月川沈公之慎独涵真，皆能修身道教，敦厚人理，立天地间而无愧怍者也。"②此潘苍崖应为潘崇正，而沈月川则为继崇正之教者。徐渊贞著录于（明）倪谦所作《贞白斋赋》，文中未署岁月款识。考倪谦卒于成化十五年，则徐渊贞或为继潘崇正或沈月川之席者，或仅为重阳庵普通道士。俞宾梅募修重阳庵天医行宫载沈友儒《吴山重阳庵天医行宫记》，在万历三年（1575），文末署名"前住持陈曰可、徒弟朱之一、徒孙邱春岳、曾孙俞沾恩立"，③则陈曰可为俞大彰的前任住持，朱之一、邱春岳、俞沾恩是否承住持之位无法确定。（明）沈捷《吴山重阳庵陈戴墨法师传》称："前有韩、冉，后有梅、俞，修真格帝，代不乏人。嘉、隆以后，学者不守庚申，都忘甲子，无复有问道崆峒、访书石室者。……自有戴墨，而神仙金止玉亭，真人琼思霞想。去天无须尺五，隔道何必两尘。呼吸可通，甘霖立降。"④则陈戴墨当继俞大彰之席，主要活动在万历年间。当然，文记所列法席传承，多着眼于声名较著的高道，并不能完整反映法派的师承体系。我们只能根据已列示的人物大致勾勒出重阳庵法派的传承情况，存有疏漏或倒置的情况，在所难免：冉无为→刘碧虚→江铁庵→杨古岩→孙守素→钟本清→何志远→梅志暹→骆仲仁→潘崇正→沈月川→徐渊贞？→

---

① 王国平主编：《西湖文献集成（第24册）》，杭州出版社，2004年，第945页。
② 王国平主编：《西湖文献集成（第24册）》，杭州出版社，2004年，第1000页。
③ 王国平主编：《西湖文献集成（第24册）》，杭州出版社，2004年，第944页。
④ 王国平主编：《西湖文献集成（第24册）》，杭州出版社，2004年，第990页。

陈曰可→俞大彰→陈戴墨。[1]

**2.**《洞霄图志》《洞霄宫志》《武林玄妙观志》设有人物卷目

（宋）邓牧《洞霄图志》卷五为"人物门"，由正编、续编构成，正编人物以时间为序列录晋至明代列仙郭文、许迈、潘先生等共 20 人。续编部分首列由宋入元高士叶林、邓牧，后以时间为序列录唐至元高道白元鉴、冯德之、唐子霞等 19 人。正续编人物皆有小传，后附赞辞。其下再附自宋绍兴年间至元大德年间洞霄宫历代主持金致一、李洞神等 37 人，其中为前述人物门所未列者有金致一、潘三华、高守中、王居实、王大年、杨大中、龚文焕、郎道一、曹至坚、吴处仁、舒元一、沈多福、骆大成、喻大时、陈以明、许可久、水丘居仁、胡道枢、朱特立、丘师德、章居中、王思明、李元纲、孙元吉、金常清 25 人。

（清）闻人儒《洞霄宫志》道教人物与"古迹""宫观""祠官"合为卷之二，共列录道教人物郭文、许迈、白元鉴、叶法善等 68 人。《洞霄宫志》补充了邓《志》未录自元至清代道士孟宗宝、徐应时、史德芳、章居实（以上元）金抱素、贾守元、吴逢源、龚自然、曹元隐、周应常、詹道成、张复阳（以上明）孙道元、吴象岩、陈戴墨、翟矗緱、魏大成、陆尔仁、贝本恒、徐国祥、金筑老人、王清虚、潘一元、王仁可、方仁溥、童仁敷、张仁逸、童仁恬（以上清）共 28 人。同时，邓《志》著录闻《志》未录的道士有石自方、杨清一、金正韶、潘三华、高守中、王居实、王大年、杨大中、龚文焕、郎道一、曹至

---

[1] 又《重阳庵集》所引《杭州志》还记录有明洪武时期募缘重建殿阁的道士钟道铭，然并未被周鼎列入法派名录，不知何故。（明）季琮《重阳庵记》称宋理宗曾御赐庵额，"非袭完颜氏、王知明之号而然"。则完颜氏、王知明也可能是当时重阳庵的住庵道士。详见王国平主编：《西湖文献集成（第 24 册）》，杭州出版社，2004 年，第 940 页。

坚、吴处仁、沈多福、骆大成、喻大时、陈以明、许可久、水丘居仁、胡道枢、朱特立、丘师德、章居中、王思明、李元纲、孙元吉、金常清 26 人。二《志》均著录而人同名不同的有 5 人，为郑茂章（邓本作郑元章）、王师明（邓本作王思明）、王林（邓本作王朴）、周元和（邓本作周允和）、沈日益（邓本作阮日益）。二《志》共著录自晋至清高道 96 人，从著录的道教人物数量上足以说明洞霄宫在东南的伟观地位。

  教派的信息二《志》均有著录，《洞霄图志》在卷一 "宫观门·道院" 下列有三院十八斋，展示了洞霄宫的法派构成。即上清院派，下辖山隐、山素、岫隐、嵩隐、怡云、粟隐、清隐、谷隐、盘隐、壶隐、橘隐、悠然、闲隐、学隐 14 斋；南陵院派，下辖回紫、清虚 2 斋；精思院派，下辖怡然、碧壶 2 斋。①《洞霄宫志》则列在卷之二 "宫观" 条下，所列内容与邓《志》相同。邓《志》"人物门" 间丘方远条下称 "今道院仅十八斋，而派出先生者，十有四焉"②，闻《志》亦称 "按道院向系十八斋，而派出先生者，十有四焉"③，说明间丘方远当是洞霄宫奠基和分派的最为重要人物，对洞霄宫分派承传的影响最大，"十四斋" 无疑指的是上清院派。然具体到人物，邓《志》闻《志》所录人物基本都没有标识他们的法派斋院信息，唯一标识的仅有暨齐物、郑元章 2 人，俱为精思院。暨齐物位列间丘方远之前，入精思院后，创有书楼，著述不缀；郑元章位列间丘方远之后，文称 "景福二年，与玄同先生同居天柱山精思院"④。

---

 ① 《文渊阁四库全书（第五八七册）》，台湾商务印书馆，1986 年，第 412 页上。
 ② 《文渊阁四库全书（第五八七册）》，台湾商务印书馆，1986 年，第 438 页上。
 ③ 张智、张健主编：《中国道观志丛刊续编（第 17 册）》，广陵书社，2004 年，第 132 页。
 ④ 《文渊阁四库全书（第五八七册）》，台湾商务印书馆，1986 年，第 438 页下。

据《洞霄图志》人物门正编部分小序，其"人物门"的目标在于辑录卓异道人，与名山辉光表里，而非仅仅局限、荣耀洞霄一宫。闻《志》卷之二"道真"条目小序称："况辑本宫之志，述其源流，亦唯宗派可稽，其灵异自有以照耀古今也。"[1] 说明《志》中所列道教人物即为洞霄宫的宗派源流，其著录道教人物以序法派的用意是很明确的。二《志》在道教人物小序中的出发点一在名山、一在宫观，似有小异，然均以"洞霄"为名，则其辑录的重心仍是相同的。[2] 洞霄法派人物虽然没有相应斋院人物的开列，法派的脉络还是存在的，只是需要结合相关人物传记和道教文献才能厘清，如吴筠、司马承祯等本为上清派传人，叶法善也曾修习上清道法；邓《志》闻《志》中还有一些师承关系记录，如夏侯子云"投司马天师（司马承祯）门下"、暨齐物"师玉清观朱法师君绪"、[3] 金致一"入洞霄，师舒元一"、[4] 吴逢源"与前辈贾公守元善，遂师事之"；[5] 闻《志》所录王仁可、方仁溥、童仁敷、张仁逸、童仁恬明显具备字辈标识等，皆可备参稽。限于精力与篇幅，本文不作展开议论。

（清）仰蘅《武林玄妙观志》卷二为人物卷，以时为序，分列"列

---

[1] 张智、张健主编：《中国道观志丛刊续编（第17册）》，广陵书社，2004年，第121页。

[2] 其实，在闻人儒的观念中，道教山志与宫观专志也没有区分的很清晰，如他一方面在《洞霄宫志序》中称"（贝本恒）欲余汇集成篇，以复名山之《志》"，又在"道真"条目小序称"况辑本宫之志……"。"古迹""纪异"等无不以"兹宫"为名，其观念中洞霄宫与大涤玄盖洞天实际是互为表里的。

[3] 《文渊阁四库全书（第五八七册）》，台湾商务印书馆，1986年，第436～437页。

[4] 张智、张健主编：《中国道观志丛刊续编（第17册）》，广陵书社，2004年，第151页。

[5] 张智、张健主编：《中国道观志丛刊续编（第17册）》，广陵书社，2004年，第152页。

仙""高道""名师"。"列仙"部分共列录唐至元吕洞宾、张契真、白玉蟾、叶文诗等12人。"列仙"人物可分三类，一是偶过或暂寓玄妙观而非其教徒者，如吕洞宾、白玉蟾、蒋玉海；二是投寓玄妙观而非其教徒者，如青阳先生、黄德渊、赵肖先；三是玄妙观道士，如范应元、褚伯秀、王福缘、马臻。范应元乃天庆观讲师，褚伯秀为其学徒，褚伯秀弟子为王福缘、马臻，四人构成了师承关系。"高道"部分共列录陈永灏、王应瑾、朱希晦、郑本中4人；"名师"部分共列录明至清俞悟元、俞复中、张志源等16人。"高道""名师"基本都是玄妙观道士，仅朱希晦为玄妙观提点。《武林玄妙观志》中已有明确的斋院法派信息，其卷一"道院"条目小序称："夫古坛仙境，羽褐之所依焉。经钟香磬，承续玄风，使千载之灵场相维勿坠，此观之所以有院也。兹观在昔元代以上，皆有方丈相继主持。自明迄今，奉香火而严厘祝者，则道院也。"① 说明了观与道院的统属关系，此中的道院即有法派斋院的含义。其下称引道院中，与法派有关的是长春院"院据宝山之胜，石秀泉清，竹树蓊蔚，极幽静之致，俗呼后房"②，湛然院"院在东岩下，地皆平衍，负山据胜，境极清雅，俗呼前房"③。再检"名师"条目，与两所斋院相关的道士有长春院的郑如松、徐启泰、沈庶中、朱冲和、黄鹤，湛然院的梅茂林、沈启祥，共7位。他们与道观高道、其他名师及部分列仙张契真、叶文诗、范应元等共同构成了玄妙观法派。

3.《通玄观志》《金鼓洞志》《玉皇山庙志》设有法派卷目

（明）姜南辑，（清）吴陈琰增补《通玄观志》共上、下2卷，下

---

① 王国平主编：《西湖文献集成（第24册）》，杭州出版社，2004年，第1065～1066页。
② 王国平主编：《西湖文献集成（第24册）》，杭州出版社，2004年，第1066页。
③ 王国平主编：《西湖文献集成（第24册）》，杭州出版社，2004年，第1068页。

卷设有"法派"条目。"通玄派肇自三茅宁寿观。至于虽在三茅而住持本观者，实本支也。"① 通玄法派源自三茅宁寿观，故《志》先后以时间为序著录了三茅宁寿观和通玄观两座宫观的法派人物。三茅宁寿观法派首列开山祖师玄悟王大师②，后列蔡道像、刘鹜等6人。其下列录涉及二观的人物俞行简（初主持三茅，后主持通玄）、蔡道宁（初主持通玄，后主持三茅）、张守常（初出家通玄，后主持宁寿）、魏志恂（初住三茅，后主持通玄）4人。③ 魏志恂之下，列录通玄法派戚志能、何本澄、徐渊澄、徐道彰（初住宁寿，后主持通玄）、李玄泰、张玄复、郁存方、张应祯、胡应祥、汤景清、李景源等26人，加上二观均涉人物中主持通玄的3人和通玄创观祖师刘鹜，通玄法派人物共计30人。其中胡应祥、陈绮霞为都纪，为官方管理道教事务的道官；李景源没有身份标识，但道法出众，在地方颇有影响力，"祈祷两浙、江淮无不显应，郡邑绅士皆以师礼事之"④。余下人物都曾主持通玄观。这说明《通玄观志》所录法派人物，都是对宫观有重要影响力的人物，而非一般的道士。法派人物名字"澄""玄""应""景""启""如"等字辈标识明显，反映了通玄观法派的成熟程度。通玄法派自刘鹜创观起即供奉三茅真君，因而其所奉当为茅山上清派之教。

（清）朱文藻撰《金鼓洞志》八卷，卷七为"法嗣"，记录了全真

---

① 四库全书存目丛书编纂委员会编：《四库全书存目丛书·史部（第二四六册）》，齐鲁书社，1996年，第472页上。
② 据（清）王安国等修《浙江通志》"王嗣昌，自北海来，望吴山五色云，趺坐顶上竟日"，与《通玄观志》所载略同，则此玄悟大王应为王嗣昌。详见何建明主编：《中国地方志佛道教文献汇纂·人物卷（第33册）》，国家图书馆出版社，2013年，第79页。
③ 《通玄观志》"志法派"中或称"三茅观"或称"宁寿"，实为同一宫观。为行文方便，此处统称"三茅"。
④ 四库全书存目丛书编纂委员会编：《四库全书存目丛书·史部（第二四六册）》，齐鲁书社，1996年，第474页上。

教龙门派金鼓洞支派的法派传承谱系。与前述宫观专志不同，朱文藻在"法嗣"卷前增加了"祖教"卷，搜罗、汇集全真教祖师王喆、丘处机的相关行迹，志在明确法派渊源。王喆事迹完全引自全真道士李道谦所撰《终南山神仙重阳子王真人全真教祖碑》，丘处机行迹则体现了朱文藻金石学家的博搜精神，他汇集了《金石萃编》《日下旧闻考》《帝京景物略》《辍耕录》《甘水仙源录》《草木子》等文献中关于丘处机行迹的记载，涉及丘处机的出身、入道、师承、与金朝的来往、应诏参谒元太祖成吉思汗、修行、建观、布道、交游、创作、仙逝、会葬、后人塑像志祭等诸多内容。丘处机之下，《金鼓洞志》记述了丘门十八高弟中尹志平、李志常、张志素、潘得冲（潘德冲）、夏志诚、于志可、綦志远和孟志稳（孟志源）八位人物事迹，再据《人海记》和《小直沽天妃宫住持李得晟碑》补全赵道坚、宋道安、孙志坚等十八人姓名事迹，从而构建了王喆→丘处机→丘门十八弟子的全真祖谱。

"法嗣"卷为金鼓洞法派的传承谱系，与《通玄观志》近乎宫观主持"一脉单传"式的法派人物记录方式不同，《金鼓洞志》对道院法派人物的记录务求全备，在一定层面上再现了龙门派金鼓洞支派的发展情况。"法嗣"卷以时间为序，以"代"为标识，记录了龙门法派至金鼓洞支派十四代传人。简要节略如下：

太上混元龙门法派金鼓堂上历代先师

第一代、第二代、第三代、第四代：（无考）。

第五代：顿空子静圆沈真人。

第六代：平阳子真定卫真人。

第七代：太和子常敬沈真人。

第八代（4人）：赤阳子守元黄真人；茂阳子守木林真人……

第九代（2人）：明阳子太朗周真人；永宁子太古王真人。

第二章　道教方志的宗教学价值　115

　　第十代（8人）：融阳子清和童真人；静灵子清来金真人……

　　第十一代（16人）：圣宗一正徐炼师；圣哲一中骆炼师……

　　第十二代（30人）：成铠杨炼师；成伦阳息顾炼师……

　　第十三代（13人）：明先来华苏炼师；明刚来渊赵炼师……

　　第十四代（3人）：铁山复初许炼师；彭年复龄钱炼师；瑞和复礼冯炼师。①

　　闵一得《金盖心灯·赵虚静律师传》记录有龙门派的二十字字辈系谱"道德通元（玄）静，真常守太清，一阳来复本，合教永圆明"，② 上列法派人物字辈为"静真常守太清一阳来复"十辈，完全符合龙门派的传承字辈系谱。

　　朱文藻"法嗣"卷前小序称："道院创建仅及百年，法嗣传世无多。前数十年中，榛莽初辟，主是院者日惟经营缔构之不暇，劳勋事实从无纪述以示后人。近数十年来，法嗣记忆前闻，勤访故老，略得梗概，粗为诠次，然据所知者亦不过数人而已。"③ 此中有四方面值得关注的信息：一是法嗣传世与道院创建的时间关联，鹤林道院因为建院时间较短而人物可志者不多。二是法派人物列录的人数间接反映了教派和宫观的兴衰，如法派自第十代起始兴盛，第十二代为一高峰期。④ 三是道院是法派生存与发展的重要依托，鹤林道院的创建为法

---

①　胡道静、陈耀庭、段文桂等主编：《藏外道书（第二〇册）》，巴蜀书社，1994年，第283～289页。

②　周燮藩主编、王卡分卷主编：《中国宗教历史文献集成·三洞拾遗（第16册）》，黄山书社2005年，第21页上。

③　胡道静、陈耀庭、段文桂等主编：《藏外道书（第二〇册）》，巴蜀书社，1994年，第283页。

④　道院兴盛与法派传衍相表里，第十二代传人蔡阳善主持鹤林道院长达25年，是道院历代主持中扩展院产最多的，这也间接说明了第十二代为金鼓洞法派传承的高峰期。详见王文章：《略析朱文藻〈金鼓洞志〉的史料价值》，《中国道教》2009年第5期，第47～48页。

派人物的增加提供了条件。四是法派人物的生平信息搜罗不易，道院主持无论是在精力上还是观念上都没有记录、保存先贤事迹的文献意识和行为，使得对法派人物生平事迹的搜集多是通过"记忆前闻，访谈故老"来获得，虽然相对而言较为真实，但也可能因为时间过长和口口相传等问题容易导致信息内容的失真。

龙门法派前四代传人无考者见于龙门派传人闵一得所著《金盖心灯》，分别为第一代赵虚静（道坚）律师、第二代张碧芝（德纯）律师、第三代陈冲夷（通微）律师、第四代周大拙（元朴）律师。①《金盖心灯》成书于嘉庆十六年（1811）。朱文藻卒于嘉庆十一年（1806），当无由阅读《金盖心灯》。然关于龙门派前四代传人学界颇有疑义，如王志中在《道教龙门派源流考略》一文中即指出："《金盖心灯》中所列的龙门派王常月以前的六代传人，颇有可疑之处。第一代赵道坚已于1221年先于邱处机而死，邱处机亦于1227年逝世，而载五十余年后1280年邱处机'亲传心印，付衣钵'之事，显然这是不可能的。唯赵道坚确为邱处机弟子，乃无可辨者。而张德纯、陈通微、周玄朴、张静定、沈静圆、赵真嵩、卫真定诸师之行事及授受，《金盖心灯》之说没有足够的资料可供佐证，所以，龙门派第十七代陈教友在编《长春道教源流》时，不取此说，颇有见地。"② 孙亦平在考订龙门派前四代律师的生平事迹时也指出："对照元代全真道的发展史，可见这种颇有虚构色彩的传承谱系大概是后人意在为龙门派建立一条神圣的法脉。"③ 朱文藻《金鼓洞志》将龙门派前四代传人付之阙如也是对这一

---

① 周燮藩主编、王卡分卷主编：《中国宗教历史文献集成·三洞拾遗（第16册）》，黄山书社，2005年，第10页下。
② 王志中：《道教龙门派源流考略》，《世界宗教研究》1997年第2期，第80页。
③ 孙亦平：《论全真道龙门派在江南地区的传播与发展》，《宗教学研究》2010年第3期，第12页。

问题作了注脚,要知道,《金鼓洞志》中的龙门派法嗣很多来自住山张复纯的口述,身为龙门派弟子的张复纯,因何不知法派前四代传人?①

（清）卓炳森等辑《玉皇山庙志》一卷,名为山志,实际上是以福星观为核心,辑录玉皇山山水、古迹、官方文书、宫观楹联、福星观传法等文献,可视作宫观专志。②《玉皇山庙志》尺幅有限,仅在卷末记录了太平天国后玉皇山福星观的兴复、创派及"永、圆、明"三代教徒传承情况。"法派"首列兴复福星观的开创师蒋永林,下列监院师朱圆亨、黄明怡,分别为蒋永林徒弟与徒孙,皆曾主持福星观,构成福星观简短的法派谱系。其次列录福星观"分支各师"42人,"分支各师"名下主要介绍籍贯、师承、弟子、募建或主持宫观等情况,如"何圆清,东阳县人。在阔石板北观音洞。圆清故后,其徒周明传募建。"③

从《志》中所列法派人物记录可以看出龙门派福星观支派的发展主要是在杭州地区,兼及嘉兴、宁波、诸暨,甚至延伸至安徽、湖北等地。福星观的发展主要是通过传戒活动来实现,即"以传戒活动为契机,师徒关系为纽带,丛林和子孙庙为网络,形成了一个以玉皇山

---

① 据（清）闵一得《金盖心灯》,龙门派正宗前四代俱为律宗,至第五代始由张静定律师和沈静圆宗师并列,即分为律师、宗师两个传承谱系,而金鼓洞鹤林道院是以宗师为传承谱系的。然即便如此,宗师谱系所承前师是律师则是不争的事实,沈静圆是受第四代律师周玄朴宗旨戒律而修道传法的。就这一层面说,张复纯不知道龙门法派分派前的四祖也是需要思考的问题。

② 另有来裕恂撰《杭州玉皇山志》二十卷,分为山图、风景、形胜、沿革、名贤、古迹、金石、文艺、天文、物产、方药、仙迹、教祖、道谱、法嗣、斋醮、善举、主管、广教、志余二十类。《志》中宗教部分虽以福星观为核心,然全志编纂意在山林,故可视之为道教山志,与卓炳森所编《玉皇山庙志》意在宫观略有不同。因为是民国所编,故不在本文讨论范围内,而其著录文献亦可供参考之用。详见王国平主编：《西湖文献集成（第21册）》,杭州出版社,2004年,第567～968页。

③ 王国平主编：《西湖文献集成（第25册）》,杭州出版社,2004年,第1258页。

福星观为中心的江南道教教团"①。另据郭峰、梅莉考证,蒋永林还有一弟子褚圆炳及其徒金明纯,他们以湖州弁山佑圣宫为主要活动场所,"形成了一个主要在湖州活跃的玉皇山福星观分支"②。此外,来裕恂《杭州玉皇山志》"主管"卷中还录有福星观主持李理山扶植其他宫观的行迹,反映了蒋永林之后杭州福星观法派的发展情况。其所录有金鼓洞鹤林道院、葛岭抱朴道院、吴山玄妙观、吴山伍公庙、仁和仓桥朱天庙(即"水德道院",素为福星观法派主管)、杭州西大街火神殿、武康计筹山升元观、余杭金筑坪天柱观、大涤山洞霄宫、镇海渊德观10座③,突显了清末至民国初时期福星观法派在浙江的翘楚地位。

福星观"咸、同以前,道侣杂居,以正一派为多,庚申辛酉星散。同治纪元后,蒋真人(蒋永林)开山募建,始纯粹为全真正宗"。④ 清同光年间,福星观始奉全真教龙门法派,成为龙门派在杭州藉以发展的重要丛林之一;其兴观时间虽不长,宗教的辐射影响力却不容小视。⑤ 卓炳森《玉皇山庙志》中福星观法派的著录与前述宫观专志有所不同,即虽以字辈系谱,然所列人物分涉福星观及各地分支宫观,展现的是以福星观为轴心的龙门法派的传布情况,其用意当在劝励后继者能知所效法,弘扬法派。可以说《玉皇山庙志》中这一较为独特的法派著录方式与清末战乱之后兴教的历史现实相关联,反映的是龙

---

① 郭峰、梅莉:《晚清杭州玉皇山福星观传戒历史初探》,《宗教学研究》2013年第3期,第18页。
② 郭峰、梅莉:《晚清杭州玉皇山福星观传戒历史初探》,《宗教学研究》2013年第3期,第22页。
③ 详见王国平主编:《西湖文献集成(第21册)》,杭州出版社,2004年,第921～941页。
④ 王国平主编:《西湖文献集成(第21册)》,杭州出版社,2004年,第903页。
⑤ 详见郭峰、梅莉《晚清杭州玉皇山福星观传戒历史初探》一文,文载《宗教学研究》2013年第3期,第18～27页。

门派急需通过传戒等活动推动其在江南地区发展的现实。

当然，宫观法派的传承并非拘守一派、一成不变。受宫观经营、道门交游、历史变故及宗教发展大环境等的影响，宫观法派一方面在横向上可能出现内部分派，多教派共存一观，道法多教融摄的现象；另一方面在纵向上也可能出现法派的更易。如洞霄宫法派，初由闾丘方远奠定基础，承上清法派；至明代正一道受朝廷尊崇，风行南北，洞霄宫法派中自然会融入正一道人物或受正一道符箓科仪的影响。如"龚自然，为洞霄监宫，即本邑茂族士也。与道会曹元隐住持皆有声誉，授紫府符法，出以救病，病尽愈，祈祷雨泽，辄灵效。"① "周应常，亦邑之道会，为沈与真师，善文学，与士大夫交好，充天师张真人法箓，本籍吴江人，其始农家子，方弱冠向道，得侍贾公守元受度。永乐间，与修金箓，进造仙班，羽仪清侣，乃克修炼进于高明者。"② 延及清代，洞霄法派主承全真教③，而人物更为混杂，既有茅山上清派，也有龙虎正一道，还有复兴的全真教龙门派，如上清派之吴象岩"孙法师弟子也。得茅山术，能服气炼神，精书符箓，气象岳岳，迥出尘表，于修建宫坛颇藉其力，为洞霄振起玄风，垂老不倦"④；全真教之陈戴墨"仁和县人，自幼于吴山重阳庵师孙善长，学五雷秘术，清

---

① 张智、张健主编：《中国道观志丛刊续编（第 17 册）》，广陵书社，2004 年，第 152～153 页。

② 张智、张健主编：《中国道观志丛刊续编（第 17 册）》，广陵书社，2004 年，第 153 页。

③ 洞霄宫主持贝本恒在《重理洞霄宫万年香火序》中称"要惟吾祖标立全真，法派教胥欲立立人，绝彼我之相，开利济之门。"时乾隆二十三年（1758），同年十一月贝本恒坐化。《洞霄宫志》载"龙门道士陆清微为师封龛语云……"。说明贝本恒重兴后的洞霄宫奉的是全真教龙门法派。详见张智、张健主编：《中国道观志丛刊续编（第 17 册）》，广陵书社，2004 年，第 431、434 页。

④ 张智、张健主编：《中国道观志丛刊续编（第 17 册）》，广陵书社，2004 年，第 155 页。

修力行，道法精严，凡祈求雨泽，登坛立验。巡抚范承谟礼遇甚隆，时往来洞霄，不轻易出山，府县给匾不一而足"；① 正一道之魏大成"字允升，桐川人。性淡泊无为，若庸庸无一能者。其斋修养气，得正一真传，初不以术示人，后有问道者叩之，皆剖晰指教不倦，始识其渊源有所本也"②。至民国时期，洞霄宫已寥落不堪，后被福星观李理山扶植，其法派自然成为龙门派福星观法派的一个支派。

## 二、记录道教宫观的沿革

宫观是供道士生活、修道和举行奉神、祭祀等活动的宗教性专用场所，它是道教藉以存在与发展的外在物质依托。③ 道教方志是宫观历史的最为详尽记录者，其对宫观创建、修缮、经营管理、方位坐落、殿宇构成、神灵奉祀、古迹遗存等的详细记录，不仅绘制了宫观的分布、生存与发展图景，弥补了地方志记载的不足，还广泛反映了道教生存的社会历史环境和当时的宗教观念、宗教政策等，有着重要的宗教和史学价值。

相比于涉及面广，限于篇幅不得不泛泛记述的通志、府志和县志，寺观志作为"小志"，对象单一，所录寺观文献自然更为详实。如（清）李卫等修《敕修浙江通志》载"通玄观"条目："《万历钱塘县志》：'在馨如坊，宋绍兴间建。'《蜕庵集注》：'内侍刘敖修真结庵于

---

① 张智、张健主编：《中国道观志丛刊续编（第17册）》，广陵书社，2004年，第155页。
② 张智、张健主编：《中国道观志丛刊续编（第17册）》，广陵书社，2004年，第156～157页。
③ 文中所议包括道教宫观和祠庙，道教祠庙一般而言是比道观更小一级的宗教场所，有的未必有道士持守。为行文方便，此处以宫观统摄之。

此，高宗御书'通玄'二字榜之。'《西湖游览志》：'明嘉靖间，法师徐道彰重修。'虞元良《重修通玄观碑记》：'瑞石山通玄观，宋绍兴壬午，都录少师鹿泉真人刘敖之所建也……'"① 仅采引《万历钱塘县志》《蜕庵集注》《西湖游览志》中关于通玄观所在地、创建时间、开山高道、命名及重修等简略信息，再全文引用虞元良为嘉靖年间徐道彰之徒孙郁存方重修通玄观所作的碑记，集而为所存录的通玄观历史信息。（清）马如龙修《杭州府志》"通玄观"条目更是极尽简略："通玄观，在七宝山麓，道士徐道彰、郁存方先后兴修，阐扬法教。国朝朱复元、朱广基嗣守厥绪而观益振兴。"② 后附胡世宁《通玄观星台谒斗诗》。比较二志所录，《通志》更为详实，然也只是粗陈梗概，且明嘉靖后通玄观的发展沿革情况付之阙如。因而，从记录宫观发展沿革的角度看，道教方志无疑是最可珍视的文献，相对而言，地方史志则更多在于其系统归结与补辑的价值。兹以存世浙江道教方志为例，简要说明其所录几座主要宫观的发展沿革情况，以例其余。

### （一）余杭洞霄宫

洞霄宫为浙江声名最著、影响力最大的道教宫观，洞霄宫沿革的记录主要见于（宋）邓牧《大涤洞天记》《洞霄图志》和（清）闻人儒《洞霄宫志》。③

据邓牧《洞霄图志》，洞霄宫的兴起，肇端于汉武帝元封三年（前

---

① 何建明主编：《中国地方志佛道教文献汇纂·寺观卷（第107册）》，国家图书馆出版社，2013年，第56～58页。
② 何建明主编：《中国地方志佛道教文献汇纂·寺观卷（第113册）》，国家图书馆出版社，2013年，第32页。
③ 学界多认为《大涤洞天记》乃《洞霄图志》的早期版本，故此处对洞霄宫沿革的归结以《洞霄图志》为据。

108)。汉武帝雅好神仙，多地建有宫坛以求仙乞灵，然此时道教教派尚未形成，所谓的宫坛多系于早期的方士，类似于神坛而非道观。洞霄宫道教宫观的创建，有记录者在唐高宗弘道元年（683），为本山潘先生奉敕而建的天柱观，坐北面南。中宗朝，朱法师改为北向。唐昭宗乾宁二年（895），钱镠改为甲向，并延请上清道士闾丘方远主持宫观，使得天柱观逐渐发展成为江南地区颇具影响力的宫观。钱氏在归降宋朝前，曾改其为天柱宫；北宋真宗大中祥符五年（1012），诏改为洞霄宫，完成了洞霄宫由观升宫的演进。宋仁宗天圣四年（1026），"诏道院详定天下名山洞府凡二十处，杭州洞霄宫大涤洞为第五，仍命每岁投龙简。遇祈祷，封降御香，遣中使或郎官入山。"① 另据《洞霄图志》"人物卷"载，宋代道士何士昭，曾在徽宗宣和年间"一新宫宇"。② 北宋方腊起义，洞霄宫遭受战火的波及而损废。宋高宗南渡后，于绍兴二十五年（1155）出资重修。咸淳甲戌（1274），洞霄宫不戒于火，宫室焚荡一空。元至元丙子（1276）后重建，未完，而复毁于甲申（1284）。其后复修，"规模视昔愈壮"③。

洞霄宫在宋代地位极高，朝廷赐予庄田、蠲免租税、禁樵采、设长生林，拨付修缮帑金，设官提举，焚香祈禳等，均给予了特别的优视。南宋太上皇赵构及皇太后曾临幸宫观，孝宗、宁宗、理宗俱有御书颁赐，其地位可与杭州城内的皇家宫观相埒。元代时洞霄宫地位依然尊宠，"洞霄之盛，为历代所崇奉，几与五岳俱尊"④。

闻人儒《洞霄宫志》成书于乾隆十八年（1753），上距邓牧《洞霄

---

① 《文渊阁四库全书（第五八七册）》，台湾商务印书馆，1986年，第408页下。
② 《文渊阁四库全书（第五八七册）》，台湾商务印书馆，1986年，第445页下。
③ 《文渊阁四库全书（第五八七册）》，台湾商务印书馆，1986年，第409页上。
④ 《文渊阁四库全书（第五八七册）》，台湾商务印书馆，1986年，第409页上。

图志》成书的元大德九年（1305）448年①。二《志》所录洞霄宫元代以前的沿革情况大致相同，唯"灵济通真先生孙处道奏请赐钱益市恒产"一事邓志系年在淳祐七年（1247），闻志则系年在淳祐二年（1242）。据闻《志》，洞霄宫在元末兵燹中又遭焚毁，明洪武初重建，前后历时二十多年，始还旧貌。②"至后渐就倾圮，不惟宋代宫观之盛不复可睹，即如成化、天启《郡志》所载，十湮其九，惟有殿九楹屹存。"③清顺治年间，法师孙道元、弟子吴象岩修道洞霄，整修宫坛，其后陆尔仁"将前之圮者整，朽者易，道院为之一新"④。闻人儒之后，洞霄宫少见称引，东南伟观的地位丧失殆尽。来裕恂《杭州玉皇山志》称："（洞霄宫）今纵颓垣零落，圮宇凋残，蔓草荒烟，仅剩古宫钟鼓，而抚今追昔，未始不可坠者举之，废者兴之。"⑤则至民国时，洞霄宫的凋敝，已让人不忍触目。后竟为李理山接管，变为福星观的下院之一。

洞霄宫规模广大，据邓牧《洞霄图志》记载，自山外迤逦而进即建有"通真门""九锁山门""外门""双牌门"等多重山门。宫内殿宇坛场有虚皇坛、三清殿、昊天阁、璇玑殿、佑圣殿等，道院古分上清、精思、南陵三院，今分为山隐、山素、清隐等十八斋；在余杭县西南半里大溪之上和仁和县江涨桥（地名芳林乡）有廨院二所。基础建置之外，道院还建有翠蛟、飞玉、清音、翠微、聚仙等亭。另台湾成文

---

① 此以二《志》文前序文落款来推定的成书时间，并不完全准确，如存世邓牧《洞霄图志》就有后人的增补内容，其时间断限甚至可以延续至明洪武年间。

② 据（清）闻人儒《洞霄宫志》，洪武初重建洞霄宫的当为洞霄宫提点贾守元和其徒弟吴逢源、龚自然。详见张智、张健主编：《中国道观志丛刊续编（第17册）》，广陵书社，2004年，第152页。

③ 张智、张健主编：《中国道观志丛刊续编（第17册）》，广陵书社，2004年，第44页。

④ 张智、张健主编：《中国道观志丛刊续编（第17册）》，广陵书社，2004年，第157页。

⑤ 王国平主编：《西湖文献集成（第21册）》，杭州出版社，2004年，第936页。

出版社有限公司印行的元至大年间旧抄本邓牧《洞霄图志》，相比四库本，在洞霄宫建置上还增有"土地里域真官祠""郭真君祠""祖师祠""钱王祠""陈文惠公祠""苏文忠公祠""道俗祖先祠""寿星堂""钟楼""经阁""碑亭""旦过寮""官厅三所"等，另有"施水庵三所""诸庄"等附属建置。①

邓牧《洞霄图志》所录当为洞霄宫极盛之时，至闻人儒编辑《洞霄宫志》时，宫观已寥落不堪，各处建置虽均有记录，实际上已多为陈迹。

### （二）重阳庵

重阳庵在吴山之右，其记录主要见于（明）梅志暹初辑、俞大彰重编的《重阳庵集》。《重阳庵集》对重阳庵沿革的记录一方面集中于《集》前汇录的《咸淳临安志》《杭州志》《成化杭州府志》等地方志材料，另一方面则散见于《集》中的记文序言。

据《集》中所引地方志，唐开成年间（836—840），西川道士韩道古结茅其地以居，并感岩壁洞中青衣童子之出现，凿池蓄泉，是为创庵之始。结茅一地，为个人修真之所，屋舍简陋，弟子杳然，可称初始，难言宫观。重阳庵作为宫观的奠基，当在元大德年间（1297—1307），"西川道士冉无为云游至浙，因观青衣岩洞，遂盖三清宝阁、元帝圣殿。"② 重阳庵拥有了宫观殿阁，成为名副其实的道教宫观。后汉三十八代天师张与材书"青衣洞天、吴山福地、十方大重阳庵"14字，刻于石壁，从声名上进一步树立了重阳庵的宫观地位。明洪武二十四年（1391），归并天下宫观，重阳庵被立为全真丛林，确立了其在

---

① 详见《中国方志丛书·华中地方·第五五九号》，成文出版社有限公司，1983年，第44~53页。

② 王国平主编：《西湖文献集成（第24册）》，杭州出版社，2004年，第937页。

第二章 道教方志的宗教学价值　125

江南全真教中的重要地位。其后"殿阁年深圮损，丙子年（1396），本庵道士钟道铭募缘重建"①。

明洪武以后重阳庵的沿革情况见于《集》中所载文记序跋，相关记录亦可补充前引地方志笼统含混的记载。

其一，明成化十年（1474）季琮撰《重阳庵记》称"盖兹庵故为炼养之所，创自唐开成间，韩道古始。宋穆陵尝临幸其处，并畀今额如崖刻，义取屈子《远游》篇语，盖仍旧名而褒大之，非袭完颜氏、王知明之号而然。三门髹彤，皮楔二跗，斫文石为之。当时宫宇仪物，必皆称是。"②即宋理宗曾临幸其地，并颁赐"重阳庵"之额，说明当时重阳庵之名早已生成，宫观已经颇具规模，是较为成熟的宫观。这段重阳庵的记载补足了韩道古草创至冉无为新建宫宇前后450多年的历史断档期。③

其二，明成化十一年（1475）周鼎撰《重阳庵记》中称："冉（无为）之来，自大德丁酉（1297），则青衣之遇，必是岁。遂大其庵于明后岁也。"④说明冉无为创建宫观殿阁应该在大德二年（1298）至三年（1299），而非笼统的"大德间"。后"（江）铁庵亦尝建五祖七真之堂于殿右偏，在至正乙亥八月"⑤。继方志所载明洪武丙子钟道铭募缘重

---

① 王国平主编：《西湖文献集成（第24册）》，杭州出版社，2004年，第937页。
② 王国平主编：《西湖文献集成（第24册）》，杭州出版社，2004年，第940页。
③ 笔者检视（宋）潜说友《咸淳临安志》和（清）徐松《宋会要辑稿》等文献，并未见重阳庵的相关记录，不知季琮文中所言何据。
④ 王国平主编：《西湖文献集成（第24册）》，杭州出版社，2004年，第939页。
⑤ 王国平主编：《西湖文献集成（第24册）》，杭州出版社，2004年，第939页。终元之世，"乙亥"年仅有三个，为至元十二年（1275）、元统三年、至元元年（1335）。至正年号中没有"乙亥"年，则此处所列时间或为年号之误，或为干支纪年之误。江铁庵创建屋宇在冉无为之后，若以年号之误计，则时间当在1335年，即元统三年或至元元年。若以干支纪年之误计，至正年前后共计28年，则或为"己亥（1359）"之误，未可知也。

建重阳庵后，明天顺戊寅（1458），梅志遑、骆仲仁又修缮创新，使得宫宇愈发宏丽。

其三，明嘉靖十三年（1534）王子谟撰《重阳庵集跋》称许重阳庵法师俞大彰能诗文，擅行医，祈雨多应，深得乡人尊重；住持期间，曾鼎新庵宇，修复八景。《重阳庵集》中记载有万历甲戌（1574）俞大彰募建重阳庵天医行宫的事迹[①]，则其在主持重阳庵期间，必有很多革故鼎新、修缮宫观建筑的业绩。

其四，（明）沈捷撰《吴山重阳庵陈戴墨法师传》中记录了重阳庵法师陈戴墨祈雨屡著灵验，地方官员"屡屡悬匾赠金"的事迹。面对重阳庵因岁久而建筑日损的现状，"师以学道之暇，六十年中，经营缔造垂三十年许。如甲申重建真武殿，己丑创斗母阁，癸巳建玉帝阁、关帝殿，此时栖室、庖湢，并一新焉。戊戌重修山大门、星宿阁，己亥年重建青衣阁，甲申鼎建文昌张仙痘神阁，迄于壬子岁，重建天医古院，并创观音大士诸神等殿"[②]。如前法派部分所论，陈戴墨当继俞大彰之法席，主要活动在明万历年间。从万历甲申（1584）至壬子（1612），他对重阳庵的修缮拓新前后达28年，是《重阳庵集》所录的明代维系、振兴重阳庵的最后一位高道，此后便没有了重阳庵经营修缮的信息。唯在《重阳庵集》末附有一段1880年丁丙的留题文记，记述了光绪己卯（1879）浙江士民感念巡抚阮元恩德，吁请地方官奏建阮工专祠之事。其时丁丙为监工，他最终选择重阳庵废址来创建阮公祠，重阳庵的印记便唯有从残存的摩崖石刻去寻觅一二了。

根据《重阳庵集》相关文记，重阳庵的建置主要包括三清阁、元

---

① 王国平主编：《西湖文献集成（第24册）》，杭州出版社，2004年，第942～944页。

② 王国平主编：《西湖文献集成（第24册）》，杭州出版社，2004年，第990页。

帝殿、五祖七真堂、青衣亭、云水钵堂、龙虎丹室、天医行宫、贞白斋、山大门、真武殿、斗母阁、玉帝殿、关帝殿、星宿阁、青衣阁、文昌张仙痘神阁、天医古院、观音大士诸神等殿。上列建置因为文记时间的先后不同，实际上有重复所指者，如陈戴墨着力兴复的青衣阁可能即为青衣亭，天医古院可能即为天医行宫等。作为《重阳庵集》中所录最后一位住持高道，陈戴墨"经营缔造"重阳庵几近三十年，在宫观维系和兴复上着力甚多，其《传》中所列建置相对而言是最为丰富的，是重阳庵最为立体的图景。

### （三）通玄观

通玄观位于杭州吴山东麓，初承茅山上清法派，自宋至清，毁废不一，其宫观沿革情况集中收录于（明）姜南撰、（清）吴陈琰增补之《通玄观志》。《通玄观志》分上下二卷，通玄观的沿革既见于上卷"建置""古迹"条目，也见于下卷"艺文"条目中的相关文记，需两相结合，综合推定。

通玄观的创建者为南宋内侍刘敖，创观本末见于刘敖《创建通玄观碑记》。刘敖早有出世之志，绍兴庚午（1150），在其请求之下，高宗命其主持吴山宁寿观，赐法名"能真"。己卯腊月，刘敖梦三茅君驾鹤游于山角，于是矢志建观，迎奉茅君。剪伐林莽，开山平基，自1160年2月始建，迄于1162年9月，历时2年多，建有三茅殿、三清殿、谒斗台、望鹤亭、经房、丹室、钵室、山门等。高宗皇帝赐额"通玄"。可以说，通玄观的创建顺应了高宗南渡后需要借助宗教为国祈福，以缓解政治、军事压力的现实需要，与三茅宁寿观、四圣延祥观、崔府君祠等一起构成了南宋朝廷的护国宫观体系。

通玄观经宋末元初之兵火，未曾废弃，元代继统后一百多年，法师俞行简主持重修。元末战乱，通玄观遭受重创，《通玄观志》中多篇文记都记载了明代通玄观的废置与兴复情况。

首先看通玄观的废驰。(明)季琮的《重修通玄碑记》，"(通玄观)遭元季兵燹之余，法筵久虚，殿宇廊庑，风吹雨淋，隳圮不治，惟茅君古像自宋逮今岿然独存。成化庚寅岁，宁寿羽士徐渊澄领札来住持，偕其弟子徐道彰，能以兴举废坠为己责，竭己橐，募众缘，用是轮奂辉映，像设庄严，悉还旧观"①。据其所录，历经元末兵火，通玄观已道徒星散，殿宇廊庑损坏殆尽，唯存茅君古像。类似的记述陈珂、邹虞、金璐、虞元良、郁存方的文记中皆有，内容大致相同，如陈珂文称"元季兵燹，殿宇皆废，熏修久缺"，②郁存方文称"逮元季，毁於兵燹，殿室荒芜，惟古像靳存者三"。③ 如此，则元末至明代成化年间一百多年，通玄观历经兵火，已经废驰。那么成化庚寅（1470）徐渊澄师徒为何还要领礼部札前来住持？检《通玄观志》"法派"条目，位列徐渊澄前住持或管理通玄观的明代道人有蔡道宁、魏志恂、戚志能、何本澄 4 位，另有出家通玄观的道人张守常，共计 5 人。这说明在徐渊澄师徒重建通玄观前，通玄观是有道士管理的，并未完全废驰。如此，则上述文记中描述的通玄废驰景象只是约略言之，并不能完全涵盖元末至成化庚寅这段历史实情。

再看通玄观的兴复。《通玄观志》"法派"条目称："玉岩徐法师，初讳渊澄，出家后改名洞旸，钱塘人。幼居宁寿观，后偕徒徐道彰同

---

① 四库全书存目丛书编纂委员会编：《四库全书存目丛书·史部（第二四六册）》，齐鲁书社，1996年，第 444 页下。

② 四库全书存目丛书编纂委员会编：《四库全书存目丛书·史部（第二四六册）》，齐鲁书社，1996年，第 445 页上。

③ 四库全书存目丛书编纂委员会编：《四库全书存目丛书·史部（第二四六册）》，齐鲁书社，1996年，第 447 页上。

住持本观，焚修重建，寿七十四。是为通玄之始祖也。重开山元一徐法师，讳道彰，法名道明，钱塘人。礼徐玉岩于宁寿观，后住持本观，任大真人府赞教。"①将徐渊澄列为通玄之始祖，徐道彰列为重开山之祖，前者乃重在师承关系，后者则重在重建之功。徐渊澄、徐道彰师徒自宁寿观来到通玄观的时间，各文有不同的提法。季琮《重修通玄观碑记》称在"成化庚寅"，金璐《记通玄观始末》称在"成化间"，陈珂《碑阴》、郁存方《三茅殿碑记》称在"天顺中"。比较各篇文记，笔者认为季琮、金璐文记乃约略言之，应以陈珂和郁存方所记为当。②据郁存方文记，"天顺中，玉岩徐君与师祖元一徐君栖真是观，每思久敝，志存兴复"③。其后成化庚寅（1470）徐道彰为官方祈雨有验，获得很多捐资，在成化甲辰（1484）岁重建茅君殿。陈珂记文所录相类。郁存方为徐道彰徒孙，亲承徐道彰法印，所记应该较为详实可信。综合而言徐渊澄、徐道彰师徒应在明天顺年间已迁居通玄观，成化庚寅后徐道彰祈雨屡获灵验，渐获捐资，于是开始重修殿宇，兴复宫观，完成了通玄观的重建工作。徐道彰对通玄观的兴复历时较长，从成化二十年（1484）至嘉靖三年（1524），前后常达40年。嘉靖九年（1530），通玄观不戒于火，仅三清殿得免，其后徐道彰徒孙郁存方对通玄观进行了较大规模的修缮和重建工作，并增刻徐道彰像而崇祀之。（清）吴陈琰修志时，道观住持朱闳绪又进行了一番修缮工作。

《通玄观志》设有"建置"条目，记录了通玄观主要建筑的方位坐

---

① 四库全书存目丛书编纂委员会编：《四库全书存目丛书·史部（第二四六册）》，齐鲁书社，1996年，第473页下。
② 四库全书存目丛书编纂委员会编：《四库全书存目丛书·史部（第二四六册）》，齐鲁书社，1996年，第444～447页。
③ 四库全书存目丛书编纂委员会编：《四库全书存目丛书·史部（第二四六册）》，齐鲁书社，1996年，第447页下。

落及营建、修缮或重构情况。营建修缮，经手多人，现据其所录列简表如下：

| 建筑名称 | 位置 | 创建人 | 后期营缮人 |
| --- | --- | --- | --- |
| 三茅殿 | 山之腹 | （宋）刘敖 | （明）徐元一、郁存方、唐大有 |
| 三清殿 | 三茅殿后 | （宋）刘敖 | （元）俞行简，（明）徐元一、郁存方、张永韶，（清）朱兆元、顾如先、朱广基 |
| 启元殿 | 崔府君祠右 | （明）张金松 | |
| 准提殿 | 三清殿左 | （清）胡天圻 | |
| 奎光殿 | 启元殿左 | （明）张金松 | （清）朱广基 |
| 玉晨阁 | 三清殿右 | （明）张金松（绅士林梓捐资） | （清）唐大有、李文进 |
| 寿域楼 | 关王祠左 | （明）徐元一（重建） | （明）郁存方 |
| 真庆宫 | 玉晨阁西 | （明）张金松 | （清）沈以宁 |
| 平山堂 | 寿域楼后 | （明）胡平山 | （清）朱广基 |
| 玄宗堂 | 真观官祠右 | （明）徐元一心斋处 | （明）郁存方 |
| 关王祠 | 三茅殿左 | 宋代建 | |
| 真官祠 | 三茅殿右 | 宋代建 | （明）郁存方 |
| 崔府君祠 | 玄宗堂右 | （明）郁存方 | |
| 万玉轩 | 寿域楼后 | （明）郁存方 | （清）胡天圻 |
| 望鹤亭 | 三清殿东北 | （宋）刘敖 | （明）郁存方，（清）朱兆元 |
| 洗心亭 | 三清殿右 | （明）郁存方 | |
| 谒斗台 | 三清殿西北 | （宋）刘敖 | （明）郁存方 |
| 总真坛 | 三清殿？ | | （清）朱广基 |
| 凝真靖 | 三清殿右 | | （清）朱广基 |
| 丹室 | 观之左 | （清）胡天圻 | |
| 山门 | 一接寿域巷，其上有第二门 | （宋）刘敖 | （清）胡天圻、李肇基、朱焯微 |

说明：部分后期营缮人信息采自《志》中相关文记，如夏宗虞《郁法师鹤泉传》。

### (四) 金鼓洞鹤林道院

金鼓洞鹤林道院坐落于杭州栖霞路北麓。道院以丘处机为祖师，承全真教龙门派法派，其宫观沿革情况见于（清）朱文藻所撰《金鼓洞志》。金鼓洞为鹤林道院代表性景观，其处并有金果泉、观音岩、炼魔石等景致，历来文人题咏甚多；乾隆皇帝南巡，也曾御笔题赠，道院藉以声名益振，故道院专志以金鼓洞为题。鹤林道院的沿革情况主要见于《金鼓洞志》卷四"院宇"。

鹤林道院的创建始于龙门派第九代传人周明阳律师。康熙三年（1664），周明阳来到杭州，时第七代传人王常月律师传法宗阳宫，周明阳师承两载。康熙丙午（1666），周明阳游于金鼓洞，当时周围没有房舍，洞内供奉观音大士像，乃佛门之地。主持者慧登禅师常居城中佛寺，故将此洞让与周明阳。周明阳"初结一茅，继建屋宇，葆真习静，收弟子高清昱及清源"[1]，修真传法，从而开创了龙门派金鼓洞支派。从周明阳草创茅庵，到张复纯延请朱文藻撰成《金鼓洞志》（1806），前后历时140年，主持道士秉继前志，代有增新，勤于维系，道院终于营就了《志》中所录的完备建置。

与多数道观志记录宫观建置不同，《金鼓洞志》在记录道院建置时先附以图说，以图文结合的形式展示道院的主要建筑、方位坐落、相关地位等，便于读者对道院形成一个直观而立体的印象。如"自碑亭中间正对金鼓洞门，入门为斗姥阁三间，道院之正屋也。阁前左右厢楼各二间。洞门之左，历坡而上为文昌阁三间"[2]。

---

[1] 胡道静、陈耀庭、段文桂等主编：《藏外道书（第二〇册）》，巴蜀书社，1994年，284页上。
[2] 胡道静、陈耀庭、段文桂等主编：《藏外道书（第二〇册）》，巴蜀书社，1994年，第239页。

图说之后，卷中列录道院建置仍以图说为序，细致介绍建筑信息，包括大路、山门、御制碑亭、吕祖像碑亭等。① 记录内容则包括坐落、规模、具体构成和功用、营建情况、相关楹联和诗文题字等，丰富详实。

鹤林道院的创建发展颇为不易，主要是受制于清代道教没落的大环境，因为缺少官方的支持，道院建设的资金更多地是来自信众的支持，相对而言较为紧张。《志》中《金鼓洞门题额石刻》的按语即揭示了这一实情，朱文藻援引吴锡麟撰《汪鼎墓志铭》，叙述汪氏三代护法事实后，按曰："……道院之所由兴全赖护法。然自康熙初年以迄于今，已届百四十年。众护法历世久远，无从记忆追叙，而近年护法又皆无文字流传，所可述者惟汪氏《志铭》，谨附于此，以志不朽云。"② 这一按语既说明了对支持道院护法行迹的记录多是凭藉相关人的记忆而来，也间接说明了为什么《金鼓洞志》所录建筑如文昌阁、茅蓬等没有附上具体的创建时间、创建人等营建信息的缘由。

建置之下，《金鼓洞志》还独出机杼地辟有"院产""院规"和"交家簿"条目。"院产"部分详细记载了道院田产和山地的增置情况，包括卖家姓名、田产和山地亩分、坐落四至、购置年月等项。增置的院产分为道院自购和信众捐助两种类型。如"一、契买朱君佐民田肆亩贰分，坐落钱塘县安吉六圖马家圩。东至吴处，南至杨处，西至杨处，北至关帝社。嘉庆七年十二月"③。"院规"为"周真人遗规十

---

① 因金鼓洞、金果泉、观音岩属于道院自然景观，已列入山水卷，故《金鼓洞志》卷四未予记录。
② 胡道静、陈耀庭、段文桂等主编：《藏外道书（第二〇册）》，巴蜀书社，1994年，第243页上。
③ 胡道静、陈耀庭、段文桂等主编：《藏外道书（第二〇册）》，巴蜀书社，1994年，第251页上。

则"，是道士日常修行的规范准则。如"不得习学外道及亲外教、小说、传奇、闲杂等书，以至轻视经藏"①。"交家簿"为道院历任住持的交家记录，既记录田产、山场、房屋、器具等项，也交代交家的授受人和交家原由等。如"昔者五十四年间，蒙师伯蔡阳善老师太将金鼓洞常住委任方主持，已经六载，因岁歉难支，是以转任师兄赵来洲管理，所有物件捡交开列于后。乾隆五十九年四月，交家韩来方"②。"院宇""院产"和"交家簿"的结合，很清晰地勾画出了道院的沿革和经济状况。

卷四"院产"条目之后，还附有一段道院住持张复纯关于道院建筑沿革情况的综述：

> 张复纯曰：院宇之兴，岂偶然哉！金鼓洞地僻山深，鸠工匪易，历百余年而增荣益观，皆藉众善而成也。善不可没，固宜详列其姓氏焉。灵官殿、云水阁之创建，功在筑石矶，是为聚九张君之善施。……观音岩崎崛嵯峨，登者咸苦其险隘，而倚山筑砌，建岩亭以还旧迹者，又辅廷王君所乐成也。且纯尝闻天一师祖曰："兹院四壁萧然，岁多遗欠，多方调护，常住得以清安者，全赖聚九张君、希圣汪君、华乾邵君诸善士。"年来食指渐繁，饔飧难继，丙寅岁，张君之嗣上锡居士以仁和念一都十三啚若字号民田舍为院产，从兹常住斋

---

① 胡道静、陈耀庭、段文桂等主编：《藏外道书（第二○册）》，巴蜀书社，1994年，第254页下。
② 胡道静、陈耀庭、段文桂等主编：《藏外道书（第二○册）》，巴蜀书社，1994年，第256页。《金鼓洞志》交家簿后并没有列示历任住持交家时的资产情况，应该与道院本就备有交家资产记录簿，不需辑录有关；且《志》中已记录张复纯住持时的道院山地、田亩、宫宇等资产，不烦补缀过去的资产记录。

粮有藉矣。纯承乏于斯，亦有年所，耳闻目见，种种善举，悉数难终，兹第撮其大纲记之志末，使后之道流咸知诸君子乐善好施，流衍无穷如此。①

据其所言，结合《金鼓洞志》卷四所录可以归结几点：第一，除了田产地契、交家簿等经济文书和作为修行戒律的道院周真人遗则外（事关道院生存），鹤林道院道徒较少注重道院文献的辑录与整理。因而，当朱文藻受住持张复纯之托修撰《金鼓洞志》时，其对道院建置沿革的记录更多地只能依靠张复纯的记忆与口述。第二，凭借记忆追述所涉及的时长毕竟有限，难以详实展示建筑的前后沿革和诸方护持情况，如对道院观音岩上所建亭台的记述，张复纯只介绍了王辅廷新建亭台以恢复旧貌，却未交代旧亭台的始创者。第三，口述与文字记录之间有时都会存在缺漏，需要相互比照补辑，如张复纯的追述中没有《志》中所录"文昌阁"的创建情况，朱文藻《金鼓洞志》则缺少了张复纯所述"灵官殿"的记录。

总之，道教方志对宫观沿革情况的记录最为详实，但基于不同的类型划分，在记录详略、记录方式、条目设置等方面会有所不同。一般而言，道教山志因为意在山林或洞天，对宫观的记录相对简略。如（明）胡昌贤纂《委羽山志》六卷，仅在第一卷卷末设有"宫室"条目，寥寥数语，类似方志笔法，简要记录了大有宫的沿革情况，与"委羽寺""来鹤亭""二徐宅""朱文公祠""文献书院"等同列。② 王维翰所辑《委羽山续志》亦复如此，并未在"宫室"条目下突显大有

---

① 胡道静、陈耀庭、段文桂等主编：《藏外道书（第二〇册）》，巴蜀书社，1994年，第253页。

② 张智、张健主编：《中国道观志丛刊续编（第19册）》，广陵书社，2004年，第19～22页。

宫的独特地位。祠庙志所涉祠庙少有道教法派的生成，祠庙的创建与修缮也多赖民间和官方的不定期资助，其建置沿革情况多见于单篇记文或方志节录，如《灵卫庙志》首引《咸淳临安志》《成化杭州府志》综述"建庙本末"，具体相关沿革情况则见于《志》中所载《灵卫庙记》《重修灵卫庙碑记》《重建庙塑完神仙告文》等文记。一些规模很小的祠庙还会被道教宫观吸纳，成为其宫宇的一部分，如崔府君祠先立于显应观，后迁于通玄观，成为道观的重要组成部分，其沿革情况就要以《崔府君祠录》为中心，而旁及《通玄观志》等其他道教方志。有的祠庙神祇因影响力较大会拥有多处殿宇，如金龙四大王据传本为南宋死节之忠烈谢绪，后成为司水之河神，故水运之处多创建其祠庙，像杭州"钱塘孝女北管下墟""北新关""安溪"等地皆有其祠庙。追述其沿革情况时就应分清《金龙四大王祠墓录》相关文记中的不同祠墓所指，以免张冠李戴。道观专志因有道派的存在，其存教、存史的意识浓烈，与法派相表里，相对而言在宫观沿革的记载方面资料更为详实、线索更为明晰，从而更具系统性。如上述洞霄宫，在《洞霄图志》《洞霄宫志》中有专节详细叙述宫观各建筑的规模、方位和创建、修缮、存续情况，在部分人物传记和相关文记中也反复记录有宫观的营建、修缮和规模等信息。

## 第二节　道教与儒、释二教互动关系的记载

　　道教的生存与发展离不开与儒教和佛教的互动，这种互动并不仅仅停留于思想层面上三教思想的通融互摄，而更多地表现在诸如人际

交往、经济交流、事务合作、诗文唱和等现实层面。即道士通过与士大夫和僧人的交往，一方面充实、丰富了道教的教派思想，另一方面则在现实中获得了更为广泛的经济、政治和思想等层面的支持，从而为道教营构了一个开放的、良性的生存与发展环境。浙江存世道教方志中，即有很多此方面的记录，可以让我们能够较为全面地看到道教与儒、释二教间的互动关系。

## 一、儒、道交往

儒教乃中国官方意识形态，在三教中居于统治地位，上自帝王将相，下至普通士绅，莫不以儒教为统系。道教要获得较好的生存与发展条件，关键即在于获得官方和乡绅的支持，这其中，除了朝廷的支持外，遍布朝野的士大夫才是道士最需要交往并借以自重的群体。道士与士大夫的交往，主要表现在三个方面：

### （一）获取经济资助

士大夫群体是道士藉以创建宫观殿宇、积累田地恒产的最为重要的支持者，在道教处于衰退期的明清时期更是如此。由于所处的祠庙与宫观的属性和影响力不同，道士与士大夫在经济上的交往方式也会有所分别。

首先是祠庙。祠庙所奉神祇多关系社会民生，和儒教崇奉的天神地祇、圣王贤士相关联，因而从治政和风教等角度出发，士大夫们多积极主动地加以创建、修缮。祠庙缺少教派的生成条件，多是儒教为主、道教为辅的综合体，故而在祠庙的发展过程中，道士或被弃置一旁，或仅是士大夫延聘以维护祠庙的辅助者，多居于较为被动的地位，与士大夫交往的积极性不高。这方面的典型代表有吴山伍公庙、崔府君祠、东岳庙、城隍庙等，兹以吴山伍公庙和城隍庙为例略作说明。

吴山伍公庙所祀神为伍子胥，传其因谗而死后，入江不化，又有人见其乘着潮水往来，故立庙崇祀，取山名为胥山。据《吴山伍公庙志》卷一"建置"条目所述历代有明确记录的营修情况，自唐元和十二年（817）年至乾隆十八年（1753），吴山伍公庙一共经历了31次重建或修缮，所录主持重修或修缮的有唐刺史卢元辅、五代吴越钱氏、宋太宗、郡守蒋堂、沈遘、宋高宗、安抚周淙、安抚赵与欢、安抚颜颐仲、安抚潜说友、元代左录事司判官刘淑、明代知府刘文、按察使陈璇、不具名（弘治初重建）、郡守孙孟、巡按萧禀、巡按王得春、督抚王汝川、织造太监孙隆、学道伍袁萃、郡守杨联芳、巡抚陆完学、不具名（崇祯十六年重修）、清代住持冯青崖（2次）、住持沈圣功、巡抚朱轼（住持宋玉臣、冯君来具呈）、雍正帝、乾隆帝（2次）、不具名（乾隆十八年）。[①] 其中朝廷诏令主持修建5次，地方官（士大夫）主持修建19次，道士主持修建3次，不具名主持修建2次。从主持修建的次数上不难看出士大夫的绝对主体地位。士大夫主持修建中除了清代巡抚朱轼因道士宋玉臣、冯君来呈请而主持修建，多数情况下都是士大夫的主动修建。[②] 如（宋）赵与欢嘉熙三年（1239）任杭州府尹，主持治理钱塘江水害，兴工之余，请朝旨修殿阁，奉祀伍子胥，以镇江潮。又"爰即故门址改创醮殿，表曰'延真'，且俾天明宫

---

[①] 详见王国平主编：《西湖文献集成（第25册）》，杭州出版社，2004年，第631～632页。

[②] 另有嘉靖三十年（1551）孙孟主持重修，乃因常住道士颜仁辅之请，然此与清代道士宋玉臣、冯君延请求朱轼重修伍公庙一样，不能改变道士在此中的从属地位。孙孟主持重修原委见赵锦所撰《重修伍公庙碑记》（王国平主编：《西湖文献集成（第25册）》，杭州出版社，2004年，第663～664页）

道士叶揆辰领庙之管钥而洒扫之"①。这种由士大夫创建祠庙殿阁，继而延请僧道进行管理的方式实际上是一种较为通行的祠庙营建和维系模式。如杭州盐桥广福庙，乃宋度宗咸淳三年（1267）里人筹建，以祀造福地方的蒋崇仁、蒋崇义、蒋崇信三兄弟，其后庙有赐额，神有追封，乃"命七宝寺开山住持僧世守其庙"②。

　　伍公庙既有道士入住，日常经理，遂为常务，道士与殿宇之间便形成相依相生的关系。其后的营缮工作道士自然会参与其中，只是囿于自身获取经济收入的能力，多是呈请士大夫来完成。如明嘉靖年间伍公庙已残破不堪，常住道士颜仁辅经前后两次请助于两任郡守，最终在嘉靖二十九年（1550）获郡守孙环山出公帑加以修缮。

　　吴山城隍庙是官方修建，延请道士住持的典型祠庙之一。因为城隍神位列官方祀典，所以其殿宇的兴建和修缮几乎全赖地方政府之力。明代城隍庙的修葺，甚至一度列入典章，"正统九年，令天下城隍庙有损坏者，有司以时修葺"③。翻检《吴山城隍庙志》卷六"碑记"条目，城隍庙的历次营建均由地方官员主持完成，即便偶有道士介入，也是仅起辅助作用。如明弘治癸亥（1503），镇守麦秀、巡按御史夏景等出资，延请杨孟瑛主持修缮，历时三月而完工；万历乙未（1595）八月，杭州知府李东鲁重新城隍庙，"命守者钱子云、俞九章等相度，宜费金钱若干以闻，一时台监、贵人洎郡邑长、佐使、缙绅、三老欢然捐赀有差"④。至戊戌（1598）六月而竣工；万历丁巳（1617），庙遇火灾而毁，"时守者窘迫无计，往诉中丞。师悯之，即以百金草创殿

---

① 王国平主编：《西湖文献集成（第25册）》，杭州出版社，2004年，第660页。
② 王德毅主编：《丛书集成续编（第二二五册）》，新文丰出版公司，1989年，第91页下。
③ 王国平主编：《西湖文献集成（第25册）》，杭州出版社，2004年，第770页。
④ 王国平主编：《西湖文献集成（第25册）》，杭州出版社，2004年，第871页。

厂，权妥神位"①。康熙丁未（1667），水师副将王虎倡议重修；乾隆五十三年（1788），浙江盐道卢崧志捐俸募资亲督重修，殿宇为之焕然一新，等等。

吴山城隍庙还建有一些附属祠庙，供奉的多为造福一方的名臣贤士，因其附属关系，祠庙兴建、再建和修缮的费用及购置田产以维系日常开支等也多是经由官方统筹。如万历四十五年（1617），吴山城隍庙之姚公祠遇火灾而损毁，"缙绅金公学曾请于中丞及制府，遣官督理，割俸捐资，相助为理。而郡守姚公之兰设法赎锾，力赞其事。阅五年落成"②。祠庙再建的动议和费用皆出自官家，姚公后裔自然力赞其事，与城隍庙道士了无关涉。附属祠庙若涉及道士经营管理的，依然是以官方主导下延聘道士经营的形式出现，道士的附属性地位也是非常鲜明的。如吴山城隍庙赵恭毅公祠，崇奉康熙朝浙江巡抚赵申乔，倡建于绅士商民胡烑、汪元麟、方邦基等，而实由浙江盐驿副使赵侗教捐俸施建，前后历时一个多月。"又发银一百二十两，买田二十亩零。除半给道士徐大伸等，以供城隆神庙香火，少展诚敬外，半付元庆房道士王守宁领受，以供本祠香火。"③日常香火供奉之外，遇有大祭，官方还会另给补助祭银，整个过程中，城隍庙元庆房道士王守宁的介入仅仅是为了维系祠庙的日常修葺、供奉香火，其附属性地位一目了然。

其次是宫观。与祠庙祀神多列官方祀典、殿宇兴建和经营多由官方筹办有所不同，道教宫观因为有教派的存在，宫观的归属主在道士，其宗教的专属性特点明显，道士与士大夫交往以获取经济方面支持的

---

① 王国平主编：《西湖文献集成（第25册）》，杭州出版社，2004年，第874页。
② 王国平主编：《西湖文献集成（第25册）》，杭州出版社，2004年，第819页。
③ 王国平主编：《西湖文献集成（第25册）》，杭州出版社，2004年，第827页。

主动性明显增强。在创建殿宇、累积田地恒产等方面，道士不再居于从属的地位，更多地从宫观和教派法派发展的角度去主动筹划。如洞霄宫宫观的创建。自五代至宋元，洞霄宫的地位甚高，两宋时期一度达到皇家宫观的标准，其建筑营建和田地储备，多赖朝廷，如钱镠营建天柱观、宋高宗赐钱营建三门、宋真宗赐仁和县田等皆其例也。随着洞霄宫经济实力的壮大，本观道士便纷纷外建接待宫观以壮大教派影响。闻人儒《洞霄宫志》载有元代洞霄宫道士外建宫观如龙德通仙宫、元清宫、冲天观、洞晨观等25座①，涉及本宫道士郎如山、舒元一、周允和、贝大钦等，足见道士在宫观营缮方面的主动性和主体地位。

洞霄宫为东南伟观，可以依靠自身的经济实力或提举宫观的官员资助来维系宫观的发展。普通宫观则往往缺少这样优越的条件，其常见的维系宫观发展方面的经济活动多是通过募集资财来实现，因此，道士与士大夫的交往更为密切。如通玄观法师徐道彰兴复通玄观，即通过为执政者祷雨有验，获取其施舍，再募资于众来实现的。徐道彰后，弟子郁存方再新宫宇，郁存方法孙张金松修建启元殿，也都是通过交接士大夫，募集四方资助来实现的。为提高募缘的影响力，宫观募缘的疏文也多是延请士大夫来执笔。《通玄观志》中共收录有6篇募疏，均为士大夫执笔，如（明）屠隆为道士张永韶所作《重修三清殿疏》、（清）丁澎为道士朱闳绪所作《募修崔府君祠疏》等。因而，从某种意义上说，士大夫既是道士募缘的对象，也是其募缘的助力者。而从募修宫观和维系宫观发展的角度看，宫观中的道士无疑是主角，这与祠庙中道士的附属性角色定位有着明显的区别。

---

① 详见张智、张健主编：《中国道观志丛刊续编（第17册）》，广陵书社，2004年，第92~97页。

此外，道士还可以通过交往从士大夫手中获取捐助的田地，这些田产与殿宇、祠庙、碑亭等共同构成宫观的恒产。如金鼓洞鹤林道院因为道众的增加，粮食供给困难，"张君之嗣上锡居士以仁和念一都十三畕若字号民田舍为院产，从兹常住斋粮有藉矣"①。洞霄宫因建有朱文公祠，奉祀朱熹而得到士大夫程志初的田产资助；通玄观则通过容留林氏宗祠，由嗣观道士按时奉祭，以获取捐助，出身林氏小宗的朱暎锦在捐资修筑墙垣和神龛后，便再次捐助田亩，来满足春秋墓祭的支出需要。

### （二）承担社会责任

宗教以善为本，承担必要的社会责任既是宗教济世思想的外化，也是宗教藉以获得社会支持，维系其自身发展的必要途径。因此，社会事务便成为儒、道交通的重要介质之一。道士与士大夫在社会责任方面的交流涉及面较广，粗略而言有祈福禳灾、种药行医、兴工为民、救灾济困等方面。

祈福禳灾，是道教法术中最具特色的内容之一。儒教注重事功，以民为本，讲求"敬天保民"，在维系国家安定和护佑民生上儒、道二者很容易达成共识。② 道士祈禳涉及祈晴、祈雨、祈寿、祈福、禳火、禳旱、禳水、禳虫等方面，道教方志所录精通祈禳之术的高道比比皆是，如洞霄宫道士叶彦球"以符水为民禳禬，疾无不愈，乡人敬信，冠履云集"。③ 通玄观道士李景源"早岁出家，学金丹术于吴山通玄

---

① 胡道静、陈耀庭、段文桂等主编：《藏外道书（第二〇册）》，巴蜀书社，1994年，第253页下。

② 祈禳之术在今日看来虽然非常不科学，但在近古，士大夫和道士多是怀着虔敬之心、志在为社会民生祈福禳灾而为之的，其担当社会责任的意识是无须置疑的。

③ 《文渊阁四库全书（第五八七册）》，台湾商务印书馆，1986年，第445页上。

观，得徐郁君之祖印。南泉张君秘授五雷心法，运之则能动天地、役鬼神、致旸雨、殄妖祟。凡诸祈祷，莫不随验"。① 可以说祈禳之术，是多数道士的必修课。

士大夫延请道士祈禳，可分公私两个层面。祈禳之公者志在社会民生，为祈晴祈雨、禳除灾厉之类。如成化庚寅（1470），岁旱，地方官员延请通玄观道士徐道彰祈祷，"雨即沛然，苏民济物，祛邪伐祟，靡不响应。两浙诸山，祷雨一十七坛"②，法师声名日显。当然，祈禳对道士而言是一个双赢的事务，一方面可实现济世的目的，另一方面也可以取信社会、获取报偿，如前引徐道彰正是借助祈禳获得地方官宦士绅和普通民众的捐资，进而修缮宫宇，重振道风。祈禳之私者志在个人和家族，多为求子、应举、去疾之类。如清代赵清献总督浙江事务时卧病在床，其长子受三清上圣托梦，于是拜访玄妙观道士徐启泰以解梦。"启泰拱对曰：'能愈疾者，三清也。'公子遂向神矢愿，以祈父痊。乃旬有五日而公疾果愈。"③ 沈嘉诏《神仙灵异记》中还记载了很多士大夫占梦玄妙观，最终及第高中的故事，如赵国芬、叶其蕃、周吉士等。事情本身虽与前文赵清献去疾一样明显有自神其教的用意，但故事本身折射出的求助道士私祷以祈福禳灾的风习则是不言自明的。

道教自产生之初，其宗教领袖如张道陵等即善以符水禁咒之法治病救人，进而确立道教在民众心目中的神圣地位，并以此不断扩大道教的影响力。其后，道士们对脏象、经络、本草等方面俱有深入的研究与实践，出现了如杨上善、孙思邈等道教名医，推动了道教医学的

---

① 四库全书存目丛书编纂委员会编：《四库全书存目丛书·史部（第二四六册）》，齐鲁书社，1996年，第460页上。

② 四库全书存目丛书编纂委员会编：《四库全书存目丛书·史部（第二四六册）》，齐鲁书社，1996年，第445页上。

③ 王国平主编：《西湖文献集成（第24册）》，杭州出版社，2004年，第1094页。

形成与发展。① 种药行医、符水治病等既成为高道必备的一项基本技能，也是道士藉以实现与社会交往、甚至化度众生、参修仙道的重要凭依。浙江道教方志中，不乏善医道士的记载，如洞霄宫的夏侯子云"乃于大涤山中筑药圃，种芝术之属。尝言古圣人以上药养神，中药养性，下药遣病，可使人神灵，可使人性明，可使人病愈"②；陆尔仁"旋以吴山火德庙为祖庭，习业吴山精岐王，凡一切内外五痨虚证，应手立效，时称医宗云"③；吴山城隍庙道士徐有祯"专攻岐黄，遇奇疾多奇效"④。道士接引治病，既有现今医学常用的草本施药、针灸疗法等，也有独具宗教特色的符水禁咒治疗。草本行医的道士，多辟有药圃，杂采配置，以济病疾。如武林玄妙观道士徐又孺"居恒手辟畦圃，杂植药草，蓄丹丸。以济疾苦，莫不应手而瘥"。⑤ 符水治病其实属于祈禳术的一种，多应用于奇异难疾，如杭州名士戴悔庐曾经患有胞络之疾，昏眩高烧，后延请通玄观道士朱君闵绪至家，礼斗焚符，饮水出汗，病情得到较大的缓解。重阳庵道士俞大彰因擅长祈雨、医术高明，广为时人所重，继而在募集祠宇以崇奉陶弘景、吴猛、许逊三真人时，缙绅乡宦们便竞相捐助，很容易便集就善缘建成天医行宫。

祈福禳灾、种药行医之外，道士与士大夫在兴工为民、救灾济困等方面也有所交流。兴工为民上二者的合作交流，根据出发点的不同可以分为直接和间接两种形式。所谓直接者即双方合作兴置设施，主要目的在于为民众服务。如清雍正朝李卫曾在山顶修建日月池，铸造

---

① 详见詹石窗：《道教文化十五讲》，北京大学出版社，2003 年，第 186～205 页。
② 《文渊阁四库全书（第五八七册）》，台湾商务印书馆，1986 年，第 436 页下。
③ 张智、张健主编：《中国道观志丛刊续编（第 17 册）》，广陵书社，2004 年，第 157 页。
④ 王国平主编：《西湖文献集成（第 25 册）》，杭州出版社，2004 年，第 836 页。
⑤ 王国平主编：《西湖文献集成（第 24 册）》，杭州出版社，2004 年，第 1083 页。

七星缸，满贮清水。"嘉庆年间，又经前抚宪陈修补铁缸，令主持挑水，月给辛工香灯，朔望委员行香，查看储水。"① 最终形成官方负责修缮、道士负责请人挑水贮存、共同行香的制度，以实现压制杭城火灾，为民祈福的目的。所谓间接者即双方合作兴置设施，其初始目的本在于服务宫观，但间接方便了周边民众。如鹤林道院坐落栖霞路北麓，所经山道"旧惟樵径一线，广不盈尺，旁皆蔓草，风雨雪霜，星霾月晦，行者有失坠之惧"②。于是经由道院主持赵来洲、张复纯先后募修石路，众多乡绅护法慷慨捐助，最终历经六年，修成前后二百多丈的青阔石板路。大路修成后的实际收益者除了道院道士外，还应包括栖居山上的僧人、登山揽胜的游人和普通的劳动者。一些道院建置，虽不能确定是否有士大夫的介入，其建成后的间接便民作用也不容忽视。如洞霄宫深处大涤山中，周边有众多居民，洞霄道士自大路迤逦而进修建有通仙桥、道士桥、朝元桥等多座桥梁，"王者之政，不废桥梁，所以示利济也。山宫虽栖隐遁迹，咸建造石杠环桥，其免病涉而鲜褰裳之患者，亦昔人厚俗之遗意，"③ 这些桥梁对附近民众的利济作用是显而易见的。道士有余力者还会积极参与救灾济困，以实际行动践行宗教利济民生的宗旨，成为儒家现世事功的重要补充，进而得到士大夫的推重与表赞。如通玄观道士郁存方，扶危济困，广结善缘，"城南凤山岭道倾陷艰行，则捐钵资，铺石板为坦途。江浒洋泮古井崩塞，则躬募人力运砖，修饰如故。遂筑亭于傍，冬夏施茶汤以济寒暑。

---

① 王国平主编：《西湖文献集成（第25册）》，杭州出版社，2004年，第1243页。

② 胡道静、陈耀庭、段文桂等主编：《藏外道书（第二〇册）》，巴蜀书社，1994年，第240页上。

③ 张智、张健主编：《中国道观志丛刊续编（第17册）》，广陵书社，2004年，第71页。

随身衣单,每遇穷苦,见即解施。……己亥六月太末,婺睦涞水大作,民多漂溺,蔽江而下,尸积沙渚。鹤泉倡其同门,掩骼埋胔,捐贵升度,泽及枯骨焉"[1]。因其善行卓著,并有祈雨济灾之功绩,故尤为郡守陈公所推重,陈公作文以表彰,将道士郁存方的道教修为比类为儒家伦理的忠孝慈仁礼智信,并倡导士大夫引以为范,可谓推崇备至。

### (三) 道教方志编纂与诗文创作

相对于道士群体,士大夫群体在文化修养和社会影响力等方面无疑要高出很多,因而双方在诗文创作等方面的交流中士大夫群体多是居于主体地位。当然,道士中也不乏诗文出众者,如洞霄宫道士徐冲渊,曾奉命和孝宗《御制秋怀诗》二首,又进献《西游集》,表章陈情,典雅得体。"上(孝宗)览之,谓侍臣曰:'近世士大夫诗有不及者。'"[2] 金鼓洞鹤林道院道士张复纯"工于赋诗,诸名士投赠甚广"[3]。道士、士大夫在诗文创作方面的交流可以分为士大夫编纂道教方志、为道教方志和道士诗文集作序跋、为宫观殿宇建设撰写记文、题额赠联、游赏交接与诗文唱和等方面。

道士延请士大夫编纂道教方志方面,当首推元大德年间洞霄宫主持沈多福嘱请邓牧与本宫道士孟宗宝编纂《洞霄图志》为代表。邓牧的身份认定,学界略有歧见,有认定为道士的,也有认定为思想家的。笔者以为邓牧乃洞霄隐士,即便深受道家思想影响,其身份仍当归属士大夫之列。其要一在《洞霄图志》《洞霄宫志》中的道士均以"隐

---

[1] 四库全书存目丛书编纂委员会编:《四库全书存目丛书·史部(第二四六册)》,齐鲁书社,1996年,第467页下。
[2] 《文渊阁四库全书(第五八七册)》,台湾商务印书馆,1986年,第447页上。
[3] 胡道静、陈耀庭、段文桂等主编:《藏外道书(第二○册)》,巴蜀书社,1994年,第246页下。

士"或"先生"称引邓牧，未见称其为道士道人者，道士、隐士身份区分得非常明确。二在《洞霄图志·邓牧传》中邓牧自号"三教外人"，其置身三教之外的用意是很确定的。因而即便《传》中称其"无疾而化"，认定他为得道仙去者，恐并非邓牧的本意，而更多地应是道士出于吸纳为道流以增重宫观的目的。邓牧以文章知名当世，沈多福延请邓牧撰辑《宫志》，可谓得人。《四库提要》称"牧文章本高旷绝俗，故所录皆详略有法，惟不载宋提举官姓名，颇嫌遗缺"①，对《洞霄图志》评价颇高。《洞霄图志》中录有邓牧所撰《昊天阁记》《超然馆记》《冲天观记》等文记，俱疏朗有致，构思精巧，句法文意，颇可观瞻，四库馆臣所称并非虚言。

与邓牧以文采重于世不同，朱文藻被延请则在于其金石学家的身份和勤于搜罗考辩的学养。嘉庆十年（1805），朱文藻纂就《洞霄续志》，金鼓洞鹤林道院主持张复纯一阅便知出自朱文藻手笔。"先生学贯九流，博通今古，尤长志乘考据之学。"② 后张复纯谒见朱文藻，以观志相托，终获允诺，撰成《金鼓洞志》八卷。《金鼓洞志》旁征博引，搜录宏富，且下有大量按语，考辩存疑，学术价值颇高。其他如通玄观道士郁存方延请姜南纂修《通玄观志》，道士朱闳绪延请吴陈琰重修《通玄观志》等，也都是因为编纂者具有较高的文化修养。

延请士大夫为道观志或诗文集作序跋，也是道士热衷的事务之一。其主要目的自然是借助士大夫的名望、地位以增重道教方志，为宫观增荣。这方面，可由（明）姜南撰、（清）吴陈琰增补《通玄观志》略见一斑。《通玄观志》共辑录嘉靖十三年（1534）至康熙三十二年

---

① 《文渊阁四库全书（第五八七册）》，台湾商务印书馆，1986年，第405页上~406页上。
② 胡道静、陈耀庭、段文桂等主编：《藏外道书（第二〇册）》，巴蜀书社，1994年，第298页下。

（1693）间的八篇序文，除修志者姜南和吴陈琰的两篇序文外，另有明代江晓、田汝成、陈仕贤和清代林云铭、顾豹文、戴普成的六篇序文。明代序文中有两篇落款标注了作者身份和籍贯信息，如江晓为浙江仁和人，身份为"赐进士第、通议大夫、应天府府尹、前吏部郎中"①。陈仕贤为福建福清人，身份为"赐进士第、中宪大夫、知杭州府事"②。另一篇序文落款未标识作者田汝成的身份信息，实则田汝成亦曾任南京刑部主事、礼部仪制司员外郎等职，在文学、史学上颇具声名，《万历钱塘县志》称"杭士自弘、德来，扬声艺苑者，汝成为最"③。清代三篇序文落款仅列作者郡望，没有身份标识，如林云铭为福建晋安人，顾豹文为浙江钱塘人，戴普成为浙江仁和人。检相关文献，林云铭，"清顺治十五年（1658）进士，官安徽徽州通判。……其著述丰富，而文运不济，屡灾兵、火"④。顾豹文，"顺治十二年（1655）乙未科进士，授河南真阳知县，后擢江西道御史……著有《世美壶集》等"⑤。戴普成，为洪升朋友之女婿，曾与朱溶一起整理洪升诗集而为《稗畦集》。⑥ 不难看出，编纂者外，为《通玄观志》作序六人均为仕宦出身或在文坛有一定影响力者；通玄观道士请他们作序，

---

① 四库全书存目丛书编纂委员会编：《四库全书存目丛书·史部（第二四六册）》，齐鲁书社，1996年，第405页下。
② 四库全书存目丛书编纂委员会编：《四库全书存目丛书·史部（第二四六册）》，齐鲁书社，1996年，第407页上。
③ 王国平主编：《西湖文献集成（第21册）》，杭州出版社，2004年，第494页。
④ 孙克强、杨传庆、裴喆编著：《清人词话（上）》，南开大学出版社，2012年，第299页。
⑤ 虞铭、陶学锋编著：《西溪诗词选注》，杭州出版社，2013年，第113页。另据（清）吴振棫纂辑：《国朝杭郡诗续辑》[光绪二年（1876）杭州丁氏刊本]卷一，此"《世美壶集》"当为"《世美堂集》"之误。
⑥ 详见（清）洪升著，刘辉笺校：《洪升集（上册）》，浙江古籍出版社，2012年，第331页。

无非出于增加道教方志影响力之目的。(明)田汝成序文中的一段话形象地揭示了士大夫为道教方志撰写序文的盛况:

> 乃存方谓《图志》弗传,则颠末莫考;事纪弗述,则日月就埋。遂缉瑶篇,以登故实。凡兹观创复之始、诸真授受之言,莫不毕见殚闻,源穷委析。于是乡达名公,论交鸿彦,嘉兹盛举,咸有序言。予既伟郁氏之勤渠,复重诸贤之揄引。聊述数语,以缀简端。①

据其所言,姜南修成《观志》后,与通玄观道士郁存方日常结交的鸿儒和地方士绅皆有序言,共襄盛举,则当时也许还有很多明代士大夫作有序文,《通玄观志》是否曾加以辑录,已不可知。②

一些道教方志本身就可视作某一宫观或道教胜地的诗集,如《洞霄诗集》《古楼观紫云衍庆集》《四明洞天丹山图咏集》等;另有一类宫观专志,其编撰则是始于诗集,是在诗集编纂的基础上增补宫观建置和沿革的文献而成,如《重阳庵集》。重阳庵旧有"青衣洞天""龙虎丹室""松巢白鹤"等八景,常为士大夫游赏之地,元代名儒陆修静首倡"绝句八首"分咏八景,其后游历者皆有述作,诗体不拘,诗作日富。于是道观主持梅志暹与其徒骆仲仁、仲仁徒潘崇正搜罗珍袭,

---

① 四库全书存目丛书编纂委员会编:《四库全书存目丛书·史部(第二四六册)》,齐鲁书社,1996年,第406页上。
② 又《通玄观志》还有三篇跋文,作者分别为俞文祥、范允镐、马铨。明代俞文祥生平不详。清代马铨生平见吴颢原本、吴振棫重编的《国朝杭郡诗辑》[同治十三年(1874)刊本本]卷五:"原名肇基,字遵素,号澄园,钱塘人,康熙庚午举人,官内阁中书,有《澄园集》。"范允镐生平见《国朝杭郡诗辑》卷八:"字用宾,号愚溪,又号橘洲,钱塘人,康熙庚辰进士,历官山东道御史,有《结庐诗钞》《闽游草》《花市吟》《南平集》。"俱为仕宦出身,有文名,此不赘论。

编辑付梓，名曰《重阳八咏》，其后"并其兴建首末文记诸作，汇而为帙，题曰《重阳庵集》"。①《集》中所录江玭《重阳庵集序》和朱镛、周鼎《八咏诗序》记录了由重阳诗集衍生为《重阳庵集》的过程，均可视为《重阳庵集》的序文。

　　士大夫对宫观的增重还体现在为殿宇撰写文记和楹联题额上。营建、修缮殿宇、获赠田地、或历受朝廷恩遇等乃宫观之盛举，自当延请名流记述本末，既以志庆增荣，亦以刻碑立石、传诸久远。如明代道士俞道彰重修通玄观，延请季琮撰写碑记称："故士庶向风乐助，工虽浩繁，而不日成之……是宜特书大书，托诸坚砥以诏来者。俾感于心，益致其力，将见斯观之胜概益增，与金庭、玉局并存于穷壤，尚何成毁之足虑哉？匪直贤师高弟绸缪牖户之成劳有可述也。"②季琮强调撰写碑记并不仅仅在于记录"贤师高弟"营缮屋宇的功绩，更在于记录重修盛举，以感发后来者善继前志，尽心于宫观的维系与长期发展。陆游则在《洞霄宫碑》中详细叙述了洞霄宫在有宋一代历次受到恩遇的事实，既以存史志庆，更是突显了洞霄宫的无上地位。道教方志中这方面的记文甚多，如邓牧《洞霄图志》所录钱镠《天柱观记》、李玄卿《厨院新池记》、曹叔远《洪钟记》、洪咨夔《檀越施田记》、吴泳《演教堂记》等文记，便从宫观整体建置、生活水源创设、钟鼓法器沿袭、田亩赏赐购置与经营、宫观屋宇兴建等角度全面展示了洞霄宫的发展概况，其士大夫撰写记文以存史、弘教的意义非常突出。文记之外，楹联、题额也时见于道教方志，如《通玄观志》所录（明）

---

① 王国平主编：《西湖文献集成（第24册）》，杭州出版社，2004年，第931页。
② 四库全书存目丛书编纂委员会编：《四库全书存目丛书·史部（第二四六册）》，齐鲁书社，1996年，第445页上。

屠隆题三清殿对联"七宝钟灵真炁遍周法界，一元运化大江不尽东流"①、董其昌题望鹤亭对联"望彻尘寰远近江山悬一画，高连云汉东西日月跳双丸"② 等；既真实地描绘了宫观的现实图景，也提升了宫观的文化底蕴和影响力。其他还有士大夫为道士撰写的祈雨祝寿序文、募疏、传记、墓表、铭文、赞辞等，亦可作如是观。它们是道士、士大夫交流的重要载体，反映了士大夫与道士间的亲密关系及士大夫在道教发展中举足轻重的地位与作用，如《通玄观志》载毛敏为道士徐道彰所作《书元一徐法师祷雨有感序》、孙枝为道士李筠坡所作《祝筠坡李炼师寿序》、吴陈琰为道士朱闳绪所作《重修三清殿募疏》、许仁为道士徐道彰所作《徐元一法师传》等。

　　当然，道士与士大夫以文交接方面最具核心地位的无疑是诗歌唱和。宫观所在本多山林之胜，道士再着意进行一番修整、增置，山水人文景观交相辉映，便成为道士、士大夫交接游赏、诗歌唱和的理想之地。如重阳庵道士即"别有用心"地辟出"吴山福地""青衣洞天""云水钵堂""龙虎丹室""松巢白鹤""地产灵芝""万竿翠竹""一泓涌泉"八处景致，号曰"重阳八景"，引得无数文人雅士竞相游历，题咏唱和，进而主持梅志遐、骆仲仁、潘崇正依循儒家"三不朽"中立言的传统，集而梓行，从而扩大了山林与宫观的影响力。其后道士俞大彰重新编订时，还附上了其所作"八咏"诗及《八景总咏》，为重阳八景题咏组诗总提收束。士大夫"重阳八咏"多写山林之胜、道人修行、灵踪仙迹等，其内容不离游仙揽胜的旨趣，如费宽《吴山福地》一诗："岩峣宫殿依穹苍，远隔云林与世忘。行雨龙归云洞湿，衔花鹿

---

　　① 四库全书存目丛书编纂委员会编：《四库全书存目丛书·史部（第二四六册）》，齐鲁书社，1996年，第469页下。
　　② 四库全书存目丛书编纂委员会编：《四库全书存目丛书·史部（第二四六册）》，齐鲁书社，1996年，第469页下。

过露台香。步虚声落天风外，跨鹤仙游斗极傍。一点红尘无处著，琪花瑶草护丹房。"①这首诗从坐落、灵迹、法事等角度总体抒写了重阳庵"与世隔绝"的道家仙界属性。但也有独出机杼，不落常格者，如朱鉴"重阳八咏"即借八处景致分咏重阳庵相关道教人物张与材、李真人、丘处机、尹志平、杨古岩、孙守素和仙灵意趣。如《云水钵堂》咏全真教祖师丘处机云："长春子，邱处机，开堂坐钵著羽衣。丹诀真传云水客，黄芽绛雪青天飞。闭关调火候，伏气栖岩扉。时见江湖之羽客，常来憩息求玄微。神仙古有非荒唐，可惜人间识者稀。"②重阳庵奉全真法派，以丘处机为教祖，云水钵堂乃教派传法之所。诗歌以丘处机开堂传法领起，将重阳庵教派传承、宫观景致与所咏道教人物自然结合起来，颇具匠心。

延接游赏之外，士大夫和道士间日常的交游酬酢、祝福赠答之类更是常形诸讽咏、编录于志，这类诗作全方位勾画出道士与士大夫交流的立体生活图景。（宋）孟宗宝《洞霄诗集》即收录有大量道士、士大夫交往的诗作。有遥寄诗作以称颂与勉励的，如姚舜陟的《赠洞霄道士张安持》，"富贵不可縶，萧然脱尘羁。神气自涵养，岩壑方栖迟。山中有宰相，物外多真师。蓬莱定不远，节操请坚持"③，对张安持超迈出尘的品操给予了高度的肯定与期许。有就同一话题或事物或游历的唱和，如吴泳的《嘉熙丁酉七月上澣游洞天题住山龚冲妙艮泓轩》及洞霄宫道士龚大明的和诗，从各自的角度记述了儒道交游、唱和的会心与和洽。有事务交涉答谢的，如道士王思明的《求洞霄宫碑谢别陆放翁》，"还丹一粒如粟大，点铁成金金不坏。服之冲举骑苍龙，直

---

① 王国平主编：《西湖文献集成（第24册）》，杭州出版社，2004年，第954页。
② 王国平主编：《西湖文献集成（第24册）》，杭州出版社，2004年，第953页。
③ 胡道静、陈耀庭、段文桂等主编：《藏外道书（第三四册）》，巴蜀书社，1994年，第10页下。

上九霄观世界。君藏此药天下知，鬼神正眼那能窥。归磨苍石宝君施，文章与此元无异"①，将道教修炼与文人创作结合起来，巧借修道术语形象颂扬了陆游诗文创作的卓然出群，独具新意。有记录夜谈相得的，如关注的《洞霄与道士夜话》，"夜阑立语意萧然，似与黄冠有宿缘。不用天坛飞皓鹤，知君家世是神仙"②，描述了儒道之间对床夜话，心有灵犀，及相得甚欢的亲密关系。

（明）姜南撰、（清）吴陈琰增补《通玄观志》也收录了大量记录儒道交流的诗歌，如戚熙臣的《题张炼师兰石图》："九畹产清标，移来傍贞石。天然景物奇，自觉尘寰隔。江海望苍茫，蓬壶近咫尺。野服任逍遥，疑是真仙谪。"③ 诗人品题张道士兰石画作，借物咏人，歌颂其仙真气质。韩庠的《祷雨赠李法师筼坡》："真人骑龙来太清，要为下土苏群生。啸风叱电神鬼惊，皂纛拂空云倒行。天瓢一滴马上倾，甘雨洗郊枯稼荣。功成仗剑朝玉京，但闻四野腾欢声。"④ 诗中描述了李法师祈雨纾解旱情、救济民生的场景，对祈雨之效寄寓了深切的祝愿。杨体元的《过通玄观赠朱炼师闳绪谈道》："第一峰前结短茅，闲栽松竹补云坳。岫边丹灶春常满，架上《黄庭》手自抄。兴到每过双蜡屐，谈深恒借一枝巢。老来幸识餐霞侣，分饷时开六甲庖。"⑤ 陈述了儒道交接、情致相投、谈道有得的喜悦之情。徐百龄的《寿徐法师

---

① 胡道静、陈耀庭、段文桂等主编：《藏外道书（第三四册）》，巴蜀书社，1994年，第29页上。

② 胡道静、陈耀庭、段文桂等主编：《藏外道书（第三四册）》，巴蜀书社，1994年，第9页下。

③ 四库全书存目丛书编纂委员会编：《四库全书存目丛书·史部（第二四六册）》，齐鲁书社，1996年，第416页上。

④ 四库全书存目丛书编纂委员会编：《四库全书存目丛书·史部（第二四六册）》，齐鲁书社，1996年，第419页上。

⑤ 四库全书存目丛书编纂委员会编：《四库全书存目丛书·史部（第二四六册）》，齐鲁书社，1996年，第429页下。

元一五衮》:"年来静守谷神家,半百光阴鬓未华。佳景正芳惟桂子,玳筵称寿已梅花。为凭逋老横斜咏,未许韩郎顷刻夸。疑是丹光出神鼎,分明颗颗白朱砂。"① 诗人敬祝徐道彰法师五十寿诞,夸赞其青春不老、神功灵异。邵曦光的《挽元一徐法师》:"湖山易老酒杯残,化鹤那知去不还。飞剑影移金闪烁,步虚声断玉瓓珊。名依黄土空成卷,梦到青山不整冠。怅忆道人归去也,云房丹火月中寒。"② 以酒具、化鹤、飞剑、步虚、云房丹火等道教物象营造了道人仙去后的静寂场景,寄寓了诗人深深的哀思之情。

总之,道教方志收录有大量道士、士大夫交流唱和的诗作,虽以士大夫之作为绝对主体,但道流的和诗也不鲜见。其诗歌内容丰富,涉及谈玄论理、法事记录、登临游赏、寄宿招待、祈雨赠答、祝寿追悼、题画作序等方方面面,虽然多数诗作内容相近,艺术上也乏善可陈,但因其反映的广度涉及生活的诸多方面,具体而细微,可藉以全方位探索古代儒道交接的现实,故其宗教学上的认识价值不容小视。

### 二、佛、道交往

从儒家传统治世的角度看,道教与佛教均为神道设教以助风化,是政治制度的有益补充。古来佛、道二教在发展过程中,相互之间有合作亦有斗争,但总体而言基于修行观念和现世目标方面的共性,二者合作交流的层面乃其主流。浙江道教方志中辑录了很多道士、僧人交往的材料,展示了佛、道二教在民间融合共存的现状,有着一定的

---

① 四库全书存目丛书编纂委员会编:《四库全书存目丛书·史部(第二四六册)》,齐鲁书社,1996年,第426页下。
② 四库全书存目丛书编纂委员会编:《四库全书存目丛书·史部(第二四六册)》,齐鲁书社,1996年,第427页下。

宗教学价值。

## （一）教派发展方面的交流

　　佛、道二教在民间的交流首在对彼此教派传衍的包容或扶持上，这主要表现在两个层面，一是殿宇祠庙或修真之地的让渡，二是教徒的转相授受。道教宫观、佛教寺庵原本各自为营，了不相涉，但在长期的维系与发展过程中，受周遭宗教发展环境的变化和住持者维系能力高低等多重因素的影响，宫观、寺庵经由废置、重建后而转变教派属性的现象便时有发生。如衢州常山的集真观，"宋宣和庚子毁，乾道年，邑令苏邳创浮屠于上，为文笔峰。淳熙间，复建塔院，留浩有《记》。元朝改为集真观"①。由宋至元，毁建不一，先后经历了宫观转而为佛寺再复还为宫观的过程。再如金鼓洞鹤林道院下院懒云窝，"旧系僧家居住，后归汉军、旗人憩息之所。乾隆二十八年，汉军奉裁，旗人散处，因折屋净尽，仅存荒基。蔡炼师购其址，于乾隆五十年重建"②，成为道教宫观。与寺庵和宫观鲜明的佛、道属性不同，祠庙多由民间或士大夫创建，因延请住持的不确定性，或僧或道，变动不一。如同为崇祀妈祖的天妃宫，历代多由官方或民间商人创建、修缮以镇压水患、护航漕运海运等，其中杭州城北天后宫其住持者为道士，属道教祠庙，而嘉兴平湖乍浦的天妃宫则由僧或尼住持，为僧家祠庙。"《九山续志》：'东天妃宫，在东门内，明嘉靖时建，尼居之。'……康熙四十五年福州诸商江聚公、张明敬、郑锡侯等建，置田延僧，永香

---

　　① 何建明主编：《中国地方志佛道教文献汇纂·寺观卷（第156册）》，国家图书馆出版社，2013年，第94页。
　　② 胡道静、陈耀庭、段文桂等主编：《藏外道书（第二〇册）》，巴蜀书社，1994年，第247页下。

火焉。"①

　　建筑废弃、教徒星散后再经重建而改变宗教属性的毕竟属于被动的情势，不能完全反映佛、道二教的相互扶携，士大夫和民间商人延请主持所建祠庙也是如此。佛、道二教之间主动包容、支持彼此的发展应在保持各自教派存续现状之下进行，这方面浙江道教方志中即有一些具体的记录，如朱文藻《金鼓洞志》卷七"法嗣"《明阳子太朗周真人传》：

　　　　西湖岳武穆王墓之后山曰栖霞岭，岭北为金鼓洞，故名圣之区，悬崖倚空，未有屋宇，洞内奉观音大士像。主者慧登禅师以城中有精蓝可居，故洞常闃寂。丙午春，师闲行来至，爱其境隔断红尘，就于岩下挂瓢端坐三昼夜。禅师忽谓其徒曰："山中有高士至矣。"率徒出见。叩师行迹，师云："野鹤无巢处，云游天地间。只求真种子，至此好收元。"禅师云："此山非梵室，原名一洞天。真人垂鹤驭，千载集仙坛。"遂让师居焉，遣徒赍粮，频来供养。师由是延同坛王师永宁，初结一茅，继建屋宇，葆真习静，收弟子高清昱及清源。②

周明阳为清代全真教龙门派金鼓洞支派创派祖师，朱文藻所录为金鼓洞派弟子戴清源所撰传文内容。据上文，周明阳初到金鼓洞时，金鼓洞已为僧家所有。主者慧登禅师主动率弟子出见周明阳，不仅出让金

---

① 何建明主编：《中国地方志佛道教文献汇纂·寺观卷（第138册）》，国家图书馆出版社，2013年，第113页。
② 胡道静、陈耀庭、段文桂等主编：《藏外道书（第二〇册）》，巴蜀书社，1994年，第284页上。

鼓洞为其修真之所，而且还派遣徒众，运送食粮，以供给日常消耗。可以说在金鼓洞派创派之初慧登禅师给予了极大的帮助。虽然说慧登禅师出让金鼓洞的前提条件是"城中有精蓝可居""洞常阒寂"，但能慨然舍弃，大度资助还是反映了禅师的古道热肠和佛、道二教和衷共济的观念。其后金鼓洞鹤林道院山水景致中即一直保留有"观音岩"，僧人住持遗迹，也一仍其旧，如（清）黄鹤《金果泉》诗"龛僧像有无，夕照明绀目"，自注云"壁有僧像，已漫漶矣"[1]。于是佛、道相谐，便常形诸文人题咏。如（清）童方灏《观音岩》诗："道与禅关契，慈航此暂停。步虚观自在，般若气长灵。谡谡松风度，濛濛花雨零。我来参石下，法眼为谁青？"[2]（清）梁敏事《观音岩》诗："化身随处现观音，岩石新围紫竹林。悟道真源归妙合，道心初不异禅心。"[3] 亦禅亦道，亦道亦禅，步虚般若，俱足修持，道心禅心，两相无碍；佛、道二教以金鼓洞为中心，观音岩为介质，造就了一段扶助共济的佳话。

　　佛、道之间还有在士大夫主持之下变更宗教场所属性的情况。如委羽山大有宫，原在县南应秀门外，"国朝康熙十五年，邑绅士延释慈明改建为天皇寺，以委羽山观为大有宫，并拨天皇寺田亩给道人为香火资"[4]，在本邑绅士的主持下，将道教宫观改建为佛寺，将原有宫观移并他处，同时作为补偿，拨付寺庙部分田产供给道观，以充香火

---

[1] 胡道静、陈耀庭、段文桂等主编：《藏外道书（第二〇册）》，巴蜀书社，1994年，第215页下。

[2] 胡道静、陈耀庭、段文桂等主编：《藏外道书（第二〇册）》，巴蜀书社，1994年，第217页。

[3] 胡道静、陈耀庭、段文桂等主编：《藏外道书（第二〇册）》，巴蜀书社，1994年，第217页下。

[4] 张智、张健主编：《中国道观志丛刊续编（第19册）》，广陵书社，2004年，第169页。

之资。

佛、道二教在教派发展方面的交流体现在教徒的转派上。道门中人本就不乏通佛禅者，如洞霄宫道士吴逢源，"尝慕葛稚川、陶隐居之为人，以清淡寡欲自怡，翛然物外，并通禅，尤长于医，后无疾朗吟而化。"[1] 而初为佛门中人却志在玄教的则有龙门派金鼓洞支派第十一代弟子潘一善炼师。《金鼓洞志》卷七"法嗣"记载有倪无隐口述之传记，颇具代表性，兹俱录如下：

> 倪无隐曰：杭州东郊百步塘，水月老人之故居在焉，就其址为水月庵，僧徒寥落。曩有潘氏子为沙弥，方髫年，壹志向道，奉《玉皇经》暗诵，若素习者。睡梦中频见绛宫重楼，仿佛诣天尊所居，不自以为异，诵之愈诚切。颇思舍释皈玄，未能自得师也。因访至金鼓洞，潜伺洞门外，随天顺缘，拟以先出遇者当依为本师。洞中羽士故奉全真教，传龙门邱真人法派，所学与禅、儒贯。时孟羽士逸阳将出行湖滨，适相邂逅，未遑询所从来，沙弥稽首，通诚意，言之殷勤，然未便遽留也。翌日，送之还东郊，晤庵中住僧，备述其事。僧固熟知其趣向，转告以诵经兆梦之异，谓："此子具夙慧，得玄感，宜葆真学道，还其本来，何可因循致令徘徊歧路也。"复送入山，让为孟羽士弟子，嗣龙门第十一代法，法名"一善"，字曰"素靖"。从此早夜修持，寒暑罔间。后值水月住僧化去，垣舍荒残，东郊父老来延守其旧庐，意不能却，乃刻尺许檀为玉皇像，归奉佛座下，礼诵如故，如是者数十

---

[1] 张智、张健主编：《中国道观志丛刊续编（第17册）》，广陵书社，2004年，第152页。

年。遇杭护法，见之，谓："高上法皇，綦尊无上，不宜屈置此处。东郊又乏玄门，甚难区画。爰集清信之士醵金购就近闲地，创建坛庭，移奉于中，请潘尊师守之。"像设尊严，熏修克当。事详西林吴居士所撰《观记》。夫用志不纷，乃凝于神，无象之象，是为惚恍。若潘师者，初则壹其志于玄，诵经不辍，神其来舍，以至现兆感应。继乃忘其像于禅，随地安之，无心为创设之事，终能辟地建观，正位居所。惟惚惟恍，其中有象焉，匪像之灵，神之灵也。玄而禅，禅而玄，无二致也。①

据（清）姚礼撰辑《郭西小志》，水月老人"姓孙，名文，字文石，号水月。会稽诸生。隐于杭，榜所居为梅园。性恬静，一介不取。间有长短歌词。问其年，尝称九十。发尽秃，人多以僧呼之。"②虽有僧貌，实非僧人。后老人躲避俗众追随，不知所终，人们便将其旧居改建为水月庵，绘老人肖像，延请僧人住持，香火供奉。倪无隐关于金鼓洞潘一善炼师这段传文虽有显扬道教的目的，也有"诵经兆梦之异"这样神异的记述，但其中的一些重要信息显示了民间佛、道交流的现状：一、潘一善初为沙弥，但一心向道，并暗诵道教经籍《玉皇经》，打算由僧侣转为道士，住僧并未干涉；二、全真教龙门派所学与佛教、儒教贯通，乃融通三教的道教法派，这为僧道交流及潘一善舍释（佛）皈玄（道）在法理变通上提供了条件；三、金鼓洞孟逸阳法师知其向道之意后并没有直接收留他，而是会晤庵中僧人，说明缘由，庵中僧

---

① 胡道静、陈耀庭、段文桂等主编：《藏外道书（第二〇册）》，巴蜀书社，1994年，第 286 页下～287 页。
② 王国平主编：《杭州文献集成（第 3 册）》，杭州出版社，2014 年，第 296～297 页。

人以遂志为要，慨然送其至山中，让为孟法师弟子，承龙门法派；四、水月庵住僧化去后，为了维系佛庵的存续，潘一善不得不应东郊父老的延请，住持水月庵；五、潘一善在住持水月庵数十年间，刻玉皇像置于佛座下，实际上是佛、道同祀双修；六、杭州护法醵金就近购地建坛，奉祀玉皇，延请潘一善守之，使得玉皇独祀，佛、道同列。从潘一善由佛转道再到佛道双奉的修道轨迹，可以看出民间佛、道二教间并没有严格的壁垒，一方面是奉佛而修道不会受到干涉，另一方面是住持能遵从修道者的意愿，任其转派。转派后的潘一善则在佛庵零落时也是能知恩反哺，慨然济人之困，住持佛庵，佛道双奉。正如倪无隐在传中所言"玄而禅，禅而玄，无二致也"。民间佛、道二教的融通互助，可见一斑。

洞霄宫后白鹿庵的创建也是佛、道二教教派交流、互容方面的典型案例。白鹿乃山名，为大涤山之中峰，据传晋代许迈在此炼成金丹，天降白鹿，迎接许迈而去，山以故得名。宋代道士陆永仲筑室山下，隶之洞霄宫，前后于此得道者多人。后洞霄宫住持沈多福即其址创建白鹿山房，延请隐士邓牧居住，白鹿之名益著。清代道宗法师晚年修道于白鹿山，修建般若台等建筑，将历来以仙道著称的白鹿山营造成一处佛教徒的修行胜地，与洞霄宫相表里，佛、道各居，两相无碍。尽管面对客人"仙梵同居，得未曾有是，殆有说乎"[①]的疑问，道宗法师有一番摄仙归禅的洋洋高论，但洞霄宫容留佛教发展，佛、道共存却是不容置疑的事实。

---

① 张智、张健主编：《中国道观志丛刊续编（第 17 册）》，广陵书社，2004 年，第 244 页。

## （二）现实事功方面的交流

佛、道二教在承担社会责任方面彼此也有交流与影响，一方面体现在祈雨祈晴等宗教法事活动上，另一方面则体现在兴修工程、利济民众等具体的施作上。

祈雨祈晴既是宗教需要承担的社会责任，也是获取社会捐助，维系教派发展的必要手段。道教如此，佛教也是如此。如杭州栖霞岭北的黄龙祠，旧传有黄龙显现，宋淳祐间慧开禅师卓锡于此，因祈雨屡有灵应，少保孟珙为之捐财建寺，并有龙祠。后宋理宗延请禅师祈雨有验，封龙为"灵济侯"，赐祠额为"护国龙祠"。可见，祈雨有应也是佛教僧人借以提高宗教影响力、获取物质资助的重要途径。

正是因为祷雨在增重教派、服务社会、获取报偿等方面有重要价值，佛、道二教在这一事务上往往是既有合作，亦有竞争。如重阳庵道士俞大彰以擅长祷雨著称，隆庆二年（1568），浙江大旱，七月十五日，地方大吏"建坛于净慈寺，而延法师俞大彰于其上，书符走牒，恭礼百神，而请雨焉"①。嘉靖乙未（1535），"仁和天久不雨，田畴龟坼。唐栖右族相顾愕然，亦延之以致祷于大善寺"②。地方官员和乡绅建坛于寺庙，利用佛教宗教场所，延请道士祈雨，变相促成了佛、道间的合作。而当道士营建龙王祠，祷雨祈祐、增重宫观时，竞争或打压对方的意识就会表露出来。如崇祯七年（1634），洞霄宫重修龙王祠，吴徽芳撰碑记，号召民众捐资修缮，文中称"故与其占黑蜮舞商羊，不若一请命于聪明正直之神。与其磬圭璧暴爪肤，不若预洁榱桷修其俎筵之地。与其邀福于二梵，捐资于三刹，不若实心振兴，凭依

---

① 王国平主编：《西湖文献集成（第24册）》，杭州出版社，2004年，第993页。
② 王国平主编：《西湖文献集成（第24册）》，杭州出版社，2004年，第995页。

山水土谷，敬用民事之为得。"① 即以黑蜧、商羊类古老的占卜与敬奉神龙对举，以捐资邀福于佛寺与踏实依靠山水土谷、劳作有得对举，高下相形，贬抑佛教，推重"信天不如信龙"，进而获得信众捐资，实现修缮龙王祠、提升洞霄宫影响力的目的。

　　道士修建宫观屋宇和兴建道路、桥梁等工程，其主要目的自然在于服务道教徒的生活与修行，但有的建筑和工程，在服务道教发展的本旨之外，也有利济一方的公益用意。而一些佛教寺庵祠宇因为与宫观同处一山或一地，在地理和建置上有交汇之处，便成为了受惠的客体之一。如金鼓洞鹤林道院筹划修建栖霞岭北的山路，原本是为了便于道院道士和普通信众出入道院的需要，但因为岭北分布有众多僧家庵院，它们自然会俱沾其惠。据道院住持张复纯所言"其路起栖霞岭后山大路口，折而西至道院山门止，中间经云岫庵"②。则鹤林道院大路便利云岫庵僧人的出入是无可置疑的。此外，一些道教宫观还会设置接待殿宇或接待院，以应接云游僧、道或往来行旅。如洞霄宫建置中即设有旦过寮，供云游的僧道休憩。

　　道士从事社会公益亦有师法佛教者，如金鼓洞鹤林道院吕圣文炼师，"施姜汤茶饮，普济行人。建造三教普同塔，无白骨暴露之惨"③。普同塔原为佛门收藏僧人骨殖的专用宗教设施，后有信众或僧人广施恩泽，收留掩藏道死无归宿的尸骨，使普同塔具备了真正意义上的普世意涵。如（明）虞咨岳言请湛芝和尚收埋暴骨，其普同塔碑文即申

---

　　① 张智、张健主编：《中国道观志丛刊续编（第17册）》，广陵书社，2004年，第252页。
　　② 胡道静、陈耀庭、段文桂等主编：《藏外道书（第二〇册）》，巴蜀书社，1994年，第240页下。
　　③ 胡道静、陈耀庭、段文桂等主编：《藏外道书（第二〇册）》，巴蜀书社，1994年，第287页下。

明了此意："孰若普同一塔，列峙郊原；接引群生，诞登净域。不必刘伶荷锸，随地可埋；但使柳灿燃薪，普天共照。乾坤窝里，原是一家之人；生死关头，并无三岔之路……白骨如山，莫作秽矢。慧眼观之，佛种在此。"①吕圣文施舍姜汤茶饮，惠及行侣之外，又以"三教"会同之名建造普同塔，收埋遗落尸骨，无疑是借鉴了佛教的这一普世观念。在社会公益层面，佛、道二教互相取法与借鉴，原本的宗教界限相对而言就变得模糊起来。

### （三）诗歌往来方面的交流

僧人、道士诗歌往来方面的交流可以分为两类，一是二者在日常社会生活或宗教事务上的诗作往来，二是在诗歌创作上的相互酬唱。作为二者交流的记录载体，对僧人创作诗歌及道士应酬诗歌的辑录便成为道教方志的重要内容之一。

道教方志对僧、道往来交流诗歌的辑录一般而言有两种形式，一是专辟卷目，收录僧人诗作；二是以山水胜概、道院景致或事物为节点，收录僧人或僧道唱和的相关诗作。专辟僧人诗歌卷目的如（宋）孟宗宝《洞霄诗集》十四卷，其卷八即为"宋高僧"诗作，收录有宋代僧人自彰、净珪、宝印、永颐、道济、法照的关于洞霄的诗作各一首，虽然数量不多，但对于认识僧道交往和佛、道二教之间的关系乃至开展宗教文学研究等还是有一定的价值的。如僧人自彰的《游洞霄得乡友道士邓君德清话因成古语》："乱山倚伏龙蛇蟠，苍藤古木门径寒。藥宫潭潭列万础，碧楼朱户参云端。吾闻上界足官府，谪下名山作仙侣。我来寻仙访泉石，落日浮云随杖屦。道士邓君吾故人，汲泉

---

① （明）张岱著，云告点校：《琅嬛文集》，岳麓书社，2016年，第86~87页。

煮茗慰酸辛。笑谈未厌樵柯烂，回首人间五百春。"① 作者通过洞霄宫环境的描写，结合道教的谪仙传说，突显了个人登临访胜、与老朋友邓道士接洽言欢的契合感，结尾以王质烂柯的典故抒发了僧道交接有得的惬意忘归之情。全诗描摹平实，抒情婉转，语词上主要取用道教常见意象和典故，未涉佛门一语，使得诗歌的游仙意味浓郁。若掩其名姓，很难让人察觉此为僧家诗作。再如僧净珪的《寓宿洞霄》："当年许郭栖真地，暇日寻幽独往来。九转还丹藏箬底，千年遗迹寄岩隈。巍巍玉殿围青嶂，寂寂瑶坛锁绿苔。假榻壶天追胜集，尚怜归兴更徘徊。"② 诗中也是以幽独寻仙、遍览胜境、流连忘返为意旨，不涉佛门教义，反映了僧人平日寻幽访胜、寓宿道教胜境的常人生活。

多数道教方志虽未专列高僧诗歌卷目，但在诗文卷中都会辑录一些僧人或僧道酬唱的诗作，这些诗作内容多不离山水游仙、谈玄论道、品题赞颂、酬酢唱和等主题。如《重阳庵集》原为诗集演绎而来，自元代名儒刘修静首倡《绝句八首》以来，前来游览者续作甚多，故集中所录诗歌多为关于"重阳八景"的题咏。八景题咏的创作主体为士大夫群体，如吴良、万玑、朱鉴、费宽等③，但也有道士与僧人的介入，如重阳庵主持俞大彰和杭州僧纲司都纲永硕。俞大彰为《重阳庵集》编纂者，在《集》中"八咏诗翰"最后附上其所作"八咏"诗及

---

① 胡道静、陈耀庭、段文桂等主编：《藏外道书（第三四册）》，巴蜀书社，1994年，第31页上。
② 胡道静、陈耀庭、段文桂等主编：《藏外道书（第三四册）》，巴蜀书社，1994年，第31页上。
③ 《重阳庵集》辑录"重阳八景"诗作，并非人人皆录八首，如"当代名公珠玉"卷目即集合邹虞、邵锐、徐潭、谢迁等十六人诗歌各一首为两组"八咏"诗。如邹虞的《吴山福地》、邵锐的《青衣洞天》、徐潭的《云水钵堂》等。实际上，此种安排思路已见周鼎《八咏诗序》"予告元隐曰：诗不必入八首以上皆刊，必慎选焉。人或五六首以上或半而下，惟佳可远，垂世可久，夸多则虽既登名，亦当更登。"详见王国平主编：《西湖文献集成（第24册）》，杭州出版社，2004年，第946页。

《八景总咏》,自然有唱和及收束的用意;其下所录为"古今题咏",因而还有着卷目上的分隔意义。僧永硕的"八咏"诗也是紧扣重阳庵景致特点,以游仙谈道为主题,不涉佛理,与士大夫所咏相仿佛。如《吴山福地》:"仙境青山下,灵区古洞深。白云无定迹,流水有余音。树密藏春蔼,台高带夕阴。何时探胜概,杖履一登临。"① 描绘了树密林深、云萦水绕、楼台静幽的修道环境,抒发了诗人冀望杖履登临的向往之情。

组诗之外,一些记录僧、道往来的单篇诗作的汇集整理也值得欣赏。此类诗歌有追怀高道行迹的,如释文静的《蕉池怀黄德渊》:"黄石仙翁赋远邀,钱塘几度撼秋涛。遍游琼岛三花树,曾宴金盘五色桃。春动蕉池龙起蛰,月当华表鹤鸣皋。虞廷遥想承恩诏,霭霭天香袭道袍。"② 诗中以黄石公暗喻道士黄德渊,继而抒写其畅游仙界,并受吕洞宾点化的修仙经历,赞颂了道士高超的道行;再以悬想其身受元代朝廷征召入京、行香作法的荣光收束,表达了作者无比敬佩艳羡之情。有为道人祝寿的,如释德修的《祝朱炼师悉几寿》:"好读《参同契》,潜修养道真。漱霞调戊己,吸月守庚申。支石乘槎受,邛烟喷饮新。刀圭叨一匕,共醉八千春。"③ 通过道教日常修行方法、遨游仙界的掌故赞颂了朱闳绪炼师道行高深、年寿永长。"八千春"化用庄子《逍遥游》中"上古有大椿者,以八千岁为春,八千岁为秋"的典故,风趣地写出了朱炼师擅长炼养,年寿难测的现实。有独抒游兴的,如释禅一的《栖霞岭诗》:"曾与仙人约,扶筇过岭来。时维秋九月,落叶满

---

① 王国平主编:《西湖文献集成(第24册)》,杭州出版社,2004年,第966页。
② 王国平主编:《西湖文献集成(第24册)》,杭州出版社,2004年,第1109页。
③ 四库全书存目丛书编纂委员会编:《四库全书存目丛书·史部(第二四六册)》,齐鲁书社,1996年,第423页下。

苍苔。"① 描绘了僧人相约友朋，策杖度岭，路上落叶满地的情景。有题赠道士诗卷的，如释守仁的《题张伯雨〈初阳台唱和卷〉》："笙管声沉彩凤飞，朝阳出海散晴晖。一时文物推延祐，五夜丹光起太微。岁月无情诗卷在，江山如故昔人非。只应湖上梅花月，照见荒台独鹤归。"② 抚卷追想昔日初阳台唱和的场景，以彩凤飞舞、朝阳出海盛赞张伯雨等诗人的才华，最后以诗存人去、空留月下梅鹤，抒发了物是人非的叹惋之情。还有参与士大夫、道士雅集活动的唱和诗。如僧禅一参与鹤林道院的一场士大夫、僧道雅集诗会，他在诗中写道："仙人骑鹤去，尚未返峰头。竹密泉声细，林深鸟语幽。厨先烹有待，客自为停留。莫谓长堤远，归途泛一舟。"③ 描述了仙人离去未归，道院厨膳已备，客人驻留，自我款待，最后一舟归去的闲适与自然。道士张复纯的唱和诗："古洞何年凿，吾家几叶传。招来云外侣，都是饮中仙。清兴殊无敌，新诗会有缘。迟迟下山去，谷鸟破轻烟。"④ 诗中则描述了众人雅集宴饮的欢快场景和诗文唱和的相得之情。僧禅一、张复纯二诗各出机杼，皆可应景。

总之，儒、释、道三教在民间更多的是融通互摄的关系，无论是日常的人事和宗教上的交往，还是思想层面上的相互取汲，道教方志中皆多有记录，斑斑可见。儒释、儒道、释道之间诗歌唱和甚多，三教合流等视的观念在士大夫、僧人和道士创作的诗歌中都不鲜见。如

---

① 胡道静、陈耀庭、段文桂等主编：《藏外道书（第二〇册）》，巴蜀书社，1994年，第222页上。
② 胡道静、陈耀庭、段文桂等主编：《藏外道书（第二〇册）》，巴蜀书社，1994年，第230页下。
③ 胡道静、陈耀庭、段文桂等主编：《藏外道书（第二〇册）》，巴蜀书社，1994年，第245页下。
④ 胡道静、陈耀庭、段文桂等主编：《藏外道书（第二〇册）》，巴蜀书社，1994年，第245页下。

鹤林道院道士张复纯和定光庵僧人释悟坚的诗"杳杳冥冥到岸头，道流原不异缁流。灌将玉露浑无迹，满载金华却有舟。午夜林中调内鼎，三山海上俯圆沤。欲空诸有超尘网，瓢笠随身自在修"①，将佛、道二教的修行方法一一对举，论证了"道流原不异缁流"的观念。释小颠的《玄妙观雨中与黄含山炼师话旧》："仙佛原同旨，何妨示疾来（时师抱疾）。廿年重话旧，一日尽深杯。疏雨飘还止，闲云拨不开。摩霄羡黄鹤，飞去又飞回。"② 以仙佛同旨领起全诗，结合雨天黄含山炼师衰病的情境，追溯僧、道二人二十多年的诚挚交往，深情款款。士大夫童方灏的《观音岩诗》："道与禅关契，慈航此暂停。步虚观自在，般若气长灵。谡谡松风度，濛濛花雨零。我来参石下，法眼为谁青？"③ 以佛、道术语"般若""步虚"对举，表述了儒者眼中的佛、道相契，皆可参悟的观念。张尧年在《赠平山胡都纪领僧纲篆》一诗中则称贺了胡法师以道士身份兼领僧纲篆，三教一贯，辅佐太平的事实。胡法师即通玄观道士胡应祥，是一位儒、释、道三教皆通的高道，在文士中也享有较高的声望，朝廷授命他兼理佛、道二教，甚为得宜，更是反映了官方融通三教的态度。

---

① 胡道静、陈耀庭、段文桂等主编：《藏外道书（第二〇册）》，巴蜀书社，1994年，第261页下。
② 王国平主编：《西湖文献集成（第24册）》，杭州出版社，2004年，第1125页。
③ 胡道静、陈耀庭、段文桂等主编：《藏外道书（第二〇册）》，巴蜀书社，1994年，第217页。

## 第三节 道教方志的管理价值与文化价值

道教方志中保存有大量的宫观维护和教派管理方面的信息，包括教派传衍、人事任免、戒律持守、财物管理等。道教方志所载宫观祠庙奉祀的神灵则来源广泛，其中既有教内塑造的神灵，也有来自官方礼祭的神灵和民间崇奉的俗神。透过道教方志所录，一方面可以了解道教的宗教管理制度，另一方面也可以了解道教神灵与官方奉祀和民间信仰之间的关系。

### 一、宗教管理制度的存录

道教方志对宗教管理制度的存录往往局限在某一宫观或教派的发展上，因而相对于朝廷或政府层面对道教的统一管理，道教方志中的宗教管理制度显得更加具体细微，可以说是宗教管理大环境下宫观的独立调试产物。同一宫观在不同历史阶段、不同宫观在同一历史阶段其管理制度会有所不同，甚至大相径庭，就如百花园中的花朵，同株之上，花有异态；异株之间，百态生新。综合而言，道教方志所录宗教管理制度可以划分为两个层面，一是关涉国家宗教事务管理政策的正统宗教管理制度；二是基于宫观发展个体特征的局地宗教管理制度。

#### （一）正统宗教管理制度

洞霄宫是浙江接受朝廷和官方恩遇最隆的宫观，官办的色彩最为浓郁，正统宗教管理制度在其身上表现的也最为突出。自唐弘道元年（683）敕建天柱观开始，朝廷即设有长生林，禁止樵采，并特赐观庄以供香灯之费。殿宇建设，亦由官办。五代钱镠重建，变更宫观朝向，延请住观道士。实际上唐代洞霄宫高道叶法善、朱君绪、吴筠、暨齐物、司马承祯等出为帝师，入为高道，都有着鲜明的官方背景。宋代洞霄宫地位同样显赫，高道的入住很多也是来自朝廷钧旨，如冯得之"少习儒业，弃家入道，被旨住杭州洞霄宫"[1]，后奉旨参与修校《云笈七签》，李洞神"授右街道录，主洞霄宫"[2]，等等。虽然洞霄宫住持可以招纳徒众，广接云水，但基于官办的前提，洞霄宫从道众到建置、经费等都主要由官方把控。这一点在邓牧的《洞霄图志》中也有综合性地说明，如"宋真宗祥符五年，因陈文惠公尧佐奏，改洞霄宫，赐仁和县田一十五顷，悉蠲租税，并赐钟磬法具等，岁度童行一人。应天庆等节设醮，本州应办支费，青词朱表，学士院撰进呈讫，内降修奉……政和间，援唐天柱观例，经尚书礼部给洞霄宫印记……今自（至元）甲申后，再新宫宇，规模视昔愈壮，专一为国焚修，告天祝寿。每遇天寿圣节，道场依例就宫建散，蒙管领江南诸路道教所，总摄江淮荆襄等路道教所，以名山事实闻奏……大德八年六月，又钦奉护持及诸宫观，蒙中书礼部铸给杭州路洞霄宫提点所印信"。[3] 可以说自宋迄元，洞霄宫从宫观田地置办、童行收养、斋醮操办到印信颁赐、地方宗教管理等事务，无不经由官方筹办或授权。

---

[1] 张智、张健主编：《中国道观志丛刊续编（第17册）》，广陵书社，2004年，第133页。

[2] 张智、张健主编：《中国道观志丛刊续编（第17册）》，广陵书社，2004年，第138页。

[3] 《文渊阁四库全书（第五八七册）》，台湾商务印书馆，1986年，第408～409页上。

邓牧《洞霄图志》辑录有宋元时期洞霄宫住持及知宫事 37 人，其中，宋代自绍兴以来，著录金致一、叶彦球、李洞神等 13 任住持，因叶彦球先后曾两任住持，故实际所录为 12 人；其后并录知宫事骆大成、喻大时、朱特立等 9 人，同知宫事水丘师德、章居中、王思明 3 人。元代则始于至元十三年（1276），著录住持郎道一、贝守一、曹至坚等 7 人，知宫事朱特立（由宋入元）、周允和 2 人，同知宫事李元纲、孙元吉、金常清、杨清一 4 人。宋元时期，无论是住持、还是知宫事、同知宫事，其官方授任管理的印记是非常明显的。如宋代"住持都监兼领通明殿焚修，皆系尚书省奏旨颁降敕黄省札差充"。[①] 元代住持曹至坚"至元己卯十月，奉师札充副职兼本路道教提点。乙酉七月，升提点住持。丁亥三月，钦奉圣旨，护持本宫及诸宫观"[②]。同知宫事杨清一"大德丁酉九月，钦奉圣旨，授杭州路道录、龙德通仙宫住持提点。戊戌七月，钦受宣命。八月，奉师札兼本宫知宫事"[③]。这一方面说明了洞霄宫在东南较高的地位和影响力，备极荣宠；另一方面也说明了官方对宫观管理实际控制权的把控与强化。

洞霄宫在两宋时期最受恩宠，管理制度方面别具特色的莫过于宫观提举制度，对洞霄宫提举制度及施行情况的考查，最系统者当属清人朱彝尊，概见于其文《杭州洞霄宫提举题名记》，兹节录如下：

> 宫观之设，其初本崇奉道士之教。玉清昭应宫使，赵安仁、王旦、丁谓领之。景灵宫使，寇准、冯拯领之。会灵观

---

[①]《文渊阁四库全书》本《洞霄图志》无此段文字，此据知不足斋本《洞霄图志》增补，详见（清）鲍廷博辑，鲍祖志续辑：《知不足斋丛书·洞霄图志（卷五）》，第 45 页。

[②]（清）鲍廷博辑，鲍祖志续辑：《知不足斋丛书·洞霄图志（卷五）》，第 46 页。

[③]（清）鲍廷博辑，鲍祖志续辑：《知不足斋丛书·洞霄图志（卷五）》，第 50 页。

使,王钦若、李迪领之;真宗尝以命王曾,曾辞不居,仍以让钦若,得以去位宰臣主道院事与!仁宗手诏有云:"老臣,朕之所眷礼也,故于引年辞疾者从其请,增其秩,给其俸,加恩及其子孙,遇大礼,许缀旧班,失仪勿劾。"宋之敬大臣、体群臣,可谓至矣。旧制:在京曰内祠,以前宰执留京师及见任使相充使,次充提举,下此提点、主管、判官、都监,各有分职。元丰再定官制,缘祖宗所设,不废。居是位者,食有奉,衣有绫绢罗锦,儳有餐钱,相循为佚老优贤之典焉。杭州洞霄宫自熙宁初设有提举,高宗南渡特改内祠,崇其体貌,以提举受祠禄,岁有其人。稽之国史,合之野纪,其先后伦序、爵里、姓名犹可得而考也。康熙癸酉九月,余寻大涤洞天,阅邓牧心所撰《志》,建炎以后主是祠者前言往行均未之载,并爵里姓名亡之。堂中止设昭武李公、新安朱子二主,因语道纪司遗献不宜湮没,许为补录,书之壁。岁华荏苒,一十四年乃始具录寄之,自建炎迄咸淳,凡一百一十五人。[①]

据朱氏所论,宫观使本为优礼老臣之设,真宗朝初任者皆为在职宰臣,至王曾辞不任,始有离职宰臣受命主管宫观的改变。朝臣所任宫观主管有不同的阶级,如宫观使之下为提举,其后为提点、主管、判官等,这些祠禄官均可享受国家俸禄和财物补贴。旧制,祠禄官主管的多是京师宫观,称为内祠。作为京师之外的宫观,洞霄宫设置提举要到宋神宗熙宁初年。至南宋定都杭州后,宋高宗将洞霄宫升格为

---

① 张智、张健主编:《中国道观志丛刊续编(第17册)》,广陵书社,2004年,第245~247页。

内祠，岁有官员提举，宫观地位愈发崇重。邓牧撰《洞霄图志》，建炎以后提举官员名姓行迹都付之阙如，故朱彝尊多方考订，前后历时14年，始补辑了宋建炎至咸淳间洞霄宫提举官115人。

朱彝尊此文虽言之甚详，然细绎起来还是有些地方需要借助其他史料予以说明，如宫观使和提举的具体设立时间，为什么在熙宁年间洞霄宫才入选祠禄宫观，北宋朝提举或主管洞霄宫的官员为何人，朱彝尊所录南宋提举官员是否仍有遗漏等。

《宋史·职官志·宫观》载："宋制，设祠禄之官，以佚老优贤。先时员数绝少，熙宁以后乃增置焉……时朝廷方经理时政，患疲老不任事者废职，欲悉罢之，乃使任宫观，以食其禄。王安石亦欲以此处异议者，遂诏：'宫观毋限员，并差知州资序人，以三十月为任。'又诏：'杭州洞霄宫、亳州明道宫、华州云台观……舒州灵仙观置管干或提举、提点官。''俸给，大两省、卿、监及职司资序人视小郡知州，知州资序人视小郡通判，武臣仿此。'"[①] 宫观祠禄之官，是朝廷用以优待年老致仕或深孚众望的官员而设的，故起初设员不多，人员举任颇为谨重。朱彝尊《记》所录真宗朝仅有赵安仁、王旦、丁谓、寇准等数人，说的即是这一现实。后自王安石变法始，为了优抚安置不同政见者，就大量增加员额，渐成官员系衔受禄的一项福利制度，终宋一代，沿袭未改。宫观使和提举起初一般都安置在京师宫观，熙宁年间，因需要安置的官员日渐增多，大量外地宫观始列入提举宫观名录，洞霄宫也因此才得以入列。另据（宋）叶梦得《石林燕语》："大中祥符五年，玉清昭应宫成，王魏公为首相，始命充使，宫观置使自此始，然每为现任宰相兼职。天圣七年……自是宰相不复兼使。康定元年，

--------

① （元）脱脱等撰：《宋史》，载中华书局编辑部编：《"二十四史"（简体字本）》，中华书局，2000年，第2732页。

李若谷罢参知政事留京师，以资政殿大学士为提举会灵观事。宫观置提举，自此始。自是学士、待制、知制诰，皆得为提举，因以为优闲不任事之职。"①则宫观使的设立在宋真宗大中祥符五年（1012），王旦为首任宫观使。而宫观提举的开始则始于宋仁宗康定元年（1040），首任其事者为罢免了参知政事职务的李若谷，自此，此祠禄官职才成了真正意义上优容养老的"虚职"。

关于洞霄宫主管官员的考订，（清）全祖望《洞霄宫提举题名壁记》有所论及："予考宋宰执之首领洞霄者，吕惠卿、章惇、林摅。而蔡京亦尝以阁学一领其任，虽其人不知称，而官不可泯也。乃复重翻正史，参之野记，则即建炎以后者，竹垞亦尚间有所遗。予友赵谷林请更书一通，以补洞天掌故之阙。"②全祖望考订出北宋时有吕惠卿、章惇、林摅三人曾以宰执身份领洞霄宫事，补出了朱彝尊遗漏的部分北宋官员名姓，并指出建炎以后主管洞霄宫的官员，朱彝尊也有遗漏。其后又据官员行迹、宋代官制等指出朱彝尊沿袭《宋史》之误及误录名姓等问题，指出"特宋制外祠得以余官充，而京祠则用大臣。洞霄自临安为行在，已升内祠，故自绍兴以还，无复侍从莅其任者耳，亦非如竹垞所云也"③。全祖望考订增补者只为宰执之首，人员寥寥。（清）闻人儒《洞霄宫志》则专辟有"祠官"条目，稽之国史，共辑录宋代提举洞霄宫官员118人，增补了朱彝尊未录北宋朝提举钱即、郑穆、耿仲南、张近、蔡蕆、姚勔、上官均、杨畏、林摅、毛注、蔡肇、

---

① （宋）叶梦得撰，（宋）宇文绍奕考异，侯忠义点校：《石林燕语》，中华书局，1984年，第95页。
② 《清代诗文集汇编》编纂委员会编：《清代诗文集汇编（第303册）》，上海古籍出版社，2011年，第235页。
③ 《清代诗文集汇编》编纂委员会编：《清代诗文集汇编（第303册）》，上海古籍出版社，2011年，第235～236页。

傅穆卿、蒋静、章惇、辛炳、周邦彦等多人（未著录吕惠卿）。

当然，洞霄宫提举官毕竟只是虚衔，实际上并不涉足洞霄宫的日常管理。正如《钦定四库全书·洞霄图志提要》所称："然宋代奉祠，率皆遥领，与兹山古迹不甚相关。正如魏、晋以下之公侯，名系郡县，而事殊茅土。志乘之中，载之不为赘，削之亦不为阙也。"[1] 因而邓牧在《洞霄图志》中没有载录宋提举官员名姓，从道教方志提纯的角度看，也是可以理解的。（清）闻人儒编纂《洞霄宫志》，专门辟出"祠官"条目，辑录宋代部分提举官名姓，是从增重宫观的角度考量的，乃不同的道教方志编纂观念使然。所谓地以人传，洞霄宫提举官员之盛一方面反映了宫观的较高的宗教和政治地位，另一方面也可藉以扩大宫观的知名度和影响力，甚至因此获取社会资助；因而，修志者辑录提举宫观的名臣硕儒名姓，便是很自然的选择了。洞霄宫道众在方丈堂奉祀南宋李纲、朱熹神主无疑也是出于这一考虑，故文人游览，多至其处，游历之余，题留文记，进而捐资、修建专祠便不乏其人。如明代程志初"岁壬寅来主是邑，游洞霄，谒夫子像，谓像不可无祀也。捐俸千金，购田为公祀计，而邑人洪都慨然以己田应，盖其义也"[2]，即其一例。

### （二）局地宗教管理制度

与正统宗教管理制度主要受制或被动依附于官方的宗教政策不同，道教宫观的局地宗教管理制度虽然也受官方宗教政策的影响和制约，但更多地是基于宫观自身条件的施为，相对而言其个性特点较为突出。

---

[1] （清）纪昀总纂：《四库全书总目提要》，河北人民出版社，2000年，第1883页。
[2] 张智、张健主编：《中国道观志丛刊续编（第17册）》，广陵书社，2004年，第229页。

浙江道教方志中有一些这方面的典型案例，具体形象地反映出了道教宫观的生存与维系方式。

首以洞霄宫为例。（清）闻人儒《洞霄宫志》中涉及洞霄宫具体管理规制的有明代杭州府学教授徐一夔所撰《洞霄宫新规碑记》一文，在"补遗"条目下，唯存其目。（清）张吉安等修、朱文藻等纂《余杭县志》称此文即"（明）张宇初《大涤洞天记》所谓徐大章序洞霄《归一规》也"。[①]徐大章即徐一夔，《碑记》实际上是徐为洞霄宫宫规所作的序文，并非规制原文。其文收录在徐一夔文集《始丰稿》中，主要记录了明初整顿佛、道二教，洞霄宫因失去了往日的宗教地位、赋役日重而维系艰难，副宫贾嗣玄与监宫章某、监斋吴某等谋划规制，将十八斋的道士归并为一，通过共守规约，集中人力、财力、物力，各据所能，分工协作，量入为出，共渡难关等事实。其谓："利无私蓄，用悉公支。有材力者治生应役，志冲淡者修真演教。有渝此盟，明神鉴之！"[②]然文记只是大概说明了规约的意旨，并未揭示其具体的条款，使人无从洞晓明代洞霄宫的具体管理规制，殊为可惜。

《洞霄宫志》中另有一篇（清）乾隆年间住持贝本恒的《重理洞霄宫万年香火序》，详细记录了贝本恒意在通过《万年香火册》维系宫观长期发展的意愿，思虑全面，类同管理规约，兹节录如下：

> 今余年逾七旬，讵能久为经理？因立万年香火一册，开载现在殿宇、圣像、法器、什物以及山庄田地等项，当众举授监宫管理，在副事、司库二职协办稽查，出入之簿，每月

---

[①] 何建明主编：《中国地方志佛道教文献汇纂·诗文碑刻卷（第150册）》，国家图书馆出版社，2013年，第327页。

[②] 《文渊阁四库全书（第一二二九册）》，台湾商务印书馆，1986年，第256页下。

会稽登记，自此为例。每岁钱粮，首务早计，按纳随常。应给所需，务在量入为出。应否增减去取，则可公同酌量，因时制宜。至常住之产，勉惟续增，毋庸浸废。屋宇家伙，只宜整葺备辨，不得听其毁败。有志同衣访慕而来，应住者请住；不遵约束，致玷清规，应行者请行。适遇祷福祈禳，须虔诚礼诵，依科修奉，不合例用应门乐器铺排。倘值凶年患难，许告白同住，裁酌补禅，宁毋弃去。常住养道恒产。每于朔望、圣诞、三元、五腊等辰，早晚课诵宜虔。唯山庄田地之职，听其自随。常住事暇，早晚自己工夫，行住坐卧不间存神。最要者，息心清静，寂然趺坐。其次者，持诵礼拜，方便功行。若以旁门炫奇、外道惑人，非我徒也。至乎私募肥橐，侵公益私，仍行俗事，不顾常住，岂是法门弟子？众当攻之可也。要惟吾祖标立全真，法派教胄欲立立人，绝彼我之相，开利济之门。有重于道德，无分于亲疏。同愿同行，斯为道友；同心同志，便是我徒。不必拘于眷属，无庸派为子孙。若是，则往者过，来者续，择其可者与之，得其人者授之，不定于岁月久暂，不执于年齿尊卑。德行优者为之住持，方称先登标帜；心行公者为之监宫，堪任护道司城。所谓十方道场，龙天常住。以如是传即以如是代，以如是代仍以如是传。循环无端，绵延不已，幸何如之。①

由序文可见，贝本恒为维系宫观的长期存续，以香火册为依本，主要厘定了七个方面的规约。一是财物记录与监管：宫观财物田地一概登

---

① 张智、张健主编：《中国道观志丛刊续编（第17册）》，广陵书社，2004年，第430～432页。

载于香火册,当众交由监官管理,副事、司库审核,每月收支皆需登记核算,确保公开透明,有据可依。二是财物的收取与列支:每年的钱粮核算乃首要业务,务必早做规划,量入为出,遇有增减,则需共同商议决定。三是常住之产的维护:注意勉力增置宫观的常住之产(如土地、屋舍等),关注屋宇和器具的及时修补。四是同道的接待:宫观接纳往来云水,但要求必须遵守清规。五是祈禳修行:要求务必虔敬,遵守科仪。六是对教门恶徒的认定与处理:即以旁门左道炫技惑人,或损公肥私者,可群起攻之。七是教派的传衍:杜绝门户之见,强调志同道合,收徒授艺,不关年岁尊卑;选取主管,德高者为住持,秉公者为监司。不难看出,规约的核心理念集中在公开、民主、虔敬、勤持和德行五点,其要即在透明管理制度、整顿教务、勤俭持修以护持宗门。

　　再看金鼓洞鹤林道院。杭州栖霞岭北金鼓洞鹤林道院奉全真教龙门法派,是清代龙门派的重要支派之一。朱文藻所撰《金鼓洞志》卷四中设有"院产""院规""交家簿"条目,更为全面立体地描述了道院的管理制度。① 院产的积累,主要指田地的增置。其获取的渠道有两种,一是通过节约道院日常开支,积余钱财购置所得;二是道院护法(社会信众)购置捐助所得。

　　"院规"是维护道院日常运作的基本条例,建章立制,有据可依。金鼓洞鹤林道院教徒奉守的教规乃开派祖师周明阳所定戒律十则(后文简称《十则》),据道院住持张复纯言,周明阳自全真祖庭白云观来杭后,与南下传道的龙门派第七代律师王常月相识,共同阐扬全真教三极大戒。而鹤林道院所奉,乃周明阳参酌王常月三极大戒删改后的简易戒律,共计十则。兹录于下:

---

① 本文第二章第一节"金鼓洞鹤林道院"条已有所论,可参看。

一、不得自称有德，毁易神像，亵渎圣贤，灭经紊戒，指天地为证盟，借鬼神恐愚俗，先施后悔，负义忘情。

一、不得妄谈朝廷官府，求知军国事，以验吉凶。不许轻言道法及炉火黄白之说。

一、不得自骄自恃，扬人之恶，显己之善，张目吐舌，评论是非，择好居室、好饮食，及恶詈密诅，妄挞卑幼。

一、不得贪、嗔、痴、爱、妒、忌、争讼、毁人成功。不得独行入匪人家，及无故走马乘舆。

一、不得广求宝物，为人谋合私利；受人敬礼，强乞恶化，及私化缘事以为己利，分外营谋。

一、不得引诱妇女进院，讲说戏语，相偕行坐，及冥室中晤言。

一、不得自杀及劝人杀。不得畜猪羊。不得食大蒜、五辛。定断众生六畜之肉为先，若动念即为犯戒。不得妄害生灵，荡泼穴虫，探巢破卵。

一、不得习学外道及亲外教、小说、传奇、闲杂等书，以至轻视经藏。

一、勿作无益，勿怠修功。不得在外游荡，不可于人前失礼。当思吾身为大道法身，道在己身，本无欠缺。每早夕焚香诵经，宜为万姓请愿，勿但为己妄求福报。

一、当绝身怨，灭口过，割爱欲，断声色，浑忧乐，黜聪明，通智慧，广性心。[1]

---

[1] 胡道静、陈耀庭、段文桂等主编：《藏外道书（第二〇册）》，巴蜀书社，1994年，第254页。

相较王常月《初真戒说》所录三极大戒中的"三皈依戒""太上老君所命积功归根五戒""行持总说""犯律忏解格""视听威仪""出入威仪""弟子奉师科戒"等系统而繁复的规定①，周明阳戒律《十则》则言简意赅，要求较低，易于持守。毕竟三极大戒虽然体系完备，但要求太高，并不适合普通宫观的修行者，而《十则》这一删改稿往往也从一个侧面反映出了明清时期地方宫观道士戒律持守的真实现状，即化繁为简，便宜行事。

《十则》清规之后，道院另有周明阳遗训数则，对招收和外放弟子、道士日常衣食用度等作出了特殊说明：

　　一、院中向定有三不留之例，谓：法侣弟子，思欲分住他处院观，暂辞祖林，则宜勖其演正派而布玄风，不强留也；若云游参访，亦修真者所当务，冀其扩眼界而结胜缘，不便留也；或者不耐清闲，不甘淡泊，颇思还俗，则心已外役，决难守静默而进玄关，不应留也。

　　一、是院自周祖结林以来，酌收弟子，俱中年出家、道心坚固者，递传数世，引为遗法。从不收孩幼嗣法，恐知识未定，初虽约束，继必勉强，甚至侵损常住，败坏清规，反多流弊，不得不防微杜渐也。

　　一、淡泊宁静为入道之门。全真教中不茹荤辛，断食六畜群生之肉，布衣疏食，通教已然。而是院素无恒产，周祖定约，不得奢侈供奉，令后来道众每日早晚食粥，中饭一餐，

---

① 胡道静、陈耀庭、段文桂等主编：《藏外道书（第一二册）》，巴蜀书社，1994年，第14～30页。

要知来处不易，此约不可渝也。①

道院招收弟子，不收孩童，必须为中年人，以其心志已定，不易生变之故。对于想投奔其他宫观、云游参访以及有意还俗的道士，道院则秉持"三不留"的原则，从传道、扩展眼界和心已外役的角度"不强留""不便留""不应留"，予以放出。两点结合可以看出道院在道士招收和放行上的审慎态度，其要在于心志为上，既有推动道士修行和教派传衍方面的考虑，也有维系道院道士群体稳定方面的考量。衣食用度方面的遗训乃清规的具体化，对道众一日三餐食粥、食饭都做出明确的约定，一方面秉承了全真教克己苦修的教义，另一方面也是清代道教发展环境恶化下宫观自养自救的必然之路。

道院管理中最重要的一环就是交家，如朱文藻所言："至当家一节最为郑重。院中事务殷繁，经忏往来，租赋出纳，经理得人则百废具举，常住日隆；倘一不得其人，则日渐废弛，关系非浅。院中设当家一人专主合院，听命授受之际，一切开载籍簿，每次交家皆有序说。"②《金鼓洞志》记录了雍正五年、七年、乾隆三十二年、五十四年、五十九年和嘉庆二年鹤林道院的六次交家记录。"交家簿"即交家之际的"籍簿"，记录交家时间、授受人、院产名目及持家情况、交家情由等信息，是道院管理最重要的文献凭据，也是记录道院经营情况的最重要档案。如乾隆五十九年（1794）四月的交家："昔者五十四年间，蒙师伯蔡阳善老师太将金鼓洞常住委任（韩来）方主持，已经六载，因岁歉难支，是以转任师兄赵来洲管理，所有物件捡交开列于后。

---

① 胡道静、陈耀庭、段文桂等主编：《藏外道书（第二〇册）》，巴蜀书社，1994年，第255页上。
② 胡道静、陈耀庭、段文桂等主编：《藏外道书（第二〇册）》，巴蜀书社，1994年，第254页上。

乾隆五十九年四月，交家韩来方。"① 说明了"岁歉难支"，力有难任，住持韩来方不得已交家的情由，进而将交接的器物、恒产等开列于后。嘉庆二年（1797）七月的交家："余自仔肩家务以来，殚竭寸心，体本羸弱，不耐繁剧，是以将常住家务责任后人承受。嘉庆二年七月，交家赵来洲。承受总持钱复龄，协持张复纯。因钱复龄承受家务，行不务本，于九月间出院，嘉庆三年正月重交张复纯承受。"② 说明了赵来洲因身体原因交家的事实，并交代总持钱复龄"行不务本""不应留"而被发放出院，道院改由原先的协持张复纯主持。

  值得关注的是，洞霄宫和金鼓洞鹤林道院局地宗教管理制度趋于成文都是发生在明清时期。笔者认为这可能与道教宫观的生存与发展现状有关，即当宗教发展大环境较为优越，道教宫观自身颇具实力的时候，宫观虽然也有相关的局地管理制度，其受重视的程度和贯彻的力度显然还没达到建章立制、形诸成文的高度。而当宫观实力大降、生存发展环境较差时，出于自救和重振宗风的需要，在管理制度方面自然要着意重视，道教方志中专文或专目登载相关文记即是这一意识的自然反映。如前所论（明）徐一夔撰《洞霄宫新规碑记》即是发生在洞霄宫形势日颓的转型期，管理者认为："为今之计，具亟合十有八斋之众，使归于一，合其所入以为丰约，庶几可以济用，而宫门有复兴之渐。不然，终废尔。"③ 归并十八斋，合力共渡难关，必然要建章立制，达成共识，其名曰"归一规"的用意也正在于此。其他如《洞

---

① 胡道静、陈耀庭、段文桂等主编：《藏外道书（第二〇册）》，巴蜀书社，1994年，第 256 页。

② 胡道静、陈耀庭、段文桂等主编：《藏外道书（第二〇册）》，巴蜀书社，1994年，第 256 页下。

③ 《文渊阁四库全书（第一二二九册）》，台湾商务印书馆，1986年，第 256 页上。

霄宫志》中贝本恒的《万年香火册序》、《金鼓洞志》中的"院规"条目、《吴山城隍庙志》中的"庙制"等无非也是道教宫观存续意识强化的反映。①

## 二、官方崇祀与民间信仰的反映

道教的生存与发展离不开官方与民间信众的支持和参与。当政者的独尊地位及其"神道设教"的政治观念、宗教策略使得道教在二者关系中只能居于被支配的地位，而官方延纳道士主持或参与天神、地祇和人鬼的祀典，既推动了道教对官方推重神灵的吸纳，也促成了官方对道教神灵的采择。道教与民间信仰相对而言较为平等，道教自产生之日起与民间信仰的互动就从未停止过，二者在通灵求仙、自然神及人物神崇拜等方面有着共同的基础。以神灵为媒介，道教一方面不断从民间信仰中吸纳新的神灵，充实道教神仙谱系，同时将自己的教派神灵向民间推广，占居信仰市场；另一方面则是通过日常的交往和宗教活动将道教的宗教观念、方术仪范等向民间传衍，夯实道教在民间的信仰基础。这种互动随着道教在明清时期的衰落和日渐世俗化而渐次强化。部分道教方志中辑有这方面的记录，反映出道教与官方崇祀和民间信仰的不同关系，有着一定的宗教学价值。

---

① （清）朱文藻等纂：《吴山城隍庙志》卷五"住持"条载有"庙制"，称"每岁左右各一房轮值。一月之殿事，左值之月，住持按月分给在左各房，额设薪水银两，无有阙失。右值之月，其住持分给在右各房同。虽庙中纤悉之入，必均分之。不均者罚。论者谓立法之公，宜其传世之远欤。"即采用左右分房，轮流住持，互相监督，公平分配的财物管理制度，以防止一家独大而弊端丛生。文见王国平主编：《西湖文献集成（第 25 册）》，杭州出版社，2004 年，第 828 页。

## （一）官方崇祀的反映

虽然说作为官方意识形态的儒学重在"不语乱力怪神"，但在实际治政中，出于道德教化、维系民心、巩固政治伦理秩序等方面的需要，创建庙坛、奉祀神灵也是官方不得不取用的教化手段之一。所谓"法施于民则祀之，以死勤事则祀之，以劳定国则祀之，能御大灾则祀之，能捍大患则祀之"。[①] 浙江道教方志中，最能反映这一观念和现象的莫过于《吴山伍公庙志》，兹论列一二，以例其余。

伍公庙的创建，据传始于春秋时期，吴人怜悯伍子胥忠诚于国而被谗冤死，便在江畔立祠崇祀。作为由世人入神灵的代表，伍子胥的崇奉起于民间，因为其捍御江潮，造福于民，在唐代狄仁杰奏毁吴楚"淫祠"一千七百多所时，仅伍公庙与夏禹、泰伯、季札四座祠庙得以保留，足见伍公庙在官方意识形态中所占居的重要地位。故唐以后祠庙累朝有修建，神灵累朝有敕封，子胥之神也登载在官方的春秋祭典上，由民间神灵转化为官方奉祀的神灵。宋大中祥符间，创建醮殿，延请道士住持，伍公庙祀典始克完备，且与道教密切关联起来。《吴山伍公庙志》对伍子胥崇祀的存录价值主要体现在几个方面：

一是道士沈永青继承先贤完成《庙志》的修纂与续修工作，既体现了道士对伍子胥施功德于民生的认知，也体现了其参稽文献、存史修志的担当。最初修纂《庙志》的是明代官员金世行，据其《序》："余不佞，解官归里，时登眺焉，不觉为之憯然。历览诗记，遍考志书，文献有征，故为诠次庙中修废之故，若神之完忠完孝，大义炳然，

---

[①] 何建明主编：《中国地方志佛道教文献汇纂·寺观卷（第125册）》，国家图书馆出版社，2013年，第63页。

则有太史公《列传》在。万历癸丑仲春清明前一日书。"[1] 则其修志当在明万历四十一年（1613），所录主要是诗文和志书中关于伍公庙修建与倾颓的沿革情况，《庙志》大体属于草创的类型，体例和内容可能较为单一。继金世行之后修纂《庙志》的是章士坍，其《原序》称："余爱兹山之名胜，每来会城，辄寄寓于斯。更景仰公之伟烈超绝群伦，缘为谨采历朝创修事迹，岁时祀典，以及各名人诗古文词，汇萃成帙，略陈巨眼，以冀后贤踵美，永护忠孝大义云。"[2] 章氏修志在康熙丁丑年（1697），可以说基本奠定了《庙志》应有的体例和规模。这一点也可从《忠清庙原序》和《忠清庙志原序》二序题名的变化窥见一二，即相对于金世行的序，章士坍序的题名多了一个"志"字，无疑更为突出了志书的色彩与归属。章士坍序文中并没有称引金世行，说明他在编志时可能未及见或未曾参稽金世行的本子。

今本《庙志》乃乾隆十九年（1754）修定于伍公庙住持沈永青之手，共六卷，内容涉及序言、图说、祭文、建置、祀典、敕诏、古迹、本传、事实、艺文（碑记、论、序、青词、祝文、乐章、赋、诗、词）、杂记等。据金志章《序》："住持沈君永青，年少而力勤，志专而行悫，慨然以庙志未修为己事。爰取章氏旧稿，详加增补，质之缙绅，考之载籍，搜罗采访，必求无憾而后已。"[3] 沈永青虽取用章士坍的旧稿，但在增补、考辩上用力甚勤，补足了很多阙佚的内容。如"图说""山图说""祭文""国朝敕谕""本传""杂志"及大量康熙丁丑后的碑

---

[1]　王国平主编：《西湖文献集成（第 25 册）》，杭州出版社，2004 年，第 621 页。
[2]　王国平主编：《西湖文献集成（第 25 册）》，杭州出版社，2004 年，第 25 册，第 622 页。
[3]　王国平主编：《西湖文献集成（第 25 册）》，杭州出版社，2004 年，第 25 册，第 616～617 页。

记诗文等。① 作为一名道士，他很好地修补了士大夫的"失责"，完成完善了官方奉祀祠庙志书的修纂任务。

二是《庙志》辑录部分关于伍子胥的敕诏、祭文和碑记，绘制了官方奉祀的现实图景。伍子胥既为官方神灵，历代崇奉，其具体的地位及崇祀情况如何颇耐人思量。《庙志》"敕诏"条目下辑录了《宋真宗令杭州吴山庙春秋建道场诏》《宋高宗加封伍公神为忠壮英烈威显王制》《元大德四年加封制》和《国朝敕谕》四篇敕诏，虽数量不多，但皆为朝廷文牍，真实再现了宋元清三代朝廷对伍子胥的崇祀规制。其中尤以清雍正三年的敕谕最为具体详尽：

> 这致祭礼仪，著极加虔敬，其应封字号，著敬谨撰拟。仍行文直隶、山东、江南、浙江、福建、广东督抚，每省各查一江海神大庙，将修理之处具奏。钦此钦遵。行文在案。今该抚既称"吴国上大夫伍员，实为浙江江海保障之神"等语，应如所请，加以封号，其字号交与内阁撰拟进呈，恭候命下之日，行文该抚转饬该地方官，于庙内置造神牌安设，致祭一次。每岁春秋二次，仍照例致祭。……查浙省吴山伍员庙，该抚既称面临钱江，相传最久，及庙内两庑附祀掌潮神祇，实系省会江海潮神大庙，应如所请，敬谨坚修，以仰

---

① 《吴山伍公庙志》中有一些内容是在乾隆十九年（1754）之后增入的，如"祭文"条目下即收录有乾隆二十七年（1762）、乾隆三十九年（1774）两篇祭文。另据光绪二年（1876）王景澄《重刻吴山伍公庙志记》："《庙志》久佚，乃访绅士丁丙，得旧本借抄重刻之。内有楚江渔父史贞义女事实，又从程步庭大令借《溧阳县志》，摘录事迹及前贤题咏，以资考证，附刻于后。由是《庙志》亦得完备。"（王国平主编：《西湖文献集成（第25册）》，杭州出版社，2004年，第724页）则今本《吴山城隍庙志》在光绪年间重刻时又有增补，主要是卷六"杂志"部分关于楚江渔父和义女的事迹与题咏。

副皇上爱养黎元、崇祀海神之至意。其题估修理之处，应动支正项钱粮，该抚何得以相应捐修题请？况各省一切捐项，屡奉谕旨停止在案。应将该抚所请捐修之处，毋庸议。所需工程，俟工完之日，造具细册题销，到日查核可也。①

敕谕对伍子胥封号的撰拟、神牌的安设、祭祀的规制、祠庙的修缮经费来源与管理等都作出了明确的规定，具有较高的史料价值。如祠庙的修缮经费来源一项，浙江督抚意在通过捐官的营收来实现，而朝廷则要求从正项钱粮（正额收支）中列支，并造册上报报销，备案待查，并停办一切捐官事项，体现了朝廷对祠庙修缮的支持态度。

敕诏之外，尚有两种形式多篇祭文。一为官员奉皇帝圣命代为致祭的文记，这是秉承朝廷钧旨的文牍。如乾隆十六年（1751），遣经筵讲官刑部左侍郎钱陈群致祭所作的《御制敕祭伍公祝文》；乾隆二十七年（1762），兵部侍郎兼督察院右副都御史、巡抚浙江等处地方提督军务庄有恭奉命致祭所作的《庄有恭祭文》。二为地方要员的致祭文记，如乾隆三十九年（1774），兵部侍郎兼督察院右副都御史、巡抚浙江等处地方提督军务、世管左领三宝致祭所作的《三宝祭文》。祭文的内容无过称颂伍子胥的神力，祈愿能控遏江潮，保障长堤，护佑国计民生之类。如《三宝祭文》："惟神德溥安澜，灵昭卫国。向者金汤巩固，全凭呵护神功。兹因月初以来，钱江潮势，增长遽至，堤岸摧倾。轸念民依，深惭凉德。用敢虔陈牲醴，上告神聪；伏望俯鉴愚诚，默施灵佑：早晚潮汐，息波恬浪。俾长堤无震撼之虞，比户享安全之乐。

---

① 王国平主编：《西湖文献集成（第25册）》，杭州出版社，2004年，第633～634页。

则上沐鸿庥于无既矣。"①

《庙志》卷三"碑记"卷也录有多篇地方官致祭的碑铭和诗词，这类文辞内容往往反映祠庙的修建或修缮，是新庙致辞与神灵致祭的结合。其中一种是独立成篇的铭记，如（唐）卢元辅的《胥山庙铭》、（宋）王安石的《胥山庙碑铭》、（宋）王安国《胥山庙碑铭》。另一种是附录在碑记中的铭文或诗词，如（明）赵锦《重修伍公庙碑记》中附有祀诗，（清）傅敏《重修英卫公庙碑》附有庙铭，（清）吴廷康《重建吴山英卫公庙碑》中附有神弦之词。文辞的内容多为追述伍子胥的功烈、祈愿神灵护佑国祚之类。如赵锦《碑记》所附诗："三世忠敦，直节危言，鸱革沉冤。维此后人，缅怀烈臣，俎豆祇陈。白浦青山，高风莫攀，奸谀泚颜。……有庙闾闾，有酒斯清，祚我皇明。"②此外，《庙志》卷四"论"中也有很多祭文，如《宋学士院撰春秋醮祭青词》、（宋）苏轼《祈雨吴山庙文》《祈晴吴山庙文》《祭英烈王祝文》、（元）虞集《奉旨撰祭伍子胥文》《明杭州府岁祭祝文》《明新官到任祭祀祝文》、（清）章藻功《祭潮神文》、（清）朱轼《祭伍公文》、（清）伍涵芬《时祭乐章》等。这些祭文连缀在一起，勾画了伍子胥作为官方崇祀神灵在历朝的崇祀状况及其在祈雨祈晴、息潮消患、澄清政务、安顿黎民等方面的无上地位。

三是《庙志》记录了伍公庙作为官方祠庙的沿革情况及伍子胥列入官方祀典的事实。《吴山伍公庙志》详细记录了历代官方对祠庙的营建和修缮情况，③并附有清乾隆年间的《山图》《庙图》及相关文字说明——《山图说》《庙图说》，图文并茂，既可见伍公庙所处之总体形

---

① 王国平主编：《西湖文献集成（第25册）》，杭州出版社，2004年，第630页。
② 王国平主编：《西湖文献集成（第25册）》，杭州出版社，2004年，第664页。
③ 具体见第二章第二节"儒、道交往"部分所论，此不赘。

胜，亦可见伍公庙的局地建筑坐落，殊为难得。此外，《庙志》中的《历代褒封祀典》记录了伍子胥在历朝所受的崇奉仪格，反映出其在官方崇祀中的地位，也是值得珍视的宗教史学文献。兹节录如下：

> 伍公庙自春秋时建庙祀享，历朝因之。唐昭宗景福二年，封惠广侯。后唐乾宁二年，封惠应侯。四年，又封为吴安王。宋大中祥符五年，朝廷因海潮冲击州城，诏本州岁春秋醮祭，学士院撰降青词，载在祀典。其年，又加封忠武英烈显圣安福王……明洪武七年，奉旨正定祀典神祇，礼部定拟到各神祇事迹……祭日，每岁用九月二十日，祭以豕一、羊一、笾豆、香烛、酒帛。府长官主之，僚属皆陪祭。国朝雍正三年，浙省抚臣题请江海保障之神，恳加封号，奉旨钦定英卫公，每岁春秋，照例致祭。乾隆十六年三月圣驾南巡，奉旨遣官致祭。①

《吴山伍公庙志》外，记录官方崇祀情况的还有《城北天后宫志》《金龙四大王祠录》《灵卫庙志》等道教祠庙志。一些道教宫观方志如《洞霄宫志》《通玄观志》等也有记录崇祀情况，只是辑录的文记不多，对象略有不同。如《洞霄宫志》记录道教徒奉祀提举朝臣李纲、朱熹，进而引发士绅的个人崇祀，乃道士援儒入道，以增重宫观；《通玄观志》记录宋廷创建宁寿观和显应观，分别崇祀三茅真君和崔府君，乃纳道入儒，以维系民心，护佑国祚；《武林玄妙观志》记录地方官员、士绅创建东岳庙，崇祀东岳大帝，乃儒道共奉，以惠及民生。

---

① 王国平主编：《西湖文献集成（第25册）》，杭州出版社，2004年，第632～633页。

## （二）民间信仰的反映

　　道教方志对民间信仰的反映一在神灵崇拜，二在观念仪式，二者相合而行，互为表里。如前所论，御灾防患，定国福民者，例得崇祀。民间信仰相对而言较为简单直接，人们以类相从、目睹耳闻，容易接近事件的发源地；同时又因为口耳相传的关系，以讹传讹，很容易形成神异事迹，从而在第一时间会将有功于民的人物升格为神灵。随着祠宇的改建增容和神灵影响力的日渐提升，士民延纳道士住持祠庙，进而吁请并获得官方的认可便水到渠成。故而，道教方志中所载民间信仰多非纯一的民间属性，而是与官方和道教有着千丝万缕的联系。

　　浙江道教方志中的祠庙志，其多数神灵的立庙崇祀均肇自民间。如（明）夏宾撰、杨廷筠增辑《灵卫庙志》中为掩护赵宋皇室和浙地百姓撤离，率乡兵抗击金军而壮烈殉节的钱塘令朱跸、尉曹金胜、祝威三人，其初始立祠崇奉即在民间。祠庙由民间立祠再到官方认定的轨迹形象反映了民间信仰到官方崇祀的转变与融通过程：

　　　　乡民收金、祝尸，具马革骈瘗于钱塘门外阳云洞之右，立祠于死所，曰古柳林，曰澄寂寺，后曰精进寺，侧皆乡民之私祠也。署曰"金祝二太尉庙"，血食一境。四时祈保禽集，居者蒙其祐，病者祷而瘳。无疫疠，无旱涝，无横暴，皆神之赐。越百十四祀为淳祐十年，始赐庙额曰"灵卫"。景定二年，安抚洪寿以二神号请封，金曰"忠佐侯"，祝曰"忠佑侯"，而朱令陷殁余杭，斯时未悉其详，遂缺其封。宋咸淳四年，士民以朱令死绩言之，漕司上之于朝，封为'显忠侯'，建庙，侧附灵卫。安抚潜说友建议改建庙设，朱令中坐而坐金、祝于两庑,仍额"灵卫"。①

乡民钦佩敬重金、祝二将能抗敌御侮,瘗尸立庙,崇奉血祭,进而附会种种灵异,使得二将的灵迹益著,香火旺盛。但是直到114年之后,这所民间祠庙才正式获得朝廷的赐额,得到官方认可。又11年后的景定二年(1261),才由地方安抚使奏请赐予神灵封号。7年后的咸淳四年(1268),三人中的主将朱跸因事迹为人所知而得补封号,进而应潜说友的建议改建庙设,重定三人位次,灵卫庙才完成真正意义上的由民间祠庙向官方祠庙的转化。

明洪武三年(1370),朱、金、祝三神正式列入官方祀典,神灵的祭祀、祠庙的重建与修缮等工作渐有规制。另据《灵卫庙志》,"淳祐元年(1241)中秋日,住庙管香火唐文德立石劝缘",②说明在获得官方赐额认可前祠庙既已设有住持,进行常态化的管理,道教与民间信仰的交流已先于官方开展。

再如(清)唐恒九《广福庙志》所载宋宣和间蒋崇仁、蒋崇义、蒋崇信三兄弟受百姓崇祀再到为官方认可的过程,同样反映了神灵由民间始发的特点。据传蒋氏三兄弟为北宋仁和县人,"长七郎名崇仁,次八郎名崇义,次九郎名崇信,其先世盖吴人也,祖父俱有隐德。以力耕致富,居兴德坊,今名七郎堂巷,因神称也"③。蒋崇仁在丰收之年收集米谷,岁歉之时则以原价卖出,并赈济饥民,实际上就是官方

---

① 四库全书存目丛书编纂委员会编:《四库全书存目丛书·史部(第八六册)》,齐鲁书社,1996年,第60页下~61页上。

② 四库全书存目丛书编纂委员会编:《四库全书存目丛书·史部(第八六册)》,齐鲁书社,1996年,第64页下。

③ 王德毅主编:《丛书集成续编(第二二五册)》,新文丰出版公司,1989年,第77页下。

常用的平籴法。宣和年间方腊起义，蒋氏兄弟父子"相率毁家以纾国难"，维护一地平安。死后托梦邻家，说因籴济之功，城隍神差为本坊土地（神）。此后便有了多人同梦，异口同声的说辞，遂得立祠崇祀。于是水旱疾疫祈祷则应，旗号灭火、天现神像、控遏江潮等诸多灵异层出不穷。咸淳四年（1268），武学阅礼斋学生杨道昭等人联名乞赐额封号，经朝廷勘查无误后批复赐额；咸淳六年（1270），潜说友请于朝，封三兄弟为"孚顺""孚惠""孚佑"三列侯，祠庙和神灵最终获得了官方的认可。《宋赐广福庙额封侯敕牒》一文充斥着蒋氏三兄弟神异不经的事迹，即便明言已经由朝廷勘复，也是未予质疑。至清嘉庆年间，闽浙总督阿林保上疏请加祠神封号，疏文仍是同样充斥着三兄弟的神异事迹，既有采拾的旧闻，也有补充的清代神灵护佑民生等灵异事实。此外，《广福庙志》中辑录（元）胡长孺所作《蒋侯传》和（清）里人田纯撰《盐桥广福庙蒋侯传》，对蒋氏兄弟生平都是语焉不详，唯采集旧说，或敷衍众多灵异事迹以述之。

综上，笔者以为蒋氏三兄弟由人而神、灵异叠显的过程正反映了民间信仰塑造神灵的特点，即多通过口耳相传、踵事增华来塑造神人形象，虽绘形绘色、言之凿凿而实际上本迹难寻。而神灵的籴米救济、显形息潮之类的事迹和神力等则与"杭俗廛贾民多，湖田地薄，仰川广以粒食，视粜籴为丰歉"[①]的地理经济环境有关，崇仁、崇义、崇信三个极富儒家伦理道德色彩的命名既满足了民间得遇贤良、希冀赈济的心理，也符合官方借宗教和信仰以推行教化、维系统治的目的，所谓"使人尽存侯之心，行侯之事，公平相与，诈欺不设，仁让于是兴，兵刑于是靖，举而措之，何施而不可。……崇兹庙貌，为百世人

---

① 王德毅主编：《丛书集成续编（第二二五册）》，新文丰出版公司，1989年，第79页下。

心风俗劝者，良非浅鲜"①。民间信仰与官方认可，在此很容易各取所需、达成共识。

与灵卫庙不同，广福庙没有设立住持，并非正真意义上的道教宫观或祠庙。直至嘉庆十四年（1809），龙虎山第五十九代大真人张钰承诏莅临，采访神迹，道教才算有限度地介入到广福庙的蒋氏崇祀中。

民间信仰的神灵多而繁杂，其要无过于关涉日常民生，如祈雨祈晴、祈子延寿、消灾息患、去除疾疫等。除了道教对民间神灵的介入外，道教宫观祠庙中供奉的神灵也会吸引士民前来膜拜祈佑，这在一定层面上也折射出民间信仰的状态。如通玄观中的崔府君崇祀即反映了民间的祈子风习。崔府君名崔珏，彭城人，唐磁州刺史，生前富有政绩，死后奉为神灵。宋室南渡，据传崔府君有"泥马渡康王"之功，宋廷便在杭州建显应观和白马庙崇祀其神。其后高宗张皇后梦崔府君赠羊而诞育孝宗，因而将崔府君列为朝廷祈子的神灵，赐封号"护国显应昭惠王"。明清时期，祠庙重建于通玄观侧白马庙旧址，杭地居民奔赴祈祷，相沿成习。《通玄观志》中记录有明代状元李旻五十无子，祈祷于崔府君而生子的事迹；另有清代丁礼部（某）、毛奇龄均以祷神而在六十七岁高龄得子，赵苍璧学生邵引祺梦中窥见崔府君科举乡榜名册而知老师高中的故事，②诸般神异，转相传告，益发引得民众赴祷若鹜。

与神灵崇祀相伴的还有道教的方术仪范，二者结合，既增补了民间信仰的内容，也密切了道教神灵与民间信仰的关系。如《通玄观志》中关于斗姥崇祀的记载就有这两方面的体现。其一为林氏家族的斗姥

---

① 王德毅主编：《丛书集成续编（第二二五册）》，新文丰出版公司，1989年，第98页。

② 详见（明）沈友儒《建崔府君祠碑记》、（清）毛奇龄《通玄观崔府君祠祷嗣记》和（清）王道宁《崔府君显应记》，俱载于《通玄观志》卷下。

信仰。"若吾杭风俗,每于斗期斋戒,恒半,至重九日,栴檀之氤氲相接,步虚之唱和达旦,亦足征在在、洗心皈命矣。"[1] 明代林氏家族在林怀玉时为一脉单传,其父林玉泉祷于斗姥,为家族的存续和昌大祈福。后林怀玉仕途顺利,退居林下,便在通玄观创建玉晨阁,兑现父亲祈祷许下的誓愿。"为高阁五楹,中奉紫微九圣。炉案供具,焕矣美矣。外庑设玉泉公像,下列先世神位,聆法音,资冥度也。"[2] 道教神灵与宗族神位共集一堂,形成宗教殿宇与家庙的结合体。而林氏子孙,则岁守礼斗的风习,相沿不替。"其阁之下一间,即为林氏本支明禋之祠。嗣观羽士,当岁时伏腊,陈列俎豆。及每年重九斗期,大宗一门少长毕集,以荐馨香,祖功宗德,足以征信。"[3] 宫观道士,负责斗阁日常的宗教祭祀工作;重阳之日,则家族群集宫观,礼斗祭祖。这种祖宗神位附祀道教神灵、宫观道士与士民共兼祀礼的方式较为独特,从一个侧面反映了道教与民间信仰的融合关系。

其二为礼斗的灵验感应。如通玄观道士朱闳绪礼斗为戴普成治病去疾,斗真感应,顽疾去除。戴普成感念至深,刻斗姥像供奉,持心虔敬。[4](清)沈云鸿《玉晨阁礼斗感应记》则记录了他学习扶乩之术,礼斗为父母延年的灵异事迹。"余年弱冠,伯父命余礼斗。明年戊申,有同舍生善乩仙,余偶习其术,因叩先二人寿。乩书属余礼斗,为先母延年。余遵行七七,请以己寿五年上益先母。亡何,先慈大病,

---

[1] 四库全书存目丛书编纂委员会编:《四库全书存目丛书·史部(第二四六册)》,齐鲁书社,1996年,第448页下。

[2] 四库全书存目丛书编纂委员会编:《四库全书存目丛书·史部(第二四六册)》,齐鲁书社,1996年,第449页上。

[3] 四库全书存目丛书编纂委员会编:《四库全书存目丛书·史部(第二四六册)》,齐鲁书社,1996年,第454页下。

[4] 四库全书存目丛书编纂委员会编:《四库全书存目丛书·史部(第二四六册)》,齐鲁书社,1996年,第452页下。

几危而愈，后卒于甲寅夏。计己酉至甲寅才五载耳。……己未，先父患疾，在呼吸间。余书黄，属闵绪礼斗七日，愿以己寿三年为先君请延。未几获愈，而先君竟卒于壬戌。计己未至壬戌亦仅三载。一念愚诚，有祈必应。孰谓神可亵、经可渎?"[①] 先是自己礼斗为母延年，后是嘱托朱闵绪道士为父礼斗延年，道教与民间信仰在礼斗科仪上实现了融通无碍。

　　总之，官方崇祀、道教敬神、民间信仰三者之间的关系原本就密切相连，官方崇祀的历史人物可以为道教吸纳以归入道教的神仙谱系，如孔子、伍子胥等；道教的神灵也会为官方择取用以神道设教，如玄武大帝、文昌帝君等；民间信仰神灵虽多而杂，但在影响渐大时既会得到官方的认可，也会为道教所积极吸纳，如天妃娘娘、土地神等。对三者的考察当综合观照，方能避免有所遗漏。

---

[①] 四库全书存目丛书编纂委员会编：《四库全书存目丛书·史部（第二四六册）》，齐鲁书社，1996年，第453页上。

# 第三章
# 道教方志文学研究

传统方志属于史地类著作，所录为一地之史，内容庞杂，涉及分野、山水、物产、都邑、寺观、古迹、名宦、食货、民俗等众多方面，长期以来多作为存史、导游或史料取引、事实考辨的对象为人们所关注。实际上方志并不仅仅具有地理书和史书的特性，方志中辑录的大量诗词文赋、表议书铭、民谣杂记等作品都可视作古代文学的重要组成部分，从而使得方志具有了文学属性。[①] 作为方志类属之一的道教

---

① 学界已有不少学者开始关注方志文学的研究，一些方志文学概念和文体研究等成果相继出现。如辛谷的《"方志小说"探源》[《暨南学报（哲学社会科学版）》1991年第1期]提出了"方志小说"这一概念。宋世瑞的《清代方志与笔记体小说——以清代前四朝官修方志为中心的考察》（《中国地方志》2016年第11期）考察了方志中笔记小说"丛谈"的题材、成书方式及其价值。张廷银的《方志辑存诗文的文学价值例说》（《福建论坛·人文社会科学版》2005年第9期）论证了方志辑存诗文作品的价值与作用以及对于主流文学评论的补充意义；《方志所辑六朝文学评论三组——兼及方志辑存文学评论资料的价值》[《西北师大学报（社会科学版）》2006年第6期]则以民国时期的三部方志中樊宗源《咏古》、宫润章《诵六朝诗》、冉景贤《竹林七贤论》等三组有关六朝文学的评论作品为例，具体分析了方志中非主流文学评论资料对主流文学评论的补充作用。谭德兴的《贵州方志艺文志编纂体例之嬗变及其文学意义——兼论史学与文学之互动》（《中国地方志》2008年第8期）论证了明清至近代贵州方志中艺文志的体例特征及其编纂的文学意义。

方志，其文学特质同样值得关注，无论是编志观念、文体分类，还是所辑录作品的思想内容和艺术特色，均可对古代文学研究提供一定的补充或参考价值。

## 第一节　道教方志的文学属性

道教方志的编纂虽受传统方志编纂观念和体例的影响，但在文学性的突出程度上二者还是存在很大的不同。以传统史地类方志为参照，道教方志的文学属性可从三个层面进行探查：一是方志的编纂观念，二是方志的卷目设置，三是方志的文学风貌。

### 一、道教方志与史家方志在编纂观念上有所不同

传统方志注重志书的史传传承关系，在志书的编纂上一方面强调不同层级方志的隶属和取用关系，另一方面则突出了志书的风教传统，在文献材料的辑录上较为严谨。道教方志为某一宫观、祠庙或某地道教宫观的专志，虽有供史家方志采择的目的和价值，但其基本出发点在于存史、弘教，在文献材料的访求征用上相对而言较为融通驳杂，文学色彩较为浓郁。

在传统方志编者的观念中，方志不同于史书，可视作史书之支流，是对史书的重要补充。"粤稽周礼：小史掌邦国之志，外史掌四方之志。郡县之各有志，实自兹始。顾志以辅史之所不逮。史有褒有贬，例用略；志有善无恶，例用详。然非可以滥为详也。夫以郡视省志，

杀其十之七；以邑视郡志，杀其十之三，则是邑之为志，不特宜于旁抚而不易于侈张。"① 邦国之志为王畿内史，为史志之正统；四方之志为王畿之外四方诸侯的历史，是周王室了解四方国事民情的重要文献，为史志之别流，亦为后世志书的源头。正统史书褒贬并举，限于篇幅，故务求简略；四方方志重在褒扬，故相对详实，可补史书之不及载者。从篇幅上看，方志中县志、府志、省志的梯级构成使得志书的篇幅呈现出渐次扩大的趋势。而在省、府（郡）、县（邑）志书的编纂上，往往形成纵向的采择关系，即综稽县志以成府志，综稽府志以成省志，其最上者，则为元明清时期的一统志。

（清）纪昀在《安阳县志序》中对方志的渊源、体例和编修等有一段精彩的评议，颇能反映正统志书编纂者的观念：

> 今之志书，实史之支流，然一代之地志与一方之地志，其体例又不同也，故修地志者以史为根柢，而不能全用史；与史相出入，而又不能离乎史。其相沿之通弊则莫大于夸饰，莫滥于攀附。一夸饰而古迹人物辗转附会，一攀附而琐屑之事迹、庸沓之诗文相连而登。余尝叨预修国史，是当代志书之所聚也；又尝叨校四库书，是古来志书之所聚也。参互考校，求唐、宋、元之志不甚谬，至明而谬始极；当代通都大邑之志不甚谬，至僻邑而谬益甚。其体例谨严、考证详确者，千百之一二耳。②

---

① 《中国地方志集成·浙江府县志辑（第59册）》，上海书店，1993年，第1页上。
② 《续修四库全书》编纂委员会编：《续修四库全书（一四三五·集部·别集类）》，上海古籍出版社，2002年，第347页下～348页上。

在纪昀看来，方志源于史书而又与史书保持着若即若离的关系，出于时序和地域的不同，方志的编纂体例也有所分别。方志的代代续修或重修往往存在两大问题，一为夸饰，二为攀附。夸饰使得编纂者在方志编纂中辗转取引，牵强附会，增入很多古迹人物；攀附则使得编纂者在编纂时不知删汰，录入大量琐屑无稽的事迹和平庸无味的诗文。二者虽都是出于增重志书、突显地方重要性的目的，但却与史志追求真实、务求精当的本旨相背离。纪昀认可的方志正体，就在"体例谨严、考证详确"八个字，以此为标准，他批评了明代志书和当代志书中"僻邑"的纰缪益甚。实际上，纪昀批评的"古迹人物辗转附会""琐屑之事迹、庸沓之诗文相连而登"恰恰是方志文学性最重要的影响因素之一，纪昀的批评反映出的是正统志书编纂观念对文学因素的排斥。

清代方志学理论的集大成者章学诚在《答甄秀才论修志第一书》中阐释了自己的六条方志观念，批评了修志中存在的诸多不当，其中对文学因素的排斥更是显而易见：

一、今世志艺文者，多取长吏及邑绅所为诗赋记序杂文，依类相附；甚而风云月露之无关惩创，生祠碑颂之全无实征，亦胥入焉。此姑无论是非，既使文俱典则，诗必雅驯，而铨次类录，诸体务臻，此亦选文之例，非复志乘之体矣。夫既志艺文，当仿《三通》《七略》之意，取是邦学士著选书籍，分其部汇，首标目录，次序颠末，删芜撷秀，掇取大旨，论其得失，比类成编；乃使后人得所考据，或可为馆阁雠校取材，斯不失为志乘体尔。至坛庙碑铭，城堤纪述，利弊论著，土物题咏，则附入物产、田赋、风俗、地理诸考，以见得失之由，沿革之故；如班史取延年、贾让诸疏入《河渠志》，贾谊、晁错诸疏入《食货志》之例可也。学士论著，有可见其生平抱负，则全录于本传；如班史录《天人三策》于《董仲舒传》，录《治安》诸疏于《贾谊列传》之例可也。至墓志传赞之属，核实无虚，已有定论，则即取为传文；如班史仍《史记·自序》而为《司马迁传》，仍扬雄《自序》而为《扬雄列传》之例可也。此一定之例，无可疑虑，而相沿不改，则甚矣史识之难也！

……

一、史志之书，有裨风教者，原因传述忠孝节义，凛凛烈烈，有声有色，使百世而下，怯者勇生，贪者廉立。……每见文人修志，凡景物流连，可骋文笔，典故考订，可夸博雅之处，无不津津累牍。一至孝子忠臣，义夫节妇，则寥寥数笔；甚而空存姓氏，行述一字不详，使观者若阅县令署役卯簿，又何取焉！……①

章学诚注重方志的风教和备采择作用，前者在维系封建纲常名教与国家治安，后者在为史官修撰史志提供可靠的材料。他强调志书的文风与体例要求，反对修志者在方志中流连景物、驰骋文笔、卖弄学问；对于艺文的辑录，原则上主张仿照《三通》《七略》中的书目著录方法，而非诗文的全文征引。在章氏看来，方志中即便需要辑录全文，也只能是"坛庙碑铭，城堤纪述，利弊论著，土物题咏"一类能考见得失和沿革的应用文体，且应以类相从，附录在物产、田赋、风俗、

---

① （清）章学诚著，叶瑛校注：《文史通义校注》，中华书局，1985年，第819～821页。

地理、人物等相关条目之下，服务于方志供考据、备采择的本旨。

综合而言，传统方志编纂观念强调史家笔法，关注方志与史书的源流关系，强调维护方志的"志乘之体"，对艺文的征引极为审慎。

道教方志编纂者既有道教徒，亦有文士，其编纂主体虽然有别，但基于道教方志中地方专志的属性和出于存史、弘教等目的，编纂者在编志观念上往往与传统方志编纂者有所不同，突出的一点即是道教方志的编纂体现出对文学以更大的包容性，无论是道教山志、宫观专志、祠庙志还是与道教宫观、洞天福地相关的诗文集的编纂莫不如此。

（清）屠倬在《武林玄妙观志序》中对道教方志与郡邑志的关系有一番独到论议，适与上引纪昀的正统方志编纂观念相对应，反映出道教方志编纂观念的不同。兹节引如下：

> 郡邑之有志，由来尚矣。凡山川寺观名胜之区悉载焉，而或失之未详，于是山川寺观，且别自为志。别自为志详矣，而或失之琐且陋。此作志之所以难也。盖郡邑之志所载大，山川寺观之志所载小。小则区域有限，事迹易湮，搜采掇拾增益而附会之。所谓琐且陋者，容有不免，此吾于玄妙观之成，而知作者之难。且无向所谓琐且陋之病，不必求工而已，足资郡邑山川之掌故。因叹其书有足传者，非苟作也。①

如屠倬所论，道教方志的编纂意在补足郡邑志相关记载的简略，其不免于琐屑浅陋是由志书的对象决定的。即相对于郡邑，山川寺观因为地域狭小，事迹容易散失，为其编纂志书，搜采材料十分不易。因而

---

① 王国平主编：《西湖文献集成（第 24 册）》，杭州出版社，2004 年，第 1053 页。

编志者"搜采掇拾增益而附会"实乃不得已而为之，自然容易导致道教方志出现琐屑浅陋等问题。屠倬实际仍是执于传统方志的编纂观念来评议道教方志的，所谓的"增益""附会""琐且陋"与纪昀批评的"夸饰""攀附"之弊实出一辙，只是相对而言，屠倬更能站在道教方志编纂的角度去理解志中出现这些问题的合理性。屠倬作序的本意在于推扬仰蘅编纂《玄妙观志》的不易和得体，所谓"无向所谓琐且陋之病"之语只是为友人隐讳，并不符合《玄妙观志》的编纂实际，但却道出了道教方志编纂的常态：即夸饰、附会、琐屑是道教方志编纂的基本观念之一。

从道教方志的定位上，不难理解编纂者对"夸饰""攀附"等观念的偏重。首先，道教方志在志书的纵向层级体系中位居县志、乡镇志之后，属于方志体系的末端。"省会郡邑之有志，志其大也，大则不及详，然邑较详于郡，郡较详于省。至山川殿宇，直志中之一耳。……茅山、武当、洞霄诸道观亦有志，则又详于邑矣。大要专则详，兼则略，"① 方志体系的末端地位使得道教方志在内容上相较县志、乡镇志更加详实，"僻邑"在文献辑录上尚有"谬益甚"的批评，道教方志的文学之"谬"就更不用言说了。正所谓"巧妇难为无米之炊"，一座宫观如何借志书显扬声名，传诸久远？广泛搜采诗文题记，辑录古迹人物以光耀山林、增重宫观只能是其必然的选择。其次，从方志的横向体系看，道教方志属于宗教专志，宗教性是这种志书的基本属性之一。宗教自身的神异、灵幻等使得志中辑录的人物传记、文学作品、琐语异闻等都很难平实如史志，而是具备了较多的想象、夸饰和杜撰的成分，文学性相对而言更为明显。再次，道教宫观多居名山胜水之间，

---

① 四库全书存目丛书编纂委员会编：《四库全书存目丛书·史部（第二四六册）》，齐鲁书社，1996年，第409页上。

因而很多道教方志都与山水志有着千丝万缕的联系，正统方志观批评的"景物流连，可骋文笔"恰是道教方志编纂者着意关注的要素。

因而，注重诗文题记的搜集整理，注重山林景物的描绘，注重文献征集的全面，注重文笔的优美，便成为道教方志中时常提及的话题。此略举二例，以见一斑：

> 余惧灵迹奇闻久将湮没，遂俾道士孟宗宝、隐士邓牧心相与搜罗旧籍，询咨故老，考订作《洞霄图志》。凡山川标致之胜，宫馆规制之详，仙圣游化之迹，英贤纪述之美，皆收拾而无遗。非但游息于斯，洞见今古，而足迹未能至者一睹此《志》，便眇眇然如行翠蛟、白鹿间，有颉颃飞霞之想，亦涤心一助也。①（沈多福《洞霄图志序》）

> 犹记向者告洲等曰："安得有淹雅君子，集兹山古今题咏为成书，要俟诸汝辈。异日此语各心焉识之。"②（赵来洲《金鼓洞志跋》）

## 二、道教方志与史家方志在卷目设置上互有异同

如前所论，史家方志的类别在纵向上形成统属和取用的关系，较低层级的"县志""乡镇志"往往为高层级的"府志""通志"编纂提供重要的文献来源。而在详略程度和表现出的文学性上，一般而言，

---

① 《文渊阁四库全书（第五八七册）》，台湾商务印书馆，1986年，第407页上。
② 胡道静、陈耀庭、段文桂等主编：《藏外道书（第二〇册）》，巴蜀书社，1994年，第298页上。

自然是层级愈下愈发详细，文学性相对也更加浓郁。与史家方志相比，道教方志作为层级较低的宗教专志，较为接近乡镇志一类，但在卷目设置上相对更为简略，内容上更为详实，表现出的文学性也更为浓郁。兹以清《嘉庆重修大清一统志》《光绪浙江通志》《光绪杭州府志》《嘉庆余杭县志》《光绪唐栖志》《委羽山续志》《洞霄宫志》《吴山伍公庙志》为例，以考见各级方志与道教方志在卷目设置和文学性上的差异。

（清）穆彰阿、潘锡恩等纂修《嘉庆重修大清一统志》正文部分共560卷，地域涉及国内各州府及国外数国，目次上分为表、图、疆域、分野、建置沿革、形势、风俗、城池、学校、户口、田赋、税课、职官、山川、古迹、关隘、津梁、堤堰、陵墓、祠庙、寺观、名宦、人物、流寓、列女、仙释、土产共27目。卷目众多，体制恢弘，但因为涉及地域过广，实际条目的记录只能是点到即止，如苏州府"寺观"目中的瑞云观："在吴江县城东三十里，所谓笠泽福地也。元泰定间建。"[1] 无论从卷目设置上还是具体的内容辑录上，《一统志》均没有文学性可言。

（清）李卫、嵇曾筠等修《浙江通志》正文部分共280卷[2]，附有"诏谕"2卷，"圣制"1卷；目次上分为图说、星野、疆域、建置、山川、形胜、城池、学校、公署、关梁、古迹、水利、海塘、田赋、户口、蠲恤、积贮、漕运、盐法、榷税、钱法、驿传、兵制、海防、风俗、物产、祥异、封爵、职官、选举、名宦、人物、寓贤、方技、仙释、列女、祠祀、寺观、陵墓、经籍、碑碣、艺文、杂记共计43目。目次设置相比一统志增加了16目，除却海塘、漕运、盐法等富有浙江

---

[1] 《嘉庆重修一统志（卷七十九·苏州府三）》，载张元济主编：《四部丛刊续编·史部》，商务印书馆，1934年，第9页。

[2] （清）李卫、嵇曾筠等修：《浙江通志》，商务印书馆，1934年。

地方特色的卷目外，还增置了与文学关系较为密切的祥异、经籍、碑碣、艺文、杂记五种卷目。其中文学性较强的卷目为艺文和杂记，共计22卷，辑选篇目均为全文著录。"艺文"卷以"序""状""铭""赋""诗"等文体来分卷，如"赋"目下即著录有（梁）江总的《修心赋》、（宋）王十朋的《会稽风俗赋》、（元）赵孟頫的《吴兴赋》等赋文。"杂记"卷条目采自笔记和方志，俱录原文，如引《水东日记》所录商辂先人乃西夏人事迹："商宏载（辂）家藏宋时公牒一纸，内凡朝廷语言皆朱书，盖其先本西夏人，以献密有功送浙中，意与今安插降人相类。所居淳安族颇繁衍，盖四百年于兹矣。"①"祥异"卷虽有事涉玄怪，但记录十分简洁，乃史家笔法，如"太元十五年，吴兴长城夏驾山石鼓鸣"②。"经籍"卷虽著录典籍，但基本沿袭的是《汉书·艺文志》的方法，仅简单标注书名、卷目和作者信息，如"《易略》三卷，《山阴县志》：陆梦龙著，字景邺"③。"碑碣"卷则仅为存目，记录碑碣名称、撰者和采择的方志来源，未涉碑文，如"《白山庙记》，《万历寿昌县志》：大德九年九月，洪国瑞撰"④。综合而言，"祥异""经籍""碑碣"三者的文学性并不突出。

（清）龚嘉俊修、李格纂《光绪杭州府志》正文部分共178卷，目次上分为图说、建置、疆域、市镇、桥梁、祠祀、学校、公署、山水、古迹、名胜、寺观、冢墓、兵制、兵事、圜法、盐法、海塘、水利、户口、赋税、海运、恤政、风俗、物产、祥异、艺文、金石、职官、选举、封爵、名宦、人物、杂记、交涉、交通、巡警、咨议局、前志原委共计39目。其中与文学关系较为密切的有祥异、艺文、金石、杂

---

① （清）李卫、嵇曾筠等修：《浙江通志》，商务印书馆，1934年，第4905页上。
② （清）李卫、嵇曾筠等修：《浙江通志》，商务印书馆，1934年，第1921页上。
③ （清）李卫、嵇曾筠等修：《浙江通志》，商务印书馆，1934年，第4112页上。
④ （清）李卫、嵇曾筠等修：《浙江通志》，商务印书馆，1934年，第4381页上。

记四种卷目，但相比《通志》，《府志》中"祥异"卷多记灾害，少涉玄怪，更近史家笔法；"艺文"卷、"金石"卷与《通志》"经籍"卷、"碑碣"卷相类，仅为存目，未录其文。只有"杂记"卷从方志、笔记中采择"丛残小语"，取录全文，略具文学色彩，如取引（宋）施德操《北窗炙輠录》中关于苏轼性格简率的故事："东坡平生衣服饮食皆草草，至杭州时，常喜至祥符寺琴僧惟贤房间憩。至则脱巾褫衣，露股榻上，令一虞侯搔爬。及起视其岸巾，止用一麻绳约发尔。……"①寥寥数笔，苏轼潇散平易的形象便呼之欲出。

（清）张吉安等修、朱文藻等纂《余杭县志》正文部分共 40 卷，目次上分为图考、建置（疆域、城池、衢巷）、乡里、市镇、坊表、关梁、官署、学校、坛庙、山水、水利、田赋、仓敖、兵防、铺递、盐法、恤政、寺观、古迹、坟墓、职官表、名宦传、祠官、选举表、名臣传、循吏传、忠义传、孝友传、儒学传、文艺传、义行传、艺术传、寓贤传、方外传、列女传、经籍、碑碣、风俗、祥异、物产、杂记共计 44 目。实际上，若合并类属相近的条目，如名宦、名臣、循吏、忠义、孝友、儒学、义行、艺术、寓贤、方外等皆可归入"人物"目，全志的条目当在 33 目。从名目上看与文学关系密切的似为经籍、碑碣、祥异、杂记四种卷目，而实际上经籍、碑碣、祥异主要为存目，很少辑录文本，仅有"杂记·记诗话"部分辑录了很多诗歌，如汪藻《余杭道中诗》、高似孙《入余杭县诗》、吴颖芳《余杭山中诗》等，颇具文学色彩。"杂记"卷外，与《通志》《府志》不同，《余杭县志》仍辑录有大量的诗文题记，只是未予单列分卷，而是附录在山水、坛庙、寺观等条目之下，其篇目之多，远超《府志》《通志》。如卷十"山水

---

① 《中国方志丛书·华中地方·第一九九号》，成文出版社有限公司，1974 年，第 3288 页上。

四"条目下的"南湖"后，即附有（宋）成无玷《记》、徐安国《记》、（明）陈善《南湖考》、聂心汤《浚湖六议》、戴日强《南湖说》、（清）宋士吉《增筑南湖五亩塍辅壩纪事》、《续县志·南湖说》、潘瑗《南湖水利论》、龚嵘《南湖赋》、（唐）朱庆余《南湖诗》、（明）杨文炯《南湖即事诗》、龚大明《南湖诗》、李长房《游南湖山诗》、（清）张丹《望南湖诗》、毛万龄《南湖看桃花诗》、朱煮《南湖芙蓉诗》等多篇诗文。① "寺观"卷洞霄宫后附录的诗文数量之多则更是令人叹为观止。

（清）王同辑《唐栖志》共20卷（附集四卷），目次上分为图说、山水、桥梁、街巷、遗迹、祠庙、梵刹、人物、艺文（附碑碣）、冢墓、事纪、诗纪、杂记共14目，其中人物8卷、艺文（附碑碣）1卷，其余各目均为1卷。与《余杭县志》相同，《唐栖志》所辑录大量诗文亦附在山水、遗迹、祠庙、梵刹、冢墓、杂记等条目下，如卷二"山水"之"超山"条下即附有吴世昌《游超山记》、吕翼令《登超山绝顶诗》、沈邦衡《游超山诗》等27首诗歌。同时在附录"超山各景"如"海云洞""憩鹰石""石笋峰""石婆峰""盘陀石"等23处景致下俱辑录有诗文，其中尤以"海云洞"为多，共辑录2篇文记、11首诗歌。他如"梵刹"卷等条目下亦辑录诗文，如"资庆院"条下便辑有《资庆院募造大雄殿疏》《资庆院募造十方堂万人缘疏》《重修资庆院募疏》《资庆禅院重建地藏殿疏》《募修资庆院地藏殿疏》5篇疏文。虽然"艺文""碑碣"等卷只载存目，未录诗文，但"诗纪"作为辑录诗作之专卷，诗作满目，蔚为大观。"杂记"卷"捃拾旧文""琐谭之文"，既有诗歌汇集，亦有闲雅短篇，颇具文学价值。如"北塘夜市"下录（明）徐士俊诗："莫嫌北岸少长廊，亲见三春夜市忙。吴下人家

---

① 《中国方志丛书·华中地方·第五六号》，成文出版社有限公司，1970年，第125~132页上。

多佞佛,携灯过此买饧糖。"① 显示了一地的民俗。再如其中援引"王穉登《客越志》云:'嘉靖丙寅五月十六日,泊塘栖,河广百尺,隔河人声不相闻。星桥横空,如白虹沈沈下饮波上。过塘栖,水益阔,桑益多,鱼亦益贱。青田白鹭,小船如瓜,叶叶烟波中,有豪濮间想。望见吴山翠微,神思翻飞,不可复禁。'"② 笔致闲散,点点勾勒,江南水乡小镇的烟波美景、恬静乡风便跃然纸上,让人不禁心向往之,深得晚明小品文的神韵。

不难看出,由"一统志"到"通志""府志""县志""乡镇志",因地域范围的关系,五种志书在卷帙和卷目安排上总体呈现出由大到小、由多到少的分布态势;③ 而在辑录诗文作品、杂取逸闻轶事所体现出的文学性上,则呈现出渐次浓郁的色调,其中县志、乡镇志的文学性最强,志中诗文题记,随处散见。

(清)王维翰辑《委羽山续志》共 6 卷,卷首附有序和例言,卷尾附有跋语,目次上分为宫室、仙道、摭余、杂记、记文、杂文、题咏共 7 目,其中宫室、仙道、摭余、杂记为 1 卷,记文 1 卷,杂文 1 卷,题咏 3 卷。卷目安排上除了宫室这 1 卷外,其余 5 卷均为辑录诗文题记的专卷,其中"杂文"卷收录历代关于委羽山的赋、辞、铭、序、跋、疏、引、说、辨等文记,"题咏"卷以时间为序,综稽宋至清代的诗歌作品。全志无论是卷目设置还是篇幅比例上,相对史学性,文学性是居于压倒性优势的。王维翰《委羽山续志》实则沿袭了(明)胡昌贤《委羽山志》的体例,在编纂上的趋文倾向与胡志一脉相承。胡昌贤《委羽山志》同为 7 目 6 卷,卷目设置上山图、形势、胜迹、宫

---

① 《中国地方志集成·乡镇志专辑(第 18 册)》,上海书店,1992 年,第 275 页下。
② 《中国地方志集成·乡镇志专辑(第 18 册)》,上海书店,1992 年,第 289 页下。
③ "一统志"因无法兼顾各地的地方特色,相对而言其条目反不如"通志""府志"为多。

室为1卷,仙道1卷,记文1卷,题咏3卷。其辑录诗文题记的专卷为4卷,比例相较王维翰《续志》为少,但其搜存诗文、求全责备的用心则有过之而无不及,正如张仲孝《委羽山志序》所称:"茂才胡生伯举博采群籍,搜括遗文及骚人片语、墨士选题,悉裒而汇之,曰《委羽山志》。"①

（清）闻人儒纂辑《洞霄宫志》共5卷,目次上分为图考、沿革、山川、桥梁、古迹、宫观、祠官、道真、碑记、纪异、物产、诗咏、补遗13目。其中图考、沿革、山川、桥梁为1卷,古迹、宫观、祠官、道真1卷,碑记1卷,纪异、物产、诗咏1卷,诗咏、补遗1卷。从目次分类上看,诗文题记所占比重并不高,但就具体的卷数和篇幅来说,一方面纪异、物产和补遗在诗咏分卷中所占的篇幅比重很小（4、5两卷实际上可视作诗咏卷）;另一方面碑记、诗咏作品在全志占有的篇幅比重达到七成左右,这说明《洞霄宫志》与《委羽山续志》一样,是以搜存诗文题记作为编纂的重心的。

（清）章士坷原本、主持沈永青增补《吴山伍公庙志》共6卷,卷首附有天章、原序、图说和祭文,正文目次上分为建置、历代褒封祀典、敕诏、古迹、本传、事实、艺文、杂记、附录9目。其中建置、历代褒封祀典、敕诏、古迹为1卷,本传、事实1卷,艺文3卷,杂记、附录1卷。从卷目名称看,全志6卷中即有3卷为艺文,收录与伍子胥和伍公庙相关的大量历代碑记、论、序、青词、诗、词等作品。本传、事实卷辑录了《史记》《左传》《国语》《越绝书》《吴越春秋》中的伍子胥生平行迹,若就《史记》《左传》《国语》《越绝书》等史学、文学兼具的著述特点来看,此卷亦可与艺文卷等视。杂记、附录

---

① 张智、张健主编:《中国道观志丛刊续编（第19册）》,广陵书社,2004年,第3～4页。

卷除却数则辑自《水经注》《吴越备史》《文献通考》《四朝闻见录》《三朝北盟会编》《钱塘遗事》《汝阴余话》《括异志》中的伍子胥及其崇祀事迹外，多数篇幅都是关于曾救助伍子胥的史贞义女的碑记、祠记、题咏、赞词和伍相国祠碑铭、渔父赞词，属于艺文的范畴。因而，仅从辑录作品所占的篇幅上看，《吴山伍公庙志》以文学为主体当是没有异议的。

由上可见，道教方志在卷目设置上远不及史家方志的"宏大"。即便如《唐栖志》一类"末级"方志动辄也可达 20 卷、14 种分目；而浙江道教方志则绝大多数都在 10 卷以下，目次分类多不过十余种。但正是道教方志这一"专则详"的定位，使得不论是道教山志、宫观志还是祠庙志，均选择以艺文为志书的构成主体，志书的文学性相较史家方志自然要突出的多。虽然说《余杭县志》《唐栖志》等方志中也辑录有大量的诗文题记，但多是附载在山川、祠庙等相关条目之下，是为突显条目服务的。且基于追述沿革、考见得失、推崇风教、雠校取材等传统方志编纂观念，地方志中艺文专卷的数量不多，诗文题记在志中也仅仅是一个门类，是无法与所录史家文献相提并论的。就这一层面而言，道教方志虽为志书之一体，但其本身所具备的文学性却是史家方志所无法比拟的。

### 三、道教方志与史家方志在文学风貌上面目有别

卷目设置和作品辑录之外，道教方志与史家方志在文学风貌上也有所不同，体现出道教方志文学性更为浓郁的一面。约略而言，二者在文学风貌上的不同主要体现在两个方面：一是人物列传、纪异中文

学色彩的差距；二是志书记述语言风格的不同。①

　　史家方志与道教方志在部分卷目材料的辑录上都有一些文史兼具的篇目，尤以人物、纪异（祥异）等卷目所录为代表。但因题材或记录对象所限，史家方志在辑录这些材料时，较多地是出于存史的目的，将其作为史之本体或补充来看待，内容表述上相对崇尚平实求真的史家笔法；道教方志因其宗教专志的属性，出于弘教等目的，所录材料往往更多地会充实一些想象的素材，内容表述上不乏文学笔法，从而使得文本更具文学色彩。

　　史家方志人物辑录身份多样，但多以儒生贤士为核心，名僧高道所占比重较小。如上引《余杭县志》共有人物11卷，涉及名宦、祠官、循吏、忠义、孝友、儒学、文艺、方外、艺术、列女等16目，其中儒生贤士5卷，方外目中的"释氏""道家"仅占2卷。《唐栖志》共有人物7卷，涉及孝友、义行、耆旧、列女、寓贤、方外6目，儒生贤士计4卷，方外仅占1卷。从方志所录人物传记看，相比儒生贤士，高道的传记因其神异性而更具文学色彩，兹取录《唐栖志》"耆旧""方外"卷中二则以见其概：

　　　　毛恒祺，字午桥，号曼倩，邑诸生。家贫，课徒，一妻一子，裕如也。喜酒工诗，敦品自洁，不苟言笑。里有不平事，得一言辄解，人咸服之。与高画岑比邻，文字交，极相得，年六十二卒。著有《桥西吟草》。②

　　　　潘烂头，明初寄迹于仲墅之真福宫（俗名曰雷甸）。尝于

---

①　此处所论人物传记、祥异、杂记指的是志中没有标识文体的相关纪录，而非指独立成篇、有文体标识的文学作品。
②　《中国地方志集成·乡镇志专辑（第18册）》，上海书店，1992年，第196页上。

厕间戏作符箓，天神下怒，以雷笔点其首，后辄溃烂。拭其溃以傅疮疽，应手而愈。善嘘咒云雨，追魂殄祟，每以游戏行之，人皆呼为潘烂头。后不知所终。(《栖里景物略》)①

毛、潘二人的生平记述均非常简略，都通过列举一二事例来表现人物的个性。儒生毛恒祺通过其家贫课徒而能晏如自处，一言化解邻里纠纷和与高画岑文字往来三件事例，突显了他淡泊名利的个性、德重乡里的地位和颇具文名的才华。道士潘烂头则是选取雷笔点首溃额、以溃疡傅治疮疽两件事例，来突显他灵异的遭遇和神奇的才能。很显然，在较短的尺幅中，毛恒祺的传记秉持的是史家笔法，注重客观的纪实，叙述完整，交代清晰；潘烂头的传记则因为选取事例的神异不常而使得故事情节更为生动引人，人物形象更为鲜明独特，相对而言更为接近文学的笔法。此外，《唐栖志》"方外"卷中还录有道人鲁云阳的传记，篇幅较长，叙事婉转，事例同样充满神异，从中更能看出道士传记的文学色彩，此不赘录。②

道教方志中的人物卷目主要辑录的是高道，虽然其主体仍是秉持史家笔法，但如上所议，读者更易在其中品鉴出文学的滋味。如邓牧《洞霄图志》"人物门"所录夏侯天师条：

夏侯子云，不详其字。从峨眉山来，年二十，状貌甚古。投司马天师门下，夙兴夜寐，勤侍巾盥，凡十数年，未尝一日怠缺。与物无竞，不屑世务。其师爱之如子。及师羽化，

---

① 《中国地方志集成·乡镇志专辑（第 18 册）》，上海书店，1992 年，第 220 页下。
② 详见《中国地方志集成·乡镇志专辑（第 18 册）》，上海书店，1992 年，第 221 页。

> 乃于大涤山中筑药圃，种芝术之属。尝言古圣人以上药养神，中药养性，下药遣病，可使人神灵，可使人性明，可使人病愈。有《药圃》诗云："绿叶红英遍，仙经自讨论。偶移岩畔菊，锄断白云根。"好作诗，辄弃其稿，故罕有传者。或纵神游目，熙熙自得。归院则掩户经日，寂无所闻。有邻院道士窥见一草衣人同坐，亦瞑目不语。至暮，启关伺之，则无所见。天复中，乘异兽归隐东峰，不知所在。[①]

传记虽以史家笔法平实记录了夏侯天师的生平事迹，但《药圃》诗和文末邻院道士窥伺、天师乘异兽隐东峰故事的引入无疑为传记增添了文学因子和传奇色彩。又如朱文藻《金鼓洞志》"法嗣"卷所录许清阳真人传略：

> 万福撰《传略》云：真人讳清阳，忘其字，浙之仁和人，本世家子。初习举子业，屡试不售，遂绝意进取，皈玄门，师事金鼓洞周真人。授以课诵，罔间寒暑，余功惟守静默，不务驰逐。以东城机神殿延为住持。一日，师偶过面肆，肆主人设面以供之。而察其神色惶遽，询其故，则曰："肆有佣工者，家东越，会城无亲属，适病毙，恐有讼累焉。"师曰："若无恐，吾为若处之。"嘱开死者户。师一入其室，死者苏矣。因命速归越，并嘱反扃其户，而师自居其内，七昼夜，毋启视。迨七日后，送者返，师出，而病者即死于家，盖师神附于尸以解厄耳。相传尝失柴斧，责护法神追还。及蜕后，

---

① 《文渊阁四库全书（第五八七册）》，台湾商务印书馆，1986 年，第 436 页下～437 页上。

寄双屦以遗门徒。凡诸神异，城东故老至今犹能道之。①

在人物生平叙述中重点引入许清阳以魂魄附在病死的佣工尸体上，为面肆主人解厄的神异故事，再辅以责令护法神追还丢失的柴斧、自己死后寄送鞋履给门徒的神异行为，突显了许法师的道法高超。传记故事情节曲折新奇，人物形象栩栩如生，文学意味浓厚。

纪异（祥异）是记载奇异事物的文记，在具体的内涵界定上史家方志与道教方志则有所不同："自古水旱皆天灾，而祥瑞亦物异。余邑历代诸书所载大都水旱多而物异少，按代录之，父母斯民者浏览而时加修省焉，异皆祥矣。"②"祥瑞之事、奇异之迹，所在多有。惟名山胜地，仙真之所栖，灵秀之所萃，尤有夥者。……而琐屑瑞应灵征，亦当并垂千古。志纪异。"③即史家方志编纂上，纪异在内容上多分为事与物两类，事多为灾异，以水旱灾害为主，占据着卷目的主要篇幅；物则为祥瑞，以奇异物类为主，事例较少。道教方志编纂上，纪异卷所录基本都是祥瑞事物，是以其灵异物象来增荣山林，扩大宫观的影响力。若仅从纪异卷所载神异物类的事例数量及其在志中所占篇幅上看，史家方志自然是无法与道教方志相比，其翼附的文学色彩差异更是可以想见。兹引《余杭县志》和《洞霄宫志》所载三则为例：

《余杭县志》：高宗绍兴五年八月，临安属县大水。时洪

---

① 胡道静、陈耀庭、段文桂等主编：《藏外道书（第二〇册）》，巴蜀书社，1994年，第285页。
② 《中国方志丛书·华中地方·第五六号》，成文出版社有限公司，1970年，第539页上。
③ 张智、张健主编：《中国道观志丛刊续编（第17册）》，广陵书社，2004年，第269页。

水发天目山，忽高二丈许，冲击塘岸百余所，漂没屋庐千五百余家，流尸散入旁邑，禾稼化为腐草。(《续纲目》)①

《余杭县志》：顺治十年四月，诸乡有虎警。邑之太璞山前后忽见一巨兽，马形，高可八尺，长丈余，紫鬣披覆如发，白身黑尾。人不敢近，仅遥瞩焉。每逐虎至水涯而食之，食间则饮水以润吻，嗣是虎患顿息。历四月五月，不知其所之踪迹。向所食虎处，唯见虎头三四具及残骨狼藉而已。……(《旧县志》)②

《洞霄宫志》：诵《度人经》：杭州余杭洞霄宫，昔有道士诚敬感神，诵《度人经》于龙潭之上，龙王为现形。以师方到潭上，则水府幽祇皆瞻仰起敬不退，殊不自安。请宴坐宫中日课，庶几百灵得以休息，当日馈鲜乳为谢。道士许之，果得乳如约。一日忽无，道士讶之，复临水诵经。龙王再现，曰："吾忝为龙神，不能为欺取事。村有董七者舞智赢息，故阴摄之，掠取其余以供。今此人他出，其父淳朴不周利，无从可致乳矣。"道士惊叹不已，谓之曰："吾欲知端倪耳，今若此欺取可妄为耶？"遂周行郊关，一意导人于善云。③

例一为取材正史，为灾异记录，虽有场景描述，然重在交待事实，几乎没有文学加工痕迹。例二为沿袭《旧县志》所录，为地方史料。

---

① 《中国方志丛书·华中地方·第五六号》，成文出版社有限公司，1970年，第539页。
② 《中国方志丛书·华中地方·第五六号》，成文出版社有限公司，1970年，第541页下。
③ 张智、张健主编：《中国道观志丛刊续编（第17册）》，广陵书社，2004年，第273～274页。

食虎巨兽的记载颇具神幻色彩。但从材料本身看，更多的应是出于宁信其有的史家逸闻记录，而非有目的地"有意"创编。例三来自道教方志，是为了宣扬吟诵道教《度人经》的功效，其中人物对话、故事情节虽初陈梗概但鲜明形象。就故事的发生、发展来看，明显是出于宣教目的"有意为小说"，其文学性自非前二则材料可比。

史家方志、道教方志文学风貌的不同还体现在志书记述的语言风格上。古代方志文本多来自文献辑录，无论是节录的文本材料还是标识有文体和篇名的文学作品，皆非原创性的文学。这里所说的志书记述的语言风格，指的是方志所辑文本之外的编志者的原创文字，主要是卷目前的小引、小序和穿插在所辑文本间的描述性、论述性文字，亦有一些专题性的原创文记；其主体虽多非文学作品，但从中也可以透射出文学的辉光，反映出编志者编志时的文学取向。

山川河流，景致优美，最能发人之幽思，志书中的山水卷相对而言也是文学色彩较为浓郁的卷目。此以（清）彭润章纂修《丽水县志》和仰蘅《武林玄妙观志》"山水"卷目小引为例，以见史家方志与道教方志在记述语言风格上的差异。

> 丽为山县，郡志载其名仅三十有九，陋矣！今广其数为百余，而孕奇蓄异、品目未加者尚不知凡几也。水约以数十计，而通舟航之利者曰大溪，盖经流惟此耳。今备著其次第曲折，而支水之会于经者则件系书之，览者可以了如矣。① （《丽水县志》）

> 观之山水，一邱一壑耳。非有伟丽之观，如大山乔岳也。

---

① 《中国方志丛书·华中地方·第一八六号》，成文出版社有限公司，1975年，第209页。

然而有泉必甘，有石必秀。凡其峭者、澄者、散而植者、谽然深黑者、若起若伏云奔棋置者，皆可以祛烦涤俗，怡志扩襟。唐人云："山不在高，有仙则名。"然则斯山也，虽异乎大山乔岳，莫以培塿小之。志山水。①（《武林玄妙观志》）

卷目小引是关于卷目所载内容、作者的编纂观念、编纂手法、编纂因由、编纂情境等方面的说明，置于卷目之前，有总领卷目或补充交待等意义。《丽水县志》"山水"卷前小引以简要的笔法介绍了丽水县山水的概况和县志著录山水的情况，先山后水，分而述之。山是在郡志的基础上增置到百余座，以见丽水作为山县的状貌；水则是以通航大河为经，旁及支流的介绍，让读者能明了水流的流经区域和本支关系。其小引的写法完全是出于史家总括性、介绍性的笔调。

《武林玄妙观志》"山水"卷目小引并没有从总体格局上介绍玄妙观所处山川的框架构成，而是荡开一笔，从甘泉秀石、微山细水可涤荡烦扰、怡情悦性、拓展心胸的角度，强调了玄妙观所在山水景致虽异于名山大岳而能别具功用、别具特色。"峭者、澄者、散而植者、谽然深黑者、若起若伏云奔棋置者"以颇具情态的描述性词语来暗示山、水（泉、池、井）、峰、洞、石诸般景致，形象鲜明，富有画面感；再以（唐）刘禹锡《陋室铭》中的名句"山不在高，有仙则名"突显玄妙观山水"山小而名大"的地位，激发读者的阅读兴致。小小一段引文，没有了传统方志总体平叙的套路，而是更多带有了小品文和山水游记的美文身影。

当然，上论记述语言风格方面的差异只是大体而言的，史家方志

---

① 王国平主编：《西湖文献集成（第 24 册）》，杭州出版社，2004 年，第 1059 页。

与道教方志在语言风格上也绝非这般判然两分。"从史家的语言风格说，大体有两种倾向，一是追求言简意赅，欲以最少的语言记录尽可能多的史事，惜墨如金，这可以《春秋》为代表；二是追求文采生动，力图形象地再现历史图景与活生生的历史人物，有时不惜用墨如泼，这可以《史记》为典型。相比之下，显然后者的文学性更强，更有艺术魅力。"① 既然正史文献不乏"无韵之离骚"，作为史之支流的方志在叙述语言上自然也不乏追求文采者，更何况史家方志与道教方志在辑录的材料上还会彼此取引，语言风格上当然也就存在取汲相通之处。如邓牧《洞霄图志》"山水门"卷前小引即征引了（宋）施锷《淳祐临安志》中"山川"卷卷前小引中的部分文辞：

> 浙右山水之胜莫如杭，杭山水之胜莫如天目，天目之胜未如大涤洞天。盖大涤山水发源天目，风气盘礴，冈峦纠缠，相望几百里，然后蕴灵毓秀于此；经以苕川之纡余，汇以南湖之荡漭，九锁外键，一柱中屹，岂非天地之奇观，仙灵之奥区哉？《郡志》载：登天目山，凭天坛石屋，② 见山皆西南驰，双溪并趋，而合于於潜县，崒嵂似少驻。回望天目，层云中如沉雄古大将按辔其后，山大势不可遏。③ 少决，骤已抵临安县。大官山者，直培塿尔。循而至九锁，盖为罘罳，

---

① 关四平：《〈三国演义〉源流研究》，黑龙江教育出版社，2001 年，第 79 页。
② 四库本邓牧《洞霄图志》"登"字下缺"天目山"三字，此据《淳祐临安志》补足。原文详见《中国方志丛书·华中地方·第五一三号》，成文出版社有限公司，1983 年，第 4906 页下。
③ 四库本邓牧《洞霄图志》"大势"前缺一"山"字，此据原文补足；"天坛"原文作"仙坛"。

环以天柱诸峰，若止息者。① 已而蠢蠢赴余杭，下武林、北高峰，而特起为南高峰。② 键以八蟠、慈云诸岭，翼为七宝、凤凰诸山，昂头妥尾，若翔而集，前界大江乃止。③ 吁！亦诚异矣。④ 杭之山川大较，以是观之，真实录也！叙山水第二。⑤

　　整篇引文以"《郡志》载"为界，分为前后两个部分，前文为邓牧撰写，总述大涤洞天山水形貌；后文为征引《淳祐临安志》文本，述及天目山自中峰向西延伸至於潜，向东延伸至杭州北高峰、南高峰的山脉走势和山岭分布等情况。虽为总述山川大势，领起卷目，但撰文与引文都没有拘守史家笔法，而是更多带有文学性的构思和描述笔法。如撰文文首以两个"莫如"和一个"未如"构成由大及小的推镜头式的描述，突显了大涤洞天在浙右整个山水体系中的翘楚地位，可谓匠心别具。继而以"盖"字领起，交待因由，说明大涤山水的走势、形貌与构成。其中"经以""汇以""外键""中屹"等词语互相呼应，使得文意流转，一气呵成。蓄势已足，文末以反问作结，呼应首句之论断，言之凿凿。引文则是从登临所见的视角着笔，立足于天目中峰，分述山脉向东西两侧的延绵变化。其中"骤已""循而""已而""环"

---

　　① 此句《淳祐临安志》原文作"盖略为盘礴，环以天柱诸峰，若暂止息者而已。"
　　② 此句大幅删改原文。《淳祐临安志》原文作"下武林、灵隐山，始韶秀，而山于是左右分。北高峰左转，抵葛岭下，标以保叔塔。右转一支，挟南山，标以雷峰塔。二塔为西湖门户，而山特起，为南高峰。"
　　③ 此句中的"键"字原文作"揵"；"慈云诸岭"前的"诸"字据原文补足；"妥尾"原文作"布尾"。
　　④ 四库本邓牧《洞霄图志》无"诚"字，此据原文补足。
　　⑤ 《文渊阁四库全书（第五八七册）》，台湾商务印书馆，1986年，第415页下。

"赴""下""特起""键""翼""前"等词语使得行文非常紧凑，山体的脉络走势也因之而生；"似少驻""如沉雄古大将按辔其后""若止息""昂头妥尾""若翔而集"等比喻或比拟手法的运用如绘图影，使得山脉和山峰的形象鲜明生动、各具面目、具体可感。正是因为撰文与引文在文风上的相近，文末"杭之山川大较，以是观之，真实录也"才能收束自然，收束得住，整篇小引读来和谐若一，浑然若出一人之手。

小引之外，道教方志中还有一些志在发掘、存录洞天胜迹，彰显山林，为游历者提供文献资助类的山志，如（清）冯赓雪、叶书所撰《台南洞林志》。其中的洞天文记皆为原创，虽意在记述地理，实际上更近于山水游记文学。如《石牛山青云洞》：

> 在紫霞蟠龙之西，大莲山之东，与石鼓、莲花、金星三洞本共一山，而各立门户，总名"芙蓉"。金星在西，石鼓在东，莲花在南，此则在西北。从芙蓉蒋氏村后登山，石径旋螺而上，险峻难行，凡三里，至洞。山石秀润，形如望月之犀，故名"石牛"。洞口上尖下坦，作蟠桃形，中宽三丈，穹窿幽敞。山僧一二人居之，晓钟夕梵，缥缈出云外，令人心地俱清。九龙、雨华诸山屏列于前，岚光峰霭常逼几榻，当与金星、莲花争胜，但入山之路较险耳。①

文记在交待石牛山青云洞天的地理方位和周遭形胜后，既没有引入神异人物或灵幻故事，也没有局限于局地景致的介绍；而是从游踪的视

---

① 广陵书社编：《中国道观志丛刊（第 24 册）》，江苏古籍出版社，2000 年，第 77~78 页。

角，移步换景，写出了洞天局地的石径、石形、洞口和洞中的情状。最后以山僧的晨钟夕梵澄清心宇和无限风光尽集目前收束全篇，细腻的笔触将洞天的清幽秀美完美地呈现了出来。与杜光庭记录方外神异、志在宣教的《洞天福地岳渎名山记》类的道教方志判然有别。

综上，相较史家方志，作为方志类属之一的道教方志，无论是在编纂观念、卷目设置还是文学风貌上，都表现出更其浓郁的文学性，因而，对道教方志开展文学研究不仅必要而且切实可行。

## 第二节 道教方志文体概貌述论

不同的文体有其不同的写作方式、适用领域和文本特征。道教方志辑录的文本庞杂，就其辑录文本的文体归属和作品数量来看，一方面反映了方志编纂者的文体分类意识和编志观念，另一方面也反映了道教方志的文学属性，有必要对其做进一步研究。

### 一、文体分类及作品辑录

"文辞以体制为先。"[①]（梁）萧统编纂《昭明文选》时即以文章的体裁来分类编排，所谓"凡次文之体，各以汇聚。诗赋体既不一，又以类分；类分之中，各以时代相次"[②]，就是以文体为纬，以类相从，

---

[①] （明）吴讷著，于北山校点：《文章辨体序说》；（明）徐师曾著，罗根泽校点：《文体明辨序说》，人民文学出版社，1998年，第9页。

[②] （梁）萧统编，（唐）李善注：《文选》，上海古籍出版社，1986年，第3页。

平目而列；目下再以时序为经，根据作品创作的时间先后进行编排，结撰《文选》。道教方志虽非诗文总集，但其固有的文学属性决定了所辑录作品也离不开一定的体制安排，虽然辑录文体的数量和篇幅远不及《文选》，但在子目安排、文体分类、作品辑录上也有其自身的规律与特征。

兹选取部分浙江道教方志，略作统计，以考见道教方志的文体分类及作品辑录情况：

### （一）（宋）倪守约撰《金华赤松山志》1 卷

倪守约盖为南宋人，据《志》中《宗师朱先生》生平中记有"咸淳乙丑，浩然有归志"，[①] 则《志》可能编于宋度宗咸淳（1265—1274）年间。全志卷首辑录《二皇君》传记一篇，其后文本分为"丹类""洞穴类""山类""水类""宫宇类""人物类""制诰类""碑籍类"8 类。文体分类上，全志仅有传、制、诰、敕 4 种文体（"碑籍类"虽涉及"碑记"文体，但仅著目录，未录其文），且俱存 1 篇，规制极为简略。

### （二）（宋）邓牧编《洞霄图志》6 卷

《洞霄图志》有《知不足斋丛书》本、《四库全书》本、《中国方志丛书》本等多种版本，各版本间体例安排相近，而在具体的内容上则存在差异。此处采用的是《四库全书》本。《洞霄图志》卷前有吴全节和沈多福的 2 篇序文；全志以"门"名卷，6 卷分别为宫观、山水、洞府、古迹（附异事）、人物、碑记，其中涉及文体分类的有"人物

---

[①] 《道藏（第一一册）》，文物出版社，上海书店，天津古籍出版社，1988 年，第 75 页中。

门"和"碑记门"2卷。"人物门"分列仙、高道2子目,所录32位人物生平后都附有1篇赞辞。"碑记门"辑录记10篇、碣1篇、碑1篇、上梁文1篇、法语1篇、序1篇、跋2篇。综而言之共录有赞、碑(碣)、记、上梁文、法语、序、跋7种文体,作品计51篇。全志在作品编排上采用以时为序的方法,同时兼顾文体上的分类,如"碑记门"先以唐、宋、国朝(元)来总体排序,时序之下再以记、上梁文、法语、序等文体列录作品。①

### (三)(元)曾坚等编《四明洞天丹山图咏集》1卷

此为诗文专集,编于元至正年间。"全书分前后两部分:前半部分包括《序言》一篇,唐木玄虚撰;贺知章注《四明山图》《吴上虞令刘公传赞》《宋孔先生传赞》;危素撰《四明山铭》《白水观记》……后半部分包括至正二十一年(1361)曾坚撰《石田山房诗序》一篇,及唐、宋、元三代贤士有关四明山的题咏一百多首。"② 贺知章注《四明山图》用的是诗歌加文记标注的方式,以24首七绝全面描述四明山的景况,在文体上则可以归入诗歌的行列。如咏四明山中的伏虎山:"'四明山中如伏虎,遍生青石为其祖。凿开七窍出祥云,窍中各可兴风雨。'四明山中心名伏虎山,有赤石栢梓之木,皆有七窍,皆泊龙神。

---

① 邓牧《洞霄图志》辑录作品较少的一个重要原因是因为洞霄宫诗歌另有别集存录,即孟宗宝所编《洞霄诗集》14卷。据(宋)孟宗宝《洞霄诗集跋》:"宗宝以介石沈公命,取旧集泊家藏诗,与本山叶君、牧心邓君暇日讨论删定唐、宋贤及今名公题咏,命工重刻,与好事者共之。"(胡道静、陈耀庭、段文桂等主编:《藏外道书(第三四册)》,巴蜀书社,1994年,第56页下)邓牧曾与孟宗宝、叶林共同商议删定洞霄宫唐宋元三代诗人题咏,并刊刻重版,则邓牧在其《洞霄图志》中不再辑录诗歌便是很自然的事情了。

② 任继愈主编:《道藏提要》,中国社会科学出版社,1991年,第435页。

按《山海经》云：山嵩无窍，不为名山也。"① 据此，则此志录有序（1篇）、传赞（实为传、赞两种文体的合体，2篇）、铭（1篇）、记（1篇）、五古（10首）、七古（2首）、五律（26首）、七律（64首）、五绝（1首）、七绝（1首）、杂言古诗（1首）9种文体，共辑录作品110篇。诗歌作品的编排上，大体以时为序，并未从诗体上来分类编排。

### （四）（元）陈性定编《仙都志》2卷

"是书乃元人所撰山志，卷前有至正戊子（1348）五月吴明义序……书中分别记述山川、祠宇、神仙、高士、草木、碑铭、题咏，所记多唐宋时事，最晚到至正乙酉年（1345）止。"② 全志在文体分类上，仅有序、铭、五古、七古、五律、七律、五绝、七绝8类（"碑碣"类下虽著录有铭、序、敕、记、状、跋、碑志等文体篇目，然俱为存目，未录原文）。序为卷前吴明义序1篇，铭为"碑碣"目所辑录铭3篇。诗歌共66首，为"题咏"目所辑录白居易、徐凝、陆龟蒙、皮日休等唐宋元诗人的创作，具体为五古12首、七古2首、五律9首、七律12首、五绝4首、七绝27首，然俱未录题名；编排上也未以诗体来分类，而是以作家和所处的时代为序来编排。

### （五）（明）姜南撰，（清）吴陈琰增补《通玄观志》2卷

卷首有姜南、田汝成、顾豹文等所作8篇序，上卷分为山水、建置、古迹、艺文4子目，下卷分为艺文、法派、敕牒、后跋4个子目。

---

① 《道藏（第一一册）》，文物出版社、上海书店、天津古籍出版社，1988年，第101页上。

② 任继愈主编：《道藏提要》，中国社会科学出版社，1991年，第433页。

全志 8 个子目中涉及文体分类和作品的有"艺文"（2 子目）、"敕牒"和"后跋" 4 个，其中"艺文"子目为绝对主体。上卷"艺文"目分类辑录诗歌，有五言古诗 14 首、七言古诗 13 首、五言律诗 45 首、七言律诗 87 首、五言绝句 28 首、七言绝句 84 首、词 6 首，总计 277 首；下卷"艺文"目分类辑录文记，有碑记 12 篇、记 5 篇、赋 1 篇、祷梦文 1 篇、序 5 篇、铭 11 篇、疏 6 篇、传 3 篇、墓表 1 篇、颂 5 篇、箴 1 篇、对联 13 副、像赞 10 篇，共计 74 篇（副）。"敕牒"目辑录宋代敕牒 2 篇，"后跋"目辑录跋 3 篇。全志录有五古、七古、五律、七律、五绝、七绝、词、碑记、记、赋、祷梦文、序、铭、疏、传、墓表、颂、箴、对联、像赞、敕牒、跋 22 种文体，共辑录作品 364 篇。编排上采用的是先按文体分大类，再在文体类属中以时间为序编次作品的方式。

**（六）（明）夏宾撰，杨廷筠增辑《灵卫庙志》1 卷**

卷首有杨廷筠《重修灵卫庙志序》和沈友儒《刻灵卫庙志引》，卷内收录御札 1 篇，告文 2 篇，碑记 5 篇，诰 1 篇，送神词 1 篇，跋 1 篇；"附录"部分收录记 2 篇，七律 3 首，疏 1 篇，题记 1 篇。全志录有序、御札、告文、碑记、诰、送神词、跋、七律、疏 9 种文体，共辑录作品 20 篇。[①] 因为作品较少，编排上采用的是文体分类，相次著录的方式。

---

[①] "引"这一文体据（明）徐师曾《文体明辨序说》："大略如序而稍为短简，盖序之滥觞也。"（详见（明）吴讷著，于北山校点：《文章辨体序说》；（明）徐师曾著，罗根泽校点：《文体明辨序说》，人民文学出版社，1998 年，第 136 页）即当为序之一体，此处不再另计。

## （七）（清）闻人儒撰《洞霄宫志》5卷

卷首有闻人儒、金志章、沈樾、吴作哲、周世恩、鲁曾煜所作6篇序。全志共有图考、沿革、山川、桥梁、古迹、宫观、祠官、道真、碑记、纪异、物产、诗咏（2子目）、补遗14个子目，其中涉及作品辑录的有"碑记""诗咏""补遗"4个子目。"碑记"目辑录碑记5篇、碣1篇、记18篇、揭匾语1篇、文1篇、序2篇，共计28篇。"诗咏"2目辑录五古30首、七古17首、五律67首、七律157首、五绝3首、七绝69首、六言律诗1首、六言绝句2首、步虚词10首，[①]共计356首。"补遗"目辑录五绝2首、像赞2篇、序1篇、偈1篇、入龛语1篇、封龛语1篇，共计8篇。全志录有五古、七古、五律、七律、五绝、七绝、六律、六绝、碑记、碣、记、揭匾语、文、序、像赞、偈、入（封）龛语17种文体，共辑录作品398篇。编排上主要采用以时为序的方法，未按文体来分类。

## （八）（清）朱文藻撰《金鼓洞志》8卷

卷首载朱文藻、潘世恩所作2篇序，载乾隆所作五古3首、五律4首、七律2首、五绝1首、七绝6首、赞1首，共计17首作品，卷尾附有赵来洲、张复纯所作2篇跋。全志正文共有仙迹、山水（上、下2子目）、院宇、院产、院规、邻庵、教祖、法嗣、外纪9个子目，其中并无其他道教方志设立的"碑记""题咏"之类的作品子目，而是将辑录的作品杂列于上述子目之中。编排上先是依从条目分类，条目之下再以时间、作者为序，先诗后文，编次作品，如卷二"山水

---

[①] 步虚词属于仙歌，实为诗歌之一体。《志》中所辑10首步虚词1首为五古、9首为五律，故下表统计时直接计入五古、五律类，不再单列步虚词一目。

(上)"即先以金鼓洞、金果泉、归云洞等条目分类,在金鼓洞等条目之下再以作者(或时序)先辑录诗歌,再附录记、赋等作品。"仙迹"目辑录吕祖画像题跋24篇、"飞来野鹤"题跋4篇、赞1首、七古2首、五律1首、七律2首、五绝1首、七绝1首,共计36篇作品。"山水"目辑录五古56首、七古6首、五律44首、七律29首、五绝11首、七绝10首、四古1首、词1首、记5篇、赋2篇(节录2篇)、铭1篇、解1篇、题名1篇,共计168篇作品。"院宇""院产""院规"目辑录五古11首、七古1首、五律18首、七律4首、五绝1首、七绝7首、词2首、疏1篇、碑记2篇、墓志铭1篇、叙1篇、楹联11副,共计60篇。"邻庵"目辑录五古24首、七古2首、五律19首、七律10首、记1篇,共计56篇作品。"教祖"目辑录五古1首、七古1首、词1首、记2篇、碑记24篇、传1篇,共计30篇作品。①"法嗣"目辑录七绝4首、传4篇,共计8篇作品。"外纪"目辑录五古1首、五律16首、七律2首、七绝6首、传3篇、敕牒2篇、序1篇,共计31篇作品。综而言之,全志录有五古、七古、五律、七律、五绝、七绝、四古、词、碑记、记、传、疏、赋、赞、墓志铭、序、题跋、楹联、敕牒、解20种文体,共辑录作品434篇。

### (九)(清)王维翰辑《委羽山续志》6卷

卷前载黄维诰、王维翰所作3篇序和啸道人1篇铭,志末附有王维翰1篇跋。全志正文共有"宫室""仙道""摭余""杂记""记文""杂文""题咏"(3子目)9个子目,其中涉及作品辑录的有"记文""杂文""题咏"5个子目。"记文"目辑录记20篇,"杂文"目辑录石

---

① 志中征引的丘处机弟子的10则碑记因引文过于简要,仅作考证之用,故未计入。

刻1篇、辨2篇、传1篇、赋7篇、辞1篇、偶语1篇、序3篇、跋1篇、疏2篇、引1篇、说1篇、题名1篇，共计22篇。"题咏"目辑录五古30首、七古15首、五律47首、七律71首、五绝15首、七绝30首、词1首，共计209首。全志录有五古、五律、五绝、七古、七律、七绝、词、记、辨、传、赋、辞、语、序、铭、跋、疏、引、说、题名20种文体，① 共辑录作品256篇。编排方式上各部分有所不同，"记文"目先以"大有宫""空明洞""文献书院""朱文公祠"等条目来排序，条目之下辑录的作品再以文体来归类；"杂文"目以文体分类来编排，"题咏"目则以时序来编排。

### （十）（清）章士坤原本，主持沈永青增补《吴山伍公庙志》6卷

卷前载金志章序1篇，卷末附记1篇。卷首载御制祝文1篇、金世行序1篇、说2篇、祭文2篇。全志正文部分共有"建置""历代褒封祀典""敕诏""古迹""本传""事实""艺文"（上中下3子目）"杂记""附录"11个子目。其中涉及作品辑录的有"敕诏""本传""艺文""附录"6个子目。"敕诏"目辑录敕谕1篇、诏1篇、制2篇，共计4篇。"本传"目辑录《史记》伍子胥本传。"艺文"目辑录碑铭3篇、记6篇、碑记4篇、论2篇、序2篇、青词1篇、庙文2篇、祝文6篇、祭文7篇、赋2篇、五古6首、七古4首、五律12首、五言排律1首、七律37首、五绝1首、七绝9首、词2首，共计107篇。"附录"目辑录碑铭2篇、碑1篇、记3篇、五古4首、七古2首、五律3首、七律6首、五绝4首、七绝2首、赞2篇，共计29篇（首）。全志录有五古、七古、五律、七律、五绝、七绝、五言排律、词、序、

---

① 《委羽山续志》"杂文"卷辑有《第二洞天石刻》一文，未标明文体。然观其文意，似属"记"体，故此处未另计为一文体。

祝文、说、祭文、敕、诏、制、传、碑记、碑铭、庙文、青词、论、赋、记、赞 24 种文体，共辑录作品 148 篇。体例编排上除"附录"目外，基本采用的都是以文体分类，再系以时序的方法。

上列 10 部道教方志，涉及道教山志、宫观志、祠庙志和诗文集四种类型，时间跨度由宋至清，在纵向和横向两个发展维度上都具有一定的代表性。以类相从，即能有所发现：

首先是道教山志。编纂于南宋后期的《金华赤松山志》，其体制短小，仅有传、制、诰、敕 4 种文体，各录 1 篇，且多为帝王文告，缺少文学意趣。虽然在少数细目下有征引诗作（如"二皇君祠"下附录范浚诗："灵祠千古余真迹，祠下老松高百尺。仙子骑鲸去不归，几回借问山中石。"[①]），但数量极少，多是作为条目的佐证材料，未独立成篇。作为浙江早期道教山志的代表，《金华赤松山志》可以说文学性很低，明显缺乏作品辑录观念和文体分类意识。编定于元代的《仙都志》是《金华赤松山志》的后继者，虽然在文体分类上只涉及 8 种文体，但全志单列有"题咏"分目，用以辑录唐宋元人诗歌，反映出了编者较为明显的作品辑录意识。清代《委羽山续志》共 6 卷 9 个子目，其中有 4 卷 5 个子目涉及作品辑录，相较《仙都志》，作品的比重有了大幅的提升。文体类型上也由 8 种增加到 20 种，辑录作品数量由 70 篇增加到 256 篇，且在"记文""杂文"目下都有文体分类的编排，其作品辑录和文体分类的意识较为明显。

其次是宫观专志。编于宋元之际的《洞霄图志》在文体分类上涉及 7 种文体，辑录作品 51 篇，如若扣除附录在人物后的 32 篇赞，其独立列录的作品实际只有 19 篇；篇幅上全志 6 卷中也仅有"碑记"1

---

[①] 《道藏（第一一册）》，文物出版社，上海书店，天津古籍出版社，1988 年，第 73 页下。

卷专列作品，比重较小。实际上从综稽的角度看洞霄宫专志应包含《洞霄图志》和《洞霄诗集》，两者并计的情况下，涉及的文体增加了四古、五古、七古、五律、七律、五绝、七绝 7 种，达到 14 种；作品数量上也增加了 441 首诗歌，总数达 492 篇，这样既体现了编者强烈的作品辑录意识，辑录作品数也完全可与其浙地宫观的翘楚地位相称。编纂增补于明清两代的《通玄观志》虽然只有上下 2 卷，却分有 8 个子目，绝大部分篇幅都是辑录的作品。更重要的是全志作品辑录采用的是完全按文体分类的形式，共涉及文体 22 种，作品 364 篇，无论是文体分类数，还是作品辑录数都达到了一个较高的水准，反映了编志者鲜明的作品辑录观念和清晰的文体分类意识。清代闻人儒纂辑《洞霄宫志》是在邓牧《洞霄图志》"散佚"的情况下广辑文献，重加修纂而成。相对于邓牧《洞霄图志》，闻《志》在子目上由 6 个增加至 14 个，其中与文学相关的子目增加了"诗咏"（2 子目）和"补遗"（1 子目），文体分类上由 7 种增加至 17 种，作品数量更是由 51 篇增至 398 篇。可以说《洞霄宫志》综稽了《洞霄图志》《洞霄诗集》两部道教方志，使得志书在体制上趋于完备。清代《金鼓洞志》是作品辑录方式较为独特的一部宫观专志，全志并未设置独立的记文和题咏分卷，而是将诗文附录在具体的仙迹、山水、院宇等 9 个子目之下的细目后，采用以迹系文、以景系文、以宇系文、以人系文等方式。《志》中虽然没有设立艺文分卷，但 20 种文体分类和 434 篇作品亦足以体现其较为成熟的艺文辑录和编排意识。《金鼓洞志》这种艺文编纂方式可能与朱文藻编纂地方志的观念相关。如朱文藻曾与张吉安修纂《余杭县志》，志中也未设立艺文分卷，而是将大量的诗文作品附录在山川、寺观分卷的细目之后，与《金鼓洞志》的作品附录方式同出一脉。如：寺观卷"径山寺"条目下即附有（宋）楼钥《径山兴圣万寿禅寺记》等 6

篇文记、碑记和 1 篇募疏，及（宋）范成大《题径山寺楼诗》等 12 首诗歌[1]；"洞霄宫"条目下附录（唐）吴筠《重修天柱观记》等 9 篇文记和吴筠《酬刘侍御过草堂诗》等 100 多首诗歌。[2]

再次是道教祠庙志和诗文集。灵卫庙肇自民间私祠，虽在明初列入官方祀典，但其影响力在当时仍是十分有限，这导致明代《灵卫庙志》所辑文体和作品数量较少，且多为官方文告或官方文记。清代《吴山伍公庙志》祀神为伍子胥，其影响力远超灵卫庙中所崇祀的朱、金、祝三人。伍公庙春秋时期既已立祠，唐宋以来，历朝崇祀不绝，属于官方崇祀最久的祠庙之一，在民间及士大夫群体中有极高的地位。因而，相比《灵卫庙志》，《吴山伍公庙志》所录文体和文本的数量由 9 种 20 篇扩大至 24 种 144 篇，文体上也是分类明晰，编排有体，展现出较为成熟的编纂体制。道教方志中的诗文集，受限于作品的数量和品类，其编纂形式相对较为简单，多数是以时间为顺序、以作者为分类来编排诗文，诗主而文辅，《四明洞天丹山图咏集》《洞霄诗集》都是这一情况。

综上而言之，道教方志在文体分类和作品辑录上表现出的总体趋势是：文体分类和作品辑录的意识逐渐增强，子目分类愈趋多样，体例安排渐成规制，规模越来越大；尤其是明清以来，这种特点越发明显。当然，这其中还涉及到道教方志的类属、编纂时代、编纂环境、编纂者、袭承关系等多重影响因素，所以有些道教方志情况会有不同，

---

[1] 详见《中国方志丛书·华中地方·第五六号》，成文出版社有限公司，1970 年，第 191～195 页上。

[2] 详见《中国方志丛书·华中地方·第五六号》，成文出版社有限公司，1970 年，第 207～218 页。很多地方志会单独设立艺文分卷，用以辑录诗文作品，如（清）杨正笋修，冯鸿模纂《慈溪县志》(《中国方志丛书·华中地方·第一九一号》，成文出版社有限公司，1975 年)，（清）苏遇龙修，沈光厚纂《龙泉县志》(《中国方志丛书·华中地方·第六〇六号》，成文出版社有限公司，1984 年) 等。

不能一概而论。

以类属而言，山志更重山水之乐和仙踪灵迹，作品题材选取上视野较为开阔；宫观专志则以宫观、法派为中心，辑录作品的主题相对而言更为集中；祠庙志则因其崇祀神灵及其与民间和官方的密切关系，文体分类与作品辑录相应习染了更多的官方崇祀色彩，敕、制、诰、祭文、祝文类的官方文体和祭祀文体相对收录较多。

以时代和编纂环境而言，宋代是方志的成熟期，"图经在质量上的突破，突出地表现在它开始挣脱古地理书传统范围的束缚，大量增加了历史和社会的内容，逐渐向兼记史地、统合古今的正式地方志过渡"[1]。道教方志也受其影响，表现出了这一过渡期的特点，如邓牧《洞霄图志》的命名及其条目的设置即与唐代杜光庭《洞天福地岳渎名山记》简单列目、综稽一卷的形式大为不同。明清两代是地方志的发展期和鼎盛期，无论是编修地方志的规模和数量，还是编纂体制和理论的成熟都远超前代。作为地方志类属之一的道教方志自然也不例外，迎来体例上的发展与完善，如"例言"的引入："明代方志的体例，较前代进一步完善。从现存的明代方志（主要是明后期的）来看，不少的志书，已有'凡例'。"[2] 作为交待编纂情况、确定体制规范的重要标志之一，（明）胡昌贤《委羽山志》、（清）王维翰《委羽山续志》、（清）朱文藻《吴山城隍庙志》等道教方志正文前皆增置凡例或例言，即印证了明清两代大规模修纂地方志的大环境对道教方志编纂的直接影响。虽然说宋元时期也有关注凡例、制定体例的官方行为，但与明清两代官方的修志规模和屡次颁降修志凡例、规范修志体制相比，其对地方志书修纂规范与指导的作用明显不及。明清道教方志在子目设

---

[1] 周迅：《中国的地方志》，商务印书馆，1998 年，第 88 页。
[2] 刘光禄：《中国方志学概要》，中国展望出版社，1983 年，第 35 页。

置、文体分类、作品辑录上相对优于宋元道教方志，其时代修志的大环境应该是一个重要的影响因素。

以编纂者而言，道士和士大夫不同的编纂身份也会决定道教方志在规制和文学性上的差异。即宫观道士囿于自身的学养，其编纂的道教方志相对较为简略，无论是文献的搜集辑录还是相关事实的考订都很难与饱读诗书的士大夫相提并论。如道士倪守约的《金华赤松山志》、陈性定的《仙都志》都极为简略，与胡昌贤《委羽山志》、王维翰《委羽山续志》在篇幅和体制上相差甚远。道士沈永青增补的《吴山伍公庙志》虽然体制规模上可算得上善本，但其编纂是建立在章士坍原本的基础上的，且与朱文藻《吴山城隍庙志》8卷15子目的规制相比又有一定的差距。其他如梅志暹、俞大彰《重阳庵集》与姜南、吴陈琰《通玄观志》的比较也是如此。此外，一些士大夫精通金石考订之学，还兼有地方史志修撰者的身份，如《通玄观志》的增补者吴陈琰曾修纂《望江县志》、著有《春秋三传异同考》《五经今文古文考》等，《金鼓洞志》的撰者朱文藻曾修纂《余杭县志》、著有《崇福寺志》《朗斋碑录》等，皆清代学问家，其方志修纂水平自非一般道士所能及。①

以承袭关系而言，作为前后相承的道教方志，后继者面对的相关文献积累相对于前志无疑更为充足，经过搜罗补辑，其志书规制也就更显完备。如清代闻人儒纂辑《洞霄宫志》，虽然未见邓牧所撰《洞霄图志》，但以他淹博的学识，"搜录记载，别卷分门，条晰井井，庶使披图开卷以览，举案可作卧游"②。《志》中既辑录有邓牧《洞霄图志》

---

① 前文已有相关论议，详见第一章第二节"道教方志的编纂"之"道教方志的编纂群体与编纂目的"所论。
② 张智、张健主编：《中国道观志丛刊续编（第17册）》，广陵书社，2004年，第14页。

曾收录的大量文记，又补充了其后元代至明清的大量诗文，无论是分目、文体还是作品，都较邓《志》有了极大的扩充。再如《通玄观志》，由姜南初编于明嘉靖年间，然"特草创云尔，未尽善也"。[①] 清康熙年间，吴陈琰增补旧志，一是拾遗补缺，搜集明嘉靖癸卯（1543）至清康熙年间的事迹、诗文，二是将旧志重新编排，分类厘定，定为上下二卷，这才有了今存 2 卷 8 子目、以文体分类编排、规制较为完备的《通玄观志》。

## 二、文体特点

道教方志所辑录作品的文体分类和作品数量是其文学性的主要体现，而基于道教方志独特的宗教学、史学兼具的特点，其辑录作品在整体状貌上既不同于普通道经，也有别于传统的方志和诗文总集。如与《真诰》《南斗延寿灯仪》《灵宝领教济度金书》等道经相比，道教方志往往较少辑录道教戒律科仪中的盟词、章、表、青词、牒文、告文等宗教性较强的公牍文体，偏重于辑录官方的敕、制、批、谕、祝文、祭文等文牒，表现出更为贴近社会现实的一面。与通志、府县志、诗文总集等相比，道教方志在辑录诗文题记等文学文体的同时，又辑录有法语、箴颂、募缘疏等宗教文体，展现其宗教属性的一面。因而，对道教方志文体的概貌进行研究，可以考虑结合所辑录文体，从文学文体、公牍文体和宗教文体三个层面来分类考辨、综合考量。

首先，我们以表格的形式将上述 10 部道教方志所辑录作品的统计情况按文与诗歌两个类属分别列示，比较归纳各部道教方志所辑录作

---

① 四库全书存目丛书编纂委员会编：《四库全书存目丛书·史部（第二四六册）》，齐鲁书社，1996 年，第 409 页上。

品的文体归属情况，寻绎其文体的类别及特点。诗歌辑录方面，以诗体论，六言诗、四言诗、杂言古诗因为作品数量较少，故不列入对照表；以方志论，《金华赤松山志》《洞霄图志》未辑录诗歌，《灵卫庙志》仅辑录 3 首诗歌，数量过少，故皆不列入"诗歌篇数对照表"。文、赋等辑录方面，《金华赤松山志》《仙都志》《四明洞天丹山图咏集》分别辑录有 4、4、5 篇，数量过少，亦不列入"文、赋等主要文体对照表"。

**浙江部分道教方志辑录诗歌篇数对照表**

|  | 五古 | 七古 | 五律 | 七律 | 五绝 | 七绝 | 词 | 总计 | 比重（%） |
|---|---|---|---|---|---|---|---|---|---|
| 仙都志 | 12 | 2 | 9 | 12 | 4 | 27 |  | 66 | 4.7 |
| 委羽山续志 | 30 | 15 | 47 | 71 | 15 | 30 | 1 | 209 | 14.8 |
| 四明洞天丹山图咏集 | 10 | 2 | 26 | 64 | 1 | 1 |  | 104 | 7.4 |
| 通玄观志 | 14 | 13 | 45 | 87 | 28 | 84 | 6 | 277 | 19.6 |
| 洞霄宫志 | 31 | 17 | 76 | 157 | 5 | 69 |  | 355 | 25.1 |
| 金鼓洞志 | 96 | 12 | 102 | 49 | 14 | 34 | 4 | 311 | 22.0 |
| 吴山伍公庙志 | 10 | 4 | 15 | 43 | 5 | 11 | 2 | 90 | 6.4 |
| 总计 | 203 | 65 | 320 | 483 | 72 | 256 | 13 | 1412 |  |
| 比重（%） | 14.4 | 4.6 | 22.7 | 34.2 | 5.1 | 18.1 | 0.9 |  |  |

从《诗歌篇数对照表》可以看出，在参与比较的 7 部道教方志中，以文体而论，辑录诗歌作品数量由多到少的诗体分别为七律、五律、七绝、五古、五绝、七古和词。七律的比重最高，为 34.2%，超过了诗歌总数的 1/3；五律的比重同样很高，达到 22.7%，二者合计达到 56.9%，超过诗歌总数的一半，从中不难看出创作者对律诗的重视与偏爱。而在古体和绝句中，则出现了较大的反差，五古、七绝的比重分别大大超过七古和五绝。与诗相比，词的比重微不足道，仅占 1/100 不到。以方志类型而论，辑录诗歌作品数量由多到少的是宫观专志、道教山

志和祠庙志。相对而言，道教宫观中的道士更为着意于诗文搜集整理和方志编纂以提升宫观的影响力，这是形成这一现象的重要影响因素。

**浙江部分道教方志辑录文、赋等主要文体篇数对照表**

| | 碑记 | 题跋 | 记 | 传 | 疏 | 序 | 赋 | 铭 | 赞 | 偈颂 | 制敕诰 | 祭文 | 总计 | 比重（%） |
|---|---|---|---|---|---|---|---|---|---|---|---|---|---|---|
| 委羽山续志 | | 2 | 21 | 1 | 2 | 6 | 7 | 1 | | | | | 40 | 12.2 |
| 洞霄图志 | 1 | 2 | 10 | | | 3 | | | 32 | | | | 48 | 14.6 |
| 通玄观志 | 12 | 3 | 5 | 3 | 6 | 13 | 1 | 11 | 10 | 5 | 2 | | 71 | 21.6 |
| 洞霄宫志 | 5 | | 18 | | | 9 | | | 2 | 1 | | | 35 | 10.6 |
| 金鼓洞志 | 26 | 30① | 8 | 8 | 1 | 3 | 2 | 1 | 2 | | | | 81 | 24.6 |
| 灵卫庙志 | 7 | 1 | 2 | | 1 | 2 | | | | | | | 13 | 4.0 |
| 吴山伍公庙志 | 4 | | 10 | 1 | | 4 | 2 | 5 | 2 | | 4 | 9 | 41 | 12.5 |
| 总计 | 55 | 38 | 74 | 13 | 10 | 40 | 12 | 18 | 48 | 6 | 6 | 9 | 329 | |
| 比重（%） | 16.7 | 11.6 | 22.5 | 4.0 | 3.0 | 12.2 | 3.6 | 5.5 | 14.6 | 1.8 | 1.8 | 2.7 | | |

从《文、赋等主要文体篇数对照表》可见，在参与比较的 7 部道教方志中，以文体而论，辑录作品数量由多到少的分别为记、碑记、赞、序、题跋、铭、传、赋、疏、祭文、偈颂、制敕诰。实际上，"记"重在文体特征上的界定，"碑记"则重在表现形式（立碑）和现实功用上的界定，在很多情况下二者存在包容互摄的关系，即碑记中的记述功德和建筑物兴建始末等类可以纳入记，记中取以摹刻立碑者也可以纳入碑记。所以若将记和碑记视作一类，则二者在 12 种文体中的比重将达到 39.2%，无疑是应用最广、最为创作者喜爱的文体。道

---

① 《金鼓洞志》所录题跋中一些篇目实际兼为"赞"体，如"竹冠在首，一钱在手。回道人相，若无若有。何处认云房真派，顶上醍醐翻北斗。道末吴尔成敬赞。"（详见胡道静、陈耀庭、段文桂等主编：《藏外道书（第二〇册）》，巴蜀书社，1994 年，第 196 页上）此处以题跋归类，不再重复计入赞类中。

教方志在辑录序、题跋文本之外，编纂者还热衷于延请名流为所纂方志撰写序文和题跋，以提高其影响力，因而序、题跋也是道教方志中不可或缺的文体。如《通玄观志》16篇序跋中，与方志本身相关的，卷前即有8篇序，卷末有3篇跋，正文中收录的序实际仅有5篇。赞虽然比重较高，实际主要基于《洞霄图志》"人物门"中各高道大德后附录的32篇赞辞，并不能代表所有道教方志。其他如偈颂、铭、制敕诰等在分布上也存在过于集中于一二部道教方志的问题，同样代表性不足。疏与赋的相对比重较小。以道教方志类型而论，除却时代、作者等因素，《通玄观志》《金鼓洞志》类宫观专志相对而言辑录的作品数量较多。

在分类统计的基础上，我们再结合一些未加统计的文体，从文学文体、公牍文体、宗教文体三个层面对一些有代表性的文体进行分析。这里所说的文学文体包括诗歌、记、碑记、序、题跋、疏、赋等，公牍文体包括制、敕、诰、御札等，宗教文体包括法语、上梁文、送神词、祷梦文、青词、步虚词等。当然，三类文体只是约略划分，其中不乏跨类或兼类的文体，如宗教文体中的步虚词多以五古、五律等形式写就，从形式上亦可归于文学文体中的诗歌类；祭文、祝文则可根据其创作主体、诵读主体（官方或道士）的不同，可归入公牍文体或宗教文体，等等。

## （一）文学文体（诗）

### 1. 五言古诗、七言古诗

五言古诗是道教方志中辑录作品数量较多的诗体之一，数量上远超七言古诗。"五言古诗是汉、魏时期形成的一种新诗体，每句五个字，用韵自由，没有固定的格律，不拘句数，不讲究平仄，既不同于汉代乐府歌辞,也不同于唐代的五言近体律诗和绝句。"① 道教方志偏爱五言古诗的主要原因当与其形式自由,便于抒发感情,易于容纳更多的内容等有关。如林景熙的《大涤洞》:

  古洞绝人寰,一径耸天柱。自从两目来,有此洞天古。奇石千万姿,元不费神斧。帝敕守六丁,山夔孰敢侮?白昼中冥冥,游者必持炬。或绚若霞敷,或蹙若波诡。或坚若旌幢,或悬如钟鼓。或虎而爪踞,或凤而翔舞。异状纷献酬,清音起击拊。不知金堂仙,恍惚在何许?褰衣下侧径,层岚结琼乳。径极蟠转深,幽潭蓄风雨。少容童竖入,恐触蛟龙怒。凛乎不可留,长啸出岩户。②

首句总写大涤洞独标人世的地理位置,"绝人寰"三字总领全诗。次句交待大涤洞的由来——发源天目,历史悠远。三、四句叙写大涤洞的灵异天成,其中第三句承前以奇石千万不需鬼斧神工来印证古洞的自然天成,第四句则以道教"六丁神"和上古独角怪兽"山夔"镇守山洞,来增添大涤洞的神异色彩。五句为过渡句,以大涤洞在昼犹昏、游者持炬游历渲染大涤洞的幽冥环境,使全诗由洞天的介绍转入到作者(游者)的游赏。六、七、八三句俱以"或"字领起,以"若"字结撰,连用六个比喻来描绘大涤洞中奇石的姿态;句子节奏也有所变化,顿折而富有散文的特点,风格转为拗矫古拙。九句以"异状纷献酬"总结奇石姿态,并补充了敲击奇石而清音叠发,形、声兼备,直

---

① 曾枣庄:《中国古代文体学·中国古代文体分类学(下卷)》,上海人民出版社,上海书店出版社,2012年,第388页。
② 张智、张健主编:《中国道观志丛刊续编(第17册)》,广陵书社,2004年,第308—309页。

入心曲，让人油然而生第十句中俨若置身仙洞的恍惚感。十一、十二句写洞中深处的场景，钟乳高结，幽潭静处。大涤洞为历代帝王投龙简之所，地位极高，故十三、十四句承前以投龙简生发，极言唯恐激怒蛟龙，不敢久留凛然之境的心绪，接以出洞长啸来收束游程。

综合而言，全诗从层次上大致可以分为前后两个部分，前部写洞霄宫的坐落、由来和神异，后部写作者等人的游历。摹景纷繁万状，绘情宛若身历，用语上则诗体中杂入散文笔法，齐整中有拗矫，古拙而生新，十四句的较长尺幅以铺叙的笔调将游程及游历的情态描写得非常详细。另《洞霄图志》卷三"洞府门""大涤洞"条载："洞门石鼓广可寻丈，扣之逢逢有声。自此上下，皆平如划削。两旁崖石委曲，夹道中间一石若柱倒悬，因以'隔凡'名之。过柱一穴如窦，内阔丈余，中有圆井无底，惟闻浪浪水声，乃历代朝廷遣使投龙璧之处也。……今洞中石润如玉，作苍黑色，行路屈折，仅通人，至'隔凡'而止。每投龙简，则命童子穿窦以入，云其中深杳不可测也。"[①] 以之为据，则诗中的"奇石""击拊""幽潭""童竖"等语皆班班可证，说明全诗是以写实为主的。

（明）梁桥在论及五言古诗的文体特点时称："五言古诗，或兴起，或比起，或赋起，须要寓意深远，托辞温厚，反复优游，雍容不迫。或感古怀今，或怀人伤己，或潇洒闲适。……大抵五言古诗，所养浩荡，所见鲜明，所取精微，所用轻快。"[②] 依其所见，五言古诗平和温厚，纡徐雍容，便于抒写，适合抒发怀古、感伤、闲适之乐的主题，能适用于多数诗题。道教方志中较多辑录这类作品，应与它的这一诗

---

① 《文渊阁四库全书（第五八七册）》，台湾商务印书馆，1986年，第422页下～423页上；"作苍黑色"原文为"竹苍黑色"，此据知不足斋丛书本正之。
② 曾枣庄：《中国古代文体学·明代文体资料集成（附卷二）》，上海人民出版社，上海书店出版社，2012年，第207页。

体特点相关。

  七言古诗以七字句式为主体，相比五言古诗，容量更大，形式更为灵活。① 梁桥对七言古诗也有论述："七言古诗，贵清壮奇丽，确深浑厚。……要铺叙，要有开合，有风度，要迢递险怪，雄俊铿锵，忌庸俗软腐。……大要古诗七言，所养浩优，所见详明，所取奇崛，所用峭绝。"② 相较五言古诗的温厚雍容、叙事婉转、抒情条畅，七言古诗更为注重诗句的跳脱变化，结构的开合有度和风格的清壮奇崛。虽然七言古诗也可以适用于怀古、感伤、闲适之类的题材，但在创作上无疑更为强调避俗出新，创作难度更高。道教方志辑录七古作品相对较少即可能与创作者较难驾驭此类诗体有一定的关系。正如（清）田雯所言："大约作七古与他体不同，以纵横豪宕之气，逞夭矫驰聚之才，选材豪劲，命意沉远；其发端必奇，其收处无尽，音节琅琅，可歌可听。如老将用兵，满山弥谷，结率然之阵，中击不断，而壁垒一新，旌旗改色，乃称无敌。"③ 可见，没有豪宕的气度、出色的选材和匠心独具的构思用语是难以写出让人称道的七古作品的。如（清）王士禄的《紫云洞歌》：

---

  ① 曾枣庄：《中国古代文体学·中国古代文体分类学（下卷）》称七言古诗与七言歌行二者渊源不同，七言古诗是"七律产生之后别立的诗体"，七言歌行是"汉魏以来七言乐府诗歌自然的发展"，但因七言古诗"既有齐言，也有杂言，与乐府诗不易区别，不同总集对同一首诗往往既作为乐府诗，又作为古诗收"。（详见曾枣庄：《中国古代文体学·中国古代文体分类学（下卷）》，上海人民出版社，上海书店出版社，2012年，第393页）限于学力，本文将七言歌行纳入七言古诗一并统计，不作细致区分。
  ② 曾枣庄：《中国古代文体学·明代文体资料集成（附卷二）》，上海人民出版社，上海书店出版社，2012年，第207～208页。
  ③ 曾枣庄：《中国古代文体学·清代文体资料集成（一）（附卷三）》，上海人民出版社，上海书店出版社，2012年，第371页。

锟铻割云鬼夜哭,坠向空山结灵屋。紫光晔晔蒸神砂,覆釜谽谺压坤轴。倒悬两笏支崩骞,互启双门纳光煜。我来正当赤驭翔,踏藓扪苔失炎燠。飒沓居然灵异栖,幽深恐有蛟龙伏。垂垂玉乳金壶倾,神漤天浆恣渗漉。饭泥定可敌商芝,煮石何须燃楚竹。公和自昔爱幽栖,叔夜由来少仙福。振衣回策萦心魂,长啸悠然响林木。①

起笔三句即以奇妙的想象描写了紫云洞奇幻的环境,"锟铻""灵屋""神砂""覆釜""两笏""双门"等意象的组合不落凡俗,既突显了强烈的宗教灵异色彩,也与紫云洞众石林立、一窍中空的自然景致相吻合。第四句转接过渡,写作者的游洞之旅,以"赤驭"高翔描绘烈日当空,意在出新。五、六、七、八句写紫云洞的景象以及作者对隐者栖居生活的畅想,蛟龙、玉乳、天浆、饭泥、煮石等意象同样构筑出一个幽静迷离、幻异出尘的"仙福"修生环境。结语亦以萦怀难忘、长啸返程收束全篇。同为游洞之作,与林景熙的《大涤洞》诗相比,此诗风格豪迈奔放,用语更为新异、想象也更为丰富。当然,与林诗下笔纡徐雍容、用语谨重妥帖的抒写相比,此诗在灵幻色彩有余的同时又不免因用语求新而生"隔障"之弊,斧凿痕迹较为明显,诗的整体艺术性是不及前者的。

**2. 五律、七律**

五言律诗、七言律诗属于近体诗。作为律体,它们在句数和字数

---

① 胡道静、陈耀庭、段文桂等主编:《藏外道书(第二○册)》,巴蜀书社,1994年,第226页上。

的统一、押韵、平仄、对仗等方面都有严格的要求。① （明）吴讷在《文章辨体序说》中称："大抵律诗拘于定体，固弗若古体之高远；然对偶音律，亦文辞之不可废者。故学之者当以子美为宗。其命辞用事，联对音律，须取温厚和平、不失六义之正者为矜式。若换句拗体、粗豪险怪者，斯皆律体之变，非学者所先也。"② 律诗文体上的最大特点在于"定体"，全诗首、颔、颈、尾四联八句，格律上有仄起仄收、平起平收、平起仄收、仄起平收四种句式，中间颔、颈两联讲求对仗，对句、出句间要求黏连，多以平声韵一韵到底。风格上以温厚平和为正体，以粗豪险怪、跳脱拗矫为别调。从篇幅上说，律诗四联八句的尺幅介于古体与绝句之间，"长短适宜"，适合表达多数有"节制"的情与事。从体式上说，律诗首、颔、颈、尾四联分任起、承、转、合之作文四要，既便于作者学习掌握基本技法，又能在约束中体现作者的才性，穷极变化之妙。因而，相对于古体的长篇而自由的体式，律诗更为诗歌创作者所偏爱。试看两首游通玄观之作：

曾到桃源境，清虚道士家。松间挂猿狖，洞口锁烟霞。相见情如故，堪嗟鬓已华。何时谢尘俗，同看碧桃花。（李俊《游通玄观》）③

洞府孤高薜荔封，我来清夜一扶筇。香生丹井千年草，阴覆瑶台百尺松。客子吟诗山月白，道人吹笛露华浓。蓬壶

---

① 道教方志中辑录的五言排律、七言排律作品较少，此处所论律诗仅指八句之五律、七律，未计入排律。

② 曾枣庄：《中国古代文体学·明代文体资料集成（附卷二）》，上海人民出版社，上海书店出版社，2012年，第82页。

③ 四库全书存目丛书编纂委员会编：《四库全书存目丛书·史部（第二四六册）》，齐鲁书社，1996年，第422页上。

莫漫求东海，应在吴山第一峰。（柴祥《游通玄观》）[1]

  李俊的诗首联领起，点明游历的主题。颔联承首联"清虚"二字，以猿狖挂树、烟霞锁洞绘就道院的清幽景象。颈联则由景及人，故人再次相见，两鬓各已斑白，时光流逝，物是人非。尾联回扣首联"桃园境"三字，以游观感怀收束，归结整个游程；期望自己能早日谢绝尘世俗务，与道士老友同隐一处，闲看花开花落，殷殷期盼中其流连忘返之意和为俗务所牵累而不得已离去的惜别之情跃然纸上。

  柴祥的诗也是首联点题，通玄洞府孤高幽处，薜荔横封，作者乘着夜色扶杖登临。颔联承"薜荔封"三字，以丹井中千年异草散发香气和百尺青松影遮瑶台说明洞府的幽处与古老。颈联暗合"孤高"，由境象转入人事，描写了作者与道人吟诗奏乐的唱和之乐，月白露浓，声乐相合，如真似幻，肝肺皆冰雪。尾联以无需求仙蓬莱，吴山即可通神来收束全篇，别开新意，将游赏之乐升格为恍若求仙的更高层面的感受。

  两首《游通玄观》诗，五律、七律诗体虽异，在起承转合的法度上却是相同的。（元）杨载《诗家法数》有云："五言七言，句语虽殊，法律则一。起句尤难，起句先须阔占地步，要高远，不可苟且。中间两联，句法或四字截，或两字截，须要血脉贯通，音韵相应，对偶相停，上下匀称。有两句共一意者，有各意者。若上联已共意，则下联须各意，前联既咏状，后联须说人事，两联最忌同律。颈联转意要变化，须多下实字，字实则自然响亮而句法健。其尾联要能开一步，别

---

[1] 四库全书存目丛书编纂委员会编：《四库全书存目丛书·史部（第二四六册）》，齐鲁书社，1996年，第428页下。

运生意结之，然亦有合起意者，亦妙。"① 杨载的总结可谓道出了个中肯綮。

当然，五律、七律法度虽通，毕竟七律相较五律，每句多出了两个字，因而在总体风格上还是存在差异的。其中的要点也可从五古、七古的不同中引申而来，即五律贵温厚，七律贵清壮。亦如（明）梁桥所论：

> 凡作五言律诗，先须澄静此心。如春江无风，湛绿千里，万象森列，皆有温厚平远之意。就其中择取事情极明莹者而用之，务要涵养宽平，不可迫切。……七言律诗难于五言律诗，七言下字较粗实，五言下字较细嫩。凡作七言律，须字字去不得方是。……七言律诗贵声响，贵雄浑，贵铿锵，贵伟健，贵高远。凡作七言律诗时，须真情推发到奇绝处用之，以声律为窍，物象为骨，意格为髓，起承转合，联属流动。②

五言律诗创作重在涵养，待意绪平和后，择取简明事象，徐徐展开；七言律诗创作则重在格调振起，待情动于衷，悱而待发时，择取明丽事象，意随笔转，朗朗有声。

**3. 五言绝句、七言绝句**

古人多视绝句为"截句"，即认为绝句由律诗截断而来，其诗体也由律诗而生。有截取首、颔二联的，则后二句对仗；有截取颔、颈二联的，则句句对仗；有截取颈、尾二联的，则首句对仗；有截取首尾

---

① 张应中：《怎样写古诗词》，商务印书馆国际有限公司，2015年，第125页。
② 曾枣庄：《中国古代文体学·明代文体资料集成（附卷二）》，上海人民出版社，上海书店出版社，2012年，第205页。

二联的，则全诗不用对仗。与律诗相关联，五绝、七绝在法度上，同样讲求平仄和起承转合，囿于句式的数量，承担转接的第三句往往最为关键。如（明）吴讷《文章辨体序说》所论："周伯弢又云：'绝句以第三句为主，须以事实寓意，则转换有力，涵蓄无尽。'由是观之，绝句之法可见矣。"① 兹以（宋）杜范和范宗尹的《游委羽山》为例：

莫讶青山小，山因洞得名。仙人骑鹤去，留迹在空明。（杜范）

暂到山中礼法坛，空明云气逼人寒。当年孤鹤知何处？遥想天风坠羽翰。（范宗尹）②

杜诗首句以"莫讶"起笔，说明委羽山作为道教十大洞天的第二洞天，实际上只是一坐小山，名实难副但不必惊讶，点题的同时激疑起思。二句承首句的"莫讶"，解释原因：山不在高，有仙则名。"委羽洞，在山之东北。按：《十大洞天记》云，第二为委羽山洞，周回一万里，名大有空明之天，在台州郡。司马季主为大有真人所理，一云青童君主之。"③ 有洞而有仙，"山因洞得名"即从此化出。三句从委羽山之声名转到委羽山仙迹的抒写，由山到仙，紧扣周代刘奉林（大有真人）炼丹服食，驾鹤升天，遗落鹤羽于山顶的神异事迹而生发，正所谓"须以事实寓意，则转换有力，涵蓄无尽"。末句承前收束，以

---

① 曾枣庄：《中国古代文体学·明代文体资料集成（附卷二）》，海人民出版社，上海书店出版社，2012年，第83页。
② 张智、张健主编：《中国道观志丛刊续编（第19册）》，广陵书社，2004年，第63、61页。
③ 张智、张健主编：《中国道观志丛刊续编（第19册）》，广陵书社，2004年，第17页。

仙迹尚留空明之天的景象引人遐思，言有尽而意无穷。范诗首句以入山礼坛起笔，从作者行迹的视角出发，为诗歌奠定了注重主观感受的基调。二句承"山中"描写空明之天的物象，云气萦绕，寒意逼人。三句由人世行迹转接到仙灵故事，同样以刘奉林事迹为题材，但将焦点集中在孤鹤身上，询其行迹，出人意表。末句承前作答，以"遥想"收束，神游追思的意绪溢于言外。

两首绝句，题材相同，切入手法各异，五绝重在客观陈述，一二句构成问答关系；七绝重在主观感受，三四句构成问答关系。而起承转合，由第三句生发的取向则是一致的。作为"截句"，截取诗句的具体位置也很重要。此二诗没有对仗，以"截句"论当截取的首尾二联，其起承转合的痕迹较为明显。若截取颔、颈二联，则往往未必如此，如杜甫的《绝句》"两个黄鹂鸣翠柳，一行白鹭上青天。窗含西岭千秋雪，门泊东吴万里船"，全篇皆用对仗，视角由近而远，由远而近，情感则由欢快转至感伤，但其承转的痕迹都潜藏在物象之中，没有如此之明显。就诗体风格来说，五绝、七绝也是承五律、七律而来，带有律体的特征：五言绝句多语短情长，纡徐有致，朴质温厚；七言绝句则句少意多，节奏明快，词采华艳。（明）梁桥云："五言绝句撇情入事，七言绝句掉景入情，当知有此不同。或云五言绝句主情事，七言绝句主意事。"[①] 可备一说。当然，五、七言绝句文体特征上的不同只是粗泛而论，实际创作中二者之间并非如此壁垒森严。

古人论诗，多言七言难于五言，如（明）宋绪云："七言律难于五言律。自唐沈佺期、宋之问倡而为之，研练精切，稳顺声势，殆变陈、

---

[①] 曾枣庄：《中国古代文体学·明代文体资料集成（附卷二）》，上海人民出版社，上海书店出版社，2012年，第203页。

隋委靡之陋，学者宗之，号曰'近体'。"①（明）梁桥云："七言与五言微有分别。七言造句差长，难饱满，易疏弱，前后多不相应。自唐人工此者亦有数，可以为难矣。"② 但也有持不同看法的，如（清）贺贻孙，他在《诗筏》中论到：

> 严仪卿谓"律诗难于古诗"。彼以律诗敛才就法为难耳，而不知古诗中无法之法更难。且律诗工者能之，古诗非工者所能，所谓"其中非尔力"，则古诗难于律诗也。又谓"七言律诗难于五言律"，彼谓七言律格调易弱耳，而不知五言律音韵易促也。五字之中，铿然悠然，无懈可击，有味可寻，一气浑成，波澜独老，名为坚城，实为化境，则五言律难于七言律也。若"绝句难于八句，五言绝难于七言绝"，二语甚当。惜未言五言古难于七言古耳。③

在贺氏看来，以同类诗体而论，五古难于七古，五律难于七律，五绝难于七绝。以五言字数少于七言，"音韵易促"，营造浑然天成之作自然难于字数更多、易于变化、包容量更大的七言。以绝句和律体而论，贺氏认为"七言绝所以难于七言律者，以四句中起承转结如八句，而一气浑成又如一句耳"。④ 也是从少而难、务求浑融无迹的角度来论

---

① 曾枣庄：《中国古代文体学·明代文体资料集成（附卷二）》，上海人民出版社，上海书店出版社，2012年，第55页。
② 曾枣庄：《中国古代文体学·明代文体资料集成（附卷二）》，上海人民出版社，上海书店出版社，2012年，第205页。
③ 曾枣庄：《中国古代文体学·清代文体资料集成（一）（附卷三）》，上海人民出版社，上海书店出版社，2012年，第17~18页。
④ 曾枣庄：《中国古代文体学·清代文体资料集成（一）（附卷三）》，上海人民出版社，上海书店出版社，2012年，第16页。

证的。

诗体创作难易之论，数据统计也许可以部分地说明问题。这方面，古人已有论述，如（宋）洪迈在《容斋三笔》中称："予编唐人绝句，得七言七千五百首，五言二千五百首，合为万首，而六言不满四十，信乎其难也。"[①] 即以六言诗数量之少归结其诗歌创作的不易。当然，这一论断没有考虑到五、七言诗体作为诗歌主体的流行因素，未为确论。王兆鹏、孙凯云的《寻找经典——唐诗百首名篇的定量分析》一文，以现代定量分析的科学方法，"对历代有代表性的唐诗选本、评点资料和当代唐诗研究论文等三个方面的数据进行统计并加权计算，排列出唐诗百首名篇的排行榜，以寻找历代读者所认定的经典名篇。"[②] 其中关于体裁分布的一些数据统计可以为本文的论证提供参考：

> 百首名篇中，长篇歌行和古体诗共计20首（其中歌行6首、乐府8首、七古3首、五古3首），占2成；律诗共39首（七律18首、五律21首），约占4成；绝句共42首（七绝32首，五绝10首），占4成。
>
> ……
>
> 近人施子愉曾对《全唐诗》中存诗一卷以上的诗人诗作进行过统计，其总篇数为33952首，其中五七言古诗7264首（五言古诗5486、七言古诗1778首），占21%；五七言律诗15474首（五言律诗9571，七言律诗5903首），占45%；五七言绝句9210首（五言绝句2140，七言绝句7070首），占

---

① 曾枣庄：《中国古代文体学·先秦至元代文体资料集成（附卷一）》，上海人民出版社，上海书店出版社，2012年，第695～696页。
② 王兆鹏、孙凯云：《寻找经典——唐诗百首名篇的定量分析》，《文学遗产》2008年第2期，第40页。

27%；五七言排律 2004 首（五言排律 1934，七言排律 70 首）。律绝多，供选择的余地就大。

在百首名篇中，古体占 2 成，律诗占 4 成，绝句占 4 成，与《全唐诗》的诗体总量分布基本相同，只有绝句，二者所占比例不一，《全唐诗》中绝句所占比例不到 3 成，而在百首名篇中绝句占到了 4 成，这说明，绝句格外受人欢迎。①

文中确定的百首唐诗名篇，古体 2 成，律诗 4 成、绝句 4 成，与本文古体 19%、律诗 57%、绝句 23%（律绝相合）的数据统计相近；所引施子愉对《全唐诗》的统计，古诗 21% 和律诗 45%、绝句 27% 的比例则与本文的统计更为相合；两类统计中五古和七古、五绝和七绝的反差较大，也与本文中的统计比值相当。"看来，唐诗中易诵易记的短篇绝句和律诗要比长篇歌行乐府等古体诗更受人们的欢迎和喜爱。就诗歌的流行性而言，短制优于长篇。"② 道教方志作为文学作品的辑录集，某种意义上也可视为诗歌的选本，其中诗歌作品的辑录和诗体的比重应与诗体创作和流行的大环境相关联，这三份统计属性的相合性即可视作这一关联的表现。而就不同诗体创作的难易程度来说，除却流行性等因素，《全唐诗》的大数据统计似乎更能说明问题，即七言古诗难于五言古诗，七言律诗难于五言律诗，五言绝句难于七言绝句，其中五古与七古、五绝与七绝数量间的巨大差距更能说明两种诗体创作难易程度的差距。

---

① 王兆鹏、孙凯云：《寻找经典——唐诗百首名篇的定量分析》，《文学遗产》2008 年第 2 期，第 48～49 页。
② 王兆鹏、孙凯云：《寻找经典——唐诗百首名篇的定量分析》，《文学遗产》2008 年第 2 期，第 48 页。

## (二) 文学文体（文、赋）

**1. 记**

记是用于记事，以叙事为主的一种文体。（宋）王应麟《辞学指南》称"西山先生（蔡元定）曰：'记以善叙事为主，前辈谓《禹贡》《顾命》乃记之祖。'以其叙事有法故也。后人作记，未免杂以论体"[①]，指出记在文体发展过程的变化情况，即由最初的记事、记叙发展到后来的掺杂议论，记也就有了记事为主的正体和增入甚至以议论为主的别体两种形式。（明）吴讷《文章辨体序说》对这一流变作了考察："记之名，始于《戴记》《学记》等篇。记之文，《文选》弗载。后之作者，固以韩退之《画记》、柳子厚游山诸记为体之正。然观韩之《燕喜亭记》，亦微载议论于中。至柳之记新堂、铁炉步，则议论之辞多矣。迨至欧、苏而后，始专有以议论为记者，宜乎后山诸老以是为言也。"[②] 如其所论，记之名出现很早，而《文选》未载其文，说明当时作为文学文体之一的记并不流行。记的正体定格，始于唐代的韩、柳，记中掺杂议论的变体其实也是在韩、柳确立正体之时露出端倪。专以议论为主的记之别体是由宋代欧阳修、苏轼擎其旗帜，而后发扬光大的。

文体本就有一个长期发展变化的过程，记在开始虽以叙事为本体，但随着别体的出现和增多，古人对记的本体与别体的看法便不再执守藩篱，而是能针对记叙的对象或应用的场合给予一定的理解与说明。

---

[①] 曾枣庄：《中国古代文体学·先秦至元代文体资料集成（附卷一）》，上海人民出版社，上海书店出版社，2012年，第914页。

[②] 曾枣庄：《中国古代文体学·明代文体资料集成（附卷二）》，上海人民出版社，上海书店出版社，2012年，第74页。

如（明）吴讷虽倡言韩愈纯叙事的《画记》为记体之正，又提出"大抵记者，盖所以备不忘。如记营建，当记日月之久近，工费之多少，主佐之姓名，叙事之后，略作议论以结之，此为正体。至若范文正公之记严祠，欧阳文忠公之记昼锦堂，苏东坡之记山房藏书，张文潜之记进学斋，晦翁之作《婺源书阁记》，虽专尚议论，然其言足以垂世而立教，弗害其为体之变也"①，认为营建之记，文末杂以议论乃为正体，对范仲淹、欧阳修、苏轼、张耒、朱熹创作的一些专尚议论的记文，则从"垂世立教"的儒教济世观念出发，肯定其作为变体的合理性。（清）唐彪也是从营建之记的本体出发，为记中的议论张目："或言作记一着议论，即失体裁，此言非也。凡记名胜山水，点缀景物，便成妙观，可以不着议论。若厅堂亭台之记，不着议论，将何以说？撰成文字，若栋若干，梁柱若干，瓦砖若干，便足以成文字乎？噫！不思之甚矣。"② 在其看来，记据其记叙的对象而在文体风格上有所区分，传统所言以叙事为正体的记乃山水游记之类，而涉及营建之类的记，议论则是不可少，若无议论，反非正体。由叙事、议论生发，记还可从一些独特的表现手法、体式安排和适用对象进行划分，如（明）徐师曾所言："又有托物以寓意者，有首之以序而以韵语为记者，有篇末系以诗歌者，皆为别体……此外又有墓砖记、坟记、塔记，则皆附于墓志之条，兹不复列。"③ "托物寓意"为表现手法，以序开篇以韵语为记、篇末系诗为体式安排，墓砖记、坟记、塔记为适用对象，徐

---

① 曾枣庄：《中国古代文体学·明代文体资料集成（附卷二）》，上海人民出版社，上海书店出版社，2012年，第74页。
② 曾枣庄：《中国古代文体学·清代文体资料集成（一）（附卷三）》，上海人民出版社，上海书店出版社，2012年，第183页。
③ 曾枣庄：《中国古代文体学·明代文体资料集成（附卷二）》，上海人民出版社，上海书店出版社，2012年，第273页。

师曾从三个不同的角度对记的别体进行了划分。实际上,从适用对象的角度看,营建立碑之记尤其多,应是记的最为主要的形式之一。

(宋)王应麟称:"记、序以简重严整为主,而忌堆叠窒塞;以清新华润为工,而忌浮靡纤丽。"①王应麟强调记在文体风格上崇尚叙事简要,线脉清晰,语言清新雅洁。创作记文,在材料上要善于取舍编排,做到详略得当,重点突出,不必面面俱到;用语上则要善于精减,言约义丰,以短篇涵容为宜。

据前文统计,7部道教方志中以"记"名篇的有74篇,占文体统计总数的22.5%,加之以碑记名篇的55篇,实际数量为129篇,文体比重达39.2%。②无论是单以记统计还是记与碑记合并统计,在文体分类中的比重都是最高的。道教方志中的"记"依其内容主要可以分为三种类型:一为营建之记。教徒最为重视宫观屋宇的兴建与修缮,存史、志庆、铭记感恩乐施者、激励警喻后继者,种种需要,故道教方志中辑录此类文记数量最多。如《通玄观志》中辑录的19篇志,为营建之记的即有刘敖《创建通玄观碑记》、邹虞《三清殿碑记》、林澜《建玉晨阁记》等13篇记,占其记文总数的68.4%。二为名胜山水之记。或介绍山水景致,或叙述山水游历,如《金鼓洞志》所录钱栻《金鼓洞记》,何琪、张傅、赵晋所作的三篇《游金鼓洞记》。三为行事之记。记叙相关的思想言论、历史事实或灵异事件等,如《通玄观志》所录毛奇龄《通玄观崔府君祠祷嗣记》、朱溶《斗姥感应记》等。下选

---

① 曾枣庄:《中国古代文体学·先秦至元代文体资料集成(附卷一)》,上海人民出版社,上海书店出版社,2012年,第914页。

② 碑记以立碑而得名,实为记之一体,兼有"碑"与"记"两种文体的属性,"碑"在文之用,"记"在文之体。故道教方志中同一立碑的记文,以"碑记"或以"记"命名往往两可。如邓牧《洞霄图志》"碑记门"中钱镠的《天柱观记》、陆游的《洞霄宫碑》、吴泳的《演教堂记》,在闻人儒《洞霄宫志》"碑记门"中即分别作《天柱观碑记》《洞霄宫碑记》《演教堂碑记》。

记文三篇,以见道教方志"记"的文体特点之一斑。

## 三茅殿碑记

### 郁存方

惟兹观肇始,粤自南宋绍兴壬午年,都录少师鹿泉刘真人修真地也。尝梦三茅君驭白鹤往来旋绕,徘徊于兹,厥明,遂见三鹤来翔,自孚兆梦。乃奏请建祠,以祠茅君,高庙因之敕名曰"通玄观"。逮元季,毁于兵燹,殿室荒芜,惟古像堇存者三。至我皇明三百余年,巍然弗倚,谓匪茅君应感之神,曷克若是?天顺中,玉岩徐君与师祖元一徐君栖真是观,每思久敝,志存兴复。成化庚寅岁,夏弗雨,镇巡藩臬诸公属元一祈祷,雨泽屡沛。当道咸信之,俱捐俸资。于甲辰岁七月壬子重创茅君殿于故址,恢复旧式,焕然错落,固云永后矣。儿今岚烟交固,雨阳晅润,而栋柱欲摧。方也薄劣,虽弗克述先志,然而继守兹业,宁无式久图存之思?欲萃力于己,缘以功深,艰于俯就,复得四方助资,始克创工。故覆以陶甓,支以石柱,俯以文石之阶,负以悬崖之壁,庶几乎弗易坠。经始于嘉靖壬辰岁七月壬子,逮丙子日毕工,仍饰圣仪,崇壮香火,以奠安宗教而福国庇民于无疆也。方虽基旧业,敢弗凝志自规,敬记以属后。[①]

此为营建文记,篇幅不长,从内容上约可分为四层:第一层从开篇至"高庙因之敕名"句,介绍通玄观三茅殿在南宋时的创建始末。

---

① 四库全书存目丛书编纂委员会编:《四库全书存目丛书·史部(第二四六册)》,齐鲁书社,1996年,第447页。

第二层从"逮元季"至"固云永后矣",介绍三茅殿由元至明的毁弃及存续情况,以及徐道彰(元一)与其师徐渊澄(玉岩)重修三茅殿的始末。第三层从"几今岚烟交固"至"以奠安宗教而福国庇民于无疆也。"介绍作者重修三茅殿的经过。第四层为末句,交待勤谨自守、撰记立碑以传示后人的写作目的。记文以时间为序,全用叙述手法,勾画了通玄观三茅殿由创始到毁弃再到先后相续重修复建的经过;重点突出了明代通玄观两代主持立志兴复的事迹,主次分明,体现了"记以善叙事为主"的特点。

## 游金鼓洞记

### 赵 晋

自西湖行栖霞岭而上,少北,石磴折而西,短篱夹径,一坞万竹,屋角露岚翠中,有道院焉。是地尝为回先生所游,书"飞来野鹤"四字于壁,顾太守光题额于山门,曰"鹤林道院",纪实也。入门,屋倚山高下而成。有金鼓洞在斋厨右,洞旁有泉,去厨不数武,渊渟一泓,日可取给,以便庖湢。宋李元卿《洞霄宫厨院方池记》:"执爨无欲清之仆,挈瓶无汲深之劳。"此地得无类是?游览甫毕,炼师健修饭于云峰堂,而日已趋西矣。遂自屋旁蹑小径至懒云窝,门外巉岩潴水,若有云卧其上,无心出岫,殆即隐君子伏而不出之志欤!夫云能老懒于此,而吾侪日逐逐于尘壤,又将别胜地而入城市矣。爰为文以记斯游。是日同游者徐鈛、闵澄波、山阴许生信、僧禅一。[①]

---

[①] 胡道静、陈耀庭、段文桂等主编:《藏外道书(第二〇册)》,巴蜀书社,1994年,第211页上。

此为游记,以行程和时间为序,由远而近,移步换景,记叙了作者与友人同游金鼓洞的经历。"自西湖行"至"纪实也"为第一层,以远观的视角写鹤林道院的方位坐落,并交待回仙人的掌故和道院之得名。"入门"至"日已趋西矣"为第二层,写道院之游历,介绍了道院殿宇的建筑方式、金鼓洞和金果泉,并及道院的宫厨糵饮和炼师的饭局招待。"遂自屋旁"至"以记斯游"为第三层,写懒云窝之游。末句为落款,介绍同游者之名姓。全志以记叙为主,语言简省精要,远景、近景、方位坐落交待清晰,让人顿生亲历其游的感受。懒云窝之游借云生岩岫引发君子隐世之志,表达了结束游程的不舍与重返尘世的无奈之情。语短而情长,议论虽少而有点睛之效,情致意趣油然而生。

## 斗姥感应记

### 朱 溶

斗母元君生天竺国,修行至道。尝浴九曲华池,光明上腾,凝结九真梵炁,应现北斗。九皇为五行之主、万化之原,世传祇肃祠礼者,辄蒙佑逢吉,所从来尚已。戴子悔庐,杭州知名士也,性孝友乐善。尝病胞络痛,夕辄昏眩,体若燔灼。余两月,汤液匆能疗稔。通玄观道士朱君闳绪,有道行。谒至家,设具礼斗七日,焚符,饮之水。汗出神爽,病良已。戴子流涕承联,乃梓斗母元君像,涂以黄金,趺千叶莲花。貌相庄严,神光赫奕,见者无不称叹。观故有玉晨阁,郡林氏所建,其上以供九皇。戴子取上腾九炁之义,奉斗母像供于阁下,并帷帐荐具,既完且精。闳绪率其徒朝夕焚礼,梵音钟鼓上彻霄汉,可谓隆矣。溶谓道家灵效以北斗为称首,然斗中所重惟孝弟善行。昔兰公笃修孝道,斗真下降,自称孝悌王，示以丹要。天妃礼斗以祈亲寿，斗母亲至，授以玉书。今戴子谒闵绪礼斗，痼疾缠延霍然消散，固其一心虔敬，亦由戴子平生之孝悌、闵绪之功行为之本耳。不然，而其人根源未尽，与行事漫漫，虽敬斋祠之礼，盛醮献之文，斗真必弃之矣。其肯著灵响答，除患于冥冥哉？溶既次其略，爰稽首而作颂曰：

于惟天姥含元精，凝化九皇均五行。悲闵苦难专寻声，观厥淳疵有权衡。至心代吁感延生，金宝璎珞肖仪形。夙夜顶礼翻真经，孝亲修善秉洁诚。羽客逍遥蹑天庭，相从淬砺道乃成。浩劫泡幻嗤浮名，颟顸失得在苍冥。①

此为行事之记，记叙了通玄观道士朱闵绪为戴普成（悔庐）礼斗治愈顽疾，戴普成刻制斗姥元君像，供奉崇祀的事迹。全文可以分为四个部分。第一部分自开头至"所从来尚矣"，介绍斗姥生平及虔敬礼斗、必有佑护的箴言，为下文介绍朱闵绪为戴普成礼斗有验铺垫蓄势，可视为正文前之小序。第二部分自"戴子悔庐"至"可谓隆矣"，叙述朱闵绪为戴普成礼斗治病及戴普成感激馈报，梓斗姥像供奉玉晨阁，俾道众朝夕礼斗的详细经过，乃斗姥感应事件之正文。第三部分自"溶谓道家灵效"至"除患于冥冥哉"，乃朱溶对礼斗有应事件的评议，亦为正文。他认为礼斗而病除全在两方面之力，一是朱闵绪的道法高深、一心致敬，二是戴普成恪守孝悌之道，德行高迈，故能感动斗真，垂降福佑。第四部分为颂词，以七言叶以音韵的诗体形式来表述，概括全文的内容。全文叙议结合，有序开篇，有颂收束，是"记"中别

---

① 四库全书存目丛书编纂委员会编：《四库全书存目丛书·史部（第二四六册）》，齐鲁书社，1996年，第452～453页上。

体的代表。

## 2. 序

序是一种兼有议论和叙事两种体式的文体，以其应用的场合而论，有序跋之序、字序之序、赠予之序、寿序之序、记序之序等①，这其中，尤以序跋之序的应用最为广泛。所谓序跋之序指的是写在书或篇前面的序文。②（明）吴讷云："《尔雅》云：'序，绪也。'序之体，始于《诗》之《大序》，首言六义，次言《风》《雅》之变，又次言《二南》王化之自。其言次第有序，故谓之序也。"③ 认为序肇自《诗大序》，因为阐释层次清晰、安排有序，故称之为"序"，即有序列、层次的蕴意。（明）徐师曾亦云："按《尔雅》云：'序，绪也。'字亦作'叙'，言其善叙事理，次第有序，若丝之绪也。又谓之大序，则对小序而言也。其为体有二：一曰议论，二曰叙事。"④ 指出序又有大序、小序之别，即书序与篇序之分，并提出了序有议论和叙事两种体例。（明）谭浚论序云："《张苍传》云：'叙、绪、序通。'叙，次第也。绪，举其纲要，如茧之抽丝。《尚书序》曰：'序者，所以序作者之意。'刘勰曰：'次事铨文，则序引共纪。'《正宗》曰：'序事起于古史。'叙始末，明事物。若《易·序卦》，《诗》《书》篇端皆有小序，

---

① 曾枣庄：《中国古代文体学·中国古代文体分类学（下卷）》，上海人民出版社，上海书店出版社，2012年，第62页。关于字序、赠序、寿序、记序的论议，详见此书62～67页所论，此不赘。
② 亦有写在书后的序文，以"后序"名之，实际可归入题跋之类。
③ 曾枣庄：《中国古代文体学·明代文体资料集成（附卷二）》，上海人民出版社，上海书店出版社，2012年，第74页。
④ 曾枣庄：《中国古代文体学·明代文体资料集成（附卷二）》，上海人民出版社，上海书店出版社，2012年，第267页。

又有大序。"① 总结了多家之说，指出序有介绍内容编排、总结书篇纲要、阐发作者用意等作用，根据适用对象而有小序、大序之别。（清）王之绩云："序之体，议论如周卜商《诗序》，叙事如汉孔安国《尚书序》，变体如韩愈《送李愿归盘谷序》。有谓序文，叙事者为正体，议论者为变体。此说亦可救《明辨》先议论后叙事之偏。"② 分别列举了议论之序、叙事之序和变体之序共三篇例文（前两篇为序跋之序，视之为正体），肯定序的文体特征当以叙事为正，议论为变，反对徐师曾先议论而后叙事的观点。总体而言，序跋之序多是置于书前或篇前，或交待创作意旨，或陈述编纂情况，或归纳层次安排，或介绍主要内容，以领起全书或全篇的文记；其体式主要分为议论和叙事两类，写作中则或专主一类，或叙议结合。

道教方志中的序多为序跋之序，另有少量其他类型之序文。以上述表中所列 7 部道教方志为例，共收录以"序"标目的文记 40 篇，其中置于书前为全书之序的即有 25 篇，占一半以上。志正文部分所录 15 篇序中有书序、赠序、寿序等不同类别，列表如下：

| 道教方志 | 序文（作者） | 类别 |
| --- | --- | --- |
| 《委羽山续志》 | 《重钞〈委羽山志〉序》（黄濬）、《影钞〈委羽山志〉叙》（王棻） | 书序 |
| 《委羽山续志》 | 《委羽山方石铭序》（戚学标） | 篇序 |
| 《洞霄图志》 | 《旧〈真境录〉后序》（成无玷） | 书序 |
| 《通玄观志》 | 《宋元诗序》（吴源） | 书序 |

---

① 曾枣庄：《中国古代文体学·明代文体资料集成（附卷二）》，上海人民出版社，上海书店出版社，2012 年，第 398 页。
② 曾枣庄：《中国古代文体学·清代文体资料集成（一）（附卷三）》，上海人民出版社，上海书店出版社，2012 年，第 203 页。

续表

| 道教方志 | 序文（作者） | 类别 |
|---|---|---|
| 《通玄观志》 | 《书元一法师祷雨有感序》（毛敏）、《记郁法师祷雨序》（王钶）、《朱炼师主持三茅云深院序》（范允锵） | 赠序 |
| 《通玄观志》 | 《祝筼坡李炼师寿序》（孙枝） | 寿序 |
| 《洞霄宫志》 | 《赠洞霄副知宫周应常序》（王达） | 赠序 |
| 《洞霄宫志》 | 《松居诗序》（邹济）、《重理洞霄宫万年香火序》（贝本恒） | 书序 |
| 《金鼓洞志》 | 《雍正五年十二月交家簿叙》（戴清源） | 书序 |
| 《吴山伍公庙志》 | 《募修伍公庙序》（沈友儒）、《募修伍公庙序》（金兆元） | 募序 |

表中15篇序：书序7篇（1篇为后序），篇序1篇，赠序4篇，寿序1篇，募序2篇。可见，在正文之中，书序亦为主体。综合7部道教方志前的25篇序文，40篇序中书序有32篇，占总数的80%，其主体地位极为突出。其原因一方面是源自撰写序文以交待编纂意旨、卷次安排等基本的编志之要求，另一方面则是与借助序文撰者声望以增加道教方志的影响力有关。当然，本文统计的是标有"序"名的单篇序文，实际上，道教方志中尚有大量的未独立成篇的篇序和卷目之序，其富有文思之作在在有之。兹以书序、篇序等为例，列示作品一二，以见一斑：

## 重修通玄观志序

吴陈琰

省会郡邑之有志，志其大也，大则不及详，然邑较详于郡，郡较详于省。至山川殿宇，直志中之一耳。若《水经》《山海经》，而后如华阳、匡庐、武夷之属皆以山水志；而近则灵隐、丹霞诸寺亦有志，茅山、武当、洞霄诸道观亦有志，则又详于邑矣。大要专则详，兼则略，而不以不信者乱信，斯与信史等。

吾杭山川秀美甲天下，而吴山雄踞城中，延袤数里，尤一郡之大观。有南宋通玄观者，在山之趾，中贵刘鹿泉请于高宗所敕建，其赐诗犹存石壁焉。嗣是，元贯云石、虞伯生、张仲举、赵子昂之徒相继为诗，而观之名益大显。然未有志也。胜国中叶，道士郁克正继其祖师徐元一之志，请于邑人姜蓉塘始为志，特草创云尔，未尽善也。

今克正嗣孙朱闳绪既慨观之倾圮，请余为疏引，不数年，蔚然一新。而《旧志》阙略未修，如富人之家，规模纵极宏侈，而漫无文采可观，于心有不安，于礼为不称，因过余谋重修之。余方游江右，迟久未成，既归，检旧本，不无舛误遗佚者，即高宗赐诗三首皆失载，其余可知。又本朝诗文不可不增补，以成全书。于是整齐排纂以复之，而嘉闳绪之苦心于斯观也。

夫志者，志也。前人有不可已之志而未竟者，必后人百计以图，而后为善继人之志。斯观之志，实元一不可已之志也，而克正继之。然行之久，而未雅驯者不润色之，后来者不裒益之，犹克正未竟之志也。而闳绪曲体两前人之志而必成之，何患闳绪之后之不能成闳绪之志乎哉？余是以重嘉闳绪之志，诚可承先启后，而补省会郡邑所未详也夫！

康熙三十二年癸酉八月朔日，钱唐吴陈琰宝崖氏撰。[①]

---

[①] 四库全书存目丛书编纂委员会编：《四库全书存目丛书·史部（第二四六册）》，齐鲁书社，1996年，第409页。

此为书序,为便于理解,可以将书序分成五个段落。第一段介绍山水寺观志编纂的情况和其"专则详""与信史等"的特点与地位,为后文通玄观编志提供理论和事例支撑。第二段承上文介绍通玄观的方位坐落、创观始末、文士题咏及旧志的编纂情况,以"草创""未尽善"收束转接,为下文重修观志蓄势。第三段重点介绍通玄观的修缮和《通玄观志》的重修情况,正所谓"修观以续统,修志以志庆",重修宫观往往是与编志撰文相携而行的。第四段对历代主持的修志行为进行评议,从中肯定朱闳绪善继先志的精神和所修可补辑郡邑志的价值。第五段为落款,交待作序时间及作者的个人信息。全序以叙事为主体,叙议结合,层次井然,主体部分详细说明了修志的必要性和重修情况,结尾部分则以议论作结,肯定了重修的意义与价值,从而升华了主题,提升了《通玄观志》的地位。

## 《洞霄图志》"古迹门"卷前小序

### 邓 牧

人事有代谢,山川无古今。生身千岁之下,游心千岁之上。登箕山而怀洗耳之风,吊首阳而悲饿死之节。利害既不相及,影响既不相知。然虽田夫野老、樵童牧竖,犹将踯躅悲歌,有泚其颡,况高世绝俗慷慨之士哉?千万世同一理,千万人同一心。古人远矣,九京不可作矣。一旦过其隐遁之地,观其游息之所,有不浩然兴起如亲炙之者乎?驯虎岩之坎木无恙,升天坛之丹灶未寒,空山无人,渺渺愁予,岂晋人所能今人不复能邪?山中陈迹,时有足稽,并采异闻,附见一二。叙古迹第四。①

此为卷序。道教方志中卷目前置小序的做法可能源自方志体例，若以序文影响的范围来看，卷序（卷前小序）当介于书序与篇序之间，为一卷内容之统摄。这篇卷序起笔兴慨，人事代谢，山川恒久，以许由隐遁箕山，伯夷、叔齐饿死首阳山的高风亮节与影响印证吊古怀今，俗雅同慨，乃人情之所不免。继而关涉古迹，以登仙而去的晋代郭文、许迈留下的"驯虎岩""升天坛"为代表，将视角专接到大涤山的古迹。文末抒发衷怀，交待采稽陈迹、异闻以成"古迹"一卷的用意。序文紧扣吊古怀今主题，抒写人情感思，骈散结合，语句优美，情韵动人，使读者一读便有兴致，有继续读下去的愿望。

## 《吊伍君赋》前小序

杨维桢

吾读伍员事未尝不悲。员处父兄之不幸，而讫至倒行逆施，盖大不获已者。而世多之以为名，不可也。当员急于反仇，遂不顾，急售吴光而进专诸，杀人之父以报己之父。彼州吁之子，则将何所报哉！此员失也。而况父兄痛仇，费无极也。无能有兵于费，而鞭墓以仇君，益失也。然员能用吴以复父兄之仇，而又为夫差复父之仇，至死不畔以毕志，于其所事，则忠为有余矣。惜其君不终用，逆料后日沼吴之祸，徒以表其言之明，故予作哀员辞，虽过其孝，而多其忠云。②

---

① 《文渊阁四库全书（第五八七册）》，台湾商务印书馆，1986年，第425页。
② 王国平主编：《西湖文献集成（第25册）》，杭州出版社，2004年，第688页。

此为赋前小序，属于篇序。序文以议论的方式从孝、忠两个角度对伍子胥的复仇行迹作出评价，批评了伍子胥为借吴兵以复仇，向吴公子光进荐专诸以刺杀王僚，以及鞭尸楚平王的"倒行逆施"不孝之举；肯定了其为父兄和夫差复仇，至死不叛吴国的忠义行为。序文既交待了部分内容，又在评议的基础上说明了作赋的目的和缘起，与序后铺叙伍子胥一生行迹的赋文构成完整的篇目，叙议结合，首尾圆融。

道教方志中还有"序"的其他别称体式，如"引"这一文体。《灵卫庙志》篇首即载有（明）沈友儒所作的一篇《刻灵卫庙志引》，介绍了灵卫庙所供奉人物事迹、赞教何道隆纂辑《灵卫庙志》及灵卫庙的崇祀与修缮等情况，以为庙志重刻之序。（明）徐师曾《文体明辨序说》云："按唐以前，文章未有名引者。汉班固虽作《典引》，然实为符命之文，如杂著命题，各用己意耳，非以引为文之一体也。唐以后始有此体，大略如序而稍为短简，盖序之滥觞也。"[1] 则"引"似为序的早期形式之一，名异而实同，只是在篇幅上略为短小一点而已。

道教方志中另有一种较为独特的序体，既非字序、赠序，亦非寿序、记序，而是募缘之序。如《吴山伍公庙志》所录（明）沈友儒《募修伍公庙序》，以伍公庙镇潮平患、福佑浙江的灵通和功绩统领全篇，叙写历代的修缮、敕封及祭祀情况，推扬伍子胥可与日月争光的高风亮节；结尾以信众奉事佛寺作对比，呼吁"敦伦尚义者"能鼎新伍公庙，广布福祉，实现劝募的目的。宗教募缘之文多用"疏"体，故古人论辩文体，单独列有"疏"或"募缘疏"一体。此文虽以"序"名篇，实作募疏之用，反映出不同文体间的交互兼用情况。而从作文者的角度来说，各类文体虽有基本范式和应用领域，但其要求也许本

---

[1] 曾枣庄：《中国古代文体学·明代文体资料集成（附卷二）》，上海人民出版社，上海书店出版社，2012年，第268页。

身没有那么严格。因而，爬梳这类文体兼用的现象，对同一文体别体的产生和不同文体间的交互影响等议题研究，许有其一定的参考价值。

**3. 题跋**

题跋与书序、篇序的作用类似，只是它是写在书和作品后面的文字。（明）徐师曾对题跋有详细的诠释："按题跋者，简编之后语也。凡经传、子史、诗文、图书之类，前有序引，后有后序，可谓尽矣。其后览者，或因人之请求，或因感而有得，则复撰词以缀于末简，而总谓之题跋。至综其实则有焉：一曰题，二曰跋，三曰书某，四曰读某。夫题者，缔也，审缔其义也。跋者，本也，因文而见本也。书者，书其语。读者，因于读也。题、读始于唐；跋、书起于宋。曰题跋者，举类以该之也。其词考古证今，释疑订谬，褒善贬恶，立法垂戒，各有所为，而专以简劲为主，故与序引不同；学者熟玩所列之数篇，亦庶乎得之矣。"① 如其所论，题跋是置于书、篇之后的文体，或因请托而写，或因阅读之后有感而作，内容和作用与序相类。题跋有题、读、跋、书等名称，虽然是从审察、根本、书写、阅读等不同的角度命名，其实质却是相近的。题跋起于唐宋，与序相比，内容方面更多评议和考订，理论性较为突出；篇幅则相对短小，简约劲练，体现出不同的文体特征。

上述7部道教方志中共辑录题跋38篇，其中《金鼓洞志》所录30篇题跋中有24篇为吕祖画像题跋、4篇为"飞来野鹤"仙迹题跋，属于作品题跋；其他10篇则为书跋。兹录书跋、作品题跋各一篇如下：

---

① 曾枣庄：《中国古代文体学·明代文体资料集成（附卷二）》，上海人民出版社，上海书店出版社，2012年，第268页。

## 委羽山续志跋

王 棻

　　右《委羽山续志》六卷，吾友小林之所辑也。小林清才绝俗，留心桑梓文献，与予颇有同志。既得胡伯举《委羽山志》，遂搜辑乡先辈遗闻旧事题咏诗文，为《续志》六卷，并刻之以广其传。其为书之例有三善焉：《续志》与前《志》各为一书，不没胡君之旧，一也；采次旧闻，冥搜博访，借名山以征文献，二也；前《志》侈言神仙，《续志》表章儒术，使学者有所感发兴起，三也。有此三善，其可传也必矣。而或者援古人山志之例，以泛滥讥之，不亦过乎？予不能文，喜此书之成不徒为名山生色，实足为桑梓之光也。爰为之书，以谂世之览是书者。同治九年阳月，黄岩王棻。①

此为书跋，内容分为三部分。第一部分介绍王维翰其人及其纂辑《委羽山续志》的情况。第二部分总结志书的"三善"，即保留胡昌贤旧志而另辑新志，搜访名山文献和淡化神仙，表章儒术；驳斥关于纂辑过于泛滥的指责，坚信此志必传之久远。第三部分赞扬志书的价值，交待写作的缘由、时间和撰者信息。全文篇幅短小而层次分明，重点在"三善"之论，语言简要，立论清晰，驳斥异论，推扬志书，要言而不烦，简劲而有力。

## 吕祖画像题跋

　　一瓢一笠悬手泽，仿佛神游空八极。清风明月百代间，

---

① 张智、张健主编：《中国道观志丛刊续编（第 19 册）》，广陵书社，2004 年，第 465～466 页。

影落江湖谁不识。云间八十三叟陆应阳题。①

此为书画作品题跋。以诗歌韵语为跋,简笔描摹吕祖画像的逼真神韵,赞颂了吕祖闲散出尘而名重江湖的地位。

题跋之作,其共同特点是篇幅相对短小,而在体裁和形式上则较为自由。或用散文,或用韵语,或为齐言,或为散句,或以楹联,或以诗歌,或以记文,或以议论,不一而足。(清)王之绩《铁立文起》称:"钟伯敬曰:题跋之文,今人但以游戏小语了之,不知古人文章,无众寡小大,其精神本领则一。故其一语可以为一篇,其一篇可以为一部。山谷诸种,最可诵法。以此推之,知题跋非文章家小道也。"②王之绩的评价非常中肯。

### 4. 传

传有解说经文之传和纪录人物之传两种形式,以文体而论,人们一般说的多是指人物纪传之传。(明)徐师曾云:"按字书云:'传者,传也,纪载事迹以传于后世也。'自汉司马迁作《史记》,创为'列传'以纪一人之始终,而后世史家卒莫能易。嗣是山林里巷,或有隐德而弗彰,或有细人而可法,则皆为之作传以传其事,寓其意。而驰骋文墨者,间以滑稽之术杂焉,皆传体也。"③ 传之文体,重在记载人物事迹以传之久远。自司马迁的《史记》开创"纪传"一体,遂为后世奉为圭臬,广泛应用。无论是王侯将相,还是山野细民,凡有道德可足

---

① 胡道静、陈耀庭、段文桂等主编:《藏外道书(第二〇册)》,巴蜀书社,1994年,第194页下。
② 曾枣庄:《中国古代文体学·清代文体资料集成(一)(附卷三)》,上海人民出版社,上海书店出版社,2012年,第218页。
③ 曾枣庄:《中国古代文体学·明代文体资料集成(附卷二)》,上海人民出版社,上海书店出版社,2012年,第277页。

垂范、事业可足师法者，都可作文立传。而韩愈的《毛颖传》则是"驰骋文墨"，嬉笑成文之作，为传之别体的典型代表。实际上，亦有反向立传者，即为"奸臣""逆臣""贰臣"等有人生重大污点的人物立传，如《宋史》便设有"奸臣传"，辑录蔡京、黄潜善、秦桧等奸臣行迹。当然，此类传记多限于史学领域，出于史家存史与激浊扬清之传统，而非文学创作者所着意创作。

传的文体特点亦在叙事、议论两个方面，一般而言，先叙事而后议论，以介绍行迹为主，议论生发为辅，乃传之正体。如"唐荆川曰：传体前叙事，后议论，《伯夷传》以议论叙事，传之别体也"[①]。《史记·伯夷传》以议论贯彻全篇，以议论起、议论收，只是在文中略叙伯夷、叔齐事迹，作为议论的论据。这种以议论结构全篇，贯彻作者强烈主观感情色彩和思辨精神的传记自然属于别体。（清）王之绩云："至以行文言，必谓前叙事、后议论者亦太执，妙手以叙为议，而使人但见其为叙；以议为叙，而使人不觉其为议。随笔所之，神化万变，尚何前后之拘拘耶？"[②] 认为传虽先叙而后议，但也不妨以叙为议、以议为叙，变化出新。继而指出传在正体、变体、家传、托传、假传之外，还有内传、外传、小传等不同别体和论赞并用体。论赞并用体实际是兼摄了论、赞两种文体而成，语言上也是散文与韵语相结合，乃传中较为特殊的体式之一。

道教方志中的传一般有三种，第一种是独立成篇的以"传"标目的单篇传文；第二种是节略原传的传略；第三种是"人物卷"或"法派"卷中节录的类似"丛残小语"的人物小传。三者在文体特点方面

---

[①] 曾枣庄：《中国古代文体学·清代文体资料集成（一）（附卷三）》，上海人民出版社，上海书店出版社，2012年，第205页。

[②] 曾枣庄：《中国古代文体学·清代文体资料集成（一）（附卷三）》，上海人民出版社，上海书店出版社，2012年，第204页。

有所不同：单篇传文取法史传正体，详细记叙人物的出身与事迹，或纯叙事，或先叙后议、叙议结合；传略保留原传之大体，乃其具体而微者；小传则长短不一，体例较为自由。前文表中所计为单篇传文和传略，并未包括"人物卷"或"法派卷"中的系列人物小传，下面举两例来说明：

### 郁法师鹤泉传

#### 夏宗虞

法师姓郁氏，名存方，字克正，别号鹤泉，乃仁和巨族也。其母姜氏梦鹤鸣其舍而孕，生于成化丁未九月十九日。幼有道心，父琳遂送入通玄，礼东山张君为师，习正一教。而师祖元一法师知其品行不凡，授以清微、灵宝、五雷秘法。后嘉靖丙戌、戊子、乙未岁，每大旱，镇巡藩臬重臣洎郡邑长吏悯农悼物，遍告于封内坛墠，弗雨。乃请鹤泉于城隍、三茅、佑圣等处立坛。恭默运诚，甘澍大降。张真人举为赞教职。尝用叶法善起石符则救侍御于井，奋酆去奢斩邪剑则治妇魅于梁，效曹德体驱蛟术则逐祟于驿。此特其大者，其他术难以悉载。遐迩咸皈，道声日播。积酬信，建望鹤亭、谒斗台、寿域楼、真官祠、玄宗堂、石崖古像，编辑观《志》。凡元一创而未集者悉继其志而成之。如城南凤山岭道倾陷艰行，则捐钵资，铺石板为坦途。江浒洋泮古井崩塞，则躬募人力运砖，修饰如故；遂筑亭于傍，冬夏施茶汤以济寒暑。随身衣单，每遇穷苦，见即解施。后庚寅岁，邻火飞燎，延及住室。而三清诸殿岿然无恙，人以为鹤泉之诚而神佑之也。凡燎毁者，整换如新。己亥六月太未，婺睦浡水大作，民多漂溺，蔽江而下，尸积沙渚。鹤泉倡其同门掩骼埋胔，捐赀升度，泽及枯骨焉。庚子壬寅乙巳岁，复屡旱，又请祷雨于佑圣观。檄移龙王，借湖水以济急。须臾雨作，民居瓦溜有荇藻细鳞之异。尤为郡守陈公所重，作文以表之君子，谓："鹤泉炼太虚烛微，若雨旸福国，祛妖祟宁民，殚所私绍述，溥诸法淑后，坚恭恪酬人，修言辞贞行。福国，忠也。绍述，孝也。淑后，慈也。宁民，仁也。恭恪，礼也。烛微，智也。贞行，信也。皆圣贤道也。身老氏而儒，其道君子所亟取！"故予乐为之传云。①

此为单篇传文。首先介绍了通玄观郁存方法师的出身与修道经历，再重点记叙其祈雨济旱、起符救人、斩妖治魅、驱蛟去祟的高深法术，创建殿宇、编修观志的报本之功，以及捐资筑路修井、施舍茶汤、掩埋超度尸骨等反哺社会的诸多义举。结尾以郡守陈公的表赞收束，高度评价了郁法师虽身为道士而兼备儒术，心怀济世的高尚品格。全传以叙事为主，以议论收束，为传之正体。

## 吴天师

吴筠，字贞节，华阴人。祖玄举孝廉，父元亨峡州刺史。先生通经谊，美文词，举进士不中。性高介，不能与时俯仰。天宝初，召至京师，明皇与语，甚悦。自请隶道士，乃入嵩山，依潘师正，究其术，与李白于高天师坛参受上清毕法。初所与帝言，皆名教世务。帝问其"道"，对曰："深于道者，

---

① 四库全书存目丛书编纂委员会编：《四库全书存目丛书·史部（第二四六册）》，齐鲁书社，1996年，第467页。

无如老子五千文。"复问神仙治炼。对曰："此野人事,积岁月求之,非人主宜留意。"求还嵩山。及复过江,而渔阳兵起,识者以为知几。后居余杭天柱山,精思有感,行教于江汉。其文章与李白相上下,凡四百五十卷,礼部侍郎权德舆集为序。大历十三年,于宣城道观焚香尸解。弟子邵翼元奉丧,归葬于天柱山西麓,私谥宗玄先生。初,天师尝语其徒云:"我死当迁神于天柱石室,盖太上俾我炼蜕之处。"故从之。女冠王真一,亦先生弟子,才十余岁,即绝粒,诵《黄庭经》。天宝间,于天柱山得道,今先生有《天柱观碣》留山中。

赞曰:贞节深悟,道德五千。渔阳骋兵,知几超先。飞舄南渡,烟尘涨天。劳我华阴,息我于宣。岩岩石室,书剑藏焉。与谁同调,锦袍谪仙。①

此文为邓牧《洞霄图志》卷五"人物门"所载系列人物小传之一,所记为唐代高道吴筠。传文重点记叙了吴筠以名教世务应对玄宗,与李白为道友、文章相上下,及尸解归葬天柱山等事迹。全文立足叙事,文后则附四言赞词,归纳一生行迹。这种传体与论赞并用体相类,只是将文前的"散文议论"改为了"散文叙事",实际亦为传之别体。

### 5. 赋

赋是从《诗经》和《楚辞》发展演化而来的一种文体,《诗经》为其远源,《楚辞》为其近源。马积高认为"骚的基本艺术特征同《诗经》中的诗无二致。它们之间在形式上的差异,除语言、结构等不同

---

① 《文渊阁四库全书(第五八七册)》,台湾商务印书馆,1986年,第435页。

外，主要在于骚是不歌而颂的。骚之称赋，其理由即在于此；赋之得名，亦在于此；而与诗六义之一的'赋'无涉"。① 不歌而颂是赋的主要文体形式之一，是其区别于诗词的关键所在。虽然说赋之得名与诗六义的"赋"无关，但在表现手法上二者还是存在承继的关系的，所谓"敷陈其事而直言之者也"，六义"赋"的内涵决定了赋这一文体铺陈叙述的基本表现手法。古人也多是从宗经的角度出发，将春秋时期"赋诗言志"的风尚视为赋的源流正体，其后赋体的变化者则视之为别体。如（明）徐师曾对赋的论议：

> 按诗有六义，其二曰赋。所谓"赋者，敷陈其事而直言之也。"古者诸侯卿大夫交接邻国，揖让之时，必称诗以喻意，以别贤不肖，而观盛衰。如《春秋传》所载晋公子重耳亡之秦，秦穆公享之，赋《六月》……皆以吟咏性情，各从义类。故情形于辞，则丽而可观；辞合于理，则则而可法。使读之者有兴起之妙趣，有咏歌之遗音。扬雄所谓"诗人之赋丽以则"者是已。此赋之本义也。……两汉而下，作者继起……《长门》《自悼》等赋，缘情发义，托物兴词，咸有和平从容之意，而比兴之义未泯。故虽词人之赋，而君子犹有取焉，以其为古赋之流也。三国、两晋以及六朝，再变而为俳，唐人又再变而为律，宋人又再变而为文。夫俳赋尚辞，而失于情，故读之者无兴起之妙趣，不可以言矣。文赋尚理，而失于辞，故读之者无咏歌之遗音，不可以言丽矣。至于律赋，其变愈下……但以音律谐协、对偶精切为工，而情

---

① 马积高：《赋史》，上海古籍出版社，1987年，第5页。

与辞皆置弗论。①

如其所论,"赋诗言志"是人们在特定的场合吟诵诗歌,借以庄重、含蓄地表达自己的意愿和情感。一般而言"赋诗言志"所咏的都是《诗经》中的诗歌,并非吟诵者的即兴之作,虽是借旧题以赋新意,但没有新的作品产生,因而从应用的角度看它只是一种表达方式,并不构成一种文体。徐氏所论,在正其源,却道出了赋中正体的基本要件,即秉承《诗经》比兴讽谏的传统,于铺叙体物之中实现语言华丽,情理相协。汉代骚体赋、大赋、抒情小赋多能吟咏性情,讽谏时事,平和雍容,曲终奏雅,有君子谦谦之风,故不失为古赋之流。三国至唐的俳赋、律赋过于注重骈偶、平仄、押韵等外在形式要求和语言的华美,缺少作者真情实感的融入,没有了起兴感发的效果;宋代文赋融入大量散文笔法,注重说理,失去了原有赋体适宜吟咏的外在形式,故只能是赋之别体。

上列道教方志辑录作品中赋的比重不高,共辑录有12篇,其中骈赋8篇,骚体赋3篇,文赋1篇;且集中在《委羽山续志》(7篇)《金鼓洞志》(2篇)《吴山伍公庙志》(2篇)《通玄观志》(1篇)4部道教方志中。从内容上看,或为咏景、或为咏物、或为祭吊、或为志庆,不一而足。如《通玄观志》中余光耿的《通玄观赋》记叙了通玄观主持朱闳绪对宫观的修缮开拓之功,为宫观的新生而志庆;《金鼓洞志》中王份的《金鼓洞赋》铺叙金鼓洞的形成、境象、神异事迹和修道高真等,为景致讴歌咏叹等。从文体风格上看,多为铺叙摹写事物情状之作,但也有一些注重议论或附有议论的感兴之作。如《吴山伍公庙

---

① 曾枣庄:《中国古代文体学·明代文体资料集成(附卷二)》,上海人民出版社,上海书店出版社,2012年,第249页。

志》中杨维桢的《吊伍君赋》以骚体的形式叙述伍子胥的行迹,评论其功过得失,饱含浓情事理。文体形式方面则多为单篇纯粹的赋文,也有少数或前有序言、或后有颂语等别调。如杨维桢《吊伍君赋》文前即有小序,评议伍子胥的是非功过,交待作赋缘起。余光耿的《通玄观赋》既在文前附序,交待写作缘起,又在文末附颂,赞颂朱闶绪的功业,与赋文前后相呼应,相得益彰。此录《委羽山续志》中冯赓雪《委羽山方石赋》一文,以见赋作之具体特点:

## 委羽山方石赋

### 冯赓雪

探仙踪于委羽,羡方石于山中。钟精灵于地脉,泄奇秘于天工。铲冈阿而磊落,啮岩窦以嵌空。石角窥来,反三隅而矩合;云根检出,拭四面而形同。当夫仙翁道就,九转丹成,余灰所化,瑞石斯呈,烂如赪汗,朗若金精,觚棱陊削,匡廓严明。分方岩之魁磊,夺方竹之菁英。劚方圭而飞屑,碎方镜而结晶。煽重锼之炉,铸兹不易;揭巨灵之掌,劈此难成。是其不事雕镌,何关磨砻?点缀乎大有之宫,晃耀乎空明之洞。杂苔藓而斑斓,任雪霜以凝冻。颗颗昆刀切就,并含玉印之光;棱棱月斧裁来,直贯金钱之空。既形端而骨重,谁刓方以为圆?砺边旁其如砥,削上下而中坚。塞银筐之密眼,濯玉井之甘泉。精卫衔残,陧难填海;娲皇炼得,正可补天。于是坚确长存,整齐可拣,鬼划神刊,天生地产。攻错则八角生锋,镌章则四围可撰。立廉隅之正性,何必走入珠盘?守端洁之芳标,不须磨穿玉版。幸有锷而有棱,复不偏而不倚。非碱砆之可伦,亦琅玕之莫拟。如将列阵,正位平分；倘若点头，寒芒四起。山间月冷，堪盟壮士之心；洞口泉清，能厉幽人之齿。选赤心于洛水，孰能过之？采碧眼于端溪，何曾有此？至若书以方策为古，儒以方履为宜，义以方而体立，智以方而用施。唯兹石之端确，托灵境而称奇，羌中矩而合度，还象地以成仪。磨不磷兮，独着刚方之操；正无侧兮，永存严厉之姿。盖将为斯世立则，守正而不移者也。爰为歌曰：山委羽兮仙之岛，选方石兮踏瑶草。石棱棱兮角端好，清露润兮白云抱。石之方兮守身道，百尔君子兮当知所宝。①

这是一篇歌颂委羽山方石的骈赋，乃咏物之赋。内容上大致可以分为三个部分：第一部分自开篇至"镌章则四围可撰"，以叙述的笔法介绍委羽山方石的发现、成因及其点缀道观和方正坚固的物性特点等，说明方石乃仙翁炼丹余灰所化，其物华所聚、铸炼之功、方正之性，世间少有。第二部分自"立廉隅之正性"至"则守正而不移者也"，从上文对方石的物性叙述转到对其德性的评议，主以方石四方端正的自然物性比作君子正直不阿、端洁自守的高尚品操。第三部分为文末之歌，以骚体诗的形式归结赋文，强调方石端方润泽，应为守身自洁的君子所重。全文以四六对偶之句结缀成篇，音律和谐，用典精巧，语言华美，颇具匠心。既有"精卫填海""女娲补天"等神异题材的融入，也有晋代孙楚"所以枕流，欲洗其耳；所以漱石，欲砺其齿"②、唐代李

---

① 张智、张健主编：《中国道观志丛刊续编（第 19 册）》，广陵书社，2004 年，第 290～292 页。

② （南朝·宋）刘义庆撰，徐震堮著：《世说新语校笺》，中华书局，1984 年，第 419 页。

德昭"此石赤心，洛水中余石岂能尽反耶"① 等人世诙谐智慧典故的取用。既有方石端正精润物性的描摹，也有君子守正不移的礼赞。铺叙描摹，穷尽物象，而能借物起兴，托物言志，深得"赋之本义"。

**6. 铭**

铭是刻在器物上的一种文体，有垂示四方、传之久远的用意。（明）吴讷称："按铭者，名也，名其器物以自警也……厥后又有称述先人之德善劳烈为铭者，如春秋时孔悝《鼎铭》是也……陆士衡云：'铭贵博约而温润。'斯得之矣。"② 即铭在文体分类上，分为警戒和歌颂两个大的品类，而在适用对象上则较为广泛，器物、山川、宫室、门关乃至墓碑等皆可用铭。铭之为文，重在内容简要而有深意，语言温和平易。曹丕《典论·论文》中称"铭诔尚实"，则铭文还应秉持求真务实、不虚美的原则。

上列道教方志中成篇辑录的铭有 18 篇，另有一些附录在序、赋、诗之后的铭文尚未计入。单篇铭文多为歌颂之作，而歌颂的对象往往有着明显的宗教色彩，或为道教器物，或为宫观建筑，或为局地景观，如庙铭、碑铭、泉铭、山铭、鼎铭、钟铭、磬铭、灯铭等。铭在体式上以四言为主，句式齐整，一些铭文前还附有序文。此以《通玄观志》所录两篇为例：

**石含泉铭**并序

沈云鸿

观三清殿左有准提殿，殿后有石含泉。泉出石壁下，一

---

① （后晋）刘昫等撰：《旧唐书》，载中华书局编辑部编：《"二十四史"（简体字本）》，中华书局，2000 年，第 1933 页。
② 曾枣庄：《中国古代文体学·明代文体资料集成（附卷二）》，上海人民出版社，上海书店出版社，2012 年，第 77 页。

泓清澈可爱，冬夏不竭。其疏凿营建，则胡炼师实经始之也。炼师号"石含"，遂以名泉。铭曰：

　　静取诸山，动取诸水。静为动极，动为静使。动静如环，神乃不毁。非我石含，焉能悟此。以号号泉，江河沼沚。①

此为一篇四言礼颂铭文，对象为山川景致。铭前附有小序，以散文的形式介绍了作铭的背景，包括石含泉的位置、特点、开凿和命名等情况。正文以齐整的四言构成，一、三2句，二、四、五3句间句押韵，韵律相协而又跳脱变化。全文从道家动静相生、以静制动的学说出发，细绎山静水动，静为动之本，动为静之用，动静循环无尽而精神不毁的道理，指出以炼师之号来名泉，深邃而贴切的事实。

## 石鼎铭

### 徐道彰

　　大明国，岁庚辰。月戊子，日庚申。通玄臣，徐道明。造石鼎，发精诚。爇妙香，散芳馨。周法界，供天真。福国祚，遂生成。资六道，尽超升。七十一，著斯铭。②

这是一篇器物之铭，以齐整的三言构成，言简意明，句句押韵，极富节奏感。全文以叙述的笔法，逐次介绍了铸鼎的时间、铸鼎人身份、铸鼎的目的、铸鼎人的年龄等信息，以礼道崇神、福国佑民为核心，

---

① 四库全书存目丛书编纂委员会编：《四库全书存目丛书·史部（第二四六册）》，齐鲁书社，1996年，第462页上。
② 四库全书存目丛书编纂委员会编：《四库全书存目丛书·史部（第二四六册）》，齐鲁书社，1996年，第462页下。

赞颂了通玄观主持徐道明（道彰）法师铸鼎的无量功德。

## 7. 赞

赞是一种旨在称扬、褒奖的文体。（明）徐师曾称："按字书云：'赞，称美也，字本作讚'……其体有三：一曰杂赞，意专褒美，若诸集所载人物、文章、书画诸赞是也。二曰哀赞，哀人之殁而述德以赞之者是也。三曰史赞，词兼褒贬，若《史记索隐》《东汉》《晋书》诸《赞》是也。刘勰有言：'赞之为体，促而不旷，结言于四字之句，盘桓乎数韵之辞，其颂家之细条乎。'可谓得之矣。至其谓'班固之赞，与此同流'，则余未敢以为然也。盖尝取而玩之，其述赞也，名虽为赞，而实则评论之文；其叙传也，词虽似赞，而实则小序之语；安得概谓之赞而无辩乎？"[1] 即赞为称美之文，在品类上可以分为杂赞、哀赞、史赞三种。杂赞专在褒扬，其应用范围较广，文集、画集中所载的对人物、文章、书画的赞语都属杂赞。哀赞为悲悼之文，意在称述死者德行，表达哀思之情。史赞是史官对历史人物的评断，并不局限于褒扬，也有贬斥或批评的内容。徐师曾赞同刘勰对赞文体式的界定，即篇幅不长，讲究押韵，结尾以四言收束。但他不同意刘勰认可班固史赞"与此同流"的观点，认为班固的史赞虽有赞之名、赞之语、赞之体，其意旨并不在褒扬称美，而是评议人物，乃史论之变体，与称美的赞之本体不同。对此，（清）王之绩亦有同感，"至《史记》卷末，虽有评断，犹《左氏》之'君子曰'，并无论赞之名，后人妄以赞字加之，遂令至今相沿不改。"[2]

---

[1] 曾枣庄：《中国古代文体学·明代文体资料集成（附卷二）》，上海人民出版社，上海书店出版社，2012年，第271～272页。

[2] 曾枣庄：《中国古代文体学·清代文体资料集成（一）（附卷三）》，上海人民出版社，上海书店出版社，2012年，第231页。

道教方志中的赞多为人物之赞和像赞，或赞美高超道行，或赞美飘然风姿，或赞美现世功业，或赞美神异行迹。基于人物的独特身份，赞文无论是内容还是语词都带有较为浓郁的宗教色彩。如《洞霄图志》中的人物赞和《通玄观志》中的像赞：

### 朱法师

朱君绪，字法满，余杭县人。年十八入道，居玉清观，闭户下帷，终日燕坐而已。后以玉清地迫喧嚣，不可久处，乃拂衣入天柱山，数年道成。一日微疾，倏起，命水澡浴，具冠褐，焚香端坐。暨齐物、朱韬光等知当羽化，跪泣而辞。师曰："吾于彭殇存亡，齐之久矣，悲欣顾恋，何有于其间哉？然道妙寂寂，感者通焉。神理冥冥，契者昭焉。吾言之矣，汝知之矣。"言讫而逝，时开元八年五月二十九日也。

赞曰：道妙寂寂，神理冥冥。心晓所悟，下帷玉清。晚入天柱，积年道成。谈笑观化，身如羽轻。奚悲殇子，奚美老彭。万古一电，谁为死生？①

此为人物赞，附于人物传记之后，与传记相表里。通篇以齐整四言、句句押韵的形式，介绍了朱君绪法师通晓道理，由玉清观入洞霄宫，修成大道，燕坐羽化的事迹。对其洞彻生死，"一死生，齐彭殇"的达观思想给予了高度评价。赞的内容基本由传记化出，实际上可视作传记的一种韵文凝练形式。

---

① 《文渊阁四库全书（第五八七册）》，台湾商务印书馆，1986年，第437页。

## 石含胡羽士像赞

董廷策

苍松为盖，岩石作屏，熙熙然静坐其间，如待冲举也；清流托洁，抚膝长吟，飘飘乎独抱其真，如返太初也。望之如木鸡，其游六月之息也乎？接之如神龙，其化百世之机也乎？谁谓尺幅之中，不足以表高超之志也哉！[①]

这是一则像赞。作者并未采用齐整四言或以四言收束的正体格式，而是以杂言对仗、骈散结合的文赋形式结构全篇，乃赞之变体。就文句形式而言，有借鉴苏轼《前赤壁赋》"浩浩乎如冯虚御风，而不知其所止；飘飘乎如遗世独立，羽化而登仙"的印记。就文体内容而言，在描述胡天圻羽士燕坐修道、仙风道骨的相貌后，选取《庄子》中呆若木鸡、鲲鹏飞徙和孔子视老子为神龙的典故，礼赞画像所透视出的胡道士的高迈道行；于尺幅之间，绘形绘色，神韵兼备，语短而情长。

### （三）公牍文体

公牍文体类型众多，一般而言，都有其既定的体式和用语规范，趋于类型化，史学价值突显而文学价值不高。此仅选取敕、制、诰三种文体为例，综稽一处，另附地方官文牍一二种，略加说明，以见其一斑。

**1. 敕、制、诰**

敕、制、诰都是以帝王名义下达的官方文书，（明）徐师曾有详细

---

[①] 四库全书存目丛书编纂委员会编：《四库全书存目丛书·史部（第二四六册）》，齐鲁书社，1996年，第471页下。

的论述，节录如下：

> 按字书云："敕，戒敕也，亦作勅。"刘熙云："敕，饬也，使之警饬不敢废慢也。"刘勰云："戒敕为文，实诏之切者，周穆王命郊父受勅宪，此其事也。"
>
> 汉制，天子命令有四，其四曰戒书，即戒敕也。唐制，王言有七，其四曰发勅，五曰勅旨，六曰论事勅书，七曰勅牒，则唐之用勅广矣。宋亦有敕，或用之于奖谕，岂敕之初意哉？其词有散文，有四六，故今分古、俗二体而列之。……
>
> 按颜师古云："天子之言，一曰制书，谓为制度之命也。"……唐世，大赏罚、赦宥、虑囚及大除授，则用制书，其褒嘉赞劳，别有慰劳制书，余皆用勅，中书省掌之。宋承唐制，用以拜三公、三省等官，而罢免大臣亦用之。其词宣读于庭，皆用俪语，故有"敷告在庭""敷告有位""诞扬休命""诞扬赞册""诞扬丕号"等语。其余庶职，则但用诰而已。是知以制命官，盖唐、宋之制也。……
>
> 按字书云："诰者，告也，告上曰告，发下曰诰。"古者上下有诰，故下以告上，《仲虺之诰》是也；上以告下，《大诰》《洛诰》之类是也。……至宋，始以命庶官，而追赠大臣、贬谪有罪、赠封其祖父妻室，凡不宣于庭者，皆用之。……其词有散文，有俪语，则分古、俗二体云。……①

---

① 曾枣庄：《中国古代文体学·明代文体资料集成（附卷二）》，上海人民出版社，上海书店出版社，2012年，第255～257页。

由字析意，敕、制、诰虽俱为皇帝公文，但起初的用处并不相同。"敕"为敕戒、整饬之意，故其文体主要用于自上而下的敦告、警示、劝诫等场合；宋代将敕文用于奖谕，便遭到徐师曾"岂敕之初意哉"的反问，认为那是背离了敕之文体属性的错误之举。敕在体式上分骈、散二体，散体为古体，骈体为近体。"制"为制度之意，其文体起初是用于记载、宣扬官方制度。唐宋时期，制的应用范围渐广，赏罚赦宥、官员任免都用制书宣告。制在体式上注重骈俪之文，有固定的用语。"诰"为告诉、告知之意，其文体起初有两种不同的应用场合，即下以事禀告于上，上有事宣告于下。其后的发展由下禀告于上的功能渐次被奏议、奏疏等文体所替代，诰只保留了上对下的宣告意涵，成为皇帝的专用公文。至宋代诰的用途渐广，任命或贬谪官员、追赠封赐等不需宣读于庭的都可用诰。诰在体式上和敕一样，有骈散、俗古二体的分别。

　　道教方志中公牍文体的辑录偏差较大，上表中《委羽山续志》《洞霄图志》《洞霄宫志》《金鼓洞志》《灵卫庙志》都没有相关作品辑录，仅有《通玄观志》《吴山伍公庙志》辑录有 6 篇公文。[1] 这其中可能有两方面的原因，一是宫观祠庙的影响力不足，没有得到官方的重视，敕牒制诰从未降达；如杭州栖霞岭鹤林道院，虽为清代全真教龙门派的重要宫观，但在道教衰落的大环境下，既没有皇家的任何恩遇，也没有地方政府的些许扶持，《金鼓洞志》中也就没有了官方文告的收录。二是修志者疏漏或无意辑录或无法获取相关文告，如洞霄宫本为宋代重要宫观，住持道士多有得到朝廷敕命或敕封者，如金致一、李洞神、陈希声等，《洞霄宫志》却只简单交代其事迹，并未专章著录相

---

[1] 本书将官方祝文、祭文、青词等依其应用对象和文体特点归入了宗教文体，此处未计入。若依其撰写或发布的主体，实际上也可归入公牍文体。

关敕制之文。兹以《吴山伍公庙志》中大德四年加封制为例：

### 元大德四年加封制

忠义之气，今古不磨；爵赏之功，死生共劝。若稽尔神，格思新纶。吴大夫伍员，志不逢时，名能垂后。禀英灵而如在，久血食以无钦。近遏怒潮，克彰显迹。俯徇舆情之请，聿严庙貌之颂。贞烈有明征，褒崇岂容缓？荡平水土，既无波颓澜倒之虞；用相国家，丕迓海宴河清之运。可特赐号封顺祐忠孝威惠显圣王。①

全文历数了伍子胥神灵沟通人间天界，镇制江潮，护佑国家的无上功绩，强调及时褒封的必然，并据其行迹功烈，赐予相应封号。体式上以骈俪之句结构全篇，行文简洁，交待清晰。

**2. 禀文、批文**

皇帝公文之外，道教方志中还收录有一些地方官民往来的公文。如朱文藻《吴山城隍庙志》"公牍"条目下即收录有多篇浙地四所商人何永和等与地方盐道间关于重修吴山城隍庙的往来文牒，为由下对上的民间禀文和由上对下的官方批文构成。这些文牒以散文形式写就，交待事情因由和请示、批复等内容，语简意明。其中民间禀文用词典雅，以示典正和瞻敬之意；官方批文则用词朴质，口语化，富有个性色彩。如：

四所商人何永和等禀：为巨典攸关，巨工难缓，亟恳筹

---

① 王国平主编：《西湖文献集成（第25册）》，杭州出版社，2004年，第634页。

办,以肃观瞻,以昭诚敬事。窃吴山城隍庙载在祀典,为全省大社,关系民瘼,非他祠庙之比。……众谋佥同,情各踊跃,伏祈宪台大老爷,迅饬甲商定议,鼎详大宪确估,循例仍选殷商董理。俾归实际,庙貌重新,以肃观瞻,以昭诚敬,俯顺舆情,实为公便上禀。

盐道舒批:吴山城隍庙殿宇,关系全浙民社,原应早为修理。惟是现在商办景亭差务,及捐输河工各银两,均需道库通融垫发赶办。此外,实无堪以动垫之款。该商等如果志切重新庙貌,即自行集同商民,量力捐助。议举秉公者经历修茸可也。①

## (四)宗教文体

### 1. 步虚词

步虚词属于道经中"仙歌"的一种,是与道教乘蹻、存思等炼养之术和斋醮科仪等法事活动有关,往往以吟唱的方式与舞步和道乐曲调结合表现,是乐舞诗三位一体的特有诗体之一。因步虚词的使用与道教斋醮科仪的场合和程式相关联,其曲词结构便具有一定的序列安排,如同乐曲之前奏、间奏、高潮和尾声的安排一样。孙昌武先生指出:"在灵宝斋仪里,道士按八卦、九宫方位,绕香案'安徐雅步、调声正气'而歌,象征众仙在玄都玉京斋会的情景,也是以虚拟行为来表达宗教玄想,具有祈祷神灵的意义。循序歌唱时配合以特殊的经韵曲调,即所谓'步虚声',所吟咏即是《步虚词》,是描写、渲染神游

---

① 王国平主编:《西湖文献集成(第25册)》,杭州出版社,2004年,第748页。

仙界景象的诗章。从文学创作角度看，郭茂倩《乐府解题》说：'步虚词，道家曲也，备言众仙缥缈轻举之美。'这则把它看做是诗歌的一类了。"① 孙先生还认为，"步虚词无论作为斋法还是创作方法对于佛教的梵呗都有所借鉴"②，进而指出至唐代，步虚声作为道教乐曲已经普及到民间，广为人们所熟悉、欣赏，文人也热衷于步虚词的创作，"步虚词已经和诗人的创作并无二致了。……由道教科仪的步虚声演化为文人创作的步虚词，是道教促进文学发展的又一典型事例"③。

浙江道教方志中有很多关于步虚声的诗歌记录，如钱景谌《游大涤山三首》之一："清夜宿瑶宫，云关天柱峰。千岩空洞月，万籁古坛松。仙驭闻孤鹤，琅舆想六龙。朝元步虚罢，祥吹引林中。"④ 宋膺《云庭望鹤》："珌馆芬霞密，珠宫瓮日长。天高玉宇皎，露湿羽衣凉。古殿春生雾，寒花夜吐香。步虚声杂耳，白鹤望中翔。"⑤ 诗中"步虚"所指应是道教的斋法和乐曲，而非步虚词，实际上作为文人拟作的步虚词道教方志辑录的并不多。兹引《洞霄诗集》所录一组为例：

### 敬和九锁步虚词 并引

赵汝湜

> 窃闻天秉阳德，而九为老阳，故仙道宗阳，而取数皆九。内景合气，以九为节。金丹大还，九转为宝。其在于人，爰有九宫。上应列宿，是为九曜。环则九重，岂非阳数之极，而仙真所居者乎？天柱洞

---

① 孙昌武：《道教文学十讲》，中华书局，2014年，第166页。
② 孙昌武：《道教文学十讲》，中华书局，2014年，第168页。
③ 孙昌武：《道教文学十讲》，中华书局，2014年，第171页。
④ 张智、张健主编：《中国道观志丛刊续编（第17册）》，广陵书社，2004年，第297页。
⑤ 四库全书存目丛书编纂委员会编：《四库全书存目丛书·史部（第二四六册）》，齐鲁书社，1996年，第421页下。

天，外环九锁，神造灵设，仰模璇霄，此固玉帝真游，列仙窟宅之地也。山秀水清，钩绵奇绝，飞举之士，畴昔接踵。而我曾外祖寝虚先生，实以童年传道洞微，隐迹吴山，修炼内丹，心乐此地。时与高人幽士徜徉往来，浴泠泉而白云生，寝石床而丹气炳，灵异之迹，不可具述。故舅氏南渠居士犹踵清风，守一高蹈。暇日因即九锁，声之步虚，用标灵境，以告来者。汝湜辛酉仲秋因获陪侍杖屦，抚松拂石，即景长吟，辄尔和韵。用污清唱之末，寄之名山，庶用识于他日也。

### 天关锁

云墉高嵯峨，七藤衔铜环。有象非有质，真倚得跻攀。九天著通籍，保我玉练颜。英英青旄节，悠悠款灵关。

### 藏云锁

灵根郁三素，一气同氤氲。冉冉霄上游，永离嚣尘熏。空体含五华，霞贯泥丸君。环刚尔何神？摄身混祥云。

### 凌虚锁 案元刻误飞鸾锁

太空本无形，天衢迥萧疏。火炼身弥轻，意行神已如。飘飘跨倒景，棽丽舞云裾。无碍故逍遥，洒然翔清虚。

### 通真锁

五岳皆积骨，千霜永难晨。胡为甘短景，不悟丹台春。至道岂在烦？录精炼胎津。六六琴心文，一悟通玄真。

### 龙吟锁

矫首东方宫，变化何由寻。神用妙难拟，飙电赫森森。雨施不为功，云从本无心。人间谩怀想，戛钵希雷吟。

### 洞微锁

大道不容言，有滞还有羁。返本含元造，竟达无上机。希夷绝视听，得一众甫归。向来寝虚师，至诀殊精微。

云璈锁

悠悠劫为朝，万民恣游遨。三山眇如块，举步身弥高。
绛宫近咫尺，天风度骚骚。至音非笙歌，泠然八琅璈。

朝元锁

煌煌玉京阙，瑞霭纷天垣。严扈森虎兵，金朱焕灵门。
星弁集万真，龙旗间华幡。斋心洁形神，稽首朝混元。

飞鸾锁

案元刻脱此篇。今据明高以谟本补录，当次《凌虚锁》一篇之后。

渐入云霄径，清气逼人寒。欲学长生诀，先过此重坛。
无屋堪伫足，有地可藏丹。遥瞻深锁处，时见绕飞鸾。①

此为宋赵汝淲唱和其舅陈洵直（南渠居士）的步虚词之作。二人所作步虚词都是以洞霄宫前的九锁山为题，以九首诗歌分咏九座山。据《洞霄宫志》："九锁山，在洞霄宫前，高六百八十丈，周回十里，其势九折，萦纡相续。自西南转东北至宫五里，若人之曲肱锁腹，故名九锁。"② 词前小序先论证了"九"的宗教意义，突显天柱洞天"外环九锁"的神仙宫府地位；继而介绍自己创作步虚词的缘起。"声之步虚，用标灵境"说明陈洵直之作并非普通拟作，而是形诸声韵，伴有步虚声。陈洵直的《九锁步虚词》每首后都有仪式性或暗合乐章的结语，如"'一锁度灵钥，九虎开天关。（《第一天关锁》）'……'二锁度灵钥，松风卷藏云。（《第二藏云锁》）'……'三锁度灵钥，悠悠控飞

---

① 胡道静、陈耀庭、段文桂等主编：《藏外道书（第三四册）》，巴蜀书社，1994年，第24~25页。另："飞鸾锁"应在《凌虚锁》一篇之前，原文案误。
② 张智、张健主编：《中国道观志丛刊续编（第17册）》，广陵书社，2004年，第48页。

鸾。(《第三飞鸾锁》)'"①，赵汝湦的和作"抚松拂石，即景长吟"，更多地是酬唱之作，并未关涉步虚声。他的九首步虚词都是紧扣山名，畅想仙灵世界的，虽未采用"一锁""二锁"相续的仪式性结语形式，但在每首的末句依然采用了"关""云""虚""真""吟"等语词呼应点题。如《龙吟锁》以龙吟为核心，幻想山形和神龙幻化、驾驭风雷、从云布雨的神功，末句以人间怀想、击钵期盼雷鸣风雨收束，回扣"龙吟"，突显主题。全诗并未涉及道教的科仪斋法，与其说作者是心从步虚声的创作，不如说是借步虚形式的文学玄想和纵笔为文，其酬唱应和、骋才应景的成分更多。这也从一个层面说明了步虚词的文学化和世俗化，即孙先生所言对文学发展的促进作用，体现了宗教文体与文学文体间的交互影响。

步虚词在神仙飞举之外，还有一些倡论玄理的别调，如《武林玄妙观志》所录马臻《步虚词》：

逸纻太景阿，萧萧导玄钧。虚节合万奏，高会冥五神。阴阳鼓灵风，一炁无不均。澹然盼至寂，大道无疏亲。适路非有待，上仙齐飞轮。哀哉贵终道，尘波沦俗人。邱垤秘浊骨，大夜难希晨。灵明丧怨秒，缱绻来去因。何不散尔想，复此空中真。虚舟纵风舵，放浪无涯津。期劫倐忽周，真空浩无垠。卓然吾独存，会当哂灵椿。②

这首步虚词和一般重在描绘游仙景象的步虚词不同，作者将重心放在

---

① 胡道静、陈耀庭、段文桂等主编：《藏外道书（第三四册）》，巴蜀书社，1994年，第23～24页。

② 王国平主编：《西湖文献集成（第24册）》，杭州出版社，2004年，第1145页。"炁"字引文原作"气"，此据《藏外道书》本回改。

倡论大道至理上。诗中虽有"玄钧""五神""上仙""飞轮"等涉仙意象，但并不是要表达的主体。诗歌的主体篇幅乃在于议论，即以大道无疆、俯视深陷尘俗的芸芸众生，为他们指明唯有散去尘虑、纵虚养空，才能度过劫数，修得大道而卓然长存的道理。这种名以"步虚"却倡论事理的作品犹如魏晋的玄言诗，乃步虚词中的别调。

**2.** 祝文

祝文即祈祷、祭吊类文体的总称。（明）徐师曾称："按祝文者，飨神之词也，刘勰所谓'祝史陈信，资乎文辞'者是也。……考其大旨，实有六焉：一曰告，二曰修，三曰祈，四曰报，五曰辟，六曰谒，用以飨天地、山川、社稷、宗庙、五祀、群神，而总谓之祝文。其词有散文，有韵语。"[①] 即祝文主要为祀神之用，通过禀告、宴飨神灵，为人间祈请福祉，攘除灾异。其文体格式或为散文，或为韵语（诗词或骈俪之文），或二者结合，要以庄肃典雅为上。徐师曾对祭文、吊文也有论及："按祭文者，祭奠亲友之辞也。古之祭祀，止于告飨而已。中世以还，兼赞言行，以寓哀伤之意，盖祝文之变也。"[②] "按吊文者，吊死之辞也。……其有称祭文者，则并列之，以其实为吊也。"[③] 实际上，祭文、吊文在宗教文体中都可视作祝文的子类。换句话说，就是当祭吊的对象由世间之人转为天界神灵，其文自然就更多充溢了祈祷敬祀的含义，便不再局限于普通的祭奠吊慰，可看成是祈祝之文。这一点在道教方志编纂中就有明显的体现，如《吴山伍公庙志》卷四

---

[①] 曾枣庄：《中国古代文体学·明代文体资料集成（附卷二）》，上海人民出版社，上海书店出版社，2012年，第278～279页。

[②] 曾枣庄：《中国古代文体学·明代文体资料集成（附卷二）》，上海人民出版社，上海书店出版社，2012年，第278页。

[③] 曾枣庄：《中国古代文体学·明代文体资料集成（附卷二）》，上海人民出版社，上海书店出版社，2012年，第278页。

"祭文"条目下即收录有苏轼的《祈雨吴山庙文》《祭英烈王祝文》《祈雨祝文》等。曾枣庄称:"由于用途不同,祝文有多种不同的称谓,包括祝辞、祈辞、嘏辞、玉牒文、青词(绿章)、叹佛、叹道词、斋文、表本、功德疏、道场疏等。"① 为论述方便,本文以"祝文"统摄各类宗教祈祝文体,一并讨论。

收录祝文的道教方志多为祠庙志。上列7部道教方志中,收录祝文(祭文)的仅有《吴山伍公庙志》1部,其他如《城北天后宫志》《灵卫庙志》《吴山城隍庙志》等祠庙志也辑录有祝文。这其中一个重要的原因当是祠庙所祀神灵多列在官方祀典,每年都有很多官民的祭吊和祈请;祝文或由朝廷赐文,或由名流润笔,所作篇什无论是就政治还是文学的影响力来说都有辑录的价值。此以《吴山伍公庙志》为例来说明。

《吴山伍公庙志》卷首即录有3篇祭文,分别为乾隆十六年(1751)经筵讲官刑部左侍郎钱陈群和乾隆二十七年(1762)兵部侍郎兼都察院右副都御史、巡抚浙江等处地方提督军务庄有恭奉乾隆之命的致祭祭文,二十九年(1764)兵部侍郎兼都察院右副都御史、巡抚浙江等处地方提督军务、世管佐领三宝等致祭祭文。3篇祭文中2篇出自帝王授意,1篇出自地方大员,都具有极高的政治影响力。卷四"艺文中""祭文"目下辑录有自北宋大中祥符五年(1012)至清代的16篇祭文,题名涉及青词、庙文、祝文、祭文、时祭乐章等,祭神祈禳的用意相近,文体式样则有所不同。

大体而言,祝文的体式可分四种类型。其一为通篇散体,即以散文体式结构全篇。如苏轼《祈雨吴山庙文》:

---

① 曾枣庄:《中国古代文体学·中国古代文体分类学(下卷)》,上海人民出版社,上海书店出版社,2012年,第281页。

杭之为邦，山泽相半，十日之雨则病水，一月不雨则病旱，故水旱之请，黩神为甚。今者止雨之祷未能踰月，又以旱告矣。吏以不得为愧，神以不倦为德。愿终其赐，俾克有秋。尚飨。①

其二为骈、散结合，即祭文前部为散体，介绍祭神背景情况，包括时间、祭祀人等，为序引之用，正文部分为骈体，抒写颂神、祭神、祈请之意。如《御制敕祭伍公祝文》：

维乾隆十六年岁次辛未三月戊戌朔，越五日壬寅之辰，皇帝遣经筵讲官刑部左侍郎钱陈群致祭于钱塘江之神。曰：惟神尊临江口，统摄海门。汇练水以成川，发源古歙；引富春而作渎，注泄沧溟。涌万顷之波涛，壮观八月；司两时之潮汐，著信千秋。翠潋澄鲜，奠金塘而永固；洪澜浩淼，融玉浪以无尘。朕法古时巡，勤民春省，观风两浙，至于钱塘。昭隆礼以告虔，遣专官而将事。神其来格，鉴此明禋。②

其三为通篇骈俪之体，以四六文结撰，这是祝文正文部分最为常见的体式。如（清）朱轼《祭伍公文》、（清）伍涵芬《祭神祖威惠显圣王文》等。

其四为齐整的韵文，或四言，或五言、七言。如（元）虞集《奉

---

① 王国平主编：《西湖文献集成（第25册）》，杭州出版社，2004年，第680～681页。
② 王国平主编：《西湖文献集成（第25册）》，杭州出版社，2004年，第620页。

旨撰祭伍子胥文》：

> 尔以忠陨，主潮于吴。潮今为灾，吴其沼乎？尔其扬灵，其训海若。俾安其常，毋作民虐。既止既安，民遂有生。尔作明神，永有令名。①

诸多体式之外，尚有两类需要单独说明，即青词和时祭乐章。青词又称绿章，因以朱红色笔书写于青藤纸上而得名，多以骈文写就，富于宗教意味。如（明）徐师曾所言："按陈绎曾云：'青词者，方士忏过之词也，或以祈福，或以荐亡，唯道家用之。'其谓密词，则释、道通用矣。词用俪语，诸集皆有，而《事文类聚》所载尤多。"② 就正文体式而言，青词与一般的官方或民间的祝文没有太大区别，因骈俪之体的行文难度，很多青词俱是出自名家手笔，如苏轼、王安石、欧阳修等都曾创作大量青词。相对于民间的祝文，青词一般是由道士在斋醮场合主持吟唱的。《吴山伍公庙志》录有1首青词，题作《宋学士院撰春秋醮祭青词》，乃帝王授意，学士院奉旨拟定以祭祀伍子胥之作。词分三节，以"右初献""右亚献""右终献"标识祭祀程式。初献之词歌颂伍子胥的灵迹和福佑生民的功业，祈请神灵垂鉴，下听民音。亚献之词承前进一步称颂神灵的高尚节操与安澜佑国的功业，和立庙受祀、血食千载的待遇，祈请神灵垂悯施惠。终献承前直陈胸臆，表达祭祀意旨，吁请神灵消弭江潮之患，永保浙地民生。三节之词，互相绾结，层层深入，极具仪式感。语言则骈俪工整，典雅庄肃，应

---

① 王国平主编：《西湖文献集成（第25册）》，杭州出版社，2004年，第682页。
② 曾枣庄：《中国古代文体学·明代文体资料集成（附卷二）》，上海人民出版社，上海书店出版社，2012年，第287页。

和祭祀盛景。如"右终献"之词：

> 伏以以神感神，须臾可扣，以炁合炁，方寸潜通。有感斯应，祭之如在。今两浙城邻海若，民患江涛，兹藉神灵，聿昭奠定。永无冲击之虞，群享安恬之庆。江城沐惠，水国沾恩。益切丹诚，谨伸终献。尚飨。①

时祭乐章属于祭祀诗歌的范畴，在文体分类上不属于"文"类。《吴山伍公庙志》将其归于"祭文"条目之下当是从其主题和应用的角度出发的，即其文虽属诗体，但与祝文一样，主题方面俱在祀神祈请，应用方面也都是需要付诸吟诵或歌唱，合于具体的祭祀程序。不同处是"时祭乐章"以"乐章"名篇，在程式中往往需要配上音乐和舞蹈，而祝文则未必尽然。如伍涵芬的《时祭乐章》：

> 辟寝门兮趋中堂，筮日吉兮辰良。壮先烈兮终古，迎神祖兮上皇。乘丰隆兮翱翔，群矫首兮遐望。扬枹兮拊鼓，神祖归来兮周章。潜水栗兮寒波扬，潮森森兮钱塘。渐沥鸣兮霖雨，采芳掇秀兮山冈。猿嗷嗷兮欲泣，水萧萧兮情怆。神祖归来兮无语，曾孙怅兮满堂。文鱼乘兮龙为骧，云之衣兮霓之裳，偕河伯兮谁低昂。御蕙肴兮兰藉，酌桂酒兮椒浆。览南国兮郡县，韬良弓兮乐康。怅无极兮天壤，抚苗裔兮繁昌。右迎神
>
> 邀神祖兮还悠悠，云车风马归潜州。归道潜州风色好，

---

① 王国平主编：《西湖文献集成（第25册）》，杭州出版社，2004年，第680页。"炁"字引文原作"气"，此据《中国道观志丛刊续编》本回改。

秋江不见采莲游。日暮门前乌桕树，霏霏叶雨新霜处。年年此日临凡筵，此日时时思笑语。神祖劬劳司万方，安得长留共一堂。日暮潮来催艇子，吴山古庙在钱塘。右送神①

伍涵芬是伍子胥的六十七世孙，此乃其祭祀先祖的祭歌。全诗由"迎神""送神"两个乐章构成。迎神之曲辞以楚歌形式写成，描写了择吉日而迎神祖的虔敬之心和盛大场景。以"迎神祖"和"神祖归来"领起串连，从择日开堂、敬迎神祖，写到神祖乘云降临、周游山川，再到祖孙相见、静默悲怅，结以享用祭品、护佑子孙。诗歌用大量的场景描写来渲染迎接神祖的情感，"寒波""霖雨""哀猿"等悲情意象和"文鱼""云衣霓裳""河伯""兰蕙""桂酒""椒浆"等神异意象分别构织出凄婉悲情与浪漫喜乐、迷离恍惚的场景，以景衬情，各臻其妙，深得屈原"香草美人"之风。送神之曲辞以七言古体写成，描写了送别神祖的不舍和敬慰神祖、祈愿长留的期盼之情。表达上则以叙事为主，间以以景衬情。相比于迎神曲辞的恢弘激昂，送神曲辞在节奏上明显趋于纡徐婉转，二曲前后相配，形象地展现了迎神的壮大场景和送神的惜别之情。

3. 募缘疏

"疏"有多种不同形式，因使用的领域不同而有不同的名称，如注疏、奏疏、募疏、法堂疏等。（明）谭浚云："疏，布也，布置物类，撮题近意。故小券短书，号为疏，条陈也。《广雅》曰：'注，疏也。'《风俗通》曰：'记物曰注。'注者，主解，若《十三经注疏》也。又汉

---

① 王国平主编：《西湖文献集成（第25册）》，杭州出版社，2004年，第686~687页。

王吉《得失疏》、匡衡《正家疏》，东方朔上疏，又一义也。"① 如其所言，"疏"乃条列、布置之意，即将观点或意思逐条布列。"疏"分两类，其中"注疏"是对书籍的注解和注释，是一种古籍整理方法，并非文体；《得失疏》之类的上疏才是文体，亦称奏疏，为大臣向君王谏议事理、陈述事情，是一种政论文体。

宗教文体中的"疏"有道场疏、法堂疏、募缘疏等不同名目，其中道教方志中辑录较多的为募缘疏。（明）徐师曾云："按募缘疏者，广求众力之词也。桥梁、祠庙、寺观、经像与夫释、老衣食、器用之类，凡非一力所能独成者，必撰疏以募之。词用俪语，盖时俗所尚。"② 如其名，募缘疏是佛、道二教用来募集社会资助的文书，其本旨在叙述原委，条陈功德，广集善缘。"词用俪语"是其主流语体特点，但取用散体的募缘疏实际上也不少见。（清）王之绩云："疏之为用不一，大抵募、荐二者居多。募或建刹，或储经；荐或家人师友，或阵亡将士。荐多用四六，募或散文或四六。又有募疏，四六文后，系之以四偈语者，亦不可不知。"③ 指出宗教疏文以募缘和祭祀为主，祭祀之疏多用骈体，而募缘疏在体式上则有散文、骈文以及骈文后附偈语等多种形式。如《通玄观志》所录董汉策《募造真庆宫疏》：

学道之士，必有皈向，然后造诣真纯，心无岐贰，则道必有成。如泰玄上相之皈诚太清，天雷上相之敬奉东华，皆

---

① 曾枣庄：《中国古代文体学·明代文体资料集成（附卷二）》，上海人民出版社，上海书店出版社，2012年，第416页。
② 曾枣庄：《中国古代文体学·明代文体资料集成（附卷二）》，上海人民出版社，上海书店出版社，2012年，第288页。
③ 曾枣庄：《中国古代文体学·清代文体资料集成（一）（附卷三）》，上海人民出版社，上海书店出版社，2012年，第216页。

是也。通玄观羽士沈恒旭，少时虔奉真武，今老矣，欲遂斯志。建真庆宫于山之西北隅，旁树二楹为坛靖，缭以长垣，辅以堂庑，为炼真修玄之所。绀殿虽启，力难毕工。昕夕焦思，无补也。余为此当告大人先生共成之。于是为倡劝，将见飞甍云翚，藻井星丽，二三好道者栖息吟诵，如跻萧台而登紫极。以是成道不难，是亦瑞石山一大事因缘也。是为疏。①

此为散体之疏，全文可分三部分。第一部分介绍修道之士一心向道，必有所成的事理，并以张道陵、吕洞宾修道成仙为例。第二部分承前说明通玄观羽士沈恒旭潜心修道，创建宫宇而力有不逮的事实。第三部分写自己倡劝募集，共襄盛举，以结善缘的意义。三部分俱以"成道"为核心，层层相因，叙事陈理条畅显豁。

**4. 法诰**

法诰是宗教各种仪式中吟诵或吟唱语体的统称，与青词一样，其主体特点在于鲜明的宗教性、仪式性。"法""诰"连用，其意一在宗教的神秘性、神圣性，二在宣告、布告。（明）徐师曾云："（青词）此外又有法诰，有告牒，有投简，有解语，有法语。而举棺撒土，亦皆有文，其目至为烦琐，而诸集不载。"② 此类文体因为鲜明的宗教特点，往往为诸多文集所不载。道教方志中辑录有部分法诰，名目不一，如《武林玄妙观志》所载王福缘《四圣延祥观三清开光法语》、杜道坚

---

① 四库全书存目丛书编纂委员会编：《四库全书存目丛书·史部（第二四六册）》，齐鲁书社，1996年，第465页上。
② 曾枣庄：《中国古代文体学·明代文体资料集成（附卷二）》，上海人民出版社，上海书店出版社，2012年，第287页。

《为王盘隐掩土文》，《洞霄图志》所载白玉蟾《演教堂揭扁法语》，《洞霄宫志》所载法师贝本恒入葬时其弟子陈仁恩和龙门道士陈清微所作的《入龛语》《封龛语》等。此以《武林玄妙观志》所录王福缘《四圣延祥观三清开光法语》为例：

> 尧眉八彩，舜目重瞳。荡荡三清之御，巍巍万道之宗。相好既具，丰骨不同。喜嗣师自瑶池而至，庆四圣修金箓之崇。琼蕤宝鼎，玉相金容。尚含光而内默，独观妙以无穷起笔。此笔曾补造化，能助天工。昔闻吴刚有斧修月，今仗郢人运斤成风付笔。子今为我普放无极之光明，照无极之世界。端见吾君吾师，风云庆会，相与于无终。一炷清香千万岁，朝朝九色瑞光中。①

此法语乃元代高道王福缘为四圣延祥观三清圣像开光而作，语句以骈俪为主，骈散结合。文中有"起笔""付笔"交待具体程式，其结构亦可由之而分为三个部分。第一部分为起笔，介绍三清圣像骨骼清逸、眉目不凡，及大宗师吴全节莅临修醮的盛典，② 执笔而起。第二部分为付笔，歌颂开光点睛之笔的神异，以笔付师。第三部分当为终笔，歌颂润笔点睛，为神像开光之后的祥瑞之效。尧眉舜目、吴刚仙斧、楚人运斤等典故的使用既增添了开光的神异色彩，又突显了用笔的典重。

---

① 王国平主编：《西湖文献集成（第24册）》，杭州出版社，2004年，第1134页。

② 法语前有附文，称："《归真录》云：开四圣延祥观，三清光明。王盘隐作文，闲闲吴宗师奉旨降香主醮。"（王国平主编：《西湖文献集成（第24册）》，杭州出版社，2004年，第1134页）"闲闲"为元代玄教宗师吴全节的号。

## 5. 偈颂

偈颂出自佛门，是佛经中的唱诵之词，阐释经义，蕴含佛理。（明）徐一夔云："偈者，诗之类也。佛说诸经必有重偈，以申其义。观于吾书，春秋列国大夫交聘中国，既修词令以达事情，末复举诗明之，盖亦此类。偈或五言、七言，惟便于诵读，而不叶以音韵。诗多四言，而以音韵叶之，盖被之弦歌故也。诗自汉变为五言，唐变为七言，颇严声律。为释氏者出言成偈，大略亦近于诗。"[①] 偈颂在体式上有四言、五言、七言之别，五七言多为吟诵之用，故不需押韵；四言则要求押韵，可付诸歌咏，多为诗体。随着诗体发展的影响，偈颂已渐近于诗，四言、五言、六言、七言及杂言之作并呈，或押韵或不押韵，未为定律。偈颂后为道教徒所借取，用以阐释道经，寄寓道理，成为道教重要的文体之一。道教方志所辑偈颂，基本上都是高道辞世之作，乃其一生行迹的自我总结或对至道的体悟，属于临终偈颂。偈颂之文多附于人物传记之后，少有独立成篇者。体式上则多为四言，或以四言为主的杂言。兹录一二：

> 去来如一，真性湛然。风收云散，月在清天。（洞霄宫朱真静临终偈）[②]

> 踏遍吴山越水，一生飘笠清风。忽地三更雷起，了然打破虚空。（武林玄妙观赵肖先临终偈）[③]

---

[①] 曾枣庄：《中国古代文体学·明代文体资料集成（附卷二）》，上海人民出版社，上海书店出版社，2012年，第8页。

[②] 张智、张健主编：《中国道观志丛刊续编（第17册）》，广陵书社，2004年，第137～138页。

[③] 王国平主编：《西湖文献集成（第24册）》，杭州出版社，2004年，第1078页。

一寸光阴一寸金，结茅默坐白云岑。蓦然识得虚皇面，天不高兮海不深。(通玄观王玄悟临终偈)①

六六经翻玄洞，九九丹传铅汞。仔细端求一窍子，绵密调停两鼻孔。胡麻饭，破衲褯，七十余秋，江南江北。咄！八百龙沙一一客，毕竟到头甚么说。归来无事任逍遥，何处风光不自得。(洞霄宫贝本恒临终偈)②

浙江道教方志涉及的文体尚有很多，如辩、上梁文、颂、箴、楹联、劝捐文等，限于篇幅，本文不再论述。整体而言，道教方志多编于明清二代，受地方志编纂体例和观念的影响，其艺文作品的辑录和文体的选择较为靠近正统文学，道教的宗教性相对弱化。如道经中常见的金丹、符箓之术和教理教义之文便很少存录，道教的仙歌或步虚词收录也不多，语体风格上一些民间流行的口语化的唱道之辞更是毫无收录。即便是一些能增重宫观政治与宗教地位的文本，在一些道教方志中也会有意无意遭到忽视。比如洞霄宫自五代钱镠至两宋时期，都是浙江第一伟观，甚至拥有皇家宫观的无上地位。投龙简祈福，节庆设醮，学士院降青词朱表，应有很多，但邓牧《洞霄图志》和闻人儒《洞霄宫志》都没有收录相关投龙文简和青词作品。

当然，本文将道教方志中的文体分为文学文体、公牍文体和宗教文体只是出于论述的方便，三者之间以及文体个体之间的界限有时并不明显。如祝文，即可根据其创作或诵读的主体将其归入公牍文体或宗教文体两种不同类别：若为帝王御制，士大夫主持之祀典，自可归

---

① 四库全书存目丛书编纂委员会编：《四库全书存目丛书·史部（第二四六册）》，齐鲁书社，1996年，第472页上。

② 张智、张健主编：《中国道观志丛刊续编（第17册）》，广陵书社，2004年，第433页。

入官方祭祀文体，如《吴山伍公庙志》卷首所录《御制敕祭伍公祝文》；若为道士斋醮场所之祭文，则当归入宗教祭祀文体，如《宋学士院撰春秋醮祭青词》。不同文体之间也存在兼用或借鉴体式的情况。文体兼用的如《吴山伍公庙志》卷四"艺文中"所录沈友儒和金兆元的2篇《募修伍公庙序》，以序文募缘，序兼有募缘疏文体的作用。[①] 借鉴体式的如《吴山城隍庙志》卷末所录朱文藻、丁立诚2篇《跋》，都是以七言古诗的形式写成，是跋文借鉴了诗歌的体式。[②] 这些"创举"，一方面推进了不同文体间的借鉴取法，另一方面也推进了文体形式的变化，促成别体的形成，是文体研究中值得关注的现象。

## 第三节　道教方志艺文思想内容探微

发展较好、影响力较大的道教宫观祠宇，一方面会修缮宫观，扩建屋宇，维系法派的传承，另一方面还会编纂方志，辑录诗文作品，记录宫观发展历史，为山林增重。二者相互促成，"立功""立言"，流传后世。作为宗教专志，道教方志相较地方史志无疑更为注重艺文的辑录。无论是旁搜远绍，细大不捐，还是延请文士赐文赠诗，辑录成册，都是刻意经营。宗教与史志的兼顾决定了道教方志艺文作品思想内容的庞杂，教理玄道、世道人情、社会民生等皆有涉及，综稽一处，

---

[①] 详见王国平主编：《西湖文献集成（第 25 册）》，杭州出版社，2004 年，第 678～679 页。

[②] 详见王国平主编：《西湖文献集成（第 25 册）》，杭州出版社，2004 年，第 933～934 页。

森罗万象。①

## 一、记录宫观沿革，演绎教派承传

道教方志的编纂，主要目的在于宗教存史，因而记录宫观的沿革和教派的承传便是所辑录作品的重要内容之一，其涉及面非常广泛，具体来说，有宫观殿宇的建设与修缮、田亩山地和宫观器用的增置、神像的安设与奉祀、教派的传衍、高道大德的生平行迹记录等。

存史之作，最为全面的莫过于宫观文记，无论是出于营缮志庆，还是感发后人善继前志，其内容交待都力求详实全面。如通玄观的发展沿革，就能从前后相续的多篇碑记中去清晰了解。

**创建通玄观碑记**

刘　敖

夫通玄观之肇创也，原敖卯角时，辄乃净厥身、遣厥欲、慕厥道，冀求真全玄氏之门。憾世弗容宥，进事内庭，固荷天涯，授以内侍官，赐食玉食，衣锦衣，掌宫禁，相玉宸，富贵亦极矣。虽然，讵敖志哉？盖尝叹曰："富贵，梦幻也。真全，身宝也。羁富贵而匪求真全，是惜梦幻而捐身宝者，敖宁弗致于审耶？"因学观心养性，炼质守形，寻道机，穷道奥，真全企悟于谿然，庶几玄玄之妙有不昧于虚灵矣。于是窃修道于宫居，屡恳请于主上，丐放山林，圆就心学。绍兴庚午，顶激皇衷，命出主吴山宁寿观，手赐法名"能真"，给

---

① 此节所言"道教方志艺文思想意蕴探微"是就其辑录的艺文作品而言的，并非含盖道教方志所有的文本。

福牒,赉紫衣暨七宝、顷田。所赏之隆悉归于观,供奉香灯。洊命敖持坚养道,祝国永长。仲夏,辞陛入山,笃谨焚修,密守炼功,幸几圆成,弗辜廷虑。己卯腊二日,敖夜坐,梦三茅君偕跌胎禽旋游山角,状若栖止。伺明旦瞻之,果见三鹤。逾年是日,鹤复来翔。噫!敖之感于茅君,验曷殊甚也。遂仰鹤稽吁,矢构观以迎。即期相地,剪莽斫荆,凿山平基,运斤斫木。前创茅君之廷,后竖三清之殿;筑谒斗台于乾维,立望鹤亭于艮位。经房、丹室,起盖随宜;钵室、山门,蔑一不备。工竣,观罔额,持疏请。沐,御题曰"通玄",仍加玺书于左,焕耀玄宇。於戏,观幸矣哉!额亦称矣哉!敖之心不亦惬矣哉!且昔敖在内侍也,寤寐之间,念念于道。故尝履富贵而厌处,谈真全而乐闻,是非薄缘种植,玄门宿虑有在。奚以求道而道得,适请而请从,效修炼而获悟,梦茅君而化鹤哉?又奚以创观成而请疏,上通玄之题沛,自九重而光福地哉?工始庚辰之丑,讫壬午之申;请额月弦,而石壁裒于月望也。后之嗣观者尚守之哉!绍兴三十二年七月中元日记。①

此为《通玄观志》艺文部分辑录的第一篇记,介绍了创建通玄观的始末。作者详细记述了他由早年修道到备极荣宠再到寻求外放、创设通玄观的本末原始。因为采用亲历者叙述的视角,一些事实和事理就交待的非常清楚。如刘敖在身为内侍官之后通过对现世富贵与道教真全的思考,坚定弃富贵而追求真全的决心;获高宗之命出主宁寿观,

---

① 四库全书存目丛书编纂委员会编:《四库全书存目丛书·史部(第二四六册)》,齐鲁书社,1996年,第443页。

获赐法名、田亩器用，为国祈福的事迹；夜梦三茅真君驾鹤旋游、旦视果然得梦兆之奇，矢志创建通玄观奉祀三清的创举；弃富贵而从道，求道、祈请并获其效及梦鹤建观的思考；以及文末通玄观创建的起讫时间（1160—1162）等。全文笔致细密，如面陈肺腑，历历道来，真切而详实。文记中还记述了宫观一些主要的建筑与规划，如三茅殿、三清殿、谒斗台、望鹤亭、经房、丹室、钵室、山门等，如同绘制了通玄观的现实图景。

《通玄观志·志建置》部分也有相关的内容记载，如"三茅殿，在山之腹。宋刘真人建以祝圣寿"[①]，"望鹤亭，在三清殿东北，宋刘真人梦白鹤来翔而建"[②] 等；但只是条列事实，让人难明就里，远不及刘敖记文交待得详实真切。

刘敖《创建通玄观碑记》之后，《通玄观志》以时间为序，辑录了多篇碑记，与每一次通玄观建筑的修整相关，构画出了通玄观发展的清晰脉络图。具体而言有（元）吴全节《重修通玄观碑记》，记叙了元代通玄观俞行简法师重修三茅殿、三清殿，重建谒斗台、望鹤亭和山门、廊宇的事迹。明代成化年间季琮《重修通玄观碑记》和嘉靖年间金璐《记通玄观始末》，记录了通玄观经元末兵燹而废毁后，徐渊澄与弟子徐道彰主持宫观，募缘重修的经过。嘉靖年间陈珂《碑阴》和邹虞《三清殿碑记》，分别承前补充了李玄泰、张玄复、郁存方续修宫观的事迹。嘉靖年间虞元良《重修通玄观碑记》、郁存方《三茅殿碑记》，重点交待了法师郁存方秉继先志，修复三清殿、三茅殿的事迹。嘉靖沈友儒《建崔府君祠碑记》记述了崔府君行迹及明代迁建崔府君祠的

---

[①] 四库全书存目丛书编纂委员会编：《四库全书存目丛书·史部（第二四六册）》，齐鲁书社，1996年，第412页下～413页上。

[②] 四库全书存目丛书编纂委员会编：《四库全书存目丛书·史部（第二四六册）》，齐鲁书社，1996年，第414页上。

情况;《建启元殿碑记》记录了文昌帝君张善勋后裔张金松等建启元殿奉祀文昌帝君,诸多庠彦缙绅助力捐施,共襄盛举的经过。林澜《建玉晨阁记》记叙了高祖林怀玉秉父遗愿,创建玉晨阁供奉斗真及先辈神位,合斗阁与家庙为一处的故事。清康熙年间吴陈琰《重修通玄观碑记》记录了通玄观主持朱闳绪重修三清殿、拓展地基和墙垣、粉饰堂奥廊庑的情况,是关乎通玄观沿革的最后一篇文记。由刘敖至吴陈琰,11篇文记记录了通玄观的始创、损毁、重建、重修及附属殿宇的增置情况,时间、人物、起因、经过、结果和意义等都交待详实,可称一部通玄观的沿革实录。

　　道教方志中还辑录有宫观建置之外的如田亩、山地和器用的增置、神像奉祀、高道行迹等方面的作品,是宫观沿革的重要补充,二者相互结合,多角度、多层面地展现了道教宫观的发展图景。兹择取部分道教方志中的作品列简表如下,以供参考:

| 道教方志 | 作品 | 时间/作者 | 主要内容 |
| --- | --- | --- | --- |
| 洞霄图志 | 洪钟记 | 南宋/曹叔远 | 宋理宗绍定年间朝廷为洞霄宫铸造巨钟、为国祈福的事迹。 |
| 洞霄图志 | 檀越施田记 | 南宋/洪咨夔 | 洞霄宫历代获颁赐田亩及田亩"多故",难以为继,而劝导募捐田亩、资助宫观的情况。 |
| 洞霄图志 | 洞霄宫庄田记 | 南宋/家铉翁 | 道观常丰庄、万年庄二庄田的由来,宫观获取田亩的四种渠道:宫廷赏赐、宫廷赐度牒换取钱物购置、道教徒垦荒所得和出资购置。 |
| 洞霄图志 | 洞霄宫昊天殿上梁文 | 南宋/陆维之 | 洞霄宫昊天殿屋宇竣工,上梁庆贺,吉语祝颂的礼俗。 |
| 洞霄图志 | 演教堂揭匾法语 | 南宋/白玉蟾 | 宋宁宗御笔赐额主持龚大明"演教堂"三字,吉语祝颂,悬匾志庆。 |

续表

| 道教方志 | 作品 | 时间/作者 | 主要内容 |
|---|---|---|---|
| 洞霄宫志 | 奉安考亭先生文 | 明/陈儒 | 洞霄宫奉祀朱熹圣像始末及相关管理。 |
| 洞霄宫志 | 朱文公祠记 | 明/马煃 | 程志初捐俸购田，供给奉祀朱熹开销。 |
| 武林玄妙观志 | 四圣延祥观三清开光法语 | 元/王福缘 | 三清圣像开光仪式，吉语祝颂。 |
| 武林玄妙观志 | 四圣观立左右龙虎君胎骨祝文 | 元/王福缘 | 塑立龙虎胎骨仪式，吉语祝颂。 |
| 武林玄妙观志 | 为王盘隐掩土文 | 元/杜道坚 | 总结王盘隐道士一生伟迹，为其丧葬祈福致哀。 |
| 武林玄妙观志 | 重范玉皇紫铜像劝捐文 | 清/陈光岳 | 劝捐于社会，共襄重铸玉皇神像。 |
| 吴山伍公庙志 | 清忠庙复路记 清忠庙复路碑阴记 | 元/曹贲亨 元/刘淑 | 清除民间所占，恢复、修筑通庙大路。 |
| 通玄观志 | 徐元一法师传 徐元一法师墓表 郁法师鹤泉传 朱炼师复元传 | 明/许仁 明/沈仪 明/夏宗虞 清/祝万年 | 通玄观主持徐道彰、郁存方、朱兆玄生平行迹。 |
| 通玄观志 | 朱炼师主持三茅云深院序 | 清/范允锜 | 顾云上延请通玄观朱闵绪法师住持云深院，为文以宗子之法相勉励。 |
| 金鼓洞志 | 终南山神仙重阳子王真人全真教祖碑 | 元/李道谦 | 全真教祖师王重阳生平行迹。 |
| 金鼓洞志 | 《日下旧闻考》所录《辍耕录》《元史》等中的丘处机传记 | 清/英廉等 | 全真教祖师丘处机生平行迹。 |
| 金鼓洞志 | 周太朗法师传 许清阳真人传 沈真阳真人传 蔡阳善炼师传 | 清/戴清源 清/万福 清/姚文田 清/叶均 | 全真教龙门派金鼓洞法派周太朗、许清阳、沈真阳、蔡阳善诸高道生平行迹。 |
| 重阳庵集 | 重阳庵记 | 明/季琮 | 梅志遥及弟子骆仲仁重修重阳庵事迹，重阳庵自唐韩道古至明梅志遥的法派传承情况。 |

综上可知，道教方志关于宫观沿革和法派传承情况的艺文辑录较为庞杂，关乎殿宇创建、水池安设、巨钟法器铸造、儒家圣贤立像奉祀、仙圣和龙虎护法神兽塑像、修建大路、劝捐田亩、新居上梁和御赐揭匾志庆、圣像开光、法派高道生平行迹等，不一而足。这些繁杂琐细的作品内容立体形象地展现了宫观和教派的沿革史。

## 二、阐释教理玄道，论辩人情物理

道教方志虽近史学，但基于方志对象的宗教属性，所辑艺文作品既会包括一些教理思想和玄奥之道，也会含括一些对现世人情和事物情理的思辨内容。只是相对于众多道经，道教方志中的教理相对较少玄奥的深意和宗教的神秘性，更为贴近人情世理。

文记类作品因较长的篇幅，适宜表达玄理，道教方志中很多这方面的名作。它们多能结合眼前情事，巧妙生发，叙事析理，两不相违。如（宋）吴泳所作《演教堂记》，开篇在叙述大涤洞天的方位地位、演教堂的存毁和后续营建、所受皇廷恩遇、法师孙处道和龚大明求文以记叙始末等情况后，以赋体中主客问答的形式展开了一段论道之言。

> 泳曰："汝知所谓堂者，因教而有堂邪？所谓教者，因堂而有教邪？向者堂弊，教亦弊邪？今者堂新，教亦新邪？吾与子言，堂有成坏，而教无新故。仙圣之所重惟教耳。然圣人以身教也，真人以神听也。以身教，故不悦道之华。以神听，故不逐言之迹。今营一亩之宫，筑环堵之室，既勤朴斫，又涂塈茨，轮焉奂焉，惟欲其美。而身有玉庐，心有绛宫，脾有黄室，肺有皓庭，面有赤宅，耳有三门，喉有十二楼，

两眉有紫户青房，七窍有金关玉钥，皆自己之堂也，而不能美也。指三洞十二部为教母，综五筒七千笈为道枢。勃勃旋于珠口，团团走于环中，便以口之所授为深妙，耳之所闻为证真。而自有此山以来，阴阳之浸，昏晓之割，日月之相触，云雷之相荡。飘风暴雨卒敛于无，雕烟镂霞复归于朴。鸟啼而林幽，则动中有静；龙蛰而雾渰，则寂中有感。变通而为四序，流形而为品物。不宰之宰，不神之神，皆自然之教也，而莫之悟也。"处道曰："若尔吾记，则历劫以至于今，千圣之户庭荒矣。虽然，吾复为子通之。老氏之学，根以清净虚明，行以慈俭忠孝。其无为也，无不为也，近于《易》。不争也，莫之争也，近于《谟》。谷神之说，近于虚受。婴儿之喻，近于若保。修养而引年，近于祈天永命。《真诰》谓性与道合，由道之体，近于《中庸》。王子谓一气孔神，于中夜存，近于《孟子》。若夫《淮南》原道之极，至于和与性。使父无丧子之忧，兄无哭弟之哀，童子不孤，妇人不孀，兽胎不殰，鸟卵不殈，则又吾孔门家法也。作是堂已，玉眸诜诜，岂无望道而欲见者？倘能味法如蜜，调心如弦，涤神识如镜，为善无近名，为学不躐等。虽有拱璧驷马，不能易吾进道之心，则圣真在己，不必问邻矣。霞子研之哉！云孙莹之哉！①

论难中，吴泳以质疑者身份对修建演教堂发难。他先是针对"教"与"堂"互相依存的思想提出批驳，认为"堂有成坏，而教无新故"，故无形之教重于有形之堂。进而以圣人重身教、真人重神听，不重道

---

① 《文渊阁四库全书（第五八七册）》，台湾商务印书馆，1986年，第459~460页上。"日月之相触"中的"触"原本作"斛"，据《知不足斋丛书》本改之。

之华美和外在言语的传教方式，确立了传教的典范和正则。其后从不重华美、务事朴质立论，参以道教的内丹学说，指出精心修建演教堂，乃注重外在形式，力求美轮美奂，而不知持守、修缮自身内在堂奥的错误修道行为。有理有据，言之凿凿。孙处道以被质疑者的身份回应。他从吴泳的立论出发，指出若如其所言的话，则儒家圣人的殿宇宗祠也应该都荒芜废弃了。继而提出自己驳论的依据，即道教之学通于儒家之道。一在老子学说与儒家思想的相近："无为无不为"与《易》相近，"不争而莫之争"与《尚书·禹谟》相近，古神之说与《周易》"君子以虚受人"之论相近，婴儿之喻与《尚书·康诰》"若保赤子"相近，修养引年与《尚书》"祈天永命"相近。二在道教典籍与儒家经典的相近：陶弘景《真诰》性道之论近于《中庸》，王子乔"一气孔神"近于《孟子》"养气之论"，《淮南子》原道之论近于《论语》孔子家法。因而，修建演教堂，塑造道教仙圣，与儒家塑像奉祀圣贤，指引修学之人坚定进道之心，乃同样大有裨益之举。孙处道所论，以子之道，还施彼身，善用比附，巧妙有力。而就全文主客问难的整体设计而言，可谓论理透彻，质切明了，更有欲扬先抑，转折生新的效果，修建演教堂的必要性不言而喻，令人印象深刻。

（宋）邓牧的《集虚书院碑记》，则是从"集虚"的命名出发，巧妙引出至理，在高度评价孟宗宝读书求道之举的同时，又以"集虚"之理相勉励，成就论道之奇文。

  杭孟法师，字集虚，筑室苕溪上为读书地，以其字匾之。余闻老氏云"三十幅共一毂，当其无，有车之用"，知虚者，万有所从集也。窍虚而风集，坎虚而水集，谷虚而云集。室屋之虚也，人集焉。天地之虚也，日月星辰、山河草木、羽毛鳞介集焉。孰谓吾一心虚而不为道所集乎？然心之为物，可虚可室；道之为物，唯恍唯忽。向焉所谓集，皆可得见，而此不可知，故虚者每为异物所室。恍兮忽兮者，将弗集矣。一心无樊，攻焉者众。喜怒哀乐毒其内，是非得丧寇其外，欲斯须之虚有不可得者。若此求道，亦击鼓而求亡子也。吾孟师不然，师儒者而寄迹道家流，为诗文咸有法度，炼元养素九锁山中，斋居者三年。既乃为世故役，弗遂其志，戚戚然恶之。所蓄书数千卷，将室成而藏之，且与方外奇士游居讲习于此，所得殆未可量。然余谓师无志于道则已，苟有志书亦累也。比见世读书者，四方万里，无所不通，上下数千载，无所不闻。归而求其本心，则虚焉者寡矣，圣人之道遂为绝学，可叹也。愿师悉弃所蕴于无何有之乡，然后即方寸之地朝而辟焉，暮而涤焉，使介然之有不得累乎其中，师益矣。颜子始好学，终坐忘，唯道集虚，盖深造自得之妙，颜何人哉！大德三年己亥，钱塘邓牧记。①

孟宗宝为洞霄宫住持，字集虚；好读书，建有藏书楼，以"集虚书院"名之。邓牧作记庆贺，并未沿袭一般多用记叙笔法历录书院创建原始本末的写法，而是将写作重心放在阐道析理上，使得记文具有了浓郁的思辨色彩。文记开篇在简单交代孟宗宝筑室读书、以"集虚"名室的事实后，即以老子《道德经》中"有之以为利，无之以为用"②的事理立论，提出"虚者，有之所集也"的观点。再从窍与风、坎与

---

① 张智、张健主编：《中国道观志丛刊续编（第17册）》，广陵书社，2004年，第202～204页。
② 王卡点校：《老子道德经河上公章句》，中华书局，1993年，第42页。

水、谷与云、室屋与人、天地与日月星辰等的相依相生关系，由小及大，从现实具体可见事物说明了虚为实之集的道理。继而笔锋一转，由有形到无形，承前提出心虚而道集的观点，说明心虚道集无形可见，心易为异物窒塞、道易于恍惚难集的问题。喜怒哀乐、是非得丧等现世情欲时刻阻挠着心之集虚，心虚道集何其难也。论理蓄势已足，记文再回点文题，从现实情欲阻挠集虚的角度，介绍孟宗宝弃儒归道，鄙弃俗务，潜心读书，"与方外奇士游居讲习"的事实。可谓卸下世累，专心虚集，其道可成。其后文笔又陡然翻转，以读书妨道立论，列举世间读书忘道的众多事实，倡议孟法师以庄子"坐忘"来实现"唯道集虚"的目标。全文以议为主，夹叙夹议，取用老子《道德经》车毂之喻、庄子《天道》"求亡子"、《逍遥游》"无何有之乡"、《大宗师》"颜回坐忘"等典故，阐释了心虚而道集的道理。

　　殿宇法斋，书楼道院等人力建筑之外，道教方志中还有一些由自然事物引出妙理的文章。前面提到的（清）冯赓雪的《委羽山方石赋》即其范例。其他如《委羽山续志》所录（清）阮培元《方石赋》、《金鼓洞志》所载（清）韩震《金果泉解》等也是这方面的典型代表，此不赘论。

　　诗歌类作品，限于篇幅和体式，无法如文记一般深入析理论道。但若能精心选材、剪切、安排，也可生发妙理，耐人体味。道教方志所录理趣诗或玄理诗，作者群体上，有儒生、官员、道士、僧人等多种身份；行文表现上，有景中寓理、直接论理、以理摄景等不同方式；创作内容上，有日常起居、泛游山川、寿诞志庆、友朋赠答等多种场景，呈现出较为纷繁多姿的形态。

　　贝守一为清代洞霄宫高道，通经史，擅长诗歌创作。《洞霄诗集》录有他的多首诗歌，其中不乏析理论道之作。如《适意》：

不效痴禅误此身，安居随分乐天真。闲寻草药防医病，广施仙方为济人。学道未逢师诀窍，收心且养自精神。修持要到无空地，扫却从前碍眼尘。①

诗歌起笔以"不效痴禅"领起，直接论道。其后以寻药防病、施方济人、收心自养等说明安居随性，乐享天真才是修持的法门。明了此理，才能在人流丛集的"无空地"扫却碍眼灰尘，通观大道本真。作者无意师法宗门诀窍，坚持在适意的凡常生活中去悟道，有"大隐隐于市"之风操。

再如《自适》：

迹晦心须晦，神清梦亦清。一窝如斗大，万事等沤成。风月平章易，山林去就轻。生生终有累，不若事无生。②

此诗与《适意》相反，是从沉思悟道，寻求超脱入手，而以玄理开悟来收束。心、神主宰外在行迹与梦想，物质、事业、吟咏、隐逸终究不能使人摆脱人生的负累；唯有修得无生，才能真正超脱，实现随缘自适。两首诗歌俱以论道为要，间有叙事，亦为论据，可谓理胜其辞。

释印方为清代杭州栖霞岭高僧，所作《云岫庵》诗在景物情事叙写中渗透佛理，剪裁嫁接，自然妥帖，说理不显抽象突兀，而是更多浸染以人间的世情气息。其诗如下：

---

① 胡道静、陈耀庭、段文桂等主编：《藏外道书（第三四册）》，巴蜀书社，1994年，第30页上。

② 胡道静、陈耀庭、段文桂等主编：《藏外道书（第三四册）》，巴蜀书社，1994年，第30页。

拜竹织青埤，团团落寒翠。遵畦踏松苔，经声出松吹。童子知迎宾，驯犬衔裙帔。阳和霭金绳，萌笋坼阴地。上人秉天戒，幼不餐膻腻。忽厌幻泡身，欲了生死事。除夕踏北峰，雪大火不继。烈风撼茅棚，寒凝龛灯细。胡跪染缁服，剃发落如荠。城中十万家，锥刀逐微利。我生耽禅悦，铃驮随上计。闻兹涕泪流，堕落乃不啻。坐久佛香低，烟云袅空际。微风扬落梅，铃语递嘹唳。①

首四句写景，描画了一处青竹、翠松周匝，童子、驯犬列侍，阳气蓄积，冬笋暗生的清幽山林圣地。继而以二句写云岫庵僧人鄙弃人世，归入佛门，与清幽之景相合。其下以叙事写景转接，烈风撼动着屋舍，寒气凝聚于灯光。一派凄苦景象中，伴以僧人染衣剃发的场景，为下句参悟禅理创设条件。僧人为何清苦如此而修道不辍？原因正在城中世人追逐微利，沉湎不悟上，两相对举，境界自高。结尾以佛香暗耗、烟云缭绕，梅花悄然零落，铃声空山传响收束，在境象中涵容绵绵无尽的情思。

儒生或官员与道士、僧人诗歌往来，即景即事，自然也多有语涉玄理禅道者。如《通玄观志》所辑（清）祝万年《赠复元朱炼师掩关》：

六贼开门自不侵，主翁端坐肃衣襟。从来万景由心现，岂在三年断足音。蚖睡室中难遣制，龙飞云外任升沉。期君入此能超世，火里莲花烁烁金。②

---

① 胡道静、陈耀庭、段文桂等主编：《藏外道书（第二〇册）》，巴蜀书社，1994年，第259页上。
② 四库全书存目丛书编纂委员会编：《四库全书存目丛书·史部（第二四六册）》，齐鲁书社，1996年，第429页上。

"六贼"乃佛教名词,亦称"六尘""六境",指眼、耳、鼻、舌、身、意所感知的六种境界,即色、声、香、味、触、法;因为能损害、劫持善法,故有"六贼"之称。诗以"六贼"开篇,与朱炼师掩关端坐对举,认为景由心生,心为事物之主宰;心若澄静晶莹,自然六贼不侵,因此开门与掩关没有分别。"火里莲花"亦为佛门中语。《维摩经·佛道品》称:"火中生莲花,是可谓希有。在欲而行禅,希有亦如是。"①比喻身陷险境或充满欲望而想洁身不毁,行禅得道,是非常难得的。末句以此出之,意在反弹琵琶,主张朱炼师无需掩关,在人世中自然修行,必能参悟大道。全诗以佛语、佛理酬赠朱炼师,别具新意,也反映了儒、释、道三教在民间宗教中的融通无碍状态。

又如《金鼓洞志》所录(清)龚理身《和道宜师作》:

> 归根一个土馒头,逝者如斯万壑流。要自此中寻出路,须从彼岸问扁舟。浮云洗净天边翳,骇浪消将水面沤。局上残棋收拾去,大家勇往去焚修。②

全诗倡议以佛家梵修消解现世死亡的苦恼,而以系列喻体的形式描摹化出。"土馒头"喻坟墓(死亡),"万壑流"喻时间,"彼岸"喻超脱生死的涅槃境界,"扁舟""浮云""骇浪"喻佛法,"天边翳""水面沤"喻短暂的生命,"残棋"喻当下人生。句句以禅喻理,如佛家偈语,并无诗家之情景交融,然语浅而意明,耐人咀嚼寻味,有唐代王梵志劝世诗的风貌。

---

① 董国柱:《佛教十三经今译·维摩经》,黑龙江人民出版社,1998年,第265页。
② 胡道静、陈耀庭、段文桂等主编:《藏外道书(第二〇册)》,巴蜀书社,1994年,第261页下。

道教方志所辑诸多阐述玄理禅道类诗歌，虽然说在某种程度上有理胜其辞的倾向，损害了诗歌的艺术性；但谈玄论理，本就是道教诗歌宗教性的主体特色之一，其在思想主题和艺术手法的开拓方面对传统诗歌还是有着一定的补充意义的。

## 三、抒写交游之情，倡论隐逸之乐

儒、释、道三教人士之间交游互动，形诸题咏，是道教方志艺文辑录的重要来源之一。本文第二章"道教与儒、释二教互动关系的记载"对此已有详细的论议，此不赘。兹仅就隐逸之乐略作说明，以增补一二。

道教方志艺文中的隐逸之乐，就其创作主体而言，可以分儒者与僧、道两个群体。"达则兼济天下，穷则独善其身。"出世与入世，是中国文化的重要两极。就儒者而言，无论在朝在野，穷达异势，对于隐逸的生活都会心存向往；只是受现实的限制，这种向往多是一种心愿，需要借助诗文游艺来表达、填补。每当畅游佛道圣地，探访名僧高道，相互比对之下，这种对僧、道隐逸之乐的向往或赞许之情便油然而生。如苏轼《洞霄宫》诗：

前生我已到杭州，到处长如到旧游。更欲洞霄为隐吏，一庵闲地且相留。①

（宋）何薳《春渚纪闻》曾记有苏轼与道潜的对话，言其前身曾为杭州

---

① 胡道静、陈耀庭、段文桂等主编：《藏外道书（第三四册）》，巴蜀书社，1994年，第6页上。

山中僧人，所以今生初到杭州，眼界所视，有如宿见。即诗中所言"前生我已到杭州，到处长如到旧游"。而"更欲"二字则突显了苏轼对洞霄宫世外仙境的向往，他将洞霄视作隐吏的理想归宿，艺文世界的逍遥之所。苏轼在《相视新河次张秉道韵》一诗中仍念念不忘这"一庵闲地"，结尾写道"江湖粗了我径归，余事后来当润色。一庵闲卧洞霄宫，并有丹砂水长赤。"① 洞霄宫的修道境地对其隐逸之志的影响可见一斑。

再如（宋）李汇的《洞霄宫》：

> 何人能识洞中天？胜地兴从汉武年。石作双门标俗驾，路为九锁折溪泉。四山松桧相回合，五洞烟霞暗接连。浮世功名何日已？挂冠来结此山缘。②

前三联交待洞霄历史、叙写游历所见洞霄景致，峰回路转，景随目现。尾联承前生发议论，抒写了油然而生的弃却现世功名，隐逸此山的慨叹。道教方志辑录的由佛道圣地生发隐逸之叹的儒者诗作俯拾即是，如《洞霄诗集》所录关澥的"我来要学栖真事，愿借孤云一榻眠"③、陈律的"自喜身心无事系，愿从岩谷谢朝衣"等。

如果说畅游佛道圣地，睹景感思，易生隐逸之兴的话；那么与玄门中人交接往还，就更易引发对世外隐逸的倾慕之情了。如（明）邹

---

① 胡道静、陈耀庭、段文桂等主编：《藏外道书（第三四册）》，巴蜀书社，1994年，第6页下。
② 胡道静、陈耀庭、段文桂等主编：《藏外道书（第三四册）》，巴蜀书社，1994年，第9页下。
③ 胡道静、陈耀庭、段文桂等主编：《藏外道书（第三四册）》，巴蜀书社，1994年，第8页下。

虞的《赠徐法师元一》：

> 为慕仙居雅趣多，等闲相访到山阿。黄金光映清莲座，碧玉声敲翠竹坡。大道通玄奇法术，片符飞火镇妖魔。我来欲啖如瓜枣，不识真人意若何。①

首句即以"慕仙"领起，交待自己寻访徐法师的初衷。颔联、颈联娓娓叙述徐道彰法师的仙居雅趣生活，金光玉声，飞符走火，俱是仙道法式。尾联化用李少君言于汉武帝"臣尝游海上，见安期生，食臣枣，大如瓜"②的典故，以安期生暗喻徐法师，借以表达自己的慕仙向道，对"仙居雅趣"生活的无限追慕之情。再如（清）李延泽《秋日过通玄观·同马鸣九诸虎男赋》："共有壶中约，乘秋破绿苔。元龙湖海士，方朔岁星才。采药双童去，衔书一鸟来。正悲牵物役，此地暂徘徊。"③作者乘兴秋游，目睹山中道士携童采药、飞鸟传书的生活而陡生身为物役的悲叹，低回婉转中含蓄表达了对道人隐逸之乐的向往。虽然说儒者诗歌中艳羡僧道隐逸之乐多少会有一些应景或"为文造情"的成分，但不可否认的是他们心底本就固有一份遁世情怀，在僧道的修道环境中是更易被触发的。

与儒者不同，僧人、道士出离尘世，摆脱俗务，过着隐逸修道的生活。他们没有儒者出世入世的矛盾与纠结，或餐霞品茗、或树植花

---

① 四库全书存目丛书编纂委员会编：《四库全书存目丛书·史部（第二四六册）》，齐鲁书社，1996年，第426页上。
② （汉）司马迁撰、（宋）裴骃集解、（唐）司马贞索隐、（唐）张守节正义：《史记》，载中华书局编辑部编：《"二十四史"（简体字本）》中华书局，2000年，第320页。
③ 四库全书存目丛书编纂委员会编：《四库全书存目丛书·史部（第二四六册）》，齐鲁书社，1996年，第424页上。

木、或施药养禽、或寄情山水、或静修天真，歌以咏志，其诗文作品中隐逸之乐的抒写贴近他们的生活实际，相对而言主体性较为突出。如通玄观道士胡天圻的《种树偶成》：

野性耽筠木，随宜到处栽。灵根乘雨植，沃土及时培。
借补名山秀，凭遮世路埃。朝朝清荫下，携杖两三回。①

此诗以"野性"为基调，叙述了作者热爱山林、喜植竹木的情志。"凭遮世路埃"一语双关，暗示了厌弃世俗纷扰，畅享隐逸之乐的心情。全诗平直叙事，不事用典，以质朴的语言娓娓道出作者喜爱竹木、手自栽植和畅游树荫之下的恬静心绪，有陶渊明《归园田居》之风致。

姚煜真道士的《筠坡避暑》则描写了通玄避暑，修竹丛生的清雅之乐：

趺坐清凉境，临风首独科。寒烟迷径曲，修竹绕亭多。
拂石云根动，吟诗鸟语和。静中天籁发，日落听樵歌。②

作者趺坐竹荫之下，脱去冠帽，簪发临风，一派洒脱形貌。周遭修竹环匝，清凉周彻，山中小路，如生寒烟。拂石石动，吟诗鸟鸣，不觉之间，已静坐到日落时分。竹声沙沙，鸟鸣啁啾，樵歌嘹亮，回荡山林。清幽的环境驱散了炎炎暑热，鸟语樵歌、山林云石与人分外亲近，让人顿生"无怀氏之民欤？葛天氏之民欤？"的感觉。

---

① 四库全书存目丛书编纂委员会编：《四库全书存目丛书·史部（第二四六册）》，齐鲁书社，1996年，第424页上。
② 四库全书存目丛书编纂委员会编：《四库全书存目丛书·史部（第二四六册）》，齐鲁书社，1996年，第424页上。

释德修的《祝朱炼师悉几寿》摆脱写景常规,全以道家生活抒写隐逸修真之乐,别具面目:

好读《参同契》,潜修养道真。漱霞调戊己,吸月守庚申。支石乘槎受,邛烟喷饮新。刀圭叨一匕,共醉八千春。①

首联写朱炼师阅读道经《参同契》,内修道真。颔联由内而外,写其餐霞饮露,吸食月华,夜守庚申,研修外丹的修道生活。颈联用宗懔《荆楚岁时记》中张骞乘槎的典故为朱炼师构建了一个畅游天界、坐而餐饮的仙游经历。"张华《博物志》云,汉武帝令张骞穷河源,乘槎经月而去,至一处,见城郭如官府,室内有一女织,又见一丈夫牵牛饮河。骞问云,此是何处?答曰,可问严君平。织女取搘机石与骞而还。后至蜀问君平。君平曰,某年月日,客星犯牛斗,所得搘机石,为东方朔所识,并其证焉。"②尾联夸饰仙酿的神奇,一匕可醉八千岁。诗歌明写修真与仙游,实际展现的则是炼师隐居山林、潜心修道的经历和寿宴之乐,应情应景,两相契合。

## 四、记叙灵踪法迹,描绘游仙体验

作为宗教专志,出于传道或彰显宫观神圣地位等目的,道教方志艺文辑录中自然少不了灵踪法迹方面的内容。或传示神灵意旨、或描述遇神经历、或突显法力无边,等等,言之凿凿,都是为了取信信众,

---

① 四库全书存目丛书编纂委员会编:《四库全书存目丛书·史部(第二四六册)》,齐鲁书社,1996年,第423页下。
② 余嘉锡:《四库提要辨证》,中华书局,1980年,第443~444页。

广结善缘，以维系宫观的生存与发展。如南宋绍定五年（1232）洞霄宫道士王思明的《栖真洞神光记》：

> 绍定辛卯孟夏，郎官杨公彦瞻游九锁山，幽岩邃谷，无所不历。二十有一日，至栖真洞，登东西两台。洞绝顶故有若华盖者，方举火烛之，忽神光发东台上，圆如满月，青白相半，升华盖而止。火为夺明，良久乃散。观者惊异。公顾问偕行羽众："是何祥邪？"思明对曰："嘻！二百二十余年矣。在祥符间，国家崇尚玄教。浙漕使陈文惠公率官属有祷于大涤洞，维时洞中出现是光，照耀林麓。文惠公表奏朝廷，诏旨褒嘉，始改洞霄宫额，而扁亭"祥光"，为一代盛典。方今玄教之盛，不异祥符。公以勋旧子孙历官郎署，名位德望岂出文惠公下？两洞神光皆有为而发，非偶然者。"公怃然曰："予何人，敢望文惠公哉？休征之来，偶相符契，然不敢上负洞天之灵。"乃捐金买田若干以助斋庖，以答神贶。呜呼！洞天自汉元封彰神显异，何代无之。谨以身所亲见，感动当世者，刻著于石，使来者有考，且无忘杨公之德。公名伯岩，彦瞻其字，和武恭王孙好善忘势，不异儒家子。时有东台仙子许参玄"满月光明现大千"句留题山中。①

记文以亲历者的身份记录了南宋理宗朝郎官杨彦游历洞霄宫栖真洞，忽遇神光显现，光焰掩压火炬光芒的神异经历。面对杨彦的疑问，作者陈说宋真宗大中祥符年间陈尧佐祭祷大涤洞时，洞中亦显现神光；

---

① 《文渊阁四库全书（第五八七册）》，台湾商务印书馆，1986年，第462～463页上。

认为二百二十年后神光再现，应是玄教盛世和名位德望出众的官员同样并至使然。面对吉祥的征兆，杨彦捐金买田，"以助斋庖，以答神贶"。不难发现，所谓"身所亲见，感动当世""无忘杨公之德"云云，无非是为了证明洞霄宫的神异，代代有之。以神踪灵迹来提高宫观的地位，有助于解决了宫观生存与发展所需的经济来源，至于是否真有其事，倒是次要的事了。

宫观祠庙离不开神灵奉祀，若在此基础上附以灵异传说，无疑会起到较好的宣传效果，引发名宦儒士游览探访、形诸题咏，从而进一步提升其知名度和影响力。如通玄观有刘敖梦见三茅真君驾鹤栖止的预兆，吴山玄妙观有吕洞宾"蕉池题诗"的灵迹，金鼓洞鹤林道院有吕洞宾"飞来野鹤"的题字，重阳庵则有韩道古偶遇青衣童子的奇事。这些神灵法迹，经转相传诵，故事内容不断演化，形成众多的文记，而为道教方志编纂者所着意辑录。如《重阳庵集》录有陈赟《重建青衣童子亭记》，记中韩道古偶遇的青衣童子已演化成仙人为人赐子的梦兆。"湖广常德郡丁启东氏来游于杭，尝梦一道士携童子，衣青衣，抵其旅寓曰：'以此子赠君。'问所从来，曰：'自重阳庵。'觉而异之。询至其所，见亭中童子像，俨然梦中所睹。久之而归，果得一子，已及晬。"①《通玄观志》中辑录了更多祷嗣或礼斗有应的神灵显圣事迹，如毛奇龄《通玄观崔府君祠祷嗣记》记录了丁礼部和自己年逾六十而祈子有得的意外之喜，王道宁《崔府君显应记》记录了邵引祺梦中窥见崔府君科乡榜册的梦兆而知赵苍璧必将金榜题名，林澜《建玉晨阁记》记录了斗真护佑林氏单传一脉渐至昌大的事实，朱溶《斗姥感应记》记录了朱闳绪道士为戴普成礼斗而最终消除痃疾的高明医术，沈云鸿《玉晨阁礼斗感应记》记录了聘请朱闳绪道士礼斗为父母延年的

---

① 王国平主编：《西湖文献集成（第24册）》，杭州出版社，2004年，第941页。

神应。诸般灵验，一再呈现。崔府君、斗真的神通传闻为通玄观增加了社会影响力，同时也为其获取了大量的社会资助。

一些道教方志还会以专文或专卷（目）的形式汇集众多灵踪法迹，来宣扬神灵的法力，突显宫观祠宇的宗教和社会地位。专文者如仰蘅《武林玄妙观志》所录（清）沈嘉诏的《神仙灵异记》，一篇文记之内，分别记录了吕洞宾"蕉池题诗"及与黄德渊、赵肖先谈玄论道，文昌神为商辂、赵国芬等托梦示意而使其得以中举，秦大夔、闵梦得、叶其蕃、周吉士、葛屺瞻等得神垂示而官场或科场大捷，周羔、周天觉、陆文宰等占梦得第，李瀛海、王台仙先得神示审理案卷顺利无碍，赵清献公之子祈祷三清而父疾得痊，一系列神异事迹。言之凿凿，其目的无过于"使后之览者，灵迹昭然，神功不泯。转相劝募，扶植胜因。冀令诸天垂永久之祥，金碧有河山之固"[①]，即让人相信神灵不虚，从而乐助善施，维系宫观发展。为增加可信度，作者甚至在文中以身示范，介绍其父辈得神昭示和护佑的奇遇：

> 余大父居庸公，向曾读书观中。许神曰："东偏有隙地，当为起天医祠。"时密语家君曰："当成吾志，毋相忘。"而家人不及闻也。崇祯己卯秋，将彻棘。家君有老仆夜梦邻人卜姓者访家君，且致词曰："为我语主人，今当发迹矣。向许我屋居，幸速图之。"及旦以告，家君曰："嘻！殆玄妙观神乎。天医有三，首则陶真君也。陶字内作卜字形，何疑乎，岂预报乎？"已而卯辰，果联魁曲台。锦旋后，即构殿祀神，迄今

---

[①] 王国平主编：《西湖文献集成（第24册）》，杭州出版社，2004年，第1095页。

存焉。①

祖父"密语"、老仆夜梦、卜姓解字、科举连中等无疑是为了增添故事的神异色彩，神灵垂示的"向许我屋居"才是文记的重点。这样的文记索要资助的目的性太过明显，虽在内容上有奇幻可观之处，但就全文而言"殆同书钞"，是没有多少文学性可言的。

专目者如朱文藻《吴山城隍庙志》，卷三设有"灵应"章目，以时为序，记录城隍神的灵异事迹 39 条，"丛残小语"，略可观瞻。如：

> 余杭廪膳生李字春山者，年届五十矣。妻管氏贤而无子，欲为夫置侧室。有婢年及笄，将纳之。是年十一月，春山赴岁试上省，寓吴山城隍庙侧，以前事祷于神，得签不吉。夜梦神告曰："子命中无嗣，且不永年。凡事莫要强为。"春山意犹豫未决，迨试毕还家，则婢室已齐备婚具，管氏促之赋催妆矣。春山亦援止而止之。次年应科试，仍寓吴山。复梦神告曰："子不听吾言，悔无及矣。"旋归，未几即病笃。临危时自述神告之灵异云。②

朱文藻辑录这些灵异故事，是本着传信示戒的目的，其目前小序云："前辈毛处士先舒，分纂县志孝友列传，独有取乎神应一事，今采以弁诸首。其余得自故老之流传，证之通国而皆信，胪列如左，俾闻之者足以为戒耳。"③ 如其对崇祯七年（1634），海盐生员周文盛祈梦而得

---

① 王国平主编：《西湖文献集成（第 24 册）》，杭州出版社，2004 年，第 11093～1094 页。
② 王国平主编：《西湖文献集成（第 25 册）》，杭州出版社，2004 年，第 794 页。
③ 王国平主编：《西湖文献集成（第 25 册）》，杭州出版社，2004 年，第 790 页。

神谕，最终乡试中举的事迹进行了考辩："按：《浙江通志》：崇祯癸酉乡试，次年甲戌会试，是甲戌非乡科也。而《癸酉题名录》亦无周文盛名，姓氏与科分，必有未符。姑录之，以俟考。"① 这种求真务实的史家态度，缺少"有意为小说"的用心，使得体制本就短小的记文文学意味大大降低。

对道士法力的推扬也是灵踪法迹的重要组成部分，毕竟，一些神灵法力的显现往往是通过道士作为媒介的。如前所论通玄观斗真为戴普成消除疾病、为沈云鸿父母延年，即都是通过道士朱闶绪的礼斗来实现。此外，道士祈晴祈雨、拯济苍生也是法迹最为常见的表现内容，道教方志中祈雨祈晴的文记和赠答诗在在有之。如《重阳庵集》所录明代陈善《知大真人府宾梅俞法师祷雨神验序》和徐大经《俞宾梅祈雨实录》，详细记录了嘉靖、龙庆年间重阳庵法师俞大彰祈雨灵应的诸多事迹。其他如《重阳庵集》中陈仕贤《赠宾梅道士祷雨》，《通玄观志》中张永韶《灵雨诗》、韩庠《祷雨赠李法师筠坡》，《武林玄妙观志》中邵齐然《赠吴山祷雨法官朱仲和》等，可谓俯拾即是。这类诗歌内容上基本是描述祷雨场景，赞颂祈雨功业，即景即事，少做言外发挥。如韩庠《祷雨赠李法师筠坡》：

真人骑龙来太清，要为下土苏群生。啸风叱电神鬼惊，皂纛拂空云倒行。天瓢一滴马上倾，甘雨洗郊枯稼荣。功成仗剑朝玉京，但闻四野腾欢声。②

---

① 王国平主编：《西湖文献集成（第25册）》，杭州出版社，2004年，第798页。
② 四库全书存目丛书编纂委员会编：《四库全书存目丛书·史部（第二四六册）》，齐鲁书社，1996年，第419页上。

前三联写李法师祷雨经过，将地上的祷雨仪式和雨落场景幻化：想象法师骑龙升天，呼风唤雨，取"天瓢一滴"而沾溉人间万物，极富浪漫色彩。尾联则回归现实，写法师祷雨有成后，获诏面圣，生民欢庆的场景。突显法师法力和祈雨的效果，表达赞颂之意，属于一般的书写格式。又如姜召《祷雨赠李筠坡法师》："性躭云水学浮丘，坐习玄虚几度秋。三日登坛苏万类，满天风雨洗民忧。"① 反应的内容亦复如是。

道教方志中还录有很多描绘游仙体验的作品，这些作品多是基于主体的玄想或亲身感受，以"我"为第一视角，来描写自身或神仙游心玄奥、畅游仙界的奇幻旅程。这类作品主要是游仙诗和步虚词。如玄妙观马臻的《游仙诗》：

> 上清真人玉华仙，夜策鸾辂凌珠烟。罡风广漠露华冷，摇荡金铃闻半天。路逢仙姥骑白鹿，侍女双双侍香玉。遥看三岛点神波，恨入秋眉镜中绿。我自无为神自凝，万窍不动心冥冥。灵君期我谒太帝，下视浊海鱼龙腥。玉虚炜烨明玄景，羽葆摇摇入空影。一曲云和奏未终，月轮已到昆仑顶。②

游仙诗之名起于汉魏的曹植，而张大旗帜者莫若两晋的郭璞。郭璞的游仙诗明写仙灵世界的神异境象，而其本旨则在人间世情，可以说是借游仙的外衣抒写自己世事的体悟与情怀。比如他的《游仙诗》（其一）"京华游侠窟"即通过俗世与山林的对比，以"托蓬莱"的游

---

① 四库全书存目丛书编纂委员会编：《四库全书存目丛书·史部（第二四六册）》，齐鲁书社，1996年，第437页上。
② 王国平主编：《西湖文献集成（第24册）》，杭州出版社，2004年，第1144～1145页。

仙为中间状态，表达了隐逸山林之乐远超仕宦的事实和自己志在归隐、追步前贤的心志。马臻的这首游仙诗与郭璞之作不同，它抛却世情，纯事仙游，描写了上清真人夜来驾车飞举，路遇仙姥、侍女，遥看蓬莱仙岛，俯视人间浊恶，最终凝神自守，而升入仙界的经过。"鸾辂""金铃""仙姥""白鹿""三岛""灵君""太帝""浊海""玉虚""羽葆""昆仑"等一系列极富道教色彩的意象，勾画出了一个纷繁多姿的仙灵世界，其宗教特性远超游艺与言志。

再如徐又孺的《玄妙观小游仙诗》：

芭蕉池上青霞洞，子午泉边紫极宫。玉树琼葩相掩映，手招仙子碧云中。

八仙楼畔绿云稠，楼上群仙日日游。拍掌忽逢青鸟使，传来瑶岛桂花秋。

赤松昨约过蕉池，罗设宾筵琼玉卮。贪看洞庭缥缈色，下舆笑说得来迟。

九色玄龙五色狮，风回八景碧空驰。会真阁上群仙聚，招我游仙正此时。

闻说当时黄德渊，群仙齐降授真诠。鸾歌节应云和曲，满洞青霞散碧天。

金蕉花发遍岩隈，吹彻银笙鹤未回。三百年前赵道士，玄关深掩白云堆。①

六首小诗，分咏六组游仙主题，以一处或一类景物为中心，叙写游仙

---

① 王国平主编：《西湖文献集成（第24册）》，杭州出版社，2004年，第1146页。

场景和经过，不涉玄理，弃却咏怀，也是纯事游仙的代表作。孙昌武先生指出"郭璞以后，'游仙'成为诗歌创作的重要题目。许多人写游仙诗。按内容划分，大体可分为宣扬信仰的和有所寄托的两类"①。道教方志辑录的游仙诗歌多与羽士相关，其诗歌的环境贴近宫观祠宇或法事活动，因而诗作更多的偏重"宣扬信仰"这一层面。

步虚词是"描写、渲染神游仙界景象的诗章"，游仙体验乃其要旨之一，此点本章第二节已有所论及，此不赘。

## 五、描述宫观胜景，抒写游历感悟

道教宫观祠宇多处于名山胜水之间，山林景象与宫观祠宇的灵迹相得益彰。在古代士大夫喜好畅游山水名胜、赋诗咏怀的风习影响下，道教方志辑录艺文中，对山水宫观等景致的描绘和游历感悟的兴发便成为重要内容之一。

游历之作最为常见的是以所游景致为题，抒写游历的行程、景致和感悟，分文与诗歌两类。文多数篇幅较长，能较为详实地记叙景致、抒发游兴，如（清）闻人儒《洞霄宫志》所录郑圭《游大涤洞记》、邵经邦《游天目山记》，《吴山城隍庙志》所录夏时《游吴山胜概记》、薛应旗《游吴山记》，（明）徐日炅《烂柯山洞志》所录胡翰《青霞洞天游记》、胡来朝《烂柯山纪游》等。其中不乏短小清丽者，如《吴山城隍庙志》所录朱之俊《自云栖还宿昭庆寺记》（节录）：

云栖为故莲池师道场。自此一径，沿钱江，行十余里，为月轮山。上有六和塔，登其巅则隔江诸山，参天黛色，百

---

① 孙昌武：《道教文学十讲》，中华书局，2014年，第206页。

里青冥。还顾杭城如鱼鳞，西湖如一银杯，南北诸山，皆回青转绿，毕态献状，以入衣袂之侧。而浙江如带，反出我步屐下。复数里，过湖南，入净业寺，迤行入清波门，上吴山。庙有十，仅游其三。骋目四望，见杭城一丸，江湖相夹，山无定容，水有异貌，而府署廛市，并栖山水清丽之间。他郡或蹋蹁春粮，轮折足茧以求名胜，而未可到此独寝食坐息于水木鱼鸟、苔石烟岚之窟宅。生其地者，即不能如丁野鹤升云绝汉，犹或多尘中之虑，寡霞外之想，恐亦山水之所诃也。日既夕，乃归昭庆。①

记文记叙了作者由云栖迤逦而行至吴山的行程所见，行迹与地点相扣结，移步换景，俯视远眺，各臻其妙。月轮山所见，"鱼鳞""银杯"之喻和"回青转绿，毕态献状"的拟人描写极具画面感，写活了"山水自娱人"的杭城山水景象。吴山俯视所见，则如同将城市、江湖、山水、府署廛市区分大小，分置在画卷中，"夹""栖"二字生动传神。继而以人来比拟"他郡"，对比中突显杭城栖息寝卧山水窟宅的独特境地，尤具匠心。游历之余，微兴感思，侧面写出杭城山水能涤荡凡尘俗虑的功效。结尾简单交待时间和游踪，收束全文，如乐曲戛然而止，让人回味悠然。

又如陈仁锡《西湖月观》（节取一则）：

  镇海楼之南为宝山。诵子赡诗"野客归时山月上，棠梨叶乱瞑禽呼"，及《同秦仲二子游》云"平明已报百吏散"，

---

① 王国平主编：《西湖文献集成（第25册）》，杭州出版社，2004年，第903～904页。

意即其几席湖山，簿书鱼鸟处也。玄妙观向洞宾题蕉处，一龛灯火而已。白马庙折而西曰七宝山，少游梦天女求赞维摩像处。昔云阇黎居山，坡入方丈小院，见其隐几低头读书，与之语，漠然不对，盖不出十五年矣。后赠以诗，有"读书常闭户，客至不举头"句。余谓作吏如子瞻可以游，释如云阇黎，可以从吏游。①

全文重心并不在七宝山（吴山）山水景致的描写，而是注重人文典故的取引。即以秦少游梦天女求赞的故事和苏轼诗作及其与宝山僧偶遇、对语不应的典故，为游程增添了浓郁的人文色彩。结语自出机杼，建言苏轼主游、云阇黎从游。意即苏轼风趣又多情致适合主导游历，云阇黎漠然无情致，只能适合从游。苏轼典故见《苏轼诗集》："去年秋，偶游宝山上方。入一小院，阒然无人。有一僧，隐几低头读书。与之语，漠然不甚对。问其邻之僧，曰：'此云阇黎也，不出十五年矣。'今年六月，自常、润还，复至其室，则死葬数月矣。作诗题其壁。"②秦少游典故见（清）姚礼《郭西小志》："瑞隆院在七宝山。《钱唐旧志》云：瑞隆院内有借竹轩，秦少游曾宿轩中，梦天女以维摩像求赞。"③两则典故都与七宝山相关，取用合宜；文记虽然侧重诗文和典故，很少游踪景致的叙写，但能以典故关联游踪，也可足备观览，别具一体。

记游类诗歌在道教方志辑录的诗歌作品中所占的比重极高，其表

---

① 王国平主编：《西湖文献集成（第25册）》，杭州出版社，2004年，第904页。
② （清）王文诰辑注，孔凡礼点校：《苏轼诗集》，中华书局，1982年，第575页。
③ 姚礼撰辑；周膺、吴晶点校：《郭西小志》，浙江工商大学出版社，2013年，第99页。

述方式和主题内容纷繁多样。以游历所见为触发点，有极写景致之美、游历之乐的，如《委羽山续志》中蔡绍南的《羽山纪胜》，《洞霄诗集》中薛咏的《游洞霄》、赵与杼的《游大涤》、陈仁玉的《游洞霄》；有叙写雅集之乐的，如《金鼓洞志》中赵晋、方懋潮、徐鉽、沈咸熙、周照、王辉、闵澄波、许友巢、释禅一、张复纯的《乙丑十月望前一日，诸同人集鹤林道院赋诗》各一首；有了悟玄理的，如《武林玄妙观志》中郭嘉的《题玄妙观》、黄鹤的《岁暮泛湖》，《委羽山续志》中柯夏卿的《丙申九日李爱庐父母邀饮羽山醉中口占》；有吊古怀人的，如《洞霄宫志》中胡来朝的《洞霄吊古》，《吴山伍公庙志》中汤大绅的《登吴山谒伍公庙》、蒋蓣英的《伍相祠即事》；有思考世味或出尘之想的，如《洞霄宫志》中陈律的《游洞霄宫》、郑损的《重游洞霄宫》，《重阳庵集》中范彝的《游重阳庵漫兴》；有抒写思乡之情的，如《武林玄妙观志》中金埔的《夜过小孤山》《黔阳道中》；有抒发拜祭之绪的，如应兴胤《游委羽谒故中丞李肃斋公墓》；有畅想仙踪灵迹的，如陈文焯《控鹤引》、林彪《刘奉林控鹤》，等等。景理相合，情由景生，是这类诗歌的主要特点，如（宋）赵抃《洞霄宫》：

　　龙穴藏身稳，泉源抚掌清。红尘人绝处，白日世长生。
我分谙冲寂，谁能顾利名？梦中休指笑，又作洞霄行。①

赵抃（1008—1084），字阅道，衢州人，北宋名臣之一。《宋史》有传，称其"长厚清修，人不见其喜愠。……其为政，善因俗施设，猛宽不

---

　　① 胡道静、陈耀庭、段文桂等主编：《藏外道书（第三四册）》，巴蜀书社，1994年，第6页上。

同，在虔与成都，尤为世所称道"①。此诗写其游历洞霄，面对洞霄宫龙蜕洞、抚掌泉等胜境，而尘虑顿绝，如入长生境界，利名两忘的心情。《宋史》称赵抃"晚学道有得，将终，与屼（赵抃之子）诀，词气不乱，安坐而没"。②说明其晚年对道教当有一定之修行，可证明诗中"我分谙冲寂"非虚言。末句"梦中休指笑，又作洞霄行"指的是与洞霄宫道士赵日益的对话，事见《洞霄图志》"古迹门""应梦游诗"条；记叙了赵抃晚年一心向道，梦游洞霄的奇妙经历。

又如（清）张乔林的《委羽春望》：

> 蹑屐来游委羽山，碧崖丹嶂任追攀。淡烟萝薜莺初语，夜月松杉鹤未还。几处牛眠芳草地，数家犬吠白云间。断碑三尺模糊甚，人立斜阳剔藓班。③

首联以"游"和"任追攀"领起，书写春日游历。后三联俱在写景，以景物含蕴游历之情：山岚笼罩萝薜，黄莺枝头初鸣，月上枝头，白鹤巢空，牛卧草地，犬吠数声，白云深处，二三人家。有实写、有想象，一派静寂而闲适的图景，让人顿生出世之想。尾联以斜阳中剔除苔藓，辨识碑文收束，为境象增添了人文因素和历史的厚重感，在古韵悠悠中烘托出委羽山悠久而远离尘世的特点。全诗精于剪裁，景物描写极具画面感，而作者的澄心静虑和悠然神往之情则包容在图景中，

---

① （元）脱脱等撰：《宋史》，载中华书局编辑部编：《"二十四史"（简体字本）》，中华书局，2000 年，第 8315 页。
② （元）脱脱等撰：《宋史》，载中华书局编辑部编：《"二十四史"（简体字本）》，中华书局，2000 年，第 8315 页。
③ 张智、张健主编：《中国道观志丛刊续编（第 19 册）》，广陵书社，2004 年，第 379～380 页。

正所谓"一切景语皆情语"也。

记游类诗歌中，还有一类是就某一系列景致集中题咏的。道教宫观有很多因自然之形胜，结合人工经营，"巧立名目"而刻意创设的系列景致。这些景致的设置一在为修道营造环境，二在吸引文人雅士登临题咏、增重山林。如《重阳庵集》主要就是在衷辑"重阳八景"诗作的基础上编纂而成，足见宫观胜景之作在道教方志艺文辑录中的重要地位。

再如通玄观亦立有"白鹤泉""寿域丹井""石含泉"等山水景致和"三茅殿""万玉轩""望鹤亭""谒斗台"等殿宇建筑，文士游历，便多以"云亭望鹤""星台夜谒""玉殿朝元""茅宫祝圣""筼坡避暑""玉晨环翠""寿域晨钟"等为题，赋写游历之兴，积以成卷。如宋膺的诗作：

> 枢府昭文象，琳房射彩霞。七襄流宝阁，五炁郁铅华。石响仙垂佩，台空鹿御花。夜深飞剑处，长驾五云车。（《星台夜谒》）
>
> 电影开千仗，玄光灿八纮。箜花鸣紫极，环队响朱甍。玉栋金炉净，珠帘宝扇明。朝回双辇白，万象寂无声。（《玉殿朝元》）①

这类诗作多就景物之名展开想象，或写白鹤翔集、或写道士礼斗、或写朝见九皇；虽然有的诗作从内容看并不关乎作者游历，但其生成皆是从寻景而来，吟咏唱和，应景扣题，故仍当视为游历之作。《通玄观

---

① 四库全书存目丛书编纂委员会编：《四库全书存目丛书·史部（第二四六册）》，齐鲁书社，1996 年，第 421 页下。

志》中以"云亭望鹤""星台夜谒""筠坡避暑"等命名的诗作前后很多,诗体不一,即为明证。如虞元良有七古《云亭望鹤》《星台夜谒》《玉殿朝元》《茅宫祝圣》,屠隆、王伟治、何澄、姚煜真、有五律《筠坡避暑》,王肤增有五律《筠坡避暑》《星台夜谒》,胡世宁、姜南有七律《云亭望鹤》《星台夜谒》,徐纲有七律《玉殿朝元》,孙景时有七律《云亭望鹤》《星台夜谒》《玉殿朝元》《茅宫祝圣》等。

总之,道教方志艺文作品的思想内容极为丰富,既有关乎宗教诸要素的,也有涉及国计民生与平常生活的。限于篇幅,此处所论仅其分类明确、易于整理的,多有挂漏,在所难免。

# 第四章
# 道教方志的文献辑补价值

道教方志居于方志体系的末端，其内容庞杂，涉及宫观沿革、法派承传、仙踪灵迹、宗教管理、诗文题咏等诸多方面，小而详备。它一方面可以直接为郡邑志、正史的修纂提供文献来源，另一方面又辑录有史志、文学总集、名家文集及其他宗教文献所无意辑录或疏于辑录的内容，具有一定的文献辑补价值。

## 第一节 道教方志对史籍、方志的辑补价值

虽然说道教方志是史籍、地方郡邑志编纂的文献来源之一，但受限于史籍、郡邑志的正统编纂观念、体制规模以及道教方志所辑内容的"庞杂琐细"，道教方志文献被取用的范围和篇幅均相对有限。我们梳理道教方志，自能发现一些对史籍、方志所录人物生平、历史事件等有一定参稽价值的文献。

## 一、对《宋史》《元史》《明史》《清史稿》等正史的增补

### （一）对人物事迹的增补

道教方志对正史的增补价值首先体现在对重要历史人物生平事迹的补充上。史籍局限于篇幅和编纂观念，对人物生平事迹的叙述很少涉及登山临水、日常交游类"细事"，而这些"细事"恰好是道教方志借以自重的重要素材，彼舍此取，道教方志的辑补价值便突显出来。此以宋、元、明、清四部正史中的人物传记为限，梳理《洞霄图志》《洞霄宫志》《通玄观志》《金鼓洞志》《吴山伍公庙志》等道教方志，寻觅其可供增补之处，列示一二来说明其价值。

**1.** 陈尧佐

《洞霄图志》卷四"古迹门""石香鼎"条记录有陈尧佐梦游名山，遇到仙人以鼎鬲相托，后果得大用，于是造鼎相酬的故事。

> 宋学士陈公尧佐授外台日，谓道士冯德之曰："尝梦游名山，见仙人以鼎鬲相期，何敢过望。"冯曰："学士人望所归，名列仙籍，世间富贵何足相浼？"后果大用，造紫石巨鼎二，置祥光亭上。其一铭曰："炉之质剖中起烟，人之体虚心养元。不用之用，自然而然。炉兮人兮，兹谓道焉。"其二铭曰："山之高兮，巉巉出云。洞之深兮，幽幽宅真。鸾鹤一瞬，兔鹜百春。安得而往，葆光啬神。"其一久亡。往年尚有

一在亭下，而已残缺，故老犹及见之，今亦不存矣。①

此条亦见《咸淳临安志》，然未录鼎上二铭的内容以及石鼎的存续情况。《全宋诗》《洞霄诗集》录有陈尧佐《洞霄宫诗》四首，如"谷口停骖上翠微，五云宫殿辟金扉。不知何处朝元会？却见龙鸾队仗归"。② 则陈尧佐曾亲临洞霄宫，并参与朝元胜会乃实有之事。又《洞霄图志》"重荣木"条载洞霄宫外大栎木枯死十五年后，至大中祥符五年（1012）而再荣，"漕使陈公尧佐异之，图状进呈，并奏五色云现及地涌泉事。寻降旨设醮，以褒神异，故改洞霄宫"③。"陈文惠公书字"条载大中祥符五年陈尧佐奉旨书"敕赐洞霄之宫"六字。二事虽《宋史》本纪及陈尧佐传均不载，然亦可能实有其事，未必为虚语或杜撰之词。毕竟，宋真宗大中祥符年间，遍求各地福瑞之应乃常有之事，身居权要的陈尧佐参与其事也是可以理解的。

**2. 苏轼**

《洞霄图志》卷四"古迹门""来贤岩"条记录有苏轼与友人游洞霄并赋诗的事迹。

> 在宫东南青檀山前，嵌空数丈，盘石丛竹，可以游息。宋熙宁间，东坡居士为杭通守，与蔡准、吴天常、乐富国、闻人安道、俞康直、张日华皆幅巾藜杖，盘桓于此。东坡赋诗云："上帝高居悯世顽，故留琼馆在凡间。青山九锁不易

---

① 《文渊阁四库全书（第五八七册）》，台湾商务印书馆，1986年，第430页下~431页上。"祥光亭"原作"祥符亭"，此据知不足斋丛书本正之。

② 北京大学古文献研究所编：《全宋诗》，北京大学出版社，1995年，第1089页。

③ 《文渊阁四库全书（第五八七册）》，台湾商务印书馆，1986年，第430页。

到，作者七人相对闲。庭下流泉翠蛟舞，洞中飞鼠白鸦翻。长松怪石宜霜鬓，不用金丹苦驻颜。"余不悉纪。后人名岩"来贤"，作亭其上，曰"宜霜"，亦摘坡语。①

此段内容《咸淳临安志》亦有相近记录，然未录其诗。《苏轼诗集·洞霄宫》下（清）王文诰按语则征引此条文记，并引用苏轼诗中自注"《论语》云：作者七人矣。今监宫凡七人"②，指出"《咸淳志》遗其一人，以公充数，辄云凡七人来游。查注引载，不加按语，尤非"③。此类细微、无甚大用之事，自为《宋史》本传所略，然其对编订苏轼年谱、考稽苏轼生平行迹及文学创作等还是有一定价值的。

**3. 赵抃**

《洞霄宫志》卷四"古迹门""应梦游诗"条记录赵抃元丰甲子游洞霄宫，日间所见与梦中所历景致完全相同的神异经历，并留诗为记。

> 宋元丰己未，赵清献公抃再帅钱塘，抗章告老。岁甲子八月，忽来游山，谓道士沈日益曰："近梦入真境，宫阙巍峨。有数道士相迓，询之，曰'此洞霄宫'。既觉，思之。两典是郡，未尝至此，故冒暑来。今观泉石楼观与梦中所见无异，岂仙圣有缘邪？"留诗曰："龙穴藏身稳，泉源抚掌清。红尘人久隔，白日世长生。我分谙冲寂，谁能顾利名？梦中

---

① 《文渊阁四库全书（第五八七册）》，台湾商务印书馆，1986年，第426页。
② （清）王文诰辑注，孔凡礼点校：《苏轼诗集》，中华书局，1982年，第503页。
③ （清）王文诰辑注，孔凡礼点校：《苏轼诗集》，中华书局，1982年，第503页。

休指笑，又作洞霄行。"①

《宋史》虽未记载赵抃游历洞霄宫的情况，然据其所载"官其子屺提举两浙常平以便养。屺奉抃遍游诸名山，吴人以为荣"②，说明赵抃致仕后当常游江浙一带名山，记中所言先梦游再亲临大涤山洞霄宫，未必为妄言。③ 元丰甲子为1084年，赵抃卒于是年，则此次游历洞霄宫，当是赵抃生前第一次也是最后一次游历，其子屺应有陪同。此条亦见《咸淳临安志》，然未辑录其《洞霄宫》诗。结合上文陈尧佐"石香鼎"、苏轼"来贤岩"条，则《洞霄图志》此三条记录均可能采自《咸淳临安志》，再经编者略加增补而成。

**4. 洞霄宫提举官员名录**

闻人儒《洞霄宫志》"祠官"条辑录宋代提举洞霄宫官员118人，虽如闻人儒所言"或谓奉祠题名，记多失实，则稽之国史，各本传具在，历历可征，未之敢全信"④，但搜择转载，亦当有可补《宋史》辑录人物事迹之处。此外，（清）朱彝尊据邓牧《洞霄图志》提举名录75人，考稽史料，增补至115人，附录于《杭州洞霄宫提举题名记》文后。检朱彝尊所辑115人名录，与《洞霄宫志》所录有较多的出入。其中《杭州洞霄宫提举题名记》著录、《洞霄宫志》未录的有：董耘、詹义、颜岐、吴敏元、翟汝文、折彦质、孙近、何铸、余尧弼、章复、王纶、叶义问、陈俊卿、魏杞、史浩、洪适、叶衡、梁克家、钱良臣、

---

① 《文渊阁四库全书（第五八七册）》，台湾商务印书馆，1986年，第431页。
② （元）脱脱等撰：《宋史》，载中华书局编辑部编：《"二十四史"（简体字本）》，中华书局，2000年，第8315页。
③ 具体所论见前第三章第三节第五点。
④ 张智、张健主编：《中国道观志丛刊续编（第17册）》，广陵书社，2004年，第101页。

葛邲、王蔺、傅伯寿、卫泾、钱象祖、杜范、高定子、厉文翁、马光祖、姚希得，共计 29 位。《洞霄宫志》著录、《杭州洞霄宫提举题名记》未录的有：钱即、郑穆、卢秉、张近、蔡薿、姚勔、上官均、杨畏、林摅、毛注、蔡肇、傅穆卿、蒋静、辛炳、鲁开、滕康、胡交修、卫肤敏、季陵、邢焕、沈晦、陈与义、钱端礼、朱熹、何澹、李璧、袁韶、杨栋、姚希德、周美成、程公许、戴庆炣，共计 32 位。将《洞霄宫志》与《杭州洞霄宫提举题名记》中的提举官名录合异并同，共可得宋代提举洞霄宫官员 147 人。以《宋史》为标准，《洞霄宫志》所录舛误处较多，如"范成大"误作"范大成"，"余尧弼"误作"俞尧弼"，"蔡抗"误作"蔡杭"，"谢方叔"误作"谢芳叔"，"曾开"误作"鲁开"，"邢焕"误作"邢涣"，"姚希得"误作"姚希德"等，征引取用，当须留意。

《洞霄宫志》"祠官"条后称："但名贤本传，宋史历历可稽。然此山记仅以纪本宫驻迹实事，是以不详及，亦诚恐有挂漏之讥云尔。惟国朝朱竹垞《杭州洞霄宫提举题名记》考核最精，自建炎迄咸淳，凡一百一十五人，殆信而有征矣。记录后。"[①] 则闻人儒亦推举朱彝尊所稽洞霄宫提举名录详实可信，只是未加以对比勘合，以至有上文所论互有异同的情况。若仅以《洞霄宫志》所录[②]，考之《宋史》本传，尚有 10 人提举事迹存疑。其中姚勔、傅穆卿、曾怀古、周美成 4 人，《宋史》未见著录其人生平。《洞霄宫志》载其事迹："姚勔，山阴人，

---

① 张智、张健主编：《中国道观志丛刊续编（第 17 册）》，广陵书社，2004 年，第 120～121 页。

② 具体名录见张智、张健主编：《中国道观志丛刊续编（第 17 册）》，广陵书社，2004 年，第 101～120 页。

言者论其阿附吕大防至。"① "傅穆卿，山阴人，以京城守御使出知舒州至。"② "曾怀古，右丞相罢职，以观文殿太学士至。"③ "周美成，乞奉祠，以提举洞霄宫终老。"④ 刘大中、路允迪、余尧弼3人，《宋史》有其人无其传；朱熹、章惇、戴庆炣3人，《宋史》有其传，6人均未见有提举洞霄宫的记录。笔者尚无从知晓闻人儒所录提举官员名姓"稽之国史"的来源或依据何在，若实有其据，就《宋史》而言，《洞霄宫志》辑录的这10位提举官员事迹自当有其辑补或供参校的价值。如以章惇而言，《宋史》本传中虽无其提举洞霄宫事迹，然考之李焘《续资治通鉴长编》，则有元祐元年（1086）十一月二十四日，"正议大夫、知汝州章惇提举洞霄宫，从所乞也"⑤ 的记录。这说明《洞霄宫志》所称章惇提举洞霄宫亦非妄语，只是其将章惇的职衔题作"通议大夫"，显示了其"稽之国史"的不同文献来源。

**5. 岳飞、牛皋、张宪等**

《金鼓洞志》卷八辑录有宋理宗景定二年（1261）《牛皋封辅文侯敕牒碑》，虽残泐不全，却是记录岳飞及其部下后世受到封敕的重要文献。

---

① 张智、张健主编：《中国道观志丛刊续编（第17册）》，广陵书社，2004年，第102页。

② 张智、张健主编：《中国道观志丛刊续编（第17册）》，广陵书社，2004年，第103页。

③ 张智、张健主编：《中国道观志丛刊续编（第17册）》，广陵书社，2004年，第113页。

④ 张智、张健主编：《中国道观志丛刊续编（第17册）》，广陵书社，2004年，第119页。此周美成不知是否为周邦彦，《宋史·周邦彦传》未载其提举洞霄宫事迹。

⑤ 详见（宋）李焘撰，上海师范大学古籍整理研究所、华东师范大学古籍整理研究所点校：《续资治通鉴长编（第27册）》，中华书局，1992年，第9531页。

太学忠显庙敕牒缺人伦忠于缺必有缺昭缺有功不缺谋帅之风缺凛若春秋复缺此维与宅以赫缺遡其生之自来槛缺顧冠带不左缺千羽在缺极于隆名，宜庙食增崇于命纪。英烈言言，可畏而仰，以迄于今。辟雍汤汤，永观厥成，有相之道。尚复兹土，式劝为臣。可特封忠文王。景定二年二月日。

忠显庙佐神张宪，可特封烈文侯。徐庆，可特封昌文侯。董先，可特封焕文侯。牛皋，可特封显文侯。李宝，可特封崇文侯。王贵，可特封尚文侯。

敕忠显庙佐神张宪等：文武之道二，而贯之以一，曰"忠"而已。其有忠于所事，死生以之，此有国者所务白也。尔为偏将，实佐戎旃，视奸铁逆鼎而如饴，凛义烈英风之未沫。观其所主，可使懦夫立，匪唯有功于干城，亦有助于名教。封侯庙食，维以劝忠。可依前件，奉敕如右，牒到奉行。景定二年二月日。①

碑记后附有清王昶《金石萃编》的一段按语，指出此碑当为宋太学忠显庙碑，并引《宋史·忠武传》称："淳熙六年初谥'武穆'，宝庆元年改谥'忠武'，未尝有'忠文王'之号。即张宪等六人皆用'文'字为号，疑用之太学，故皆用'文'字。而史于张宪等亦皆不载。牛皋封显文侯……是牛皋初封'显文'，不知何年改封'辅文'，无从考矣。"② 点明了岳飞封"忠文王"、牛皋封"显文侯"虽存之敕牒碑，而不见录于史籍，无从考证的歧异情况。文末朱文藻亦下有按

---

① 胡道静、陈耀庭、段文桂等主编：《藏外道书（第二〇册）》，巴蜀书社，1994年，第291页下～292页上。
② 胡道静、陈耀庭、段文桂等主编：《藏外道书（第二〇册）》，巴蜀书社，1994年，第292页下。

语称:"此碑今在府学。久无拓本流传,诸金石书皆不载。牛皋封号,无人知其缘起,因详附此。"① 足见此敕牒碑对于正史乃至金石典籍的重要辑补价值。

**6. 丘处机**

《金鼓洞志》卷六辑录有大量的事关丘处机生平事迹的文献,来源广泛,有《日下旧闻考》《金史》《南村辍耕录》《甘水仙源录》《草木子》《谷城山房笔麈》《长春真人本行碑》《山左金石志》《道藏目录》等,涉及正史、历史笔记、笔记小说、金石著作、碑记、目录诸多类型。其对《元史·丘处机传》的补辑之处斑斑可见。如《谷城山房笔麈》交待了丘处机为北宗道教传人的师承情况;《长春真人本行碑》介绍了丘处机"穴居磻溪,日乞一食,行则一蓑"②的日常修行情况;《长春殿增塑七真仙范记略》记录李清和藏丘处机遗蜕、封土为冢及李得晟参稽野史,考订丘处机承传弟子二十余人,绘图长春殿的事迹;《山左金石志》记录丘处机训导兴仙观道士王道谨、驻留延祥观等事迹;皆为《元史》所未备或无意记录者。

**7. 屠隆**

屠隆(1542—1605),浙江鄞县人,明代戏剧家、文学家。《明史》有其传,称:"举万历五年进士,除颍上知县,调繁青浦。时招名士饮酒赋诗,游九峰、三泖,以仙令自许,然于吏事不废,士民皆爱戴之。迁礼部主事。"③《通玄观志》辑有屠隆《重修三清殿疏》《题三清殿楹

---

① 胡道静、陈耀庭、段文桂等主编:《藏外道书(第二〇册)》,巴蜀书社,1994年,第292页下。
② 胡道静、陈耀庭、段文桂等主编:《藏外道书(第二〇册)》,巴蜀书社,1994年,第277页下。
③ (清)张廷玉等撰:《明史》,载中华书局编辑部编:《"二十四史"(简体字本)》,中华书局,2000年,第4939页。

联》《鹤泉郁法师掩日图赞》等作品，反映了他与通玄观道士郁存方、张永韶的亲密关系，以及"以秽浊而慕清虚，思沉沦而希冲举。钦天无倦，奉道有年。尝策杖而宿精庐，每登殿而拜圣像"① 的玄门生活和向道之心，具体地诠释了《明史》本传中屠隆"仙令自许"的个性特点。

**8. 李卫**

《玉皇山庙志》辑录有（清）李卫在杭州玉皇山铸造七星铁缸，防范火灾的事迹，可为《清史稿》中李卫任浙江总督时惠及民生的众多事迹"锦上添花"。

> 玉皇山，在杭城西南十里，即古之秦望山也。左临钱江，右瞰西湖，与南高峰、万松岭诸山脉络相接，而高过之。雍正中，总督李敏达公以杭多火患，形家谓此山为离龙之祖，乃于山腰置铁缸七，仿北斗星象以次排列，缸之外铸有符箓、祝辞。又于山巅凿日、月池，立建福星观，以祀北斗暨三清、玉皇。朔望，有司拈香，省视缸水盈缩，缩则务令注满。盖取用"坎"制"离"之义，诚重其事也。②

李卫对浙江来说可谓功勋卓著，他奏请修缮"海宁、海盐、萧山、钱塘、仁和诸县境海塘"③，规划经营浙东水利，稽查捕治盗贼，召民垦田，发掘渔盐之利，整顿科场风气等，使浙江民生经济和社会风气

---

① 四库全书存目丛书编纂委员会编：《四库全书存目丛书·史部（第二四六册）》，齐鲁书社，1996年，第463页下。
② 王国平主编：《西湖文献集成（第25册）》，杭州出版社，2004年，第1248～1249页。
③ 赵尔巽等撰：《清史稿（第34册）》，中华书局，1977年，第10333页。

为之一新。虽然说李卫铸造七星铁缸只是借用宗教的力量镇压火患，而非出于储水防火的实际功效，但其志在民生、为民祈福的诚心昭然可见。

总之，道教方志因自身的特点，较少记录影响力较大、名录正史的名宦高士事迹，但其对零星轶事的记载恰能适当补充正史所录"要言不烦"的缺失，展现出人物不为人知的另一面。且道教方志还辑录有一些名士的诗文作品，以及部分道士与他们的交游记录，这对于考订正史传记中的人物生平事迹同样有着参考价值。如《洞霄图志》录有陆游所作《洞霄宫碑》一文；"人物门""王思明"条下又有陆游与王思明交友，为其撰写《洞霄宫碑》的相关记载，并附录《谢别放翁诗》，显示了陆游与王思明的至交关系。此与陆游《洞霄宫碑》中"同知宫事王思明及其徒李知柔踵至以请，会游被命纂史，又不克成。嘉泰三年四月，史成，奏御，乃能叙载本末如此"[①]的记录相表里，为《宋史·陆游传》补充部分方外交游的内容。又如《洞霄诗集》录有（宋）高定子的《嘉定三年五月二日被旨祷雨洞霄》，《洞霄宫志》录有高定子《洞霄宫祷雨三首》（其三即《洞霄诗集》所录诗），对《宋史·高定子传》也有增补的作用。

## （二）对历史事件的增补

人物、事件本就密不可分，道教方志对正史人物传记有增补价值之外，其辑录的诗文对正史中的历史事件亦有增补扩充之用。道教方志中对正史历史事件的增补主要表现在三个方面：一是对水旱灾异等自然灾害及人事应对的记录，二是对朝廷政治与宗教联姻背后因由的诠释，三是对朝廷奉道态度和现象的综合呈现。

---

[①] 《文渊阁四库全书（第五八七册）》，台湾商务印书馆，1986年，第456页上。

祈雨祈晴是道士服务社会、扩大宗教影响、获取经济资助的重要手段之一，道教方志中不乏此类济世行迹的记录。这些记录有的可以弥补正史记录太过简略的遗憾，有的则可以填补正史无暇顾及的缺失。如《重阳庵集·附录》录有明隆庆二年（1568）七月陈善所撰《知大真人府赞府宾梅俞法师祷雨神验序》一文，以隆庆二年"燕冀诸路日食地震，雨血路裂，四方灾异日以奏闻"[1]为大背景，详细介绍了浙江遭受严重旱灾、以及地方官员延请重阳庵法师俞大彰（宾梅）祈雨有应，最终纾解民瘼的社会现实。而其对应的《明史》记录仅有寥寥数语："隆庆二年，浙江、福建、四川、陕西及淮安、凤阳大旱。"[2] 故要了解浙江旱情的本末，阅读此道教文记会更为明白。再如《重阳庵集·附录》辑录有（明）徐大经所撰《俞宾梅祈雨实录》一文，分别记录了明嘉靖十三年（1534）、十四年（1535）、十七年（1538）、二十一年（1542）、二十四年（1545）浙江海宁、仁和、余杭等地久旱不雨，官民延请俞宾梅祈雨有应的情况。《明史》中的对应记录为："十一年，湖广、陕西大旱。十七年夏，两京、山东、陕西、福建、湖广大旱。十九年，畿内旱。二十年三月，久旱，亲祷。二十三年，湖广、江西旱。二十四年，南、北畿、山东、山西、陕西、浙江、江西、湖广、河南俱旱。"[3] 其中涉及浙江旱灾记录的仅有二十四年这一次，《俞宾梅祈雨实录》中其余三年的旱灾则没有记录。这当然是正史编录受地域和篇幅的限制所致，但多少也从另一个侧面说明了道教方志对正史所录事件的补充作用。

---

[1] 王国平主编：《西湖文献集成（第24册）》，杭州出版社，2004年，第993页。
[2] （清）张廷玉等撰：《明史》，载中华书局编辑部编：《"二十四史"（简体字本）》，中华书局，2000年，第327页。
[3] （清）张廷玉等撰：《明史》，载中华书局编辑部编：《"二十四史"（简体字本）》，中华书局，2000年，第327页。

道教方志中的一些记录还可藉以说明朝廷某些政治事件的背后因由，补充揭示正史所着意略去的与宗教关联的另一面。如靖康之乱，宋室南渡，徽宗第九子赵构临危继统，为夯实其统治基础，他借助"君权神授"的一套模式杜撰了一系列神异故事，以佐证其统治的合法性和神圣性。这其中，崔府君便是重要神灵之一。（清）郑烺所辑《崔府君祠录》辑有（宋）楼钥的《显应观碑记》一文，介绍了宋室南渡时崔府君显圣，垂示民众劝归赵构，保住赵宋血脉；以及托梦张皇后，馈赠红羊，而有孝宗诞生之喜的事迹。"靖康中，高宗由康邸再使金。磁去金营不百里。既出，谒祠下，神马拥舆，肸蠁炳然。州人知神之意，劝帝还辕。孝宗诞育于嘉兴，先形绛服拥羊之梦，生有神光烛天之祥。"①诸番灵异，显示了南宋王朝天命所眷的地位。《通玄观志》所录（明）沈友儒《建崔府君碑记》在此基础上又增补了民间"泥马渡康王"的传闻，"宋高宗为康王时，避北兵，马毙，徒行。忽遇白马，引至庙中，宿庑下。梦神促其行，马引而南，相传'泥马渡康王'是也"②，说明了高祖奠都杭州后，创建显应庙，奉祀崔府君，以答神贶的事实。

同样的情况，在《宋史》中的记录则并非如此："康王至磁州，州人杀王云，止王勿行，王复还相州。"③"康王再使金，行至磁，泽迎谒曰：'肃王一去不反，今敌又诡辞以致大王，愿勿行。'王遂回相

---

① 王德毅主编：《丛书集成续编（第二二五册）》，新文丰出版公司，1989年，第5页上。

② 四库全书存目丛书编纂委员会编：《四库全书存目丛书·史部（第二四六册）》，齐鲁书社，1996年，第447页下～448页上。

③ （元）脱脱等撰：《宋史》，载中华书局编辑部编：《"二十四史"（简体字本）》，中华书局，2000年，第289页。

州。"① 赵构和谈途中返归相州，一在民众的极力劝阻，甚至为此而杀死同行而固请赵构出使的刑部尚书王云；二在宗泽的进言，分析厉害，恳请返程。至于"泥马渡康王"，乃民间传闻，《宋史》未见著录，自是因其过于神异，荒诞不经之故。虽然说正史所录依本于现实，但联系高宗驻跸杭州之后，创建三茅宁寿观、显应观等诸多祠宇以佑国祚的事迹，其着意奉祀崔府君，使其成为护佑南宋朝廷的重要神灵也是不容隐讳的事实。

　　道教方志人物传记和相关文记中还存有一些朝廷与宫观的交接记录，虽散落各处，不成系统，但若合并齐观，也能反映出朝廷奉道的大致面貌。如《洞霄图志》卷五"人物门"辑录有一些与宋廷关系密切的高道事迹，卷六"碑记门"辑录有一些反映宋廷恩遇洞霄宫的事迹，从中即可窥见宋廷对道教的崇奉态度。这些记录可填补《宋史》不暇记录的缺憾。

　　以人物论。如："冯德之，字几道，河南人。少习儒业，书无不读，京师号冯万卷。不慕声利，弃家入道，被旨住杭州洞霄宫，时公卿皆以诗饯行。宋真宗锐意玄教，尽以秘阁道书出降余杭郡，俾知郡戚纶、漕使陈尧佐选先生及冲素大师朱益谦等修校成藏以进，号《云笈七签》。"② 其记录与张君房《云笈七签序》所记相类，但增补了冯德之的生平及与其后记载的潘阆交往事迹。陆维之曾有《酹江月》一词，为高宗所嘉赏，"欲召见，辞疾不赴。及上退处北宫，尝幸大涤，宪圣亦偕行。上问山中诗客，或以维之对。进其行卷，上读数首，太息曰：'布衣入翰林，可也。'欲归与孝宗言之。宪圣曰：'山林隐士必

---

① （元）脱脱等撰：《宋史》，载中华书局编辑部编：《"二十四史"（简体字本）》，中华书局，2000年，第8958页。
② 《文渊阁四库全书（第五八七册）》，台湾商务印书馆，1986年，第443页。

不求名，强之出山，乃大劳苦。'遂止"①。杨迺诚也与宋廷关系密切："高宗居德寿宫，召见与语，甚悦。慈福太后问道要，以师事之，为筑室于宫之通明馆侧。又建庵西湖延祥观，以便往来栖息。有旨促召，则麻鞋入见。"② 另外，如石自方拒盗被杀，徽宗赐钱赠予封号，制书褒奖；何士昭徽宗朝住持洞霄宫，赴京师乞赐度牒三百道，重修宫观；陈希声于乾道二年（1166）孝宗临幸洞霄宫时，扈从游历，获赐御书度牒；徐冲渊奉命追和孝宗《御制秋怀诗》，俞怡然与孝宗诗画赠答，孙处道祈请理宗赐度牒、买田置业等。虽丛残小语，但连缀起来，亦可见宋代朝廷的崇道态度及其对洞霄宫的重视程度。

以文记论。如陆游所作《洞霄宫碑》记录了数位皇帝恩遇洞霄宫的事迹：真宗"制诏改宫名，赐仁和县田十有五顷以奉斋醮，悉除其租赋"③；徽宗赐度牒三百道，命两浙转运使修缮洞霄宫；高宗"以皇太后之命建昊天殿、钟经二阁，表以崇闳，缭以修庑"，④ 后亲临洞霄宫，御书《度人经》等。曹叔远《洪钟记》，记录宋宁宗拨付内帑，为洞霄宫铸造大钟的事迹。这些都揭示了有宋一代，朝廷长期关注洞霄宫、恩礼有加的事实。

## 二、对《浙江通志》《西湖志》等地方志的辑补

相对于正史，地方志所录内容更为庞杂⑤，且一般因地方志的级

---

① 《文渊阁四库全书（第五八七册）》，台湾商务印书馆，1986年，第440页上。
② 《文渊阁四库全书（第五八七册）》，台湾商务印书馆，1986年，第441页下。
③ 《文渊阁四库全书（第五八七册）》，台湾商务印书馆，1986年，第455页下。
④ 《文渊阁四库全书（第五八七册）》，台湾商务印书馆，1986年，第456页上。
⑤ 此处所言地方志，指的是地方志中的地域性总志，如郡邑志、名胜志、山水志等，而非寺观志等专志或杂志。

别渐降而呈现渐次详实的态势。道教方志既采录地方志中的资料，同时又是地方志资料征稽的重要来源之一，二者之间存在着相互汲取的关系。作为地方志体系的末端存在，道教方志中必然有很多不见录于地方志的文献资料，可补充地方志不予著录或言之不详的缺失。此以李卫、嵇曾筠等修《浙江通志》和李卫等修《西湖志》为例，寻绎道教方志对省志、府志、县志和地理志的辑补意义。

## （一）对《浙江通志》的增补

李卫、嵇曾筠等修的《浙江通志》篇制宏大，共 280 卷，卷首附录 3 卷，内容涉及诏谕、圣制、图说、星野、疆域、山川、形胜、古迹、田赋、风俗、物产、祥异、人物、方技、仙释、祠祀、寺观、经籍、艺文等计 52 个门类。其中与道教方志关系最为密切的为仙释、祠祀、寺观和艺文部分。受限于省志的篇幅体制，《浙江通志》中关于这些内容的记载都比较粗略，其原始本末、细致委曲，无法与道教方志所录并论。

### 1. 宫观祠庙

《浙江通志》中分"寺观"和"祠祀"两大门类，分别记录佛教、道教的寺观和祠庙，其文献来源乃取辑于浙江各府志、县志、地理志以及寺观专志等。其中涉及存世道教方志的宫观祠庙有杭州府的通玄观、（武林）玄妙观、紫阳庵、重阳庵、吴山城隍庙、天后宫（天妃宫）、英卫公庙（伍公庙）、灵卫庙、广福庙、金龙四大王庙，余杭县的洞霄宫，湖州府的回仙观等。其内容记载方式大致有两种：一是综稽地方志中各种记载，简要介绍宫观祠庙的方位坐落与历史沿革情况；二是记录宫观祠庙坐落沿革之余，在文末以小一号字体附录相关史记或数篇诗文作品，以说明神灵的生平事迹、历代奉祀情况、殿宇的修缮及文人的题咏等。

其一如《武林玄妙观志》中的玄妙观：

  《西湖游览志》：在石龟巷。《咸淳临安志》：唐时为紫极宫，梁开平二年改真圣观。宋天禧三年，郡守王钦若奏徙天庆观额于此。绍定四年毁，有旨重建，御书"天庆之观"四大字以赐。《钱塘县志》：元改今额，后毁。明正统间重建。①

乃分别选取《西湖游览志》《咸淳临安志》《钱塘县志》中关于玄妙观的记载，相互统协，整体勾勒了吴山玄妙观的方位坐落和自唐至明代的沿革情况。

其二如《广福庙志》中的广福庙：

  《万历杭州府志》：在盐桥上，祀宋蒋崇仁。《西湖游览志》：崇仁，仗义乐施，仿常平法，以家资籴谷，贱粜以救贫者。其弟崇义、崇信亦承兄志，行之六七十年。里人立祠祀之。咸淳初，京尹潜说友请于朝，赐庙额曰"广福"，封崇仁孚顺侯、崇义孚惠侯、崇信孚佑侯。②

即以《万历杭州府志》为主体，简要介绍祠庙的位置和崇祀神灵。再援引《西湖游览志》所录，简略说明祠庙所祀神灵生平事迹，以及建庙、赐庙额、赐封号的情况。

再如《重阳庵集》中的重阳庵：

---

① （清）李卫、嵇曾筠等修：《浙江通志》，商务印书馆，1934 年，第 3871 页下。
② （清）李卫、嵇曾筠等修：《浙江通志》，商务印书馆，1934 年，第 3744 页上。

《重阳庵志》：在吴山之右。唐开成间，道士韩道古结茅以居。相传行至洞口，见青衣童子。问之不应，良久入洞，逐之不见。闻风雨声，毛发悚栗而出。元大德间，西川道士冉无为云游至浙，因观青衣岩洞，遂盖三清宝阁、元帝圣殿。明洪武二十四年，立为全真丛林。丙子，道士钟道铭募缘重建。成化十一年，主持梅道暹撤旧新之。张雨《游重阳庵诗》：仙家亦自有仙山，几度来游问大还。松掩洞门人不到，数声清磬落人间。峭壁层崖紫翠深，松萝垂洞昼阴阴。青衣本自蓬莱客，天上人间何处寻。①

实际是将《重阳庵集》中《咸淳临安志》《杭州志》及周鼎《重阳庵记》中的相关内容综稽一处，取舍剪辑，从而厘定出重阳庵的沿革记录。

这样的记录方式与道教方志所录相比，其粗陈梗概所带来的信息缺漏不可避免。如玄妙观的记录与《武林玄妙观志》"建置"卷目所录相比，即缺少了唐天宝二年诏命天下建紫极宫以崇祀老子，南宋高宗绍兴六年重修，元成宗元贞元年改名玄妙观并予以重修，明洪武间重建，及明正德间、嘉靖间、清顺治康熙间、嘉庆间的多次重修记录。

广福庙的记录虽然较为详实，但与《广福庙志》所录相比，仍有一些不足之处。其一是引用文献内容的真实性问题。《广福庙志》征引了《咸淳临安志》《成化杭州府志》《万历杭州府志》《康熙仁和县志》《敕修浙江通志》《乾隆杭州府志》六部地方志中的相关文献记录，虽然说大多内容相近，但从中仍可通过比对发现问题——赐庙额与封神的时间及其与潜说友的关系。据《咸淳临安志》："咸淳初，赐庙额曰

---

① （清）李卫、嵇曾筠等修：《浙江通志》，商务印书馆，1934年，第3872页。

'广福'。六年，安抚潜说友请于朝，封神及其二弟皆列侯，曰孚顺、孚惠、孚佑。"①《成化杭州府志》沿袭此说，《万历杭州府志》则略去"潜说友"之名。按照这一说法，广福庙赐额在咸淳初，与潜说友无关；封神则是应潜说友之请而得，与其密切相关。而据《浙江通志》所记，广福庙的赐额与封神都是应潜说友所请而得，二者在史实记录上存在分歧。《咸淳临安志》乃潜说友所著，当事人言其事，应以其说为正。《浙江通志》及与之所录相近的《乾隆杭州府志》当俱为沿袭《西湖游览志》之误。其二是相关事实的缺漏。《广福庙志》所引《成化杭州府志》条载有"庙屡毁于火，而乡人屡新之焉。石塘胡长孺作《传》，天台徐一夔撰《重建记》"②，《康熙仁和县志》条载有"康熙十二年庙灾，庚申复建"③，均为《浙江通志》所未录。由此可见《广福庙志》征引文献"求全责备"带来的补辑作用。

重阳庵的记录与《重阳庵集》相较，虽列出了重阳庵创建及修缮的情况，但略去了张与材天师所书"青衣洞天、吴山福地、十方大重阳庵"石刻和洪武丙子道士钟道铭募缘重修的事迹。与原志对校，文字上也有出入，如《浙江通志》将梅志暹误作"梅道暹"；《重阳庵集》中张雨的诗"金磬"《通志》作"清磬"、"本是"作"本自"，而且张雨诗乃绝句二首，《通志》所录亦未在格式上加以分隔。不难发现，以宫观祠庙的沿革而论，道教方志对《通志》还是有很多可供补辑和校勘之处的。

---

① 王德毅主编：《丛书集成续编（第二二五册）》，新文丰出版公司，1989年，第86页下。
② 王德毅主编：《丛书集成续编（第二二五册）》，新文丰出版公司，1989年，第86页下。
③ 王德毅主编：《丛书集成续编（第二二五册）》，新文丰出版公司，1989年，第87页上。

此外，道教方志中还有一些《浙江通志》没有收录的宫观祠庙，其增补作用更是不言自明。如《金华赤松山志》所录云巢庵，《仙都志》所录妙庭观，《委羽山志》《委羽山续志》所录大有宫，《东林山志》所录东老庵、天申介福宫，《洞霄图志》所录至道宫、龙德通仙宫、元清宫、冲天观、洞晨观、元阳观，《崔府君祠录》所录崔府君祠，《吴山城隍庙志》所录金公祠、赵公毅公祠等，皆为《浙江通志》所未录，若据以补之可勾勒出更为清晰而详实的浙江道教宫观祠庙分布图。

**2. 仙道人物**

《浙江通志》人物卷分名宦、名臣、忠臣、循吏、武功、儒林、文苑、孝友、义行、介节、隐逸、寓贤、方技、仙释、列女 15 个门类，其中与道教人物密切相关的为"仙释"类，共计 4 卷。"仙释"卷人物采用以时代为经、以地域为纬的方式，辑录了自上古至清代杭州、嘉兴、宁波、绍兴等地的高僧仙道生平事迹。以道教人物论，其文献征稽的来源非常广泛，有《列仙传》《神仙通鉴》《洞仙传》《续仙传》《疑仙传》等道教神仙传记、《全唐诗传》《列朝诗集传》《两浙名贤外录》等人物专集、《太平御览》《文献通考》等大型类书、《宋书》《咸淳临安志》《杭州府志》《钱塘县志》《吴越备史》《海盐图经》等史志、《南村辍耕录》《武林纪事》《尧山堂外纪》等笔记小说、《名胜志》《东天目志》等地理志、《通玄观志》《洞霄宫志》等道教方志，以及《妙庭观记》《宋度宗敕住持宗阳宫诏》等单篇文记。

道教方志对《浙江通志》道教人物的增补主要体现在两个方面，一是对共同辑录人物生平事迹的增补，二是对未曾辑录人物生平事迹的填补。以杭州府为例，《浙江通志》共辑录有仙道人物 42 人，其中与杭州地区存世道教方志人物卷辑录人物重合的有：《洞霄图志》《洞霄宫志》中的许迈、潘先生、闾丘方远、暨齐物、唐子霞、周允和、金正韶、阮日益、叶林、邓牧、孙道元,《武林玄妙观志》中的张契真、白玉蟾,《紫阳庵集》中的丁野鹤,《通玄观志》中的王玄悟、蔡道像、徐道彰,一共 17 人。人员分布上,洞霄宫高道达到 11 人,彰显了洞霄宫在杭州诸多宫观中的无上地位。因为文献征引来源的不同,《浙江通志》所录道教人物与道教方志所录存在详略有别,歧异互现的情况。下面列举几个人物来对比分析。

(1) 许迈

《初学记》:字叔元,一名映。尝谓余杭垂雷山延陵之茅山,是洞庭西门,潜通五岳,陈安世、茅季伟常所游处。于是立精舍于垂雷,而往来茅岭之洞室。晋永和二年,移入临安西山,登岩茹芝,渺然自得,有终焉之志。乃更名元,字远游。著诗十二首,论神仙事。尝与王羲之书曰:"自山阴至临安,多有金堂玉室、仙人芝草,左元放之徒、汉末诸得道者在焉。"后人莫测远游所终,好道者谓之羽化。《名胜志》:大涤山,其中峰曰白鹿山,又名严山,山有许迈升天坛及丹灶遗迹。(《浙江通志》)[①]

许迈,字叔玄,一名映。后改名玄,字远游。七世祖肇,后汉安帝时为光禄勋。永初中,大饥,人相食,肇救活四百八人。永建元年,拜司徒。子训、孙相并为三公,至神仙者八人。先生与旌阳令逊、护军长史穆皆再从兄弟。早与王右军父子周旋,及杨羲和真人结神明之交。永和二年,入临安

---

[①] (清)李卫、嵇曾筠等修:《浙江通志》,商务印书馆,1934 年,第 3399 页下。

西山，登岩茹芝，渺然自得，有终焉之志。即今大涤也。尝谓余杭山是洞庭西门，潜通五岳。与右军书曰："自山阴至临安，多有金堂玉室、仙人芝草，左元放之徒、汉末诸得道者在焉。"后于山中师王世隆，著诗十二首，论神仙事。初以书弃妻，即孙骠骑之女，妻有书答之，载《丹台录》中。其后，妻亦入山得道。先生四十八，于大涤中峰丹成，天降玉童白鹿，下迎而去。垂语弟子云："吾有丹一剂，藏山中无骨箬下，异日有缘者得之。"梁乾化三年，封归一真君。今有升天坛在中峰。宋政和间，犹有卿云箫吹往来。(《洞霄图志》)①

与《浙江通志》所录相比，《洞霄图志·许迈传》在内容上增加了许迈先祖许肇、许训、许相的身世，许迈与许逊、许穆的关系，与王羲之父子、杨曦的交游，许迈师从王世隆，与妻子书信往来及妻子入山得道，许迈丹成升仙、寄语弟子，五代后梁受朝廷封赐等诸多信息。细致委曲，交待详实，更近史家传记笔法。

(2) 张契真

《神仙通鉴》：字齐一，钱塘人，幼孤，依上清宫胡法师。浮游江浙，上会稽，探禹穴，历缙云，游赤城，以访仙道。时朱天师居天台，目而器之，以其有青骨方瞳，因度为道士。久之，还钱塘，居吴山真圣宫。周显德五年，受正一明威灵宝法箓于大元樊先生，由是紫蘂玉笈之书无不历览，名振江浙。宋太平兴国中，召见，款对称旨，赐紫衣。以道书鱼鲁

---

① 《文渊阁四库全书（第五八七册）》，台湾商务印书馆，1986年，第433页下至434页上。

未定,诏两街道箓选优学者刊正,既毕,赐玄静大师之号。(《浙江通志》)①

张契真,字齐一,钱塘人。幼孤,遂依上清宫胡法师。浮游江浙,上会稽,探禹穴,历缙云,游赤城,先生皆负箧从之。时朱天师居天台,目而器之,以其有清骨方瞳,因度为道士。久之,还钱塘,居吴山真圣宫。周世宗显德五年,受正一《盟威灵宝法箓》于大元樊先生。由是紫藁玉笈之书,无不历览,而名振江浙。忠懿王精崇道法,每三箓斋,俾总其事,公卿贵人,莫不钦尚。宋太平兴国中,太宗命有司即其国之东南建太一宫,诏以天下戒洁之士居之,先生与焉。未几,禁中清醮,因召见,款对称旨,赐紫衣。而上以道书鱼鲁未定,诏两街道箓选优学者刊正,而先生复与选。既毕,赐玄静大师之号。真宗景德三年正月十一日,夜就寝。仿佛间,有朱衣吏持符而至曰:"奉命张某,宜速净秽,往彼职事。"迟晓,召门人徐思简曰:"吾且行矣,子其志之。"越二十五日,沐浴讫,泊然返真,年七十一。翌日,迁神于城之东,肢体柔软,而汗霢霂于面。及火化,得青黑色珠可升余。丞相钱惟演谓其徒曰:"此浮屠氏所谓舍利,在《仙经》则曰精气凝结而成。《步虚经》云'舍利耀金姿,龙驾倏来迎'是也。"先生性沉默,声利不容于心。惟好图书,老而不倦,手钞经史子集,凡五百余卷。善草隶,而深自韬晦。尝独坐轩砌,鸟集于怀,其忘机感物如此。(《武林玄妙观志》)②

---

① (清)李卫、嵇曾筠等修:《浙江通志》,商务印书馆,1934年,第3404页上。

② 王国平主编:《西湖文献集成(第24册)》,杭州出版社,2004年,第1073~1074页。"仿佛间"原文作"仿佛闻",此据藏外道书本正之。

《武林玄妙观志》所录在内容篇幅上大大超越《浙江通志》，二者前半部分内容几乎相同，唯《武林玄妙观志》增加了吴越国忠懿王钱俶延请总领三箓斋法，及宋太宗建太一宫延纳高道二事。《武林玄妙观志》后半部分为《浙江通志》所未录，重点介绍了张契真仙去和火化的神异事迹，以及他淡泊名利、沉潜好学、养晦忘机的品性。与前半部分内容相对，临终与火化的事迹赋予了高道归真以浓郁的宗教色彩，个人品性的介绍则是界定人物的重要内容，其补足意义不容忽略。

（3）孙道元

《杭州府志》：字善长，别号复阳子，桐川人。父尝遇羽客，修髯长身，谓曰："君当举子，是垣中一星。"言已即去。初生时，不啼不乳者累月，嗣若闻空中有语者，遂受乳。甫七龄，求出家。父母知其有凤根，送吴山火德庙，度为道士。二十四，访游五岳，尽得要妙。过信州张真人，授以正一清微五雷大法。示曰："大道必积功行，藉以福国利民。若独善其身，德不被物，虽得长生，犹殇子也。"由是以救济累功，以参炼弥性。习静大涤山，年七十有四，克期示化。初，涤山有隙壤，虎踞其上，人莫能穴。至是，为师营厝，虎长啸跃去，后不复见。（《浙江通志》）[①]

孙道元，字善长，桐川人。七岁，入道吴山火德庙。抵信州，谒张真人，得养气延年之术，并授正一清微五雷大法，嘱曰："大道非可独善其身，功全行满，始可证果耳。"道元受教殚力，入大涤山，隐居不出。凡祈雨立应。康熙丁巳二

---

[①] （清）李卫、嵇曾筠等修：《浙江通志》，商务印书馆，1934年，第3410页上。

月，沐浴，谕弟子曰："吾去后，即有风雷至。"至期，果然，人以为其有前知者。(《洞霄宫志》)①

孙道元生平事迹，《浙江通志》所录较《洞霄宫志》更为详实。如孙道元出生前道士的预言，初生受乳之奇，大涤山猛虎为之出让隙壤等，皆为《洞霄宫志》所未录；《浙江通志》所载内容首尾呼应，充满了神异色彩。但《洞霄宫志》所录亦有可供补辑处，即祈雨有应和临终示谕弟子有风雷将至二事，突出显示了孙道元精通雷法，祈雨多验的高超法力。

除了共同辑录的人物之外，道教方志中还有更多《浙江通志》未录的高道生平事迹。仅以《洞霄图志》《洞霄宫志》为例，即有郭文、叶法善、吴筠、司马承祯、夏侯子云、朱君绪、郑元章、常中行、喻天时、陆维之、王朴、杨逌诚、朱真静、白元鉴、冯德之、石自方、叶彦球、何士昭、李洞神、陈希声、徐冲渊、俞延禧、王思明、龚大明、孙处道、贝大钦、徐应庚、贝守一、郎如山、杨清一、吕贵实（以上《洞霄图志》）、陈良孙、舒元一、孟宗宝、徐应时、史德芳、金致一、章居实、金抱素、贾守元、吴逢源、龚自然、曹元隐、周应常、詹道成、张复阳、吴象岩、陈戴墨、翟藆缑、魏大成、陆尔仁、贝本恒、徐国祥、金筑老人、王清虚、潘一元、王仁可、方仁溥、童仁敷、张仁逸、童仁恬（以上《洞霄宫志》）共计 61 人②。其中不乏道行事迹卓然出群，可列入地方史志者。如唐代道士吴筠，为玄宗所赏识，

---

① 张智、张健主编：《中国道观志丛刊续编（第 17 册）》，广陵书社，2004 年，第 154～155 页。

② 此 61 人名录，去除了《洞霄图志》《洞霄宫志》所录姓名不同而实为同一人者。如王朴、王林，冯德之、冯得之，郑元章、郑茂章，周允和、周元和等，详见第五章第一节所论。

与李白、孔巢父往来交善，诗文、道术显扬一时。"大历十三年，于宣城道观焚香尸解。弟子邵翼元奉丧，归葬于天柱山西麓，私谥宗玄先生。初，天师尝语其徒云：'我死，当迁神于天柱石室，盖太上俾我炼蜕之处。'故从之。"① 宋代道士朱真静，修道大涤山，声闻于朝，屡受征召而不起，化去之日，"理宗闻之，哀悼，赐宸翰，特赠妙行先生"②。

### （二）对《西湖志》的增补

李卫修、傅王露等纂《西湖志》是一部体例庞大的地理志书，全书仿照通志体例编纂而成，共分水利、名胜、山水、堤塘、桥梁、园亭、寺观、祠宇、古迹、名贤、方外、物产、冢墓、碑碣、撰述、书画、艺文、诗话、志余、外纪20目，计48卷。与《浙江通志》不同，《西湖志》是以西湖为轴心，并及周遭山水名胜、人文景观、人物掌故、诗文题记等，涉及面较窄而局部的记录更为详实。其与道教方志相表里的部分，主要体现在寺观、祠宇、方外、艺文4目。

#### 1. 宫观祠庙

《西湖志》对道教宫观祠庙的记录，亦归在"寺观"和"祠宇"条目中。其中涉及存世道教方志的宫观祠庙有玄妙观、通玄观、紫阳庵、重阳庵、英卫公庙（伍公庙）、城隍庙、灵卫庙、蒋侯庙（广福庙）。《西湖志》对宫观祠庙的记录与《浙江通志》相同，亦分为综稽各种文献记载与附录相关诗文两种形式。而在内容上，却要丰富详实的多。如蒋侯庙（广福庙）：

---

① 《文渊阁四库全书（第五八七册）》，台湾商务印书馆，1986年，第435页下。
② 《文渊阁四库全书（第五八七册）》，台湾商务印书馆，1986年，第442页下。

在西溪千斤池北。《梦粱录》：神主姓蒋，名崇仁，弟名崇义、崇信，乐于赈施。每岁秋成，籴谷如春夏价增，如原价出粜，不图利源；岁歉则捐谷以与饥者。神死之日，嘱二弟曰："须存仁心，力行好事。"两弟谨遵兄训，恪守不违。里人立祠表其德。《钱塘县志》：咸淳三年，赐庙额曰"广福"。六年，安抚潜说友请于朝，封神及二弟皆侯爵，曰"孚顺""孚惠""孚祐"。庙在盐桥西，即彦故居。淳熙间，尹韩彦质徙建桥上。其故居名祖庙，今西溪庙地名蒋村，相传昔侯苗裔私祀于乡者也。①

与上引《浙江通志》所录相较，《西湖志》所录有四方面的变化：一是提供了广福庙更为明确的坐落方位和迁徙情况说明，即"西溪千斤池北"，初在盐桥西，后为韩彦质迁至桥上；二是采稽了更早的史料文献，如南宋吴自牧《梦粱录》中关于蒋氏三兄弟事迹的记载；三是所引《钱塘县志》文献准确记录了祠庙赐额与赐封的不同情况；四是联系现实，介绍了广福庙与西溪蒋村的关系。

又如玄妙观：

在石龟巷。《咸淳临安志》：唐时为紫极宫，梁开平二年，改真圣观。大中祥符二年，诏诸郡建天庆观，尝以元真观为之。天禧三年，郡守王钦若奏徙天庆额于此。绍兴二十六年重修。绍定四年毁，重建。卢壮父《天庆观记》：天赐大宝，命于有宋。……《西湖游览志》：元时改玄妙观，寻毁。洪武间，

---

① 王国平主编：《西湖文献集成（第5册）》，杭州出版社，2004年，第1243～1244页。

有陈四者佃其西之半。陈无子，舍道士俞复中，重拓之。观后有石洞，幽雅阴寒，夏游最快。观中有蕉花一株，以盛衰卜休咎。《成化杭州府志》：今其东半亦有葺治营构者，乃以真圣旧额与玄妙并立。吴全节《玄妙观诗》：榴皮书壁走龙蛇……欧阳玄《玄妙观诗》：羽衣荣捧紫芝泥……[①]

与上引《浙江通志》所录相较，《西湖志》在宫观沿革方面增加了"绍兴二十六年重修"，明洪武年间陈四捐助、道士俞复中重拓，成化年间真圣观、玄妙观二额并立等情况；缺失了明正统间重建的信息。在此基础上，《西湖志》征引了宋淳祐二年（1242）卢壮父的《天庆观记》及吴全节、欧阳玄、俞焯、张雨、张翥、林清源、龚奎虎所作的8首咏玄妙观诗，较为鲜明地显示了玄妙观创建的始末及其在文人高道心目中的地位。

虽然说《西湖志》的记载远较《浙江通志》为详实，但作为一部综合性的地理专志，其所录条目只能是综稽整合各类记载，删繁就简而成，对道教宫观祠庙的专文记录终究无法与道教方志所录相比。或在宫观沿革、或在诗文题记、或在山水景致、或在仙踪灵迹，道教方志中多可寻绎出对《西湖志》内容的增补之处。如《广福庙志》《武林玄妙观志》，即可补足《西湖志》未及的后世关于宫观祠庙多次损毁与修缮、重建的情况，《武林玄妙观志》亦可为之增补蕉花盛开、吕洞宾题诗蕉叶，及来访者题诗无数的掌故。《通玄观志》可为《西湖志》所录增入崔府君祠迁建情况的记录。其他如《重阳庵集》可为其重阳庵记文增补俞大彰法师募建重阳庵天医行宫的事迹；《吴山伍公庙志》可

---

① 王国平主编：《西湖文献集成（第4册）》，杭州出版社，2004年，第1031~1034页。

为《西湖志》中的英卫庙记文增补五代时钱氏重修、宋太宗雍熙二年重建、宋高宗绍兴二十二年重建、宋孝宗乾道五年重修、宋理宗宝祐二年重建、宋度宗咸淳四年重修、明太祖洪武初重建、明孝宗弘治初重建等诸多重修或重建记录，亦可纠正《西湖志》所记"（嘉熙）七年重修，王安国为记"中将北宋仁宗"嘉祐"年号误作南宋理宗"嘉熙"年号之误，[①] 等等。

**2. 仙道人物**

《西湖志》对仙道人物的记录存于"方外"目中，共收录自晋至清代的仙道人物45人。其中与浙江道教方志相关的有《洞霄图志》中的许迈、郎如山、杨清一，《武林玄妙观志》中的张契真、白玉蟾、马臻、王应瑾，《通玄观志》中的王元悟、蔡道像、徐道彰、俞行简，《紫阳庵集》中的丁野鹤、王守素，《重阳庵集》中的俞大彰，《洞霄宫志》中的孙道元，一共15人。兹亦选取一二人物，与道教方志所录略作对比，以见道教方志可供补辑之处。

（1）许迈

> 《真灵位业图》：迈字叔元，小名映，改名远游，东华署为地仙。《晋书·本传》：迈，句容人，少恬静，不慕仕进。南海太守鲍靓隐迹潜遁，迈往候之，采其至要。谓余杭悬霤山近延陵之茅山，是洞庭西门，潜通五岳，陈安世、茅季伟常所游处。于是立精舍于悬霤，而往来茅岭之洞室。永和二年，移入临安西山。登岩茹芝，有终焉之志。著诗十二首，

---

[①] 王国平主编：《西湖文献集成（第5册）》，杭州出版社，2004年，第1218页。王安国为王安石同母弟，主要生活在宋仁宗朝，《吴山伍公庙志》所录年号为"嘉祐"，无误。

论神仙之事。《西湖游览志》：稽留峰，即远游嘉遁之所。①

与前引《浙江通志》所录相比，一是材料来源上，《西湖志》取材（梁）陶弘景《真灵位业图》、（唐）房玄龄等《晋书·本传》及（明）田汝成《西湖游览志》，《浙江通志》取材（唐）徐坚《初学记》和（清）曹学佺《名胜志》，《西湖志》所引无疑更为精谨。二是内容上《西湖志》更为简要，如未叙及与王羲之书信往来、及不知所终、传言羽化等情节。当然《西湖志》所录也只是根据编志者的观念节录、综稽文献而成，但就形成的传记文本来看，前文《洞霄图志》所录对其内容增补当更多于《浙江通志》。

（2）马臻

《元诗选传》：臻字志道，别号虚中。少慕陶贞白之为人，着道士服，隐于西湖之滨。大德中，从天师张与材至燕京行内醮，未几，辞归。手画《桑干》《龙门》二图传于世，所著曰《霞外集》。（《西湖志》）②

马臻，字志道，号虚中，钱塘人，生于宋宝祐甲寅岁。自少不慕荣利，翻然学道，受业褚雪巘先生之门，以诗画著名于时。平昔尤慕陶贞白之为人，因筑别业于湖上，杂植松竹，徜徉山水间，以乐其志。大德辛丑，从天师张与材至燕京行内醮。将授之道秩，非所好也，辞而归。至大间，天师命为佑圣观虚白斋高士，亦不就，作诗谢之曰："盘空独鹤下

---

① 王国平主编：《西湖文献集成（第5册）》，杭州出版社，2004年，第1658～1659页。

② 王国平主编：《西湖文献集成（第5册）》，杭州出版社，2004年，第1680页。

仙坛,纸上春风墨未干。驽马断无千里志,鹪鹩惟美一枝安。青天荡荡元恩大,白发悠悠世路难。容得闲身老林壑,湖西山色倚楼看。"尝手画《龙门》《桑干》二图,流传海内,不见者辄以为恨。其为人所钦慕多类此。所著有《霞外诗集》及《文集》《外集》,俱行于世。(《武林玄妙观志》)[1]

相较《西湖志》所录,《武林玄妙观志》增加了马臻受业褚伯秀的师承关系,大德年间辞却道秩、至大年间辞却高士任命和作诗为谢的高洁品性,及著有《文集》《外集》的文学成就等内容。且在相同内容的记录上,其笔法更为详实,如"因筑别业于湖上,杂植松竹,徜徉山水间,以乐其志",明显较《西湖志》之"隐于西湖之滨"要丰足生动的多,逼真地勾画出了一位仰慕陶弘景风节,优游于西湖山水之间的隐者形象,增强了传记的可读性。

共同辑录的人物之外,道教方志中亦有更多《西湖志》所未录的高道生平事迹,可为其未及辑录之补充。以《武林玄妙观志》为例,即有叶文诗、青阳先生、范应元、褚伯秀、蒋宗瑛、王福缘、黄德渊、赵肖先、陈永灏、朱希晦、郑本中、俞悟元、俞复中、张志源、沈一闲、王碧澂、俞景宸、周崇文、郑如松、梅茂林、徐启泰、沈启祥、徐又孺、沈庶中、李南宫、朱冲和、黄鹤计27人。其中如褚伯秀,隐居天庆观,婉拒天师延请,谢绝平章拜访,不低眉俯首于权贵,学问文章俱臻高格,是道士中德行高迈的代表。黄德渊,与赵肖先为清修净侣,有吕洞宾留题诗句及相对谈道的奇遇,为玄教宗师张留孙所赏识,多次受恩遇进京。郑本中,善于持理,住持玄妙观时正值多难之年,"先生设施有方,不辞劳悴。凡四方巾衲来依止者,粥鼓斋钟,供

---

[1] 王国平主编:《西湖文献集成(第24册)》,杭州出版社,2004年,第1077页。

给无少阙"①。俞悟元,"人以耆德推举任郡都纪,从学者甚众。是时,杭诸宫观多颓废,先生度弟子二十余人,开创玄风,所在琳宫秘馆,次第兴复"②。他们都是在道行或事业上有突出贡献的高道,其声名事迹足可彪炳宗教史册。

　　道教方志也可在艺文上对《浙江通志》《西湖志》进行增补。《浙江通志》《西湖志》辑录有一些与宫观祠宇或仙道人物相关的诗文碑记,其辑录方式主要有两种:一是将作品附录在宫观祠庙和人物细目之后,以对宫观祠庙的历史沿革及宗教文化地位、人物的交往与评价等作补足呈示,如前文所论《西湖志》"玄妙观"条下附有卢壮父的《天庆观记》及吴全节等所作8首咏叹玄妙观的诗歌,"方技"卷"张雨"条下附录倪瓒《寄张伯雨诗》、萨都剌《寄句曲外史诗》、张羽《中秋张外史招赏月失约赋谢诗》、李毕《题张雨隐居诗》、张炎《作水墨水仙寄张伯雨浪淘沙词》即其例也。二是将作品统一辑录在艺文卷目之下,如《浙江通志》卷259~280为艺文专卷,按文体分类收录诗文碑记,辑有沈约《桐柏山金庭观记》、叶适《宝婺观记》、陆游《洞霄宫碑》、林景熙《洞霄宫诗》、张蕴《重游大涤洞天诗》等。实际上,《浙江通志》《西湖志》所录本就与道教方志所录互有异同,又因其选辑诗文碑记多是出于略陈面目的目的,重心并不在辑录佛道类宗教艺文上;这与道教方志意在广征博引、细大不捐以显扬宫观的辑录目的迥然不同,使得二者在所录宗教艺文的篇目数量上相差极大。因此,探讨道教方志在艺文方面对地方志的增补作用相对来说意义不大,反不如讨论地方志所录艺文对道教方志的增补作用来的更为现实和必要。

---

① 王国平主编:《西湖文献集成(第24册)》,杭州出版社,2004年,第1079页。
② 王国平主编:《西湖文献集成(第24册)》,杭州出版社,2004年,第1080页。

## 第二节　道教方志对诗文作品集的辑补价值

　　道教宫观是文人的重要游赏栖居之地，文人雅士，或寻仙访道，或探幽览胜，或交游唱和，或吊古怀今，皆形诸题咏，著于篇什。与此同时，道教宫观又是官方和民间藉以禳灾祈福、护佑国计民生的宗教场所，相应的制敕诏令等公牍碑记也频有撰制颁赐。所谓地藉人以显，文人题咏、名公之作官方文牍尤其是朝廷敕文、往往分外为宫观道士所珍视，成为道教方志编纂的重要辑录内容之一，翻检细绎道教方志所录，不乏可引以辑补传世诗文集者。

### 一、对《全宋诗》等的辑补

　　宫观道士多分外重视索取、搜罗文人诗歌作品。如前所论，重阳庵创设"重阳八景"之目，即有吸引文人雅士优游题咏之意。"元名儒静修刘先生首倡《绝句八首》歌咏之，其诗平澹简远，萧然有出尘之趣。故前后来游者，皆有述作。不拘体裁，所积日富。师与其徒骆仲仁、仲仁之徒潘崇正珍袭之，恐遂湮没也，装潢为卷，间来谒序。"[①]题咏诗作的结集，是为《重阳庵集》之前身。其后俞大彰在重编再版跋文中称："此集流远，前后缺失，今大彰益其所损，始为全帙。望文人逸士清发佳兴，不吝珠玑，挥赐续刊，俾广誉四方，垂光百世，不

---

[①] 王国平主编：《西湖文献集成（第24册）》，杭州出版社，2004年，第945页。

胜欣幸之至。"① 依然以获赠题咏相期，珍视文人诗作的态度一脉相承。

基于这种搜求观念，道教方志中便不乏录有一些文人诗集所有意无意失载者。如《金鼓洞志》卷八"外纪"便录有（清）沈鹏（字桐溪）与李芳（字兰谷）的往还赠答诗作23首。编者朱文藻按语称："兰谷既居懒云窝日久，而懒云窝又为道院所属，自当详其传于志中。兰谷能诗，而遗稿失传，仅附见《桐溪诗草》者，今悉录之以存其概。桐溪刻集，凡与兰谷赠答诗皆不入选，亦悉附之。盖二家遗诗世无传本，非藉此则终泯灭矣。"② 拳拳珍视之意，溢于言表。沈鹏与李芳的赠答诗作，尚有部分选录于他人选本中，如近代徐世昌《晚晴簃诗汇》辑有李芳的《春日久雨寄沈桐溪》《招桐溪游天竺诸兰若》，但绝大多数均赖《金鼓洞志》所辑得以传世。兹征引罗列如下：

### 讽李兰谷诗（五首）

欲弃儒冠戴道冠，想君辟谷不无端。洞霄宫里多仙术，何处无人炼大丸。

清癯容貌岂从前，丰格居然世外仙。撇却豪吟与狂醉，谪仙应笑李青莲。

伏火融丹何日成？莫抛清昼习无生。椿萱已见增霜鬓，拔宅飞升早待君。

弟兄妻子累全无，主祀惟君意却殊。想得稚川蝉蜕后，全家精魄赴天衢。

---

① 王国平主编：《西湖文献集成（第24册）》，杭州出版社，2004年，第934页。
② 胡道静、陈耀庭、段文桂等主编：《藏外道书（第二〇册）》，巴蜀书社，1994年，第296页上。

钝根如我亦癫顽，一卷儒书日闭关。快意极时吟皓月，不知仙路异尘寰。

### 次韵答兰谷诗

羡子真萧爽，钩玄得隐微。眉间藏道气，言处发灵机。晓帐同龟伏，秋林看鹤飞。稽生思问学，久拟叩松扉。

### 访李兰谷龙泓书舍三首

山北多幽趣，况有同心人。一月三陟巘，动亦忘苦辛。石丈迎径立，淡然而相亲。岂敢轻舍子，坐听风中筠。

伊人在何处？云在显应祠。祠中课童子，课余复吟诗。有时悟妙义，独立门前迟。相见复相笑，临溪涤酒卮。

酌彼空山酒，和彼空谷音。醉后兴忽发，击节歌岩阴。斜阳上竹扉，深树鸣归禽。勿谓来日短，已畅行乐心。

### 次韵答兰谷诗

解得居山趣，方知对景奇。娇红辞故叶，寒翠挺苍枝。鸟弄初晴日，溪澄过雨时。此中多妙理，触兴岂无诗。

### 同李兰谷宿钵池庵诗

细雨轻寒夜，高眠共故人。照窗灯隐梦，隔院鸟呼春。臭味从前洽，交情此后亲。山堂寥寂处，想得往来频。

### 寄兰谷问牡丹花信兼呈世光上人诗

谷雨花开未？开时我便来。相期久负约，对此欲衔杯。蔬笋盘餐好，歌吟怀抱开。况兼师爱客，许醉卧莓苔。

### 三月十九日，四十初度，兰谷招游天竺诸兰若诗

不作东风恶，遥山便可行。招要从旧侣，游衍喜初晴。

冰落村春急，春残香市平。悄然无杂遝，曳手话平生。

敢道虚生我，安闲四十年。情缘知放旷，礼不泥拘牵。南竺携春屐，西湖泛酒船。流光如此过，底用更求仙。

欸欸层岩下，泠泠碧涧流。绿阴垂幔浅，红雨叠茵柔。酒国容长醉，香台恣小留。天如久存我，频过此行游。

### 同孙双树令子端饮李兰谷，宿钵池僧舍诗

浓绿沉精舍，虚檐蔽夏凉。已公喜情话，偕客引壶觞。枯坐机神伏，酣眠醉梦长。明朝还惜别，清绝爱山房。

### 与沈桐溪诗

美景秋为最，看来冬亦奇。青枫都着色，翠柏不枯枝。木落撑峰处，梯斜采柏时。况当可爱日，相向好吟诗。

### 招桐溪过斋诗

快我今无事，闲闲览翠微。因时决疑意，推论豁神机。流水盈科进，栖乌待旦飞。满觞孤影劝，待子过荆扉。

### 答桐溪问牡丹花信诗

试问花开候，今年候较迟。不因春欲暮，要待客过时。雨重胭脂湿，风斜环佩欹。苔阶常拂拭，来可坐吟诗。

### 春日久雨寄桐溪诗

东方料峭顿关心，淫雨连朝思更深。乳燕怯飞巢冷院，流莺无语坐空林。不因翠减三分色，却恐春过一片阴。且恨山行苔藓滑，背兰寂寞自长吟。

### 招桐溪游天竺诸兰若诗

入山深不厌，胜日快同游。梵放僧归院，歌喧客倚楼。

回风撩铎语,曲水咽溪流。莫谓春将老,春浓乐事稠。

此地堪游衍,班荆话涧隈。翠添松过雨,粉卸竹辞胎。暖日莺初弄,迟春花正开。与君须作达,满酌酒千杯。

忆昔东皋侣,频嗟会遇稀。怀人悲远道,论事觉前非。我未徇尘辙,君能脱世羁。浮生真幻梦,行乐莫相违。①

此为志中著录可供文人诗集辑补者。道教方志中尚有更多散见于各处的可供文人诗集辑补的诗歌,如《委羽山续志》所辑(清)齐召南《葵圃以委羽山方石见贻,因次原韵二律奉答》:"控鹤名传百尺巅,采珍人趁雨余天。携来贵比琼瑶赠,看去工嗤琬琰镌。作作有芒真得正,棱棱中矩岂微圆。削成拳石尊西岳,游目谁居霄汉边?""巨细宁烦妙手耆,坚贞一样隐泥中。寻时守口如瓶静,得处因心有路通。康乐咏诗仙不见,桃溪称号德堪同。拜君嘉惠施针砭,医俗良方贮药笼。"② 此二诗齐召南《宝纶堂外集》即未见辑录,当可据之补辑。③

道教方志对文人诗歌别集的补辑之处需要细索旁搜,分目列举,略显琐细。为集中体现道教方志在诗歌方面的辑补价值,下文拟以《全宋诗》为主要依据,翻检浙江道教方志辑录的诗歌,勾稽其可堪辑

---

① 胡道静、陈耀庭、段文桂等主编:《藏外道书(第二〇册)》,巴蜀书社,1994年,第294~295页。又诗中原有小注一概略去,因避讳改"玄"为"元"者亦回改之。

② 张智、张健主编:《中国道观志丛刊续编(第19册)》,广陵书社,2004年,第365~366页。此二首朱封鳌主编《台州山水方外诗词选》辑录其一"控鹤名传百尺巅",题作《委羽山方石》,然误作绝句二首;未知其所本。详见朱封鳌:《台州山水方外诗词选》,宗教文化出版社,2012年,第173页。

③ 详见《清代诗文集汇编》编纂委员会编:《清代诗文集汇编(第300册)》,上海古籍出版社,2011年版,第481~528页。

补《全宋诗》之作①，以见一斑。

## （一）《洞霄诗集》

**1. 陈尧叟**

### 洞霄宫

回合烟光叠翠屏，东南山水此为灵。莺花春学蓬莱境，楼阁夜干牛斗星。古桧森罗烧药灶，彩云飘洒聚仙亭。辽天俯近归期鹤，瀣谷旁连骇巨溟。紫陌红尘无一点，绿毛仙骨有千龄。②

此诗《全宋诗》陈尧叟目下据《咸淳临安志》著录，"蓬莱"作"蓬瀛"，全诗多出一联，即增加了尾联"当时听法谈玄者，环佩锵锵拱上清"③。又《洞霄宫志》录有陈尧叟《聚仙亭》诗："古柏森罗烧药灶，洞云潇洒聚仙亭。当时听法谈玄者，环佩锵锵拱上清。"④ 亦有此"听法谈玄"二句。《全宋诗》未著录陈尧叟《聚仙亭》一诗（《订补》亦未著录），不知所录陈尧叟《洞霄宫》诗中所增"听玄谈法"二句是否为误增。

---

① 本文所据《全宋诗》相关版本为：北京大学古文献研究所编：《全宋诗》，北京大学出版社，1995年；以及陈新、张如按、叶石健等补正：《全宋诗订补》，大象出版社，2005年。
② 胡道静、陈耀庭、段文桂等主编：《藏外道书（第三四册）》，巴蜀书社，1994年，第6页上。
③ 北京大学古文献研究所编：《全宋诗》，北京大学出版社，1995年，第984页。
④ 张智、张健主编：《中国道观志丛刊续编（第17册）》，广陵书社，2004年，第291页。

**2. 钱景谌**

### 游大涤山

余杭隐大涤，邃道达华阳。物外云烟古，山中日月长。溪流分玉液，柏子下仙香。须信风尘表，栖真自有方。①

此诗《全宋诗》钱景谌目下未著录，《订补》亦未著录。《全宋诗》据《咸淳临安志》辑录有钱景谌《洞霄宫》诗三首，其中"清夜宿瑶殿""人谷初无路"与《洞霄诗集》所录相同，其第三首为"洞天三十六，大涤上清房。物外云烟古，仙家日月长。溪消分玉醴，岩穴产灵香。须信风尘表，栖真自有方"②，《洞霄诗集》未予辑录。

**3. 张景修**

### 游九锁（二首）

道人凿井炼金丹，遗迹相传大涤山。已把九峰藏洞府，更留片石隔凡间。茶无俗味清吟思，药有灵苗却老颜。欲问神仙求妙诀，诗魔未放客心闲。

青山虽九锁，不锁下山泉。石化烧丹灶，云迷隐迹仙。药苗闲客爱，茶味老翁便。好洗双尘眼，归来五洞天。③

《洞霄诗集》共辑录张景修《游九锁》诗三首，此二首《全宋诗》

---

① 胡道静、陈耀庭、段文桂等主编：《藏外道书（第三四册）》，巴蜀书社，1994年，第8页上。
② 北京大学古文献研究所编：《全宋诗》，北京大学出版社，1995年，第7834~7835页。
③ 胡道静、陈耀庭、段文桂等主编：《藏外道书（第三四册）》，巴蜀书社，1994年，第8页。

《订补》均未著录。《全宋诗》据（元）陈世隆《宋诗拾遗》录有张景修《游九锁山》诗一首："九锁山中多隐仙，洞门终古掩云烟。茶生东坞偏迎日，松老西岩不记年。翠箬久藏千岁药，碧池深纳半山泉。苍崖纵使秦驱得，未信能移一柱天。"① 这首诗与《洞霄诗集》所录另一首相同。

### 4. 关注

#### 夜阑与道士夜话

亭亭山月转冰轮，万籁无声灏气新。玉斧全家犹得道，未应无地着闲人。②

《洞霄诗集》共辑录关注《夜阑与道士夜话》二首，《全宋诗》据孟宗宝《洞霄诗集》仅辑录其一，诗名为"洞霄与道士夜话"："夜阑立语意萧然，似与黄冠有宿缘。不用天坛飞皓鹤，知君家世是神仙。"③ 未见著录此诗，许是采稽版本不同所致；《订补》亦未著录此诗。

### 5. 张尧臣

#### 寄洞霄道士王竹庵

一笑相逢已隔秋，人间多事苦相留。乱云有路通仙境，清梦何因访昔游？白日无情伤老大，青山此地可藏修。与君

---

① 北京大学古文献研究所编：《全宋诗》，北京大学出版社，1995 年，第 9742 页。

② 胡道静、陈耀庭、段文桂等主编：《藏外道书（第三四册）》，巴蜀书社，1994 年，第 9 页下。

③ 北京大学古文献研究所编：《全宋诗》，北京大学出版社，1995 年，第 20440 页。

宿有诛茅约，为卜来贤一室幽。①

张尧臣，（清）厉鹗《宋诗纪事》有其极简介绍："陈留人，入南渡。"②《全宋诗》《订补》均未著录其人其诗。

**6. 韩梴**

### 游洞霄

云去山空鹤自来，天坛石室已苍苔。洞前石鼓扣即应，岩上仙人挽不回。明月照林山雾合，东风吹涧野兰开。高眠百尺长松下，闲看飞花落酒杯。③

韩梴，（明）凌迪知《万姓统谱》有其相对详实的记录："太师蕲王孙也，绍熙初，以朝请大夫直秘阁来知州事。尝令郡博士葺州志七卷以行，至今征地文献者祖焉。是时司法刘宰蔚有重望，梴乃举宰充练达科，宰后果大闻于世。荐贤为国，其真识治体者。"④《全宋诗》《订补》均未著录韩梴其人其诗。

**7. 周约**

### 簿余杭与长官游洞霄

九锁扃仙窟，栖真隔翠林。地灵泉石秘，岩古薜萝侵。

---

① 胡道静、陈耀庭、段文桂等主编：《藏外道书（第三四册）》，巴蜀书社，1994年，第12页上。
② 《文渊阁四库全书（第一四八五册）》，台湾商务印书馆，1986年，第71页上。
③ 胡道静、陈耀庭、段文桂等主编：《藏外道书（第三四册）》，巴蜀书社，1994年，第12页下。
④ 《文渊阁四库全书（第九五六册）》，台湾商务印书馆，1986年，第415页上。

屐践东山胜，樽倾北海深。道人知客意，唤起玉龙吟。①

周约，宋余杭主簿，生平不详。此诗《全宋诗》据影印《诗渊》辑录，然作者题作"赵汝唫"，诗题名为《游洞霄》，词句也略有不同："翠林"作"茂林"，"道人知客意"作"主人娱客兴"。②《订补》据《洞霄诗集》辑录，未辨明作者关系。

8. 何昞

### 赠竹庵王先生

巾盂肯复听斋钟，隐处何妨作退翁。一榻但留诗轴伴，万缘都付酒杯空。松颠舞月归巢鹤，竹下敲门采药童。风定云眠人不到，倚阑凝目看飞鸿。③

何昞，《宋诗纪事》称其号唯斋，生平不详。《全宋诗》《订补》均未著录其人其诗。

9. 周文璞

### 题洞霄

岸帻坐亭皋，谁云命不遭。通幽文似咒，招隐句如骚。日下桃花热。风低鹤背高。天瓢翻不尽，却去索村醪。④

---

① 胡道静、陈耀庭、段文桂等主编：《藏外道书（第三四册）》，巴蜀书社，1994年，第16页上。

② 北京大学古文献研究所编：《全宋诗》，北京大学出版社，1995年，第37847页。

③ 胡道静、陈耀庭、段文桂等主编：《藏外道书（第三四册）》，巴蜀书社，1994年，第17页上。

④ 胡道静、陈耀庭、段文桂等主编：《藏外道书（第三四册）》，巴蜀书社，1994年，第17页上。

此诗《全宋诗》题作《岸帻》，词句有所不同："谁云"作"休嗟"，尾联作"真游穷不尽，只是酌芳醪。"①

10. 刘子澄

### 辛巳秋与赵履谦、黄晦叔游洞霄

青山隔断红尘路，中有仙人藏洞府。老蛟百丈从天来，万壑千岩起风雨。真墟容我辄跻攀，心旷才知白日闲。仙人一去忽已远，坐对松梢云往还。②

此诗《全宋诗》刘子澄目下未著录，《订补》亦未著录。

11. 陆维之

### 洞霄宫

天柱峰前古洞霄，我生来此避尘嚣。半床明月琴三弄，四座青山酒一瓢。当户老松如对立，隔花啼鸟似相招。断金一去无消息，唯有寒梅共寂寥。

### 寄对闲堂

莫讶仙翁爱独醒，襟怀和气自氤氲。每缘夜话留佳客，欲假春醪扰近邻。火枣如瓜元有种，冰壶贮月本无尘。相从落拓杯中友，半是逍遥物外人。③

---

① 北京大学古文献研究所编：《全宋诗》，北京大学出版社，1995年，第33731页。
② 胡道静、陈耀庭、段文桂等主编：《藏外道书（第三四册）》，巴蜀书社，1994年，第18页上。
③ 胡道静、陈耀庭、段文桂等主编：《藏外道书（第三四册）》，巴蜀书社，1994年，第26页上。

陆维之，《洞霄图志》有其传，其文过长，节略如下："陆维之，字永仲，一名凝，字子才，余杭人……自是有超世之志，隐于大涤山之石室，人因以石室称之。逍遥林谷，诗酒自娱……高宗嘉赏，欲召见，辞疾不赴。及上退处北宫，尝幸大涤，宪圣亦偕行。上问山中诗客，或以维之对。进其行卷，上读数首，太息曰：'布衣入翰林，可也。'欲归与孝宗言之。宪圣曰：'山林隐士必不求名，强之出山，乃大劳苦。'遂止。未几，以疾卒……先生尝进百论，有《石室小隐集》三卷。"①《全宋诗》《订补》均未著录陆维之其人其诗。

## 12. 周真一

### 夏日怀九锁

一枕暑风亭午间，不知帘外雨斑斑。道人心事在何许，梦绕云烟九锁山。②

此诗乃方志本《洞霄图志》所录，《全宋诗》据《洞霄诗集》著录有周真一的《送徐栖霞》一诗，然未著录此诗，《洞霄诗集》中此诗只录有题目；《订补》未著录周真一其人其诗。

## 13. 聂兼善

### 送俞伯山

吾闻大涤山川妙天下，缭白萦青胜图画。长溪九折青山回，飞流百丈苍蛟挂。倚空天柱何孤高，诸峰罗立犹儿曹。长松怪石入题品，金堂玉室供游遨。此地隐居皆胜士，道骨仙风绝尘滓。就中俞子最少年，炯若芙蓉映秋水。青鞋布袜

---

① 《文渊阁四库全书（第五八七册）》，台湾商务印书馆，1986 年，第 439 页下～440 页。

② 《中国方志丛书·华中地方·第五五九号》，成文出版社有限公司，1983 年，第 299 页。

千里来，一见使我昏眸开。谈空说有坐终日，舌根衮衮生风雷。鄙夫朱愚晚闻道，寄傲嵌岩事幽讨。只缘方寸无荆棘，渐喜丹田熟梨枣。人生百岁空自忙，读书博赛俱亡羊。劝君火急烹铅汞，莫待倒景飞屋梁。春风又放莺求友，烟外暗黄初着柳。南行傥遇置书邮，莫忘超然北山叟。①

此诗乃方志本《洞霄图志》所录，《全宋诗》据《诗渊》著录，题作《游洞霄》，词句上有所不同："大涤山川"作"洞霄山水"，"胜图画"作"胜图写"，"长溪九折青山回，飞流百丈苍蛟挂"作"九重扃钥极深严，一岫宽闲更潇洒"，"舌根"作"舌涛"，"朱愚"作"未愚"。②

**14. 褚伯秀**

### 题清隐楼居

长裾乌帽映霜髯，香案东头第几仙？身占人间闲世界，吟穷物外古山川。卧云枕冷风初静，邀月杯阑夜未偏。谁伴曲栏秋色好，自移琴案桂花前。

### 大涤洞（二首）

仙岩九折锁琼台，琪树排云洞户开。欲探骊渊更深处，恐惊龙睡却回来。

步穷苔径怯深凉，碧窦风来石髓香。未尽仙翁一樽酿，

---

① 《中国方志丛书·华中地方·第五五九号》，成文出版社有限公司，1983年，第299～300页。

② 北京大学古文献研究所编：《全宋诗》，北京大学出版社，1995年，第45427页。

却怜人世易斜阳。①

此三首乃方志本《洞霄图志》所录,《全宋诗》褚伯秀目下未著录。《全宋诗》据《武林玄妙观志》录有褚伯秀的《题翠蛟亭》,"不逐风雷去,蜿蜒舞石屏。源深有龙伴,流远借丹灵。坐觉云藏树,吟忘雪溅亭。岩隈下斜日,归去了残经"②,与《洞霄诗集》所录相同。《订补》未著录褚伯秀其人其诗。

### 15. 陈师嵩

#### 陪简易提举游洞天

九锁不易到,一行亦难并。赏心与乐事,况值秋气清。贵游领众客,共结山水盟。神仙知何许,不必问蓬瀛。对景□饷间,扪心百虑清。茫茫尘世中,容易白发生。安得架束茅,于此全吾真。③

陈师嵩,生平不详。此诗乃方志本《洞霄图志》所录,《全宋诗》《订补》俱未著录陈师嵩其人其诗。

### 16. 叶师文

#### 游洞霄题崩岩

东风红紫斗春妍,独着黄衣不敢先。万仞岩头金一萼,

---

① 《中国方志丛书·华中地方·第五五九号》,成文出版社有限公司,1983年,第300~301页。
② 北京大学古文献研究所编:《全宋诗》,北京大学出版社,1995年,第42020页。
③ 《中国方志丛书·华中地方·第五五九号》,成文出版社有限公司,1983年,第301~302页。

别无花木可秋天。①

此诗乃方志本《洞霄图志》所录，《全宋诗》叶师文目下未著录，《订补》叶师文目下亦未著录。

**17.** 王思明

### 求洞霄宫碑谢别陆放翁

还丹一粒如粟大，点铁成金金不坏。服之冲举骑苍龙，直上九霄观世界。君藏此药天下知，鬼神正眼那能窥。归磨苍石宝君施，文章与此元无异。

### 山居（二首）

人贪白水成潘鬓，我爱青松示阮眸。名利到头浑是梦，何如平易赋三休。

随缘随分是生涯，莫使身心乱似麻。幸有钵盂三两个，不妨饱饭卧烟霞。

### 雨后过松风庵

一溪春水湍流急，几树梅花香韵长。暖雨过来山罨画，松风庵里坐清凉。

### 观 棋

兴亡今古一枰棋，虎战龙争岂异斯？一死一生奚足怪，七擒七纵不须疑。机筹虽与孙吴合，肝胆终防楚越危。我辈当求超世著，若逢活路也须移。

---

① 《中国方志丛书·华中地方·第五五九号》，成文出版社有限公司，1983年，第302页。

### 闻　蝉

　　变化南风里，超然浊得清。一枝藏去稳，两翼蜕来轻。呼吸饱珠露，吟哦仿玉笙。秋林如罢唱，无处问亏成。[①]

王思明，《洞霄图志》有其传，文称："王纯素先生：王思明，号竹庵，临安人，为王冲素弟子。性嗜书，编录满案，余闲寄兴风雅，与龚冲妙、章清隐、潘怡云结山中吟社，当世重之。宁宗庆元间，赐纯素大师，同领宫事。放翁陆公游喜与交，为撰《洞霄宫碑》。《谢别放翁诗》云：'还丹一粒如粟大……'真迹尚在。寿七十余卒，有《竹庵诗稿》《栖真洞神光记》。"[②]《全宋诗》《订补》均未著录王思明其人其诗。

### （二）《洞霄宫志》

#### 1. 郑损

### 重游洞霄

　　别去琳宫三十年，重来尘迹愧林泉。三生石冷魂初醒，九锁山深骨欲仙。闲拂旧题真少作，醉论往事有华颠。何时两鹤归田里？物是人非更悯然。[③]

此诗《全宋诗》郑损目下未著录，《订补》未著录其人其诗。

---

　　① 胡道静、陈耀庭、段文桂等主编：《藏外道书（第三四册）》，巴蜀书社，1994年，第29页。
　　② 《文渊阁四库全书（第五八七册）》，台湾商务印书馆，1986年，第448页上。
　　③ 张智、张健主编：《中国道观志丛刊续编（第17册）》，广陵书社，2004年，第306～307页。

**2. 白驹任**

### 洞霄宫

桃花流水隔尘寰，玉树琼林九锁关。飞阁太虚开紫府，卷帘终日见青山。无为自觉心源净，学道方知色界闲。政满不须瞻使节，蹇驴潇洒听潺湲。①

白驹任，生平不详。《全宋诗》《订补》均未著录其人其诗。

**3. 赵汝谈**

### 翠蛟亭

我生宿有山水癖，乘风直到匡庐脊。匡庐之水悬百仞，天下谷帘名第一。寻幽偶访大涤洞，绝壁飞流动寒碧。忽如翠蛟出乱壑，势与匡庐亦相敌。秋空倒影摇寒星，却疑夜半银河清。②

此诗方志本《洞霄图志》置于郑损名下③，《全宋诗》赵汝谈目下未著录，《订补》赵汝谈目下亦未著录。又《洞霄宫志》有赵汝谈《秋过洞霄》（好闲谢尘事）一首、《和茂实弟大涤纪游》八首共9首诗，《全宋诗》赵汝谈目下未予著录；《订补》据《武林梵志》著录补足。

总之，《洞霄诗集》《洞霄宫志》所录也互有异同，二者对《全宋

---

① 张智、张健主编：《中国道观志丛刊续编（第17册）》，广陵书社，2004年，第308页。

② 张智、张健主编：《中国道观志丛刊续编（第17册）》，广陵书社，2004年，第311页。

③ 详见《中国方志丛书·华中地方·第五五九号》，成文出版社有限公司，1983年，第299页，第266～267页。

诗》的辑补作用除了体现在辑佚价值外，亦可体现在校勘补正上。此再简单列举一二。一是题名、作者等不同。如《全宋诗》据《诗渊》所录陈振甫《赠张师》一诗，《洞霄诗集》作姚舜陟《赠洞霄道士张安持》；①《全宋诗》据《平斋文集》所录洪咨夔《赠石室朱修行》一诗，《洞霄宫志》作《游九锁》；②《全宋诗》据《洞霄诗集》所录钟颖《游九锁》，《洞霄宫志》作叶绍翁《游九锁》；③《全宋诗》据《三山郑菊山先生清隽集》所录郑起《宿洞霄山中》，《洞霄宫志》作郑震《宿洞霄》④。二是词句上的歧异。如《全宋诗》据《诗渊》所录陈律《到九锁陆永仲出迎次韵二绝》其二，其诗为"老木阴阴拥涧深，九山锁锁问知音。白云仙侣藏云宝，先与好风吹醉吟"⑤，《洞霄诗集》作《游洞霄山中》，内容为"古木阴阴拥涧深，青山九锁极幽寻。白云也似知人意，飞落长松伴醉吟"⑥，二者在词句上相差较大；《全宋诗》据《诗渊》所录李彙《游洞霄》一诗为十联二十句的古体诗，《洞霄诗集》

---

① 详见北京大学古文献研究所编：《全宋诗》，北京大学出版社，1995年，第45399页；胡道静、陈耀庭、段文桂等主编：《藏外道书（第三四册）》，巴蜀书社，1994年，第10页下。

② 详见北京大学古文献研究所编：《全宋诗》，北京大学出版社，1995年，第34583页；张智、张健主编：《中国道观志丛刊续编（第17册）》，广陵书社，2004年，第330~331页。

③ 详见北京大学古文献研究所编：《全宋诗》，北京大学出版社，1995年，第32790页；张智、张健主编：《中国道观志丛刊续编（第17册）》，广陵书社，2004年，第331页。

④ 详见北京大学古文献研究所编：《全宋诗》，北京大学出版社，1995年，第38255页；张智、张健主编：《中国道观志丛刊续编（第17册）》，广陵书社，2004年，第340页。（清）厉鹗《宋诗纪事》称："震，更名起，字叔起，号菊山，连江人，所南翁其子也。有《倦游稿》《清隽集》。"《文渊阁四库全书（第一四八五册）》，台湾商务印书馆，1986年，第512页上）则郑起、郑震实为同一人。

⑤ 北京大学古文献研究所编：《全宋诗》，北京大学出版社，1995年，第12991页。

⑥ 胡道静、陈耀庭、段文桂等主编：《藏外道书（第三四册）》，巴蜀书社，1994年，第10页上。

所录则是四联八句的律诗，二者诗体不同，内容差异更大；① 《全宋诗》据《永乐大典》所录邓朴《舫斋》一诗，《洞霄诗集》则题作《暑中游大涤》，二者在词句上相差甚大。② 上述诗作分歧情况《全宋诗》编者在文中已作出了校勘说明。又《全宋诗》据《诗渊》所录赵汝谈《翠蛟亭酬和》一诗，其词为"多病思君秋水深，好风忽送雁来音。相逢四句山中偈，说尽君心见我心"③；方志本《洞霄图志》题作《寄洞霄冲妙龚先生》，其词为"多病思君隔秋水，西风归雁送秋音。秋来聊寄山中褐，说尽君心见我心"④，二者诗题不同，在词句上也是相差很大。

### (三)《委羽山志》

**1. 郑克己**

#### 游委羽山

委羽空明天，神仙第二洞。平郊涌积翠，骞腾如展凤。昔有洗心人，白鹤云端控。修翎坠飘风，草木随翻动。我来蹑遗踪，冀得惺尘梦。剩采黄精苗，犁破灵根种。⑤

---

① 详见北京大学古文献研究所编：《全宋诗》，北京大学出版社，1995年，第19936页；胡道静、陈耀庭、段文桂等主编：《藏外道书（第三四册）》，巴蜀书社，1994年，第9页下。

② 详见北京大学古文献研究所编：《全宋诗》，北京大学出版社，1995年，第26878页；胡道静、陈耀庭、段文桂等主编：《藏外道书（第三四册）》，巴蜀书社，1994年，第13页下～14页上。

③ 北京大学古文献研究所编：《全宋诗》，北京大学出版社，1995年，第32023页。

④ 《中国方志丛书·华中地方·第五五九号》，成文出版社有限公司，1983年，第266页。

⑤ 张智、张健主编：《中国道观志丛刊续编（第19册）》，广陵书社，2004年，第61～62页。

《宋诗纪事》称："克己，字仁叔，青田人。淳熙中进士，仕至福建提刑司干官。"①《全宋诗》《订补》均未著录郑克己其人其诗。

**2. 朱熹**

### 游委羽山

山藏方石烂，门掩薜萝深。道像千年在，衣冠照古心。②

此诗《全宋诗》《订补》朱熹目下未著录。胡昌贤诗下注称："此诗俗传乃文公主管台州时作。然公为宋大傅，出言皆有理趣，独此篇词意中有未妥。况寓台诸集俱无所载，岂传闻者讹耶？今亦存之，且俟博识君子。"③ 说明其采稽此诗乃依托俗传，并无实据，姑存以备考。

**3. 戴复古**

### 游委羽山

秋老山容瘦，云闲自去来。野人相对此，尘念倏然开。④

此诗《全宋诗》《订补》戴复古目下俱未著录。

---

① 《文渊阁四库全书（第一四八五册）》，台湾商务印书馆，1986年，第202页下～203页上。
② 张智、张健主编：《中国道观志丛刊续编（第19册）》，广陵书社，2004年，第62页。
③ 张智、张健主编：《中国道观志丛刊续编（第19册）》，广陵书社，2004年，第62页。
④ 张智、张健主编：《中国道观志丛刊续编（第19册）》，广陵书社，2004年，第63页。

## 第四章 道教方志的文献辑补价值 383

**4. 李景傅**

### 游委羽山

春风荡漾转平林，苍翠重重拥峻岑。鹤背玉笙吹月远，洞门瑶草锁云深。酒开仙界疑琼液，歌彻金坛岂大音。白首已知蕉鹿梦，任教尘世自浮沉。[1]

"李景傅，名材，以字行，正奏。"[2]《全宋诗》《订补》均未著录李景傅其人其诗。

### （四）《委羽山续志》

汤绪

### 送金碧泉游委羽山

相看无语别城隈，明月松根吟石苔。若遇奉林须借鹤，早骑秋色过江来。[3]

"汤绪，临海人，省试第一，博学，工诗，至元不仕，有《樵石集》。"[4]《全宋诗》《订补》均未著录汤绪其人其诗。

---

[1] 张智、张健主编：《中国道观志丛刊续编（第19册）》，广陵书社，2004年，第64页。
[2] 张智、张健主编：《中国道观志丛刊续编（第19册）》，广陵书社，2004年，第64页。
[3] 张智、张健主编：《中国道观志丛刊续编（第19册）》，广陵书社，2004年，第341页。
[4] 张智、张健主编：《中国道观志丛刊续编（第19册）》，广陵书社，2004年，第341页。

## (五)《仙都志》

### 1. 王含章

　　三年为郡仰灵踪，咫尺无因到此中。长是徘徊看图画，果然嶙崒在虚空。云归湖鼎尘难染，鹤立松梢路莫通。春过碧溪人玩少，古坛牢落雨濛濛。①

王含章，处州守，生平不详。《全宋诗》《订补》均未著录王含章其人其诗。

### 2. 周启明

　　鼎湖深几许，斗立向空牢。霹雳削不得，芙蓉生更高。飞升须驾鹤，负荷欲凭鳌。千仞□□□，何当继我曹。
　　崒屼撑天一柱雄，遥看高与步虚同。待登绝陇观华顶，又见巍巍峻插空。②

此二首诗《全宋诗》周启明目下未著录，《订补》未著录其人其诗。

### 3. 杨杰

　　问路从黄碧，穿云入紫清。林间松化石，门外玉为城。

---

① 《道藏（第一一册）》，文物出版社，上海书店，天津古籍出版社，1988年，第86页上。
② 《道藏（第一一册）》，文物出版社，上海书店，天津古籍出版社，1988年，第86页上～86页中。

道士非爱山，出家今已老。虽知车辙迹，不识龙髯草。①

《仙都志》辑录杨杰咏仙都山诗三首，《全宋诗》仅辑录其中一首，题作《仙都山》："有路入仙都，何人到鼎湖。秋风夜来急，吹落碧莲无。"② 此二首诗杨杰目下未著录。《订补》杨杰目下亦未著录。

### （六）《四明洞天丹山图咏》

**1. 谢师厚**

#### 瀑 布

飞泉缘峭壁，斗绝千万丈。奔流天上来，望若匹练广。曲岭隔青林，永挹先闻响。其旁有巨石，平润可俯仰。俗士所不到，我辈固来赏。须期秋色清，攀萝溯其上。③

此诗《全宋诗》据孔延之《会稽掇英集》辑录，词句上与《道藏》本有较多差异。其诗题作《观仙居山瀑布》，诗句为："落泉下峭壁，斗绝千万丈。溅急雪片飞，望若匹练广。曲岭隔青林，三里已闻响。其旁有巨石，平润可俯仰。愚俗所不道，我辈偶来赏。须期秋色清，

---

① 《道藏（第一一册）》，文物出版社，上海书店，天津古籍出版社，1988年，第88页中。

② 北京大学古文献研究所编：《全宋诗》，北京大学出版社，1995年，第7882页。

③ 《道藏（第一一册）》，文物出版社，上海书店，天津古籍出版社，1988年，第105页上。

攀萝将尔上。"①

**2. 丰自孙**

### 游丹山

万古丹山洞，今朝遂一游。瀑高寒激雪，崖老晚疑秋。驯虎随仙去，高堂有像留。独嫌归太速，未得细寻幽。②

丰自孙，字霞隐，生平不详。《全宋诗》《订补》均未著录丰自孙其人其诗。

**3. 郭亨嘉**

### 咏瀑布

尽日看无倦，神清骨自仙。响添一夜雨，雄迸百岩泉。转石雷生壑，悬崖剑倚天。好奇忘我老，犹欲上危巅。③

郭亨嘉，字白云，生平不详。《全宋诗》《订补》均未著录郭亨嘉其人其诗。

---

① 北京大学古文献研究所编：《全宋诗》，北京大学出版社，1995年，第6296页。
② 《道藏（第一一册）》，文物出版社，上海书店，天津古籍出版社，1988年，第106页中。
③ 《道藏（第一一册）》，文物出版社，上海书店，天津古籍出版社，1988年，第106页中。

第四章　道教方志的文献辑补价值　387

### 4. 赵澹山

#### 咏瀑布

玉龙吼山山为开，怒涛迸出翻崖虺。回风便可作飞雨，共听万壑鸣春雷。①

赵澹山，生平不详。《全宋诗》《订补》均未著录赵澹山其人其诗。

### 5. 僧圆丘

#### 咏瀑布

满目飞晴雪，丹山见白虹。天机垂不尽，地轴卷无穷。荡漾沉寒玉，飘零散晓风。人间何处著，应直到龙宫。②

僧圆丘，生平不详。《全宋诗》《订补》均未著录僧圆丘其人其诗。

## (七)《东林山志》

### 1. 陈师道

#### 和榴皮题壁诗

洞宾凌步过东湖，甲子俄然一匝余。醉里鞭龙天上去，

---

① 《道藏（第一一册）》，文物出版社，上海书店，天津古籍出版社，1988年，第106页中～106下。
② 《道藏（第一一册）》，文物出版社，上海书店，天津古籍出版社，1988年，第106页下。

壁间空有石榴书。①

《东林山志》共辑录陈师道《榴皮题壁诗》三首，《全宋诗》收录其二首，题作《次韵回山人赠沈东老》，而此诗未著录。《订补》陈师道目下亦未著录。回山人（吕洞宾）题壁诗为："西邻已富忧不足，东老虽贫乐有余。白酒酿来缘好客，黄金散尽为收书。"②

**2. 张舜民**

**和榴皮题壁诗（二首）**

朝来飞过洞庭湖，晚醉山家乐有余。不是回公耽白酒，要令东老悟丹书。

君游洙水年光改，我到祇园丧乱余。行咏草花铺地锦，卧看鸟迹散空书。③

此诗《全宋诗》《订补》张舜民目下俱未著录。

**3. 陈志**

**和榴皮题壁诗（二首）**

藤阴风帽翩然起，壁上霞裾洒落余。东老欲传遗世诀，肯教孙稚读丹书。

青萝绿壁衬霞裾，尚想当年觅酒余。仙诀若教容易得，

---

① （清）吴玉树辑：《东林山志（卷二二）》，回仙观藏版，清嘉庆十八年（1813）刊，第2页。
② （清）吴玉树辑：《东林山志（卷二二）》，回仙观藏版，清嘉庆十八年（1813）刊，第1页。
③ （清）吴玉树辑：《东林山志（卷二二）》，回仙观藏版，清嘉庆十八年（1813）刊，第3页。

传家应不事诗书。①

"陈志,号野樵,汴人,进士。"②《全宋诗》《订补》均未著录陈志其人其诗。

**4. 李仲**

### 和榴皮题壁诗（三首）

烂柯嘤竹倾蕉叶,尽在回公游戏余。握手桥边风月夜,不须苦苦觅丹书。

凄凉旧饮半间小,潇洒新宫三亩余。我有乡贤数行在,拟磨断碣揭苏书。

每伤儿辈一何愚,只说神仙学有余。未悟周旋浮世事,讵容瑶笈姓名书。③

李仲,知湖州,生平不详。《全宋诗》《订补》均未著录李仲其人其诗。

**5. 李鏻**

### 和榴皮题壁诗（二首）

醉中掩袂坚重约,错落珠玑咳唾余。不解元主管城子,定应奴隶少妍书。

---

① （清）吴玉树辑:《东林山志（卷二二）》,回仙观藏版,清嘉庆十八年（1813）刊,第4页。
② （清）吴玉树辑:《东林山志（卷二二）》,回仙观藏版,清嘉庆十八年（1813）刊,第4页。
③ （清）吴玉树辑:《东林山志（卷二二）》,回仙观藏版,清嘉庆十八年（1813）刊,第4页。

席面元谭方有味，瓮中白酒忽无余。空存薛荔庵何处，可取熙宁秋夜书。①

李鏻，号眉山商隐，生平不详。《全宋诗》《订补》均未著录李鏻其人其诗。

**6. 吴九真**

### 和榴皮题壁诗

瞻望三山如鼎峙，遗风肃肃至今余。我来寻访无遗迹，拟借榴皮继旧书。②

吴九真，古姚人，生平不详。《全宋诗》《订补》均未著录吴九真其人其诗。

**7. 王子冲**

### 和榴皮题壁诗

十八仙醅亲酿熟，两翁握手笑谈余。东坡喜得陪酬唱，宝墨琳琅继特书。③

王子冲，生平不详。《全宋诗》《订补》均未著录王子冲其人其诗。

---

① （清）吴玉树辑：《东林山志（卷二二）》，回仙观藏版，清嘉庆十八年（1813）刊，第4~5页。

② （清）吴玉树辑：《东林山志（卷二二）》，回仙观藏版，清嘉庆十八年（1813）刊，第5~6页。

③ （清）吴玉树辑：《东林山志（卷二二）》，回仙观藏版，清嘉庆十八年（1813）刊，第6~7页。

## (八)（明）徐日旻《烂柯山洞志》

**1. 叶清臣**

### 烂柯山四咏

登山不穷高，何以远四望。青萝摩木末，白蹬履云上。却视桥下人，犹应未清旷。

危虹造物怪，刳云洞山腹。旁绝上分天，中虚峭如屋。独坐爱清风，高吟答空谷。

黄金可变化，白日自逡巡。才终局上劫，已换城中人。冷风了无睹，使我惭负薪。

幽居畏不深，凿石作□□。道合迹自亲，无改名未没。山河与天地，由来共兹日。①

此四首诗《全宋诗》《订补》叶清臣目下俱未著录。

**2. 卢襄**

巨灵抬手擘华山，山痕断处苍石顽。秦王怒撼驱山铎，山色无由侵碧落。武夷刳腹初云奇，至今惨淡风雨悲。争如此地烟霞窟，天半飞梁青崒屼。初疑地母从此漏泄元气胎，又恐倏忽当时凿破混沌骨。不然山中清气成苦寒，僵死玉虹长不没。神仙之说多好诬，烂柯此事端有无。何为秦皇汉武徒区区，不及岩下担樵夫。胡不逐琴高兮骑鲤鱼，胡不携弄

---

① 《四库全书存目丛书补编》编纂委员会编纂：《四库全书存目丛书补编（第94册）》，齐鲁书社，2001年，第82页下。

玉兮乘凤雏。啸抚云和燕天姥，醉擘麟脯邀麻姑。奚为终日守棋局，而与樵者铠脚居？当时多有隐君子，往往此辈友不愚。晋人坠穴初不死，亦见围棋二仙子。坐来更获饮玉浆，因问张华始知此。固知此说真不虚，松桧插天青有余。不然安得秀气至今在，可与嵩少终南俱。予生本亦出仙胄，避秦博士家姓卢。恨身所乏灵气尔，也欲买山来结庐。移家都向烟云住，笑指岩前采樵路。有时岩下见樵夫，便欲从渠采樵去。樵夫土偶元非真，兀坐看棋春复春。棋中究竟识不识，莫误后来来看人。①

《烂柯山洞志》标注作者为（唐）卢襄（侍郎）。《全宋诗》辑有卢襄诗二十余首，并附有卢襄生平："衢州人（今属浙江）。徽宗大观元年（一一〇七）进士（清雍正《浙江通志》卷一二五）。政和末，为两浙路提点刑狱……钦宗靖康初拜吏部侍郎。"②则此（唐）卢襄当为（宋）卢襄之误。③此诗《全宋诗》卢襄目下未著录。《订补》据弘治《衢州府志》著录补足，题作《石桥》。

**3. 冯熙载**

　　昔游龙蟠之御室，碧落洞天分甲乙。飞泉万斛如镕银，

---

① 《四库全书存目丛书补编》编纂委员会编纂：《四库全书存目丛书补编（第94册）》，齐鲁书社，2001年，第83页下~84页上。
② 北京大学古文献研究所编：《全宋诗》，北京大学出版社，1995年，第16213页。
③ （清）郑永禧《烂柯山志》第四册称其为（宋）卢襄，题作《烂柯山》。详见石光明、董光和、杨光辉编：《中华山水志丛刊·山志卷（第18册）》，线装书局，2004年，第234页。

直泄山腰逗岩溢。一泓百尺璃琉青，中有片石削砥平。地炎蒸石石生乳，石乳满岩悬佩璎。……①

此诗《全宋诗》冯熙载目下未著录，《订补》据弘治《衢州府志》著录补足，题作《石桥》。郑永禧《烂柯山志》亦著录，题作《烂柯山》。

**4. 白玉蟾**

擘破红尘觅紫烟，烂柯山上访神仙。人间只说无闲地，尘里谁知有洞天。竹叶影繁笼药圃，桃花水暖映芝田。吟余池上聊欹枕，风雨潇潇吹白莲。②

此诗（清）郑永禧《烂柯山志》据《衢州府志》著录，题作《烂柯山》。《全宋诗》《订补》白玉蟾目下俱未著录，《道藏辑要·琼琯白真人集》亦未见著录。然《全宋诗》古成之目下据嘉靖《惠州府志》著录有《五仙观》二首，其一与此诗内容相近，未知孰是。其诗为："拨破浮尘入紫烟，五羊坛上访神仙。人间自觉无闲地，城里谁知有洞天。竹叶影繁笼药圃，桃花香暖映芝田。吟余池畔聊欹枕，风雨萧萧吹白莲。"③

---

① 《四库全书存目丛书补编》编纂委员会编纂：《四库全书存目丛书补编（第94册）》，齐鲁书社，2001年，第84页上。此为部分节录。
② 《四库全书存目丛书补编》编纂委员会编纂：《四库全书存目丛书补编（第94册）》，齐鲁书社，2001年，第92页上。
③ 北京大学古文献研究所编：《全宋诗》，北京大学出版社，1995年，第584页。

### 5. 毛友

自古称传石室山，浮生遐迩往来攀。云霞缥缈真仙境，岁月清闲不世寰。棋局静中涵道体，洞天深处蓄心丹。赓歌酣醉忘怀处，带得清风两袖还。①

厉鹗《宋诗纪事》称："友初名友龙，字达可，三衢人。大观元年进士，政和间，由翰林学士礼部尚书出守乡郡，有《烂柯集》。"②《全宋诗》《订补》均未著录毛友其人其诗。（清）郑永禧《烂柯山志》亦未著录此诗。

### 6. 赵汝腾

清溪缭绕树苍茫，中有虚无广莫乡。可笑仙官分黑白，不知人世几星霜。今朝携我游霞洞，他日须公作石梁。此是晦翁之九曲，武夷精舍盍商量。③

赵汝腾，尚书。此诗《全宋诗》《订补》目下均未著录此诗。（清）郑永禧《烂柯山志》亦未著录。

《全宋诗》是一部大型丛书，其编纂乃集合众力而成。因为事分众手，在具体的编纂上，每位编者参稽取用的文献来源有所不同，其中

---

① 《四库全书存目丛书补编》编纂委员会编纂：《四库全书存目丛书补编（第94册）》，齐鲁书社，2001年，第92页下。
② 《文渊阁四库全书（第一四八四册）》，台湾商务印书馆，1986年，第722页上。
③ 《四库全书存目丛书补编》编纂委员会编纂：《四库全书存目丛书补编（第94册）》，齐鲁书社，2001年，第92页下。

缺漏便在所难免。如《全宋诗》杨杰的诗作由汪珏整理，其咏仙都山之作乃据《两宋名贤小集》辑录，故《仙都志》所录杨杰咏仙都山诗三首《全宋诗》杨杰目下仅辑录其一，失载其二。而《全宋诗》沈括的诗作由胡道静整理、虞行补遗。其咏仙都山诗"苔封辇路上青山，鹤驭辽天去不还。惟有银河秋月夜，鼎湖烟浪到人间"①乃据《仙都志》辑录，与《仙都志》所录相合。当然，反过来说，《全宋诗》这一辑录方式对道教方志艺文部分的辑补作用也是显而易见的。如上引孟宪忠整理的《全宋诗》赵汝谈洞霄宫之诗作，其文献来源有《两宋名贤小集》《咸淳临安志》《诗苑众芳》《诗渊》等，所辑关于洞霄宫的诗作，亦有可以辑补《洞霄宫志》者。如《洞霄观水》："峡口苍苍放水时，乾风吹落面前诗。可怜无地遮秋色，流出千山也自奇。"②《翠蛟亭酬和》："多病思君秋水深，好风忽送雁来音。相逢四句山中偈，说尽君心见我心。"③这两首诗《洞霄宫志》即未见辑录。

## 二、对《全宋文》《全元文》等的辑补

与诗歌相类，道教方志中辑录的文记亦可辑补文集之漏缺。四川大学古籍整理研究所整理编纂的 360 册大型文集《全宋文》，其文献搜检范围极其广泛，"查阅了宋文总集、史书、类书、诗话、笔记、地志、家乘、书录题跋、碑刻法帖、佛道二藏、敦煌遗书以及宋以前典籍中的宋人序跋等集外图书资料近万种，其中包括方志近二千种"④，

---

① 北京大学古文献研究所编：《全宋诗》，北京大学出版社，1995 年，第 8010 页。
② 北京大学古文献研究所编：《全宋诗》，北京大学出版社，1995 年，第 32023 页。
③ 北京大学古文献研究所编：《全宋诗》，北京大学出版社，1995 年，第 32023 页。
④ 曾枣庄、刘琳主编：《全宋文（第 1 册）·前言》，上海辞书出版社，安徽教育出版社，2006 年，第 6～7 页。

可谓皇皇巨著，体大思精。然翻检浙江道教方志，亦可发现一些其遗漏的文记。

## （一）《洞霄宫志》

### 东阳楼记（节录）

杨　栋

余曩登平都山，访濂溪周子旧游。乱碑中得小片石，周子题两绝句，点画劲正，犹存温厉之气，官合阳时笔也。其一咏《阴仙丹诀》云："始观丹诀信希夷，盖得阴阳造化机。子自母生能致立，精神合后更知微。"又从山中人得观《丹诀》一篇，二十年间往来于心，未忘也。先墓在余杭，庐居山中，数游洞霄。道藏写本甚真，山庐无事时，得假借，无何阅之遍，则知《丹诀》所云，周子一言敝之矣。宫殿都监，贝其姓，大钦其名，余杭人，赐号灵一。作小楼寮，中不侈不约，可诗可觞。爱其翼然于尘外也，与客造焉。请名，适朝阳出高岗之上，因作"东阳楼"三字遗之，摘《阴仙诀》中语也。今又十余年矣，丹诀则已忘之，唯周子诗中之意炯然心目。……①

《全宋文》未著录杨栋其人其文。杨栋，《宋史》有传，节略以录："杨栋，字元极，眉州青城人。绍定二年进士第二。授签书剑南西川节度判官厅公事。未上，丁母忧。服除，迁荆南制置司，改辟西川，入为太学正。丁父忧，服除，召试授秘书省正字兼吴益王府教授，迁校

---

① 详见张智、张健主编：《中国道观志丛刊续编（第17册）》，广陵书社，2004年，第193~196页。

书郎、枢密院编修官。……台州守王华甫建上蔡书院,言于朝,乞栋为山主,诏从之。因卜居于台。寻授资政殿学士、知建宁府,不拜。以旧职提举洞霄宫,复依旧职知庆元府、沿海制置使。以监察御史胡用虎言罢,仍奉祠。加观文殿学士知庆元府、沿海制置使,又不拜,仍奉祠。乃以资政殿大学士充万寿观使。……栋之学本诸周、程氏,负海内重望。……所著有《崇道集》《平舟文集》。"① 联系《宋史》本传,观《东阳楼记》,有几点可加关注:一是他追从周敦颐、二程学术,重誉海内,与文中访周敦颐旧游等行迹暗合;二是他曾提举洞霄宫,并有多次奉祠不拜官的行迹,与文中"庐居山中,数游洞霄"暗合;三是与洞霄宫道士贝大钦、贝守一交游,此与《洞霄图志》《洞霄宫志》所记贝大钦、贝守一活动在宋理宗朝时间相合;四是籍贯眉州青城与父母之丧,此与文中所言"先墓在余杭"略有扞格,未知其父母是否葬在余杭或迁墓余杭。据前三点,此文似应为《宋史》杨栋所撰。

### (二)《通玄观志》

**创建通玄观碑记**

刘 敖

夫通玄观之肇创也,原敖丱角时,辄乃净厥身、遣厥欲、慕厥道,冀求全玄氏之门。……②

---

① (元)脱脱等撰:《宋史》,载中华书局编辑部编:《"二十四史"(简体字本)》,中华书局,2000年,第9853~9854页。

② 四库全书存目丛书编纂委员会编:《四库全书存目丛书·史部(第二四六册)》,齐鲁书社,1996年,第443页。全文详见第三章第三节所录,此不赘。

《全宋文》未著录刘敖其人其文。刘敖为通玄观之开创者，南宋高宗朝人，通玄法派的第三代传人。正史无其记录，《通玄观志》辑有其小传："都录少师鹿泉刘真人，名敖，河南开封府人。宋高宗内侍也。乞为道士，高宗因命主三茅宁寿观事，赐名'能真'。绍兴己卯岁十二月二日夜，梦三鹤飞鸣东麓，旦视果然。因创三茅诸殿。请额，得'通玄'名。绍兴三十二年六月二十六日，钦给光尧宸翰福牒，礼高宗为师，敕赐左右街都道录少师及紫衣师号。又梦白鹿，得泉，自号'鹿泉'。寿八十一羽化。是为通玄第一代祖师也。"[①] 此文为刘敖记录其修道经历和创观始末的文记，是了解通玄观沿革的最早文献资料之一。又《通玄观志》另有三篇刘敖受命出主宁寿观的官方敕牒，《全宋文》亦未见著录，特征引其一如下：

尚书礼部准绍兴三十二年五月二十六日都省札子，五月二十六日三省同奉圣旨：内侍刘敖可将见官职特与换道士并紫衣师号，赐名"能真"，差管辖宁寿观。寻差人取索。本人状称本贯开封府人。敖见年五十七岁，礼太上皇帝为师。本部今依准指挥书填度牒者，右刘能真奉敕与披戴。牒至准敕，故牒。

绍兴三十二年六月日书。令史王给，令史尹，主事张汝器，行宫左朝散郎、祠部员外郎勾能，祠部郎中阙，左朝奉大夫权侍郎陈，左朝请郎权侍郎吴，尚书阙。

尚书左右司承指挥，用新法绫纸，委官系衔押。

左朝散郎、吏部员外郎、兼权右司冯，右宣义郎、吏部

---

[①] 四库全书存目丛书编纂委员会编：《四库全书存目丛书·史部（第二四六册）》，齐鲁书社，1996年，第472页上。

员外郎、兼权左司薛。[1]

## （三）（明）徐日旻《烂柯山洞志》

### 游烂柯石梁诗序

#### 叶清臣

烂柯石梁，信安闻地。王质之遇，著于《图志》。唐文皇诸孙嗣江王祎首兹游目，作诗纪事；中间于侍郎邵卢、御史士年联珂掎裳，咸有赓赋。后刘司业阳乡、李史君长夫、（李）士远，与谢剧（勵）、羊滔相高雅尚，继为成集。乃有《最高顶》《石梁》《仙人棋》《石窟二禅师》四咏，深湛清壮，格派韵远，诚足以目色奇壤，粉泽仙仪。来游来歌，式永佳躅。元和中，刺史薛君戎始刻五君子之诗于石，因抒藻思，亦踵前题。且慨诸公之游，俯仰陈迹，又为感旧题三韵，以刻其左。薛君又往，以迄于今，逾二百年，音响不嗣。后之宦衢者固不计其几十百人，意急吏理而外赏托耶？或飚韵俗而才调卑耶？岂斯文之盛，独前于元和耶？何寂寥阔希若是之远也。宝元初年秋八月，予刺此部。明年夏五月，始绝浙而东。观察有条，循行昭遍，登车缆辔，乘兴独诣。六月己巳，憩于兹桥。披苔拂尘，周访遗刻，虽人代之殊绝，固神心之交怡。临风呓笔，思彼为徒。并感旧之解，属成五咏；胜文近野，传信匪诬。始使芳杜发荣，白云增气，资使者之余力，补后来之坠简。噫！又不知绵几甲子，复有好事赋诗

---

[1] 四库全书存目丛书编纂委员会编：《四库全书存目丛书·史部（第二四六册）》，齐鲁书社，1996年，第476页上。

携酒，从容其下。古人不见，信无恨于张融；灵境有遇，盖自同陆庶云尔。①

《全宋文》卷577辑录有叶清臣文24篇，然未著录此文。叶清臣（1000—1049），自道卿，《宋史》有传。文中称宋仁宗"宝元"年号（1038—1040），与叶清臣生活时代相符。又李焘《续资治通鉴长编》称宝元元年（1038）五月，"太常丞、直史馆、判盐铁勾院、同修起居注叶清臣父参知苏州致仕。清臣请外以便养，壬子，授两浙转运副使"②，与文中所记"予刺此部""绝浙而东""憩于兹桥"等存在关联。故此文似应为叶清臣所作。

### （四）《广福庙志》

#### 宋赐广福庙额封侯敕牒（节录）

宋度宗

中书门下尚书省送到礼部状，准中书省章奏房付下两浙转运司奏，本司据临安府申，据仁和县申。本县近据武学阅礼斋学生杨道昭等连名状，乞将蒋相公土地庙赐额封号事。本县遂牒右三厢吴仪保状申，除已将带厢巡人等分投蒋土地庙，唤集邻右卜四、王二。供称并与蒋相公为邻年深，系右三厢界盐桥上，盖庙其蒋土地旧居，却与卜四等居住相近，右三厢界兴德坊巷。兄弟三人，七郎名崇仁，次八郎名崇义，

---

① 《四库全书存目丛书补编》编纂委员会编纂：《四库全书存目丛书补编（第94册）》，齐鲁书社，2001年，第64页下～65页上。
② （宋）李焘撰，上海师范大学古籍整理研究所、华东师范大学古籍整理研究所点校：《续资治通鉴长编》，中华书局，1985年，第2873页。

次九郎名崇信。七郎妻秦氏，子名继芳；八郎妻郑氏，子名继善；九郎妻卫氏，子名继美。佐神张判官朱三者。合府居民及官员炷香求签，无不感应。……咸淳四年二月十八日。①

此文为南宋度宗咸淳四年（1268）官方为广福庙赐额，并敕封所祀三神封号的牒文。《全宋文》未见著录。

《全元文》亦为一部体大思精的鸿篇巨制，其编纂"第一步查有关史部书籍；第二步查有关经部、子部的元人著述、元人刻书，以及总集、类书、释道二藏等……共查阅书籍六五一〇种，一三一五一〇卷"②。细检道教方志，其对《全元文》的辑补亦不难发现，兹列举一二。

### （一）《吴山伍公庙志》

## 忠清庙复路记

### 曹贲亨

死谏以尽忠，复仇以显孝，此史述忠孝咸惠显圣王之大节也。庙食吴人几二千岁，宜矣。后人以神游江涛，为钱塘捍潮，有祷辄应，故宋大中祥符中赐忠清庙额。庙有路，在宋时自吴山北，东临通衢。逮我朝至元壬午，钱塘火而庙为墟，豪右兼并，从而掩之。谒庙者由他岐而入。天历改元，春潮击海宁境，变桑田为洪流，没州境之半。朝廷遣使奉御

---

① 王德毅主编：《丛书集成续编（第二二五册）》，新文丰出版公司，1989年，第77页～79页上。

② 李修生主编：《全元文（第1册）·前言》，江苏古籍出版社，1999年，第2页。

香，祠以太牢。时左录事司判官刘公与执笾豆，有指庙路者。行省左丞相答剌罕脱欢檄使尚书李家奴，睥睨民屋，楹栋栉比，事遂姑止。二年冬，拱北楼火，庙路出焉。公曰："此曩日之志也。"讼者未已。公采郡志，按地界质于省宪，而讼始服。于是作东门，标立庙额，叠石筑垣。再折而上，又建拱北亭一座于路左，为往来憩息之所。其工僦材直，民皆乐助之。路复通，邦人欢呼，求余言以志岁月。

夫士有志于事为者，患不为耳。为则孰能御之？公由歙尉擢江东宪掾，有讼池州路儒学田万亩，太平路西湖南北四十里水利，皆为权豪夺据者。公究其本末，归田于学以养士，开湖以资贫，民皆树碑以纪其实。再调钱塘左司判官，又能建公道，抗浮议，俾四十年埋塞之路一旦廓然通之。信乎！有志于事为者，功竟著焉。余典教是邦，故为之记。公讳淑，字伯善，大名人也。天历三年三月十日撰。①

曹贲亨，生平不详。《全元文》未收其人其文。

## 忠清庙复路碑阴记

### 刘　淑

吴山壮观，峙于城中。左江右湖，四生云烟。朝暮之景，悦人情性。而吴大夫伍子胥庙适当山首，境尤奇绝。庙有登山捷径，饕餮之徒塞为己有。士大夫非久居兹城者，莫知庙之为伍子胥也。俾神之忠烈不表于当世，是谁之过欤？拱北

---

① 王国平主编：《西湖文献集成（第25册）》，杭州出版社，2004年，第661页。

楼火烧后，复庙径，比先增广。天历三年仲春五日谨志。①

刘淑，生平不详。然可从上引曹赉亨记文推知一二：即大名人，生活在元天历年间，曾任左录事司判官、歙尉、江东宪掾、钱塘左司判官等职。《全元文》未收其人其文。

## （二）《武林玄妙观志》

### 为王盘隐掩土文（节录）

#### 杜道坚

吴山苍苍兮白云飞，蕉池混混兮黄鹤归。佳城郁郁兮我心伤悲，玄风寂寂兮吾道焉依。兹辰藏蜕，提点盘隐先生。气钟斗宿，瑞霭钱塘。现王灵宝再世之身，法通幽显；得褚蠙翁传心之印，学檀文章……②

《全元文》杜道坚目下未著录此文。

其他如《吴山城隍庙志》辑录有两篇元代的长篇公牍，《全元文》亦未著录。一为札付，失其题，文首曰："吴山承天灵应观佑文成化祠札付皇帝圣旨里、天师正一教主、大真人掌江南道教知集贤院道教事。"③ 一为公据，陈居厚作，题为《杭州路吴山承天灵应观佑文成化祠公据》，文首曰："特进上卿玄教大宗师、总摄江淮荆襄等处道教知

---

① 王国平主编：《西湖文献集成（第25册）》，杭州出版社，2004年，第661~662页。

② 王国平主编：《西湖文献集成（第24册）》，杭州出版社，2004年，第1096~1097页。

③ 王国平主编：《西湖文献集成（第25册）》，杭州出版社，2004年，第884~885页。

集贤院道教事。"① 朱文藻按语称："按：此碑今嵌文昌庙大门右楹北壁，碑分三层，上层刻札付，中层刻公据，下层刻元览道人等三诗。湮没已久，诸志乘、家录、金石者，皆未之及。询之主持，云：'嵌壁有年，从无人读其文者。'今始拂拭积尘，拓而录之。"② 则此二公牍乃碑刻拓录，无疑具有较高的文献价值。

上文仅以《全宋诗》《全宋文》《全元文》为例，简略说明道教方志对诗文集的辑补作用。反之，道教方志同样也对《全唐文》《全唐诗》《全元诗》以及明清诗文集（如《清代诗文集汇编》）等有着一定的辑补价值。科研工作者在整理相关诗文文献时若着意加以重视，自当会有不小的收获。

## 第三节　对其他道教和佛教经籍的辑补

　　道教方志偏重于存史，所录内容极为庞杂，涉及山水、宫观、古迹、法派、艺文、物产、记异等诸多方面，不仅在一定层面上对其他道教经籍有辑补价值，甚至以其旁涉所录对佛教经籍也有一定的辑补作用。

### 一、对其他道教经籍的辑补

　　道教方志对其他道经最突出的辑补之处在于道教人物生平和教派

---

① 王国平主编：《西湖文献集成（第25册）》，杭州出版社，2004年，第888页。
② 王国平主编：《西湖文献集成（第25册）》，杭州出版社，2004年，第890页。

第四章　道教方志的文献辑补价值　405

传衍上。关于道教方志对教派的记录情况第二章第一节已有详细的论述和列举，此处以《金鼓洞志》为例，简要列示其对全真教教派流传相关经籍的辑补价值，以见一斑。

首先是全真祖教。《金鼓洞志》"教祖"卷搜罗征引有大量的全真教丘处机及其弟子的事迹，对于《金莲正宗记》《金莲正宗仙源像传》《七真年谱》《终南山祖庭仙真内传》等记录全真教兴教与传道人物等道经有一定的辑补作用。如其卷前小序所论："道院法派奉邱真人之教，而邱真人为王重阳真人弟子七真之一，奉王真人之教。今陕西西安府盩厔县宗圣宫（旧名楼观）说经台，有全真教祖碑，虽专述王真人事迹，而邱真人亦略见其中。碑拓传世甚鲜，至七真中亦惟邱真人事迹散见诸书，最为详备，从未经人汇辑，今据所见，悉为裒录。凡奉全真之教者，皆得以悉两真人授受之原委而广为流传，俾知渊源之有自，亦全真法派之所乐闻也。"① 其下录有《终南山神仙重阳子王真人全真教祖碑》，以及《钦定日下旧闻考》《山左金石志》《道藏目录》文献集中的丘处机事迹与著述，涉及《帝京景物略》《金史》《南村辍耕录》《元史》《甘水仙源录》《草木子》《谷城山房笔麈》《尹宗师碑》《常真人道行碑》《白云真人綦公道行碑》《人海记》《云山集》《长春真人本行碑》《白云观处顺堂会葬记》《长春殿增塑七真仙范记略》《倚晴阁杂钞》《宁海州神清观碑记》《长春观碑记》《太微观碑记》《云峰观碑记》《遇仙园碑》等。既有书籍的节录，也有单篇碑记的节略，还有作者或相关学人的按语，虽内容与上述全真教兴教人物传略有互摄关系，其辑补的作用仍显而易见。

如《金鼓洞志》据《山左金石志》所辑："掖县青萝观受宣堂有元

---

① 胡道静、陈耀庭、段文桂等主编：《藏外道书（第二〇册）》，巴蜀书社，1994年，第 269 页上。

宪宗末年王重阳《悟真歌》石刻，栖霞邱处机书。邱真人，宋、金累聘不起，及元聘之，即就道。郡人因于其居筑'受宣堂'，即今青萝观。世传真人卜地时，王重阳至，留题云'三冬游海上，六出满天涯。为访神仙窟，经过道士家。'观中今有重阳石像。重阳为长春之师，故刻其像，并刻其歌。"① 此文记和事迹上引《金莲正宗记》《七真年谱》等四部元代道教典籍均未著录。生平事迹和相关题留之外，丘处机身后的评议诗文、相关的按语考订等也对后期的辑补有很大的价值。如在《终南山神仙重阳子王真人全真教祖碑》文后所附《金石萃编》按语，考订了陶宗仪《辍耕录》记录之误："据陶宗仪《辍耕录》乃云：'金主亮贞元元年，有吏员咸阳人王中孚者创全真之教，谭、马、邱、刘和之，其教盛焉'云云。谭、马、邱、刘皆重阳弟子七真中之四人，重阳别无中孚之名与字。其自关中至山左访此四真，在大定七年丁亥岁，上距贞元元年癸酉且十五年。重阳以正隆四年己卯遇仙成道，亦距癸酉七年。然则《辍耕录》语皆传闻之讹也。"② 又如征引《帝京景物略》"白云观"条下按语称："谨按：白云观，本朝乾隆二十一年奉敕重修。殿内恭悬圣祖御书，额曰'驻景长生'。七真殿恭悬圣祖御书，额曰'琅简真庭'；皇上御书，额曰"葆素含元"。邱真人殿木钵一，乃剜木瘿为之，上广下狭，可容五斗，内饰以金。恭刻皇上御制诗，其中石座承之，绕以朱栏。殿柱恭悬皇上御书联云：'万古长生不用餐霞求祕诀，一言止杀始知济世有奇功。'乾隆二十一年御制邱真人

---

① 胡道静、陈耀庭、段文桂等主编：《藏外道书（第二〇册）》，巴蜀书社，1994年，第280页。(清）毕沅《山左金石志》仅列"王重阳《悟真歌》石刻"名录及相关说明，并未辑录此文。《丘处机集》引乾隆《掖县志》所录文记大体类此，详见（金）丘处机著，赵卫东辑校：《丘处机集》，齐鲁书社，2005年，第599页。

② 胡道静、陈耀庭、段文桂等主编：《藏外道书（第二〇册）》，巴蜀书社，1994年，第273页上。

像前木钵诗：'琳宫偶过憩天长，真率木瓢小像旁。都道提携来漠北，谁知津逮自襄阳。'"① 介绍了清代白云观的重修及建置，并及乾隆的赐诗，既有宫观沿革、真人奉祀之史料价值，亦有诗歌辑录之文献价值。再如《草木子》条下考订"丘处机烧金佐元世祖军国之用"为妄语，"邱真人弟子事迹"条下按称："冲和宗师，本潘得冲号，而画壁作张志素。又孟志源，乃作志稳，皆与李孟谦《甘水仙源录》异。惟十八人姓名，则《仙源录》未备也。"②《辍耕录》条下按称："《金莱芜县洞真观敕牒》载：泰和八年，登州栖霞县第三都王玖同邱处机状告莱芜县山口店长丰村，有道观未有名额，买到乙字十七号观额，乞填作'洞真观'云云。盖其时邱真人主是观也。"③ 这些按语都有其廓清认识，补缀新实的作用。

其次是龙门支派。全真教龙门派承丘处机之学，奉丘处机为教祖；虽分派于元代，而发展壮大则在明清两朝。记录龙门派谱系的有两部重要道经，一为清代闵一得的《金盖心灯》，二为民国陆本基编著的《龙门正宗觉云本支道统薪传》，两部书的著作者皆为龙门派传人。另有龙门派传人王常月和范青云所纂《钵鉴》《钵鉴续》，然其存佚未知，且有学人就其真伪提出异议，如王岗在其《明代江南士绅精英与茅山全真道的兴起》一文中提出："莫尼卡认为所谓的《钵鉴》或许是部托名王常月（？—1680）的伪书。此说如成立，则《钵鉴续》当亦是伪书，不可靠。事实上，除《金盖心灯》外，《续钵鉴》不见引用于其他

---

① 胡道静、陈耀庭、段文桂等主编：《藏外道书（第二〇册）》，巴蜀书社，1994年，第 273 页下～274 页上。
② 胡道静、陈耀庭、段文桂等主编：《藏外道书（第二〇册）》，巴蜀书社，1994年，第 277 页。
③ 胡道静、陈耀庭、段文桂等主编：《藏外道书（第二〇册）》，巴蜀书社，1994年，第 279 页下。

书中。"①

　　闵一得在《金盖心灯》"征考文献录"中列有四部道教方志：《东林山旧志》《桐柏山志》《洞霄宫志》《金鼓洞志》。《金鼓洞志》是记录龙门派杭州金鼓洞支派的重要典籍，其卷七"法嗣"无疑是龙门法派谱系的重要参考。闵一得在《金盖心灯》卷三《周明阳律师传》中"遂开金鼓洞，即今之鹤林道院，参玄访道者云集"下注云："其中人物古迹，具载《金鼓洞志》。愚考志中戴清源撰师传文与《钵鉴续》所载意同而文异，按此篇节次悉本诸《钵鉴续》《金盖云笈》两书。"② 卷五《蔡天一嗣师传》"懒云坞（供奉轻云子遗像）、报本堂（供奉列祖之所）成自斯人，松山若干亩、禾田若干亩置自斯人，鹤林为之一振"文下注云"事详《金鼓洞志》"。③ 闵一得将《金鼓洞志》作为其辑录龙门派传人重要的文献来源，虽取用不多，然稽考的痕迹不时出现。这其中亦不乏基于编纂观念的考量而未录者，如第十代传人《高东篱宗师传》，参之《金鼓洞志》，却未录其所附凌润猷《怀高真人诗》二首："谢却尘缘入道门，慧通月窟与天根。春生古洞花香远，鹤院高真世共尊。""洞天千古说天台，桐柏宫中归去来。君有吹笙仙子伴，后人空望鹤飞回。"④ 又如第十一代传人《方镕阳宗师传》，虽内容篇幅大大超过《金鼓洞志》所录，然后者所录"羽化成真，葬临海县仙

---

① 《全真道研究》2011 年第 2 辑，第 28 页注 1。
② 周燮藩主编、王卡分卷主编：《中国宗教历史文献集成·三洞拾遗（第 16 册）》，黄山书社，2005 年，第 59 页上。
③ 周燮藩主编、王卡分卷主编：《中国宗教历史文献集成·三洞拾遗（第 16 册）》，黄山书社，2005 年，第 101 页下。
④ 胡道静、陈耀庭、段文桂等主编：《藏外道书（第二〇册）》，巴蜀书社，1994 年，第 285 页上。

岩洞"① 这一终葬事实，《金盖心灯》传中却未加交待。再如第十一代传人《潘素靖律师传》，虽述及潘素靖"家贫失怙，从其叔出为杭州水月庵沙弥，而心喜玄学"② 及转而师从鹤林道院孟清晃等事迹，然所录与《金鼓洞志》辑录的倪无隐所述生平事迹则大有不同，③ 诸如孟清晃与水月庵僧交谈收纳潘素靖、水月庵住僧化去后东郊父老延请潘素靖主持佛庵而佛道同奉的事迹皆未记录。

陆本基《龙门正宗觉云本支道统薪传》虽以祖述龙门派云巢分派的谱系为主体，但也述及龙门派的整体脉络，"龙门第十一代懒云闵真人以下，专列本支统系；十一代以上，略举其道脉源流及启何支派，分别列图，使阅者得明其我道之源流支派"④。实际上，道教人物间的教派兼涉或别传现象并不鲜见，如高清昱原为龙门派十一代传人，初为金鼓洞支派周明阳弟子，后为人延请主持天台桐柏宫，开创龙门派桐柏宫支派，故陆本基这种旁及支统的做法是比较合宜的。

就具体人物而言，《金鼓洞志》对《龙门正宗觉云本支道统薪传》的辑补作用也是显而易见的。其一是人物的漏缺。《薪传》所录金鼓洞支派人物有周太朗、戴清源、骆一中、张复纯、蔡阳善、徐一正、戴一振、方凝阳、高清昱、方一定、沈一炳、孟清晃、潘一善、叶清彻、王太古、童清和、许清阳等。⑤ 与《金鼓洞志》所录法派人物相较，

---

① 胡道静、陈耀庭、段文桂等主编：《藏外道书（第二〇册）》，巴蜀书社，1994年，第285页下。
② 周燮藩主编、王卡分卷主编：《中国宗教历史文献集成·三洞拾遗（第16）册》，黄山书社，2005年，第98页下～99页上。
③ 文见第二章第二节"佛、道交往"部分所录，此不赘。
④ 周燮藩主编、王卡分卷主编：《中国宗教历史文献集成·三洞拾遗（第16）册》，黄山书社，2005年，第831页上。
⑤ 周燮藩主编、王卡分卷主编：《中国宗教历史文献集成·三洞拾遗（第16）册》，黄山书社，2005年，第843～847页。

缺少了第十代传人金清来，十一代传人沈一化、王一本、张一吕、朱一新，十二代传人杨成铠、李阳映等人。其二是人物的序列混乱。《薪传》所录金鼓洞支派人物如前所序，从《金鼓洞志》辈分序行看，周明阳、王太古等"太"字辈为第九代传人，戴清源、高清昱等"清"字辈为第十代传人，骆一中、沈一炳等"一"字辈为十一代传人，蔡阳善等"阳"字辈为第十二代传人，张复纯"复"字辈为十四代传人。《薪传》人物先后序列混乱，远非后文"觉云派"本支薪传来得序列有当、眉目清晰。当然，《薪传》毕竟是以龙门派觉云支派为中心，不可能对金鼓洞支派倾注过多的关注，但其所录恰恰印证出《金鼓洞志》"法嗣"卷在龙门派整体承传方面的辑补价值。

## 二、对佛教经籍的辑补

道教方志所录虽基本局限于道教教门事物，但也有部分著作会旁涉佛教内容，从而对相关佛教经籍有一定的辑补价值。此亦以《金鼓洞志》为例，比对（明）吴之鲸《武林梵志》，例示一二。

《金鼓洞志》设有"邻庵"一卷，其卷前小序称："旧传栖霞有七十二静室，盖合岭南北言之也。其实岭北庵院只二十余，皆创自前明，或兴于本朝，亦有名存而已废者。其有存者，住僧二三人，仅守山产数亩，樵苏自给，甚者无力修葺，渐致倾圮。惧其湮没无传也，因访诸住持，询其兴建缘起，据所闻以著于篇。自近而远，自西而东，以次分列，俾后有志武林梵刹者，藉以补所未备云。"[1] 在道教方志中辑录僧家庵院，其初衷一是在于展示金鼓洞鹤林道院周遭的宗教大环境，

---

[1] 胡道静、陈耀庭、段文桂等主编：《藏外道书（第二〇册）》，巴蜀书社，1994年，第257页上。

二则在于记录原始本末以存史迹，为后续修纂梵刹专志者提供素材。此与（明）吴之鲸"以杭州梵刹盛于南宋，至明而残废者多。恐遗迹渐湮，乃博考乘牒，分城内、城外、南山、北山及诸属县，凡得寺院四百二十六所，俱详志创置始末及其山川形胜"①的创作意旨相类。因而，作为后出者的《金鼓洞志》，对《武林梵志》自然有其辑补之处。以时序而言，可分为两个层面，一是对同期辑录寺庵内容的辑补，二是对后创寺庵沿革发展的增补；以内容而言，亦可分为两个层面，一是庵院的信息记载，二是相关诗文的辑录。

### （一）云岫庵

> 在道院右，僧家住持，有佛堂、大悲阁。崇祯年建，乾隆甲子重修。②

云岫庵，因建于崇祯年间，故《武林梵志》不载。《金鼓洞志》另附有戴廷熺、张旸、许震元、施学韩、高思谦《云岫庵诗》各1首，及释印方《春仲偕花龛王居士过云岫庵访孟上人诗》。

### （二）紫云洞

> 别无庵院名目，在栖霞岭西，有阁嵌洞口，有殿对洞，皆供奉大士，僧家住持。殿有额，崇祯丙子，豫章黄端伯题

---

① 《文渊阁四库全书（第五八八册）》，台湾商务印书馆，1986年，第1页。
② 胡道静、陈耀庭、段文桂等主编：《藏外道书（第二〇册）》，巴蜀书社，1994年，第258页下。

"踞地狮子"四字。殿后构屋，住僧安禅其中。①

紫云洞，《武林梵志》所记只以山水标识，并无庵院记录和僧家住持记载。《金鼓洞志》所录"供奉大士，僧家主持"，说明其时已有僧舍，为僧家修真之地，只是没有庵院的标识而已。至于从何时起由僧家住持，因无庵院名目，难以查实。

### （三）大悲庵

> 额题"大悲禅院"，在紫云洞南，乾隆四十六年重修。钱塘龚理身，号水南，尝读书习静于此。庵有泉，因号"水南泉"。②

《武林梵志》所辑以"大悲"名者有两处庵院，一为大悲妙心庵，"去城东三十里，在安仁乡，僧如慧于嘉靖戊申募建"③。一为观音大悲庵，"在桐扣南王陵山顶，万历戊子岁，僧广量重建"④。以地域坐落而言，二庵在杭州城的东部和东北部，不在西部的栖霞岭，故并非《金鼓洞志》所录之大悲庵。《金鼓洞志》所录重修之大悲庵乃清乾隆间重修，其始建时间未知，可能在吴之鲸编纂《武林梵志》之后。

---

① 胡道静、陈耀庭、段文桂等主编：《藏外道书（第二〇册）》，巴蜀书社，1994年，第259页下。
② 胡道静、陈耀庭、段文桂等主编：《藏外道书（第二〇册）》，巴蜀书社，1994年，第259页下。
③ 《文渊阁四库全书（第五八八册）》，台湾商务印书馆，1986年，第85页下。
④ 《文渊阁四库全书（第五八八册）》，台湾商务印书馆，1986年，第87页上。

### (四) 妙智庵

庵今在栖霞洞前。门有古松二本,枝干横撑,类鹦鹉飞动,俗呼"婴哥松"。庵为康熙庚午重建,殿门口有妙智泉,左近山庵皆取汲之。殿供千手观音像,石座名"无尘台"。殿后即栖霞洞,本深邃。今大石凿送子观音像嵌于洞口,像左右刻云龙海马,龙首藏于云中,马尾为海涛所涌。俗人诧传,以为龙无头,马无尾,谓之"奇迹云"。像右有近人诗碑嵌壁,题曰《妙智寺心传和尚请题观音大士香火洞》,诗曰:"栖霞云岭洞天开,隐隐菩提大士来。净水瓶流山涧外,绿杨枝抱月明怀。黄钟声吼心传事,紫竹林含妙智栽。一叶慈航超苦海,万年香火上莲台。"燕山弟子吕秉恒敬题。俗传栖霞洞为宋牛将军退闲静修之所,其说讹矣。①

《武林梵志》卷五录有妙智庵:"妙智庵,一名报国观音院,在栖霞岭上。旧多桃花,春时烂然如霞,故名'栖霞'。左有宝云,右有仙姑,二山相挟,岭在其中,如剑门,故名剑门岭。……"② 仅记录妙智庵的方位坐落与周遭环境,没有庵中建筑和景象的介绍。《金鼓洞志》所录妙智庵乃康熙年间重建,所录以庵院为中心,详实真切,有观文如临其境之感。《金鼓洞志》"妙智庵"目下附有关于妙智庵非牛皋香火院的一段考论,以及清人宋伯仁、戴廷熺、张旸、许震元、俞

---

① 胡道静、陈耀庭、段文桂等主编:《藏外道书(第二〇册)》,巴蜀书社,1994年,第260页上。
② 《文渊阁四库全书(第五八八册)》,台湾商务印书馆,1986年,第100页上。

葆寅《妙智庵诗》各 1 首，黄琛的《春分登栖霞岭妙指庵诗》，共 6 首诗。

### （五）定光庵

在妙智庵侧。明末建庵，奉定光如来。康熙间，天机和尚模像，因以"定光"名庵。乾隆元年重修。五十八年，僧道宜重建。嘉庆二年，道宜重建别殿，龚理身为《募疏》。佛堂有二联，一为张瑞图书："绿树丛中狮子窟，白云深处象王家。"一为陈奕禧书："心将流水自清净，身与浮云无是非。"①

《武林梵志》"法相寺"目下录有定光庵："沿坞而上为定光庵，古佛修证处"②。法相寺在南高峰，故其定光庵自非《金鼓洞志》所录明末所建之定光庵。《金鼓洞志》"定光庵"目下附有清人金芑洲《辛亥六月十九日访道公诗》、释悟坚（道宜）《乙卯六月六日作》、龚理身《和道宜师作》《七月三日，逭暑岳山，游远近兰若，归款道公丈室，得句》（二首）及《己卯十月访道公不值留诗》、张复纯《和道宜师作》、倪道孙《丙辰六月，结夏定光庵道公房，值刘大芙初访余，山中止宿。赋诗，即送其别去之章江》、刘嗣绾《定光晓起留别米楼》、沈利仁《访道公法师诗》《次施少峰韵访道公诗》、施嵩《戊午九月二十六日访道公上人诗》，共 12 首诗。

---

① 胡道静、陈耀庭、段文桂等主编：《藏外道书（第二〇册）》，巴蜀书社，1994 年，第 261 页上。
② 《文渊阁四库全书（第五八八册）》，台湾商务印书馆，1986 年，第 51 页上。

## (六) 净业庵（一作"静逸"）

在定光庵下。门有观音潭，旱年祈雨，庠水不干。①

《武林梵志》未见著录净业庵。《金鼓洞志》所录未知初建年月，其目下附有清人厉鹗、张旸的《康熙己亥九月，同东扶游栖霞诸兰若、净业庵诗》各 1 首。

## (七) 忠荫庵

在道院左，僧家住持，康熙甲子年重建。门额"忠荫"二字，款曰"西畸佛堂"；右有栗主，题曰"大功德主满洲镶黄旗固山马三硕色"。②

《武林梵志》未见著录忠荫庵。《金鼓洞志》所录亦未知其初建年月，其目下附有一段朱文藻考订忠荫庵名的文字，可备参看。

## (八) 白莲庵

在乌石峰旁。昔有僧唪《法华经》，圆寂时，见白莲花，

---

① 胡道静、陈耀庭、段文桂等主编：《藏外道书（第二〇册）》，巴蜀书社，1994年，第 263 页上。
② 胡道静、陈耀庭、段文桂等主编：《藏外道书（第二〇册）》，巴蜀书社，1994年，第 263 页上。

因以名庵。①

《武林梵志》所录白莲庵："去郡城三十里，在黄鹤山之阴桃花坞，僧如莲焚修。"② 自非《金鼓洞》所录栖霞岭之白莲庵。《金鼓洞志》"白莲庵"目下附有清人厉鹗、张旸《白莲庵诗》各1首。

### （九）法螺庵

在象鼻峰旁，传为东坡拜经台。③

《武林梵志》未录法螺庵。《金鼓洞志》未记录其创建年月，然目下附有厉鹗、张旸《法螺庵诗》各1首，

### （十）双桐庵

旧为僧住，今废，其址在紫云洞侧。《武林梵志》云新安许太史买山建，竹径迤逦，岩窗幽寂可坐。④

此庵《金鼓洞志》交代其废弃之余，再据《武林梵志》征引相关记录；在附录《武林梵志》所录释如晓《游双桐庵访了元师诗》下，

---

① 胡道静、陈耀庭、段文桂等主编：《藏外道书（第二〇册）》，巴蜀书社，1994年，第263页下。
② 《文渊阁四库全书（第五八八册）》，台湾商务印书馆，1986年，第87页上。
③ 胡道静、陈耀庭、段文桂等主编：《藏外道书（第二〇册）》，巴蜀书社，1994年，第264页上。
④ 胡道静、陈耀庭、段文桂等主编：《藏外道书（第二〇册）》，巴蜀书社，1994年，第264页下。

另录有清人倪道孙《寻双桐庵诗》1首。

### (十一) 帆庵

在栖霞岭东。庵有高阁，制如舟，明末建，乾隆丁巳年重修。住僧澄如有道行。徐文穆公为大护法，题额曰"剑门精蓝"。庵后登巅，近纳湖光，远眺江海，住僧名之曰"小九华"，即登初阳台小径也。①

《武林梵志》未著录帆庵，当因其创建于吴之鲸编纂之后。《金鼓洞志》"帆庵"目下附有清人厉鹗、张旸、戴廷熺、许震元《帆庵诗》各1首，及张旸《重游帆庵诗》，共5首诗。

### (十二) 白沙庵

在白沙泉东，蝙蝠洞下。佛堂后为芋香庐。②

《武林梵志》著录有白沙庵："在白沙坞，通黄山天竺。"③ 但这里属于"城外南山分脉，由凤山、侯潮，上至风水洞，下至艮山"④，自非《金鼓洞志》所录白沙庵。《金鼓洞志》"白沙庵"目下附有清人周

---

① 胡道静、陈耀庭、段文桂等主编：《藏外道书（第二〇册）》，巴蜀书社，1994年，第265页上。
② 胡道静、陈耀庭、段文桂等主编：《藏外道书（第二〇册）》，巴蜀书社，1994年，第265页下。
③ 《文渊阁四库全书（第五八八册）》，台湾商务印书馆，1986年，第45页下。
④ 《文渊阁四库全书（第五八八册）》，台湾商务印书馆，1986年，第25页下。

铮、杜大魁《游白沙庵诗》3 首（周 2 杜 1）。

### （十三）护国仁王禅寺

  护国寺，在扫帚坞，久圮。今新构佛堂三间，夹以两厢，枯禅一二人栖之，路口建坊，题曰"护国寺"。里人毕某捐置水田三亩余，供僧斋粮，立短碣记其田亩四至，在佛堂前。①

  《武林梵志》著录有护国仁王讲寺。《金鼓洞志》记录其在清代的存世现状，并引《咸淳临安志》《西湖游览志》《钱塘县志》叙其沿革。目下附录清人周文璞的《归憩仁王寺诗》。

  上引庵院之外，《金鼓洞志》还辑录有栖霞岭北庵院 13 座，分别为指疑庵、宝云庵、昙华精舍、佛石庵、化城庵、近谦庵、圆义庵、金家庵、石家庵、黄龙院、天龙庵、永安院、长庆院（旧为华严庵，后奉祀祠山大帝）。其中《武林梵志》著录其名者唯有化城庵，然亦似非《金鼓洞志》所著录之化城庵。《金鼓洞志》另附有清人吴颖芳《同人游栖霞岭诸僧院，得水字》、施学韩《圆义庵诗》《黄龙院诗》、梁文濂《初冬，偕夏子傅升、兄洁亭散步至栖霞岭，游忠荫、云岫、大悲诸精舍，抵暮归，得诗五首》、孙宏《九日，偕数峰、唐子斐男、戴子家喻、诜侄游白沙泉诸茅庵诗》、释篆玉《三月七日，同张明府遍游栖霞后山诸精舍》、陈湜《秋晚，偕青湖及文水、清波两弟游栖霞岭诸兰若，兼访仇山村墓诗》、张丹《初晴，同陆高仲升璜度栖霞岭，访豁堂大师、体严炼师不遇》、程浚《游岳坟后山，题僧壁诗》、沈度《己卯

---

  ① 胡道静、陈耀庭、段文桂等主编：《藏外道书（第二〇册）》，巴蜀书社，1994 年，第 266 页下。

七月廿三日，题憩龙堂诗》共 14 首，可供续修《武林梵志》之用。

由上述可知，相对于明代佛教方志《武林梵志》，《金鼓洞志》一方面辑录了大量栖霞岭北的庵院记录，（其中多数为吴之鲸著书之后所建，亦有少数存续者），另一方面则是辑录了大量的清人诗作。其作者除厉鹗、吴颖芳等少数声名卓著者外，多数为影响力较小的地方文士。如倪道孙"字谷民，号米楼。一擎孙，印元子，仁和增监生"[①]；张丹，"原名纲孙，字祖望，号秦亭，钱唐布衣。有《张秦亭集》十二卷"[②]，等等。这些文献对相关佛教典籍"藉以补所未备"的意义不言而喻。朱文藻在道教方志中设立"邻庵"卷目，虽不同于多数道教方志拘守本教文献的编纂观念，有"旁骛"之嫌疑，但却从一个侧面说明了道教方志可为佛教文献提供辑补的事实，理当引起佛教文献编纂和研究者的关注。

---

[①] （清）吴振棫纂辑：《国朝杭郡诗续辑（卷三十三）》，第 42 页，光绪二年（1876）杭州丁氏刊本。

[②] （清）吴颢辑，吴振棫补辑：《国朝杭郡诗辑（卷三）》，第 3 页，同治十三年（1874）刊本。

# 第五章
# 地方志对道教方志的辑补

道教方志编纂的资料来源多途,既有宫观道士多历年所,处心搜集整理的诗文作品、碑刻铭文、宫观文册;也有编纂者旁搜远绍,爬罗剔抉而来的历史或文学文献。而从编纂者搜罗文献的来源看,涉及地方志、文人作品集、金石典籍、佛教方志、现场勘录文本等诸多类型。① 实际上,与前论道教方志的文献学价值同例,地方志、文人作品集等一方面可从道教方志中获得辑补资料,另一方面也可以为道教方志提供辑补资料,二者之间存在着互为辑补的关系。

地方志类型多样,有省、府、州、县、乡等地域志,亦有河渠志、书院志、坊巷志、寺观志、金石志等专志,还有琐闻丛谈一类的杂志,且就类属而言,道教方志本身即属于寺观志,为地方志专志之一。因

---

① 地方志本就包含佛道教方志、金石典籍、乡土志、采访录等,范围广泛。此处所言地方志主要指的是通志、府县志、乡镇志、山水志等地域志,与章节标题统括地域志、金石典籍、佛道教方志的地方志的内涵不同。将地方志与金石典籍、佛道教方志等地方专志平行并列,乃出于便于论述的角度考虑,详见下文所论。另:正史、文人作品集或诗文总集亦对道教方志有辑补作用,如《宋史》对洞霄宫题名的辑补、前论《全宋诗》对道教方志的补辑等即其例也,然非本章论证之要,故略而不论。

而，要讨论道教方志之外的其他类型地方志对道教方志的辑补，就需要有一个较为明确的规范或甄选标准。此处拟以何建明《中国地方志佛道教文献汇纂》中的地方志文献范围为标准，结合本文对道教方志的界定，[①] 来确定地方志具体的分类标准。

《中国地方志佛道教文献汇纂》的地方志文献范围如下：

> 列入中国科学院北京天文台编《中国地方志联合目录》（中华书局一九八五年版）和《北京图书馆普通古籍总目·地志门》所示的全国性或跨地域性总志，省（市区）、府、州、县（区、旗）、卫、所、关、岛、乡镇志以及乡土志、山水志、名胜志等志书及具方志初稿性质的志料、采访册、调查记、游记和当时当地记事的札记等，也包括当代学者对唐宋以前方志文献的辑佚资料，但不包括单独的寺观志和以佛教道教为主要内容的山水志。[②]

综其所论，其地方志当指排除寺观志和佛道教山水志之外的地方性文献，包括省府县志、乡土志、山水志、名胜志等。以浙江为例，《中国地方志佛道教文献汇纂》征选的文献大致有三种类型，一是《浙江通志》《杭州府志》《钱塘县志》等地方综合性文献，二是《浙程备览》《浙江全省舆图并水陆道里记》《越中山水志》《东林山志》等专题性文献，三是《浙东旅行记》《都城纪胜》《东城杂记》《客杭日记》《嘉禾百咏》等杂记类文献。当然，文献类型的划分只是粗略而言，其界限

---

[①] 详见第一章所论。

[②] 何建明主编：《中国地方志佛道教文献汇纂·寺观卷（目录册）·前言》，国家图书馆出版社，2013年，第7页。

并非判然两分。如李卫的《西湖志》，就其记录的主体而言，可以视作关于西湖的一部专题性文献，而就其水利、名胜、寺观、古迹、物产等众多的分目而言，又可视之为地方综合性文献，可与郡县志同列。《中国地方志佛道教文献汇纂》在文献征引上还有两点问题需要加以关注：一是寺观志和以佛道教为主要内容的山水志该如何界定的问题（详见第一章所论），二是浙江金石典籍的付之阙如问题。[①] 金石志是地方志的属类之一，其中不乏大量的关于寺观僧道的金石碑刻记录，而《中国地方志佛道教文献汇纂》"浙江部分"对《武林金石志》《两浙金石志》《括苍金石志》《东瓯金石志》《吴兴金石记》等重要的金石著作均未予著录，应该说是有所缺失的。

因而，根据《中国地方志佛道教文献汇纂》的取用情况，从道教方志辑补的角度，本文将地方志文献一分为三：一、地方志，即《汇纂》所界定的地方志，但将《中国道观志丛刊正续编》选定的《大涤洞天记》《委羽山志》《东林山志》等6部道教方志排除在外；二、金石典籍，此乃补充《汇纂》之漏缺；三、佛教方志，此乃"单独的寺观志"中道教方志的对应者，与道教方志同属宗教专志。在具体论述上，采用《中国地方志佛道教文献汇纂》"人物""寺观""诗文碑刻"的分类，以《洞霄图志》《洞霄宫志》《通玄观志》《重阳庵集》《武林玄妙观志》《金鼓洞志》《委羽山志》《委羽山续志》等道教方志为主体，来分别探讨地方志、金石典籍和佛教方志对道教方志的辑补价值。

---

[①] 此处的金石典籍指的是金石专志，非地域志中的"金石"或"碑碣"分卷，详见后论。《中国地方志佛道教文献汇纂·诗文碑刻卷·前言》中有关于金石专志的讨论，但在具体的卷目中并未收录浙江的金石著作。

## 第一节　地方志对道教方志的辑补

地方志相当于一地历史文献的总集，其内容涉及面极为庞杂，包括山川、星野、城坊、学校、寺观、古迹、人物、物产、艺文等。庞杂的内容、宏大的体制虽然使得地方志在文献记录上多是粗陈梗概、浅尝辄止，但基于其杂录的特点和代有修订增补的编纂惯例，从中不难发现一些可供辑补道教方志的文献材料。

### 一、对道教人物的辑补

#### （一）《洞霄宫志》

《洞霄宫志》卷二"道真"目共辑录自晋至清代道教人物郭文、许迈、潘先生、叶法善、吴筠、朱君绪、暨齐物、司马承祯、夏侯子云、闾丘方远、陆维之等68人。其中部分人物与《洞霄图志》所录名姓不同，如王林，《图志》作王朴；周元和，《图志》作周允和；沈日益，《图志》作阮日益；郑茂章，《图志》作郑元章；王师明，《图志》作王思明；当由形近或音近而致误。①

---

① 《洞霄图志》编纂在前，二志人名歧异者可能以《洞霄宫志》舛误为多。如《洞霄图志》所录阮日益，《洞霄宫志》作沈日益，二志俱称之为元代人。然二志宋代高道"常中行"传中皆载有"治平四年六月，语弟子沈日益曰……"一语［张智、张健主编：《中国道观志丛刊续编（第17册）》，广陵书社，2004年，第134页］。治平四年为1067年，距元代建国有204年，故沈日益自非元代高道，《洞霄宫志》所录当误。再如《洞霄宫志》辑录有王思明《栖真洞神光记》，而其"道真"目又作"王师明"，自相龃龉，当以王思明为是。又如"王林，字元素"［张智、张健主编：《中国道观志丛刊续编（第17册）》，广陵书社，2004年，第144页］，从其"元素"字号看，似应以王朴为当。

（清）张吉安等修，朱文藻等纂《余杭县志》〔清嘉庆十三年（1808）修〕"方外传"目下辑录有诸多洞霄宫高道，可据以补辑《洞霄宫志》高道名录。①

**1. 李道坦**

"字坦之，钱塘人，早岁入道洞霄宫，学文于隐者邓牧，牧心甚为所称许。有叶林元文者亦隐山中，二人既没，坦之遂出山。大德中，留兰溪，与吴礼部极相得，时时诵叶、邓寄友诗云：我在越，君在吴，驰书邀我游西湖。……（《吴礼部诗话》）"② 李道坦，《洞霄图志》将其附于叶林传中，未单独列传。文称："李坦之，亦钱塘人，年仅二十余，深究诗家法度，与二公为诗友。尝遗诗云：空山岁暮寒气集，霜叶塞径人迹没。……"③ 则《余杭县志》所录，可补足其师从邓牧、出大涤山及逗留兰溪与吴礼部交游等事迹。

**2. 金一淳**

"大涤山道士。康熙初，蒋子京景祁辑《瑶华集》，载其入大涤山《好事近》词一阕。（《瑶华词集》）"④ 闻人儒《洞霄宫志》成书于乾隆十八年（1753），而金一淳为康熙年间道士，《洞霄宫志》未录金一淳其人，乃为失载，据此可补之。

**3. 陈仁恩**

"洞霄宫道士。乾隆己丑，陈观察梦说游大涤洞毕，至方丈，仁恩

---

① 正文中征引的地方志，第一次出现时会列出详细的版本信息；再次征引时则不再重复列出，仅标明主要编纂者和方志名。
② 何建明主编：《中国地方志佛道教文献汇纂·人物卷（第36册）》，国家图书馆出版社，2013年，第271页。
③ （清）鲍廷博辑，鲍祖志续辑：《知不足斋丛书·洞霄图志（卷五）》，第24页。
④ 何建明主编：《中国地方志佛道教文献汇纂·人物卷（第36册）》，国家图书馆出版社，2013年，第281页。

出所著《黄老指归》《周易参微》并杂咏附焉。梦说因与论《阴符》数义，并历数古人得力于《阴符》者几许人，而归宿于李筌注释之善，盘桓移时而别。（陈梦说撰《游洞霄宫记》）"[①]《洞霄宫志》辑录有陈梦说《雨游洞霄宫记》，然人物传记中未列陈仁恩其人。据此传所称，乾隆己丑为乾隆三十四年（1769），而《洞霄宫志》成书于乾隆十八年（1753），则《洞霄宫志》成书后当仍有续补，陈梦说记文即其例也。然《洞霄宫志》"道真"目下并未同时补辑陈梦说文记中提及的主持陈仁恩生平，致有此人物传记之漏载。

## （二）《通玄观志》

《通玄观志》卷下有"志法派"目，列录自三茅宁寿观至通玄观王玄悟、蔡道像、刘敖、张元淳、邵灵宝、王大中、俞行简等37位高道的生平，其中部分高道生平亦见于地方志，因来源不同，所录内容略异，故能有所补辑。

### 1. 王玄悟

（明）聂心汤纂修《钱塘县志》［明万历三十七年（1609）刻］载："王嗣昌，玄悟自北海来，望吴山五色云，趺顶上竟日。众异其貌，编茅供茅君其中，居之，遂不下山。常画地为狱，囚妖燔馘之；治病病愈，不用医术也。居三十年，无疾，朗吟而化。宋高宗感灵异，为建三茅观。"[②] 与《通玄观志》所录"玄悟王大师"传相较，可补充画地

---

[①] 何建明主编：《中国地方志佛道教文献汇纂·人物卷（第36册）》，国家图书馆出版社，2013年，第291页。

[②] 何建明主编：《中国地方志佛道教文献汇纂·人物卷（第35册）》，国家图书馆出版社，2013年，第131页。（清）王国安等修，黄宗羲等纂《浙江通志》所录与之相同，详见何建明主编：《中国地方志佛道教文献汇纂·人物卷（第33册）》，国家图书馆出版社，2013年，第79页。《通玄观志》"志法派"目所列人物传记详见四库全书存目丛书编纂委员会编：《四库全书存目丛书·史部（第二四六册）》，齐鲁书社，1996年，第472～475页。

囚妖、治病及宋高宗为建三茅宁寿观等事迹。

2. 蔡道像

（明）聂心汤纂修《钱塘县志》载："蔡道像，博学通微，遇异人，得诀。高宗南渡阻风，祠茅君而济，见三绛衣人坐吴山，因拓庵为观，使主焉。祈祷辄应，建金箓斋，又能致百鹤，因赐田及七宝镇其山。年八十一，坐解。所遗左右侍中贵刘鹿泉敖者感而弃俗，封真人。"① 与《通玄观志》所录"道像蔡法师"传相较，可补充建醮致鹤，获得赐田及七宝，以及感化刘敖弃俗出家等事迹。

3. 刘敖

（清）李卫等修，沈翼机、傅王露等纂《敕修浙江通志》[清雍正十三年（1735）修，乾隆元年（1736）刻本]"明德观"条引《绍兴府志》载："宋宁宗后父杨渐之故宅也。嘉定十五年，筑三清阁，命鹿泉刘真人主之。元至元二十一年，改阁为明德观。"② 与《通玄观志》所录"都录少师刘真人"传相较，补充了刘敖奉命主持上虞明德观的经历。然《通玄观志》刘敖传称"寿八十一羽化"，即刘敖享年 81 岁。嘉定十五年为 1222 年，距刘敖奉命出主宁寿观的绍兴二十年（1150）有 72 年之久。③ 即便以刘敖住持三清阁时已年届 81 岁计，以之逆推，他受命住持宁寿观时才 9 岁。让一名 9 岁的道童住持一座御前宫观，

---

① 何建明主编：《中国地方志佛道教文献汇纂·人物卷（第 35 册）》，国家图书馆出版社，2013 年，第 131 页。
② 何建明主编：《中国地方志佛道教文献汇纂·寺观卷（第 107 册）》，国家图书馆出版社，2013 年，第 342 页。
③ 《通玄观志》所载刘敖《创建通玄观碑记》称："绍兴庚午（1150），顶激皇衷，命出主吴山宁寿观，手赐法名'能真'，给福牒，赍紫衣暨七宝顷田。"详见四库全书存目丛书编纂委员会编：《四库全书存目丛书·史部（第二四六册）》，齐鲁书社，1996 年，第 443 页上。

于情于理扞格不通。故《敕修浙江通志》所记似有误，姑存以备考。

**4. 张静庵**

（明）聂心汤纂修《钱塘县志》载："张守常，居三茅观，受施惟茸观。感张三丰，与谈玄，便尔通灵。一日诵《黄庭》，闻异香满室而化，举棺若空。"①与《通玄观志》所录"静庵张都纪"传相较，可补充与张三丰谈玄悟道及颂《黄庭经》而化等事迹。

**5. 徐道彰**

（清）魏㟲修，裘琏等纂《钱塘县志》〔清康熙五十七年（1718）刻本〕载："徐道彰，通清微灵宝五雷诸法，养神于通玄观。每旱潦礼致，有祈辄应。有难之者曰：'雨以泽物，若风云雷，奚用而以兴焉？'彰曰：'太极动静而生阴阳，阴阳变化而生五行；大块噫而为风，飘扬为云，奋激而为雷。雷不兴，安得风鼓云蒸而雨降乎？盖水火既济，木金土谷之性遂；地天交泰，雷风山泽之气通。今亢阳肆虐，天地不交，山泽之气不通故也。《易》不云：鼓之以雷霆，润之以风雨。《传》不云：阴常散缓，受交于阳，则风雨调。人与天地一气流通，斡旋参赞，系于一心。吾之心正气顺，则天地之心与气亦罔不正且顺。顾感通何如耳。'道彰除邪驱妖，及能采三光，复婴儿之明，人咸德之。受施即营庙殿。后沐浴解化，群鹤迎之而去。"②此传乃地方志中篇幅最长者，与《通玄观志》"重开山元一徐法师"传相较，可补充徐道彰关于清微灵宝五雷法及心合天道等的认识，乃较为珍贵的宗教思想记录。

---

① 何建明主编：《中国地方志佛道教文献汇纂·人物卷（第35册）》，国家图书馆出版社，2013年，第134页。
② 何建明主编：《中国地方志佛道教文献汇纂·人物卷（第35册）》，国家图书馆出版社，2013年，第198～199页。

**6. 郁存方**

（明）沈朝宣撰《仁和县志》［明嘉靖二十八年（1549）修］载："郁存方，号鹤泉，仁和临平山人。自幼渊静简默，有出尘之志。父母察其不喜家人生产，遣从通玄观法师徐元一为孙，……大为大府陈希斋公所嘉奖，后为太真府赞教。"① 与《通玄观志》所录"鹤泉郁法师"传及夏宗虞《郁法师鹤泉传》相较，补足了两点信息：一是具体的出身地"临平山"，二是郡守（大府）陈公的名姓陈希斋。

**（三）《重阳庵集》**

水上善

（清）陈璚修、王棻纂，屈映光续修、陆懋勋续纂，齐耀珊重修、吴庆坻重纂《杭州府志》［清光绪二十四年（1898）修］引《杭郡诗三辑》载："水上善，字秋白，吴山重阳庵道士。受五雷正法，习符箓，招彊祓遣，捷如影响。嘉道间，杭州迭罹水旱，上善登坛祈祷，靡不立应。阮元抚浙时，作联额赠之。卒年八十余。"② 水上善乃清嘉庆、道光间人，《重阳庵集》成书于明代，故未录其人。此条传记可供续纂《重阳庵集》补辑之用。

**（四）《武林玄妙观志》**

**1. 潘烂头**

（清）王安国等修，黄宗羲等纂《浙江通志》［清康熙二十三年

---

① 何建明主编：《中国地方志佛道教文献汇纂·人物卷（第35册）》，国家图书馆出版社，2013年，第250页。
② 何建明主编：《中国地方志佛道教文献汇纂·人物卷（第35册）》，国家图书馆出版社，2013年，第55页。

(1684)刻本]杭州府条下载:"潘烂头,玄妙观道士。能运掌心雷,以笔濡头上脓水作符,治祟疾奇效。相传潘能役鬼神,尝踞厕戏召王灵官,至,怒,以火笔点头,故烂云。"①《武林玄妙观志》卷二"人物"目下未著录潘烂头其人,《志》中亦未见关于潘烂头的行迹记录。考(清)胡承谋纂修《湖州府志》[乾隆四年(1739)吴兴潘大有刻本]载:"(明)潘洞雷,号桂源,洪武初出家小宫,后住弁山佑圣宫。入京为朝天宫道士,得五雷法。偶登溷,手学书符。天将忽至,怒其亵慢,以火笔触其头。头烂,终身不痊,人呼为潘烂头。凡疾者求疗,以烂脓为膏药,傅之即愈。凡祷雨祈晴,不费符咒,登坛即神应莫测。所著法衣甚垢秽,终身未尝浣。临终,命弟子醮坛说法须衣此衣。从事弟子衣此祷亦辄应。后其徒浣之,遂不应。"②事迹虽有所不同,而精通五雷法、以召神受火笔点触而烂头、以脓垢治病等主体行迹则相符。以之为据,《浙江通志》所称潘烂头似即此潘洞雷。又浙江很多地方志均载有潘烂头生平事迹,如(明)刘伯缙修、陈善等纂《杭州府志》,③(清)王同撰《唐栖志》,(清)侯元棐修、王振孙等纂《德清县志》,(清)袁国梓纂修《嘉兴府志》,(清)伊汤安修、冯应榴纂《嘉兴府志》,(清)盛爔纂《前朱里纪略》,(清)胡琢纂《濮镇纪闻》,(清)朱彩修,朱长吟纂《江山县志》等。事迹或相沿袭,或别有不同,而精五雷法、烂头和脓垢治疾的事迹则大致均有。故潘烂头虽有

---

① 何建明主编:《中国地方志佛道教文献汇纂·人物卷(第33册)》,国家图书馆出版社,2013年,第68页。

② 何建明主编:《中国地方志佛道教文献汇纂·人物卷(第38册)》,国家图书馆出版社,2013年,第113页。

③ 唯此本与《浙江通志》一样称其为(杭州)玄妙观道士,虽记文残缺,然所录部分与前引《浙江通志》记录相同,当为《通志》所依本者。详见何建明主编:《中国地方志佛道教文献汇纂·人物卷(第34册)》,国家图书馆出版社,2013年,第186页。

潘洞雷之名，其行迹过于荒诞不经，为道教门徒或信众杜撰性人物的可能性较大，此存以备考。

**2. 黄德渊**

（清）郑沄修，邵晋涵纂《杭州府志》[乾隆四十九年（1784）刻本]先节引《武林玄妙观志》所录，后采《云笈七签》补充其生平称："至终南山，翊圣真君降曰：'汝学道修真，先当调习其性以顺天和，忌诸有为，勿耗心识；融冶凝湛，道乃可见。'还山，吕祖访焉，授诗而去。"① 与《武林玄妙观志》所录相较，此段记录补充了黄德渊与吕洞宾诗歌唱和以前，到终南山修道的神异经历。

**3. 黄鹤**

（清）陈璚《杭州府志》引《杭郡诗三辑》载："病风，跛一足。通晓科仪符箓，而尤溺苦于诗赋，蚕词至百首，述乌程饲蚕器具、时候、晴雨、宜忌甚详。善饮，工画。吴山书肆有褚伯秀《南华经义海纂微》，力不能购，假归，手录竟一百六卷，其好学如此。所居遭吴回，生平撰述荡为灰烬。晚年课蒙自给，卒以穷死。"② 与《武林玄妙观志》所录"黄含山先生"传相较，《杭州府志》可补充染风疾、跛足，抄录书籍，遭遇火灾及晚年授课自给、穷困而死的事迹。

## （五）《委羽山续志》

**1. 许碏**

（清）曹懋极纂修《缙云县志》[清康熙十年（1671）修，抄本]

---

① 何建明主编：《中国地方志佛道教文献汇纂·人物卷（第34册）》，国家图书馆出版社，2013年，第303页。

② 何建明主编：《中国地方志佛道教文献汇纂·人物卷（第35册）》，国家图书馆出版社，2013年，第54～55页。

载:"许碏,邑人。居仙都,辟谷养气十余年,名山遍历。……"① 将其出生地定为缙云,且在仙都修道;与《委羽山续志》引《续仙传》将许碏认定为高阳人,学道王屋山不同。其后王安国《浙江通志》、曹抡彬《处州府志》、潘绍诒《处州府志》、令狐亦岱《缙云县志》、汤成烈《缙云县志》、何乃容《缙云县志》皆沿袭曹懋极之说。关于许碏悬崖题字,(清)张联元辑《天台山全志》考称:"郡志载碏于天台山悬崖人不及处题曰'许碏自峨眉山寻偓月子至此。'按:许碏自称'高阳酒徒',尝作诗云:'阆苑花前是醉乡,误翻王母九霞觞。……'宇内名山无不遍历。登武夷山幔亭绝顶,题云'许碏自峨眉山寻偓月子到此',非题于台山之悬崖也。"② 这与《委羽山续志》、(清)邵友濂《余姚县志》等所载许碏将此句遍题所历名山不同,可备一说。

**2. 沈永良**

(清)陈钟英等修,王咏霓纂《黄岩县志》[清光绪三年(1877)刻本]在所引《委羽山续志》"陈永良"传文后补录有一段其交游及神异事迹:"入道二十余年,于洪家场埠头立水中尸解。先是,与周茂如夙契,常共酣饮。入道后亦屡醉其家,或醉后呕吐满案,人以为厌,周亦不为怪也。北门外有金鸡塔,永良以瓦砾掷之,口呼'著'者三。后樟树下仓头街三次失火,人始异之。尸解之岁,茂如见其自东南来,口称:'醉了魔,魔了醉,世间只道是癫。凡夫肉体仍在,脱去尘埃非癫。'已而不见。初,常至监生池鳌家。一日复至,其子赓,谢之去。

---

① 何建明主编:《中国地方志佛道教文献汇纂·人物卷(第51册)》,国家图书馆出版社,2013年,第172页。

② 何建明主编:《中国地方志佛道教文献汇纂·人物卷(第49册)》,国家图书馆出版社,2013年,第120~121页。

既而闻其死，屈指复至之时，盖死已三日矣。其后遂不复见。（姜志稿）"①

### （六）《金鼓洞志》

**1. 金清来**

（清）李宗莲编辑《金盖山志》[清光绪二十二年（1896）古书隐楼刻本] 载："金清来，字静灵，明季诸生，太傅之俊犹子。居江南黄叶村（金氏世居震泽曹村，黄叶村未知何在）。性慧而狂，眉宇间有英气。国亡，纵游天台、雁荡间，遂入金盖依陶靖庵，以涵养存真为学。已而居杭之金鼓洞，事周明阳，以逸士终。"② 《金鼓洞志》卷七"法嗣"列有金鼓洞支派第十代传人"静灵子清来金真人"，然仅为列目，未有任何生平介绍。此记录可补其生平之缺失。

## 二、对宫观沿革的辑补

### （一）《洞霄宫志》

（清）张思齐纂修《余杭县志》[清康熙十二年（1673）刻本] 录有"福地里域真官祠，在东庑"。③ （清）张吉安等修，朱文藻等纂《余杭县志》[嘉庆十三年（1808）修] 录有"朱法师祠、闾丘先生祠

---

① 何建明主编：《中国地方志佛道教文献汇纂·人物卷（第49册）》，国家图书馆出版社，2013年，第226～227页。
② 何建明主编：《中国地方志佛道教文献汇纂·人物卷（第38册）》，国家图书馆出版社，2013年，第337页。
③ 何建明主编：《中国地方志佛道教文献汇纂·寺观卷（第122册）》，国家图书馆出版社，2013年，第33页。

(并在昊天阁右)"① 等洞霄宫建筑，为《洞霄宫志》所未录，可取以补充洞霄宫的部分建筑规制。此外，张吉安、朱文藻《余杭县志》还有一段描述洞霄宫殿宇存续情况的文字，可据以说明清代嘉庆年间的洞霄宫存续现状："所存者惟前门一重，后方丈三楹。左祀龙王，右祀土地之神。庭之左为东廊，今改建一庵；右为三贤祠。方丈之左为丹室，道俗所居；又其左为厨房。丹室前为斗阁。方丈之右为浴堂，前为柴房。宫宇惟此而已。"②

### (二)《重阳庵集》

(清)翟灏等辑，王维翰重订《湖山便览》(清乾隆间撰)引用有《七修类稿》《留青日札》等关于重阳庵的考订："《七修类稿》云：'陆放翁等俱不言道士韩道古事，恐属讹传。建庵之日必开成年，镌石事可证也，其重阳之名'则始大德间耳，《留青日札》云：'道书言上为阳，而清又为阳，故曰重阳。'或谓重阳女庵，宋高宗二宫人出家于此，此臆说也。《钱塘志》载吴任臣《记》，言'重阳福地'四字乃宋穆陵于重九日登临此地，亲畀门额，恐亦无据。"③ 这些考订可补充《重阳庵集》关于重阳庵建庵、命名、道徒等方面的信息。

又(清)陈景钟纂，莫栻续订《清波三志》[清光绪二十一年(1895)钱塘丁氏嘉惠堂重刻本]亦有一段关于重阳庵的记述："《游览志》于青衣洞下竟不载重阳庵，未审何故。郎仁实辨韩道古建庵之说

---

① 何建明主编：《中国地方志佛道教文献汇纂·寺观卷(第122册)》，国家图书馆出版社，2013年，第150页。

② 何建明主编：《中国地方志佛道教文献汇纂·寺观卷(第122册)》，国家图书馆出版社，2013年，第152页。

③ 何建明主编：《中国地方志佛道教文献汇纂·寺观卷(第120册)》，国家图书馆出版社，2013年，第144页。又(明)郎瑛《七修类稿》有《青衣泉考》一文，此乃其节略，不如原文论证周详。

为疑，即韩阅古之误，因云元大德间始有重阳庵之名。而近时吴任臣志伊又云'重阳福地'四字，闻羽士言，宋穆陵于重九日登临此地，亲畀门额，而棂星门亦出于特赐者，至今犹存酒瓮一、速香一，皆理宗所遗物也。《七修类稿》之说非。此言予亦得之本庵道士薛逢客。然羽士欲夸张古事以为山门生色，亦未可尽信。尝见《留青日札》内一则云：南山有地名道姑湾，土人云'重阳女庵'也。城中之庵，郡志不载，其故仅有元天师广微子所书'大重阳庵'字，则此或下院也。但重阳之名不见于宋，或曰始于元大德间。或曰重阳女庵乃宋高宗二宫人出家于此，盖香火院也，此亦臆说。按道书，上为阳，而清又为阳，故曰重阳。据此则前说俱属可疑，即道姑湾亦不知在何处。《日札》所云亦原在疑信间也。"① 此文征稽众说，引录详实，所引用、论议较《湖山便览》更为充分，可据以补充关于重阳庵沿革的某些事迹。其他如吴任臣的记文和羽士薛逢客，亦可藉以为《重阳庵集》增补关于清代的记文和人物信息。

### （三）《紫阳庵集》

（清）陈璚《杭州府志》引《瑞石山志》称"乾隆二十二年，圣驾幸瑞石古洞，迁庵于宝成寺后"②，可补《紫阳庵集》未载紫阳庵移建之事迹。

### （四）《金鼓洞志》

（清）陈景钟《清波三志》载："枸橘衖东一里为双凉亭，又半里

---

① 何建明主编：《中国地方志佛道教文献汇纂·寺观卷（第121册）》，国家图书馆出版社，2013年，第303～304页。

② 何建明主编：《中国地方志佛道教文献汇纂·寺观卷（第114册）》，国家图书馆出版社，2013年，第207页。

为斋僧馆。馆即净业庵俗称也。岌岌待压，僧徒散尽。乾隆初，城西金鼓洞道士安瓢于此，稍改葺为道院，额曰'颐真观'。"① 《金鼓洞志》"院宇"卷录有蔡炼师购懒云窝地（旧为僧家居住）建设道教殿宇一事，然未见此记录，可据以补充鹤林道院在清代的发展事迹。

### （五）《金华赤松山志》

（清）李卫《敕修浙江通志》征引汇集，补充了《金华赤松山志》"宫宇类"目下"宝积观"的部分沿革信息："《金华杂记》：旧宫殿庭宇廊庑甚盛，为江南道宫之冠。后钱武肃王重修，东有二仙祠，南有卧羊山。《嘉靖金华县志》：明成化戊戌，道纪余永富复建。《金华府志》：万历十年，县令汪可受重建。"② （清）郑钟玉等纂修《金华县志》[清光绪二十年（1894）修，民国二十三年（1934）铅字重印本]所录与《敕修浙江通志》相近，内容上有不同亦有补充。如："成化戊戌，道纪余永福募，双溪驿丞程自信等重建玉皇殿并像如旧观。万历甲申，知县汪受可重建，旋圮。皇朝道光元年，道士龚广佳、钱德有复募建。咸丰季年毁。"③

### （六）其他存目道教方志

如第一章所论，存世道教方志之外，浙江尚有一些存目道教方志。其书虽散佚无闻，然部分宫观沿革信息则为地方志所收录，可据以窥

---

① 何建明主编：《中国地方志佛道教文献汇纂·寺观卷（第121册）》，国家图书馆出版社，2013年，第398页。
② 何建明主编：《中国地方志佛道教文献汇纂·寺观卷（第108册）》，国家图书馆出版社，2013年，第53页。
③ 何建明主编：《中国地方志佛道教文献汇纂·寺观卷（第158册）》，国家图书馆出版社，2013年，第119页。

见一斑。此简择一二，列示如下：

**1.**《开元宫图》

《开元宫图》存目于（清）李卫《西湖志》，不著撰人。（清）李卫《敕修浙江通志》载有开元宫的沿革情况："开元宫，《咸淳临安志》：在泰和坊内，宋宁宗潜邸。《嘉靖仁和县志》：嘉泰元年，诏改为开元宫，在秘书省，元为中书省。至元二十八年，省与宫并毁，因兼宫地作省。时董得时主宫事，购故宋理宗端孝公主第为宫，在清湖桥西。至治初，民火延燎，住持王延寿改作之。内有清风堂、介春堂。明成化初，割遗址之半为三学射圃，重建宫于其后。"①

**2.**《宗阳宫志》

《宗阳宫志》存目于（清）李卫《敕修浙江通志》，不著撰人。间有一二地方志收录有《宗阳宫志》中的诗文。（清）魏㟯《钱塘县志》综稽宗阳宫之沿革称："在芝松坊二畾，新宫桥东，即宋高宗德寿宫也。淳熙间，更名'重华'。咸淳四年，诏筑宫，赐名'宗阳'。元初，毁于兵。延祐间，杜南谷真人重建。至正末，复毁于兵。明宣德间，有都纪清隐俞偕羽士沈栖霞重构。成化乙巳，镇守海道御用监太监林槐发私帑复建。弘治中，沈复纯、于冕为记。明末，为屠沽所踞。国朝康熙癸卯，省郡士民修建殿庑，极一时之盛。丙午冬，又毁于火。徐道士尚麟兴复之。然所存地址不及故来原赐十分之二，亦可慨矣。今住持天师府知事和有鸿，素称清修，有行之士也。宫内有十景，曰：道德讲堂、得月楼、老君台、登瀛桥、太液泉、子昂十字碑（俱旧址，

---

① 何建明主编：《中国地方志佛道教文献汇纂·寺观卷（第107册）》，国家图书馆出版社，2013年，第52～53页。

在宫中);静观堂、老梅、蕉埠、芙蓉石(现属南榷官署)。"① 《敕修浙江通志》"宗阳宫"条递有补充:"国朝康熙间毁,住持徐尚麟复创。雍正八年,总督臣李卫倡率募修。"②(清)郑沄修,邵晋涵纂《杭州府志》所录略有不同,亦可藉以参校:"宋德寿宫后囿也。淳熙中,更名'重华'。咸淳四年,以其半改筑道宫,奉先朝神像,赐今额。楼台殿宇,宏壮甲于省会。元延祐间,羽士杜道坚修。至正毁,明洪武邱月庵、永乐周道渊、宣德沈复玹、宏治沈养浩相继重修。国朝康熙丙午,不戒于火。羽士徐尚麟与其徒和有鸿兴复之。(《浙江通志》)宫有十景⋯⋯又有梅石双清碑,系孙杕画梅、蓝瑛画石。乾隆十六年,圣驾临幸,御制梅石碑诗,是宫遂鼎新焉。(《南巡盛典》)"③ 综合三志所录,互相补辑,可得宗阳宫沿革之概貌。

3.《乾元观志》

《乾元观志》存目于(清)陈璚《杭州府志》,作者为"海宁许令典"。"许令典(1567—1631),字稚则,号同生,海宁袁花人。万历三十五年三甲第六十八名进士。历任上饶、无锡县令,因疏放贬为淮安教授,官至淮安知府。"④ 汪坚清修,姚寿慈纂《杭县志稿》(抄本)有一则乾元观的记录:"在超山,本宋时观音庵址。明初庵废,归并佛日寺。弘治间,僧售于丁方伯。明之季,丁又舍为紫云禅院。清顺治间,天童僧古峰来山募修。不知何时改为道观。每清明前,乡人祈蚕

---

① 何建明主编:《中国地方志佛道教文献汇纂·寺观卷(第115册)》,国家图书馆出版社,2013年,第423页。"故米原赐"中似有讹字。
② 何建明主编:《中国地方志佛道教文献汇纂·寺观卷(第107册)》,国家图书馆出版社,2013年,第50~51页。
③ 何建明主编:《中国地方志佛道教文献汇纂·寺观卷(第113册)》,国家图书馆出版社,2013年,第245~246页。
④ 钱菁、李瑞芝、金晓董编著:《海宁历代医家学术要略》,中国中医药出版社,2016年,第260页。

颇盛，盖社庙类也。近来游观者多，观亦有新筑，窗明几净，龙王及马鞍山神像均移奉观中。"① 据其文，此乾元观自明初至清顺治间仍为寺院，僧家住持。应非明万历许令典《乾元观志》所载之乾元观，存以备览。

**4.《佑圣宫志略》**

《佑圣宫志略》存目于（清）彭润章修，叶廉锷纂《平湖县志》[清光绪十二年（1886）刻本]，作者为张云锦。"张云锦（1704—?），字龙威，号铁珊，又号艺舫，浙江平湖人。国子监生。少学于舅氏陆奎勋，工诗和长短句。后洛如诗社领袖，与厉鹗、杭世骏、罗聘等唱和。撰有《兰玉堂集》《艺舫咏物诗》《国朝诗话》《国朝词话》等，词有《红阑阁词》。"②（明）程楷修，杨俊卿纂《平湖县志》[明天启七年（1627）刻本]录有佑圣宫沿革情况："佑圣宫，在城梯云桥北，宋景定中鲁大中创。鲁应龙曰：西庑有纯阳吕翁像，乃曾叔祖大中潘所创道堂塑像，道堂废，遂移奉于此。颇著灵异，小儿有拜祷乞钱者，或于几上及坐处得之，亦见其仙道变化之验云。洪武中，改并佑圣道院。宣德年，复设道会司。万历中，道士马启玄重修；旁建文昌祠，焕然色相，则邑人吕濬、冯洪业实经始焉。"③（清）张力行修，徐志鼎纂《平湖县志》[清乾隆四十五年（1780）刻本]所录递有补充："万历间，道士朱端吾募建长生阁。康熙间，道士曹又元募建华仙庙

---

① 何建明主编：《中国地方志佛道教文献汇纂·寺观卷（第116册）》，国家图书馆出版社，2013年，第305页。

② 孙克强、杨传庆、裴喆编著：《清人词话（中）》，南开大学出版社，2012年，第827页。

③ 何建明主编：《中国地方志佛道教文献汇纂·寺观卷（第137册）》，国家图书馆出版社，2013年，第321～322页。

（旧名存仁房）、财神庙（旧名瞻月房）、痘神庙，俱康熙间增建。"①（清）许瑶光修，吴仰贤等纂《嘉兴府志》［清光绪四年（1878）鸳湖书院刻本］综稽各说，有更为详细的建筑与方位说明："国朝乾隆二十八年重修，其附于宫者，东为长生阁（康熙间建阁，前有圣母殿）、痘神殿（康熙间建）、财神殿（旧名瞻月房，乾隆五十三年知县王恒重修。一在乍浦南门外）、华佗庙、药王庙；西为真武殿、文昌殿（平湖《王志》）。"②

**5.《真隐观志》**

《真隐观志》存目于（清）戴枚修，董沛等纂《鄞县志》［清同治十三年（1874）修，光绪三年（1877）刻本］，不著撰人。（元）王元恭纂《四明续志》［元至正二年（1342）修］录有真隐观的沿革情况："真隐观，在西南隅月湖。旧名'竹洲'，宋丞相史忠定读书之所。忠定自号'真隐'，乾道中，尝赐御书，其后遂为观。皇朝至大二年，火；至治三年，道士邹居正重建，渐完。"③（清）戴枚《鄞县志》承王《志》作了综稽补充："明改为晏公庙，又为陆康僖公祠（《嘉靖志》）。观已久废，今呼为观基（《敬止录》）。陆祠移于水西锦里桥之北（《四明谈助》）。"④

---

① 何建明主编：《中国地方志佛道教文献汇纂·寺观卷（第138册）》，国家图书馆出版社，2013年，第61～62页。

② 何建明主编：《中国地方志佛道教文献汇纂·寺观卷（第134册）》，国家图书馆出版社，2013年，第333页。

③ 何建明主编：《中国地方志佛道教文献汇纂·寺观卷（第144册）》，国家图书馆出版社，2013年，第123页。

④ 何建明主编：《中国地方志佛道教文献汇纂·寺观卷（第146册）》，国家图书馆出版社，2013年，第6页。

## 三、对碑铭诗文的辑补

地方志中收录有很多宫观祠庙之碑铭诗文，或为全文，或为节略，或存其目，其中不乏可供道教方志校补者。兹列录一二，不取全备，以例其余。

### (一)《洞霄宫志》

**1.（清）李卫《敕修浙江通志》**

(1)《右军碑》："《余杭县志》：在大涤山洞霄宫内玉皇殿前，岁久剥落，尚存十余字。"[①]

(2)（宋）林景熙《洞霄宫》诗："洞天有别云，福地无凡土。嘉名此兼擅，灵气适专聚……"[②]

二者《洞霄宫志》《洞霄诗集》俱未著录。

**2.（宋）潜说友纂《临安志》[宋咸淳四年（1268）纂]**

(1) 白元鉴《大涤山》："天坛绝顶山，仿佛翠微间。迹久苔纹碎，云根古木闲。丹成人已去，鹤驾未曾还。犹有箫吹响，时时下旧山。"[③]

---

[①] 何建明主编：《中国地方志佛道教文献汇纂·诗文碑刻卷（第133册）》，国家图书馆出版社，2013年，第379页。此为存目。

[②] 何建明主编：《中国地方志佛道教文献汇纂·诗文碑刻卷（第134册）》，国家图书馆出版社，2013年，第135页。此处节录。《全宋诗》收录此诗，题作《翠蛟亭》，详见北京大学古文献研究所编：《全宋诗》，北京大学出版社，1995年，第43517页。

[③] 何建明主编：《中国地方志佛道教文献汇纂·诗文碑刻卷（第137册）》，国家图书馆出版社，2013年，第76页。

《洞霄诗集》录有此诗,题作《天坛》,词句分歧处较多:"天坛高百尺,只在翠微间。碧藓遗踪古,青松白日闲。丹成人已化,云去鹤应还。时有吹箫客,月明来故山。"①

(2)钱景谌《洞霄宫》:"洞天三十六,大涤上清房。物外云烟古,仙家日月长。溪流分玉醖,岩穴产灵香。须信风尘表,栖真自有方。"②

《洞霄诗集》录有钱景谌《洞霄宫》,与此诗相较,词句歧异略多:"余杭隐大涤,邃道达华阳。物外云烟古,山中日月长。溪流分玉液,柏子下仙香。须信风尘表,栖真自有方。"③

(3)徐献子(大玉)《大涤山》:"入得青山第几重,龙蟠凤舞著仙宗。九关云锁疑无地,数步天开又一峰。大涤洞中丹作井,昊穹殿下石为松。我来自结真人伴,杖履蹁跹是指踪。"④

"徐献子,宣教郎,淳祐三年正月二十日到任。"⑤ 徐献子为南宋理宗朝人,生平事迹不详。《洞霄宫志》《洞霄诗集》未录其人其诗。

**3. (清)吴允嘉纂修《钱塘县志补》(清嘉庆间纂,抄本)**

王寅《洞霄宫》:"洞霄宫殿锁寒烟,径草霜黄九曲穿。御虎曾传羽师事,摩碑再认宋皇年。恒沙兴废何须问,诗社交游重可怜。风雨

---

① 胡道静、陈耀庭、段文桂等主编:《藏外道书(第三四册)》,巴蜀书社,1994年,第4页上。

② 何建明主编:《中国地方志佛道教文献汇纂·诗文碑刻卷(第137册)》,国家图书馆出版社,2013年,第178页。

③ 胡道静、陈耀庭、段文桂等主编:《藏外道书(第三四册)》,巴蜀书社,1994年,第8页上。

④ 何建明主编:《中国地方志佛道教文献汇纂·诗文碑刻卷(第137册)》,国家图书馆出版社,2013年,第79页。此诗《全宋诗》据《诗渊》录入,题作《奉谢徐献子》,作者题作"无名氏",详见北京大学古文献研究所编:《全宋诗》,北京大学出版社,1995年,第45405页。

⑤ 《文渊阁四库全书(第四八七册)》,台湾商务印书馆,1986年,第189页下。

千山空独返,为君来赋大招篇。"①

王寅,《钱塘县志》中列其名于明代诗人文征明之后,当为明代诗人。陈田辑撰《明诗纪事》称:"(王)寅字仲房,一字亮卿,歙人。有《十岳山人集》四卷。《四库总目》:'寅尝北走大梁,问诗于李梦阳。中年习禅,事古峰和尚……'"②文征明与李梦阳生年相近,《明诗纪事》所录可能即为此王寅。《洞霄宫志》《洞霄诗集》未著录其人其诗。

**4.(清)张思齐纂修《余杭县志》**

(1)毛万龄《游洞霄宫》:"玉洞玲珑绛节朝,层峰积翠耸青霄。只宜仙子闲吹笛,岂合名臣老挂瓢。"③

"毛万龄,字大千,号东壶,萧山人。顺治七年(1650)拔贡,官仁和教谕,有《彩衣堂集》。"④《洞霄宫志》《洞霄诗集》俱未著录毛万龄其人其诗。

(2)董宗原《洞霄宫》:"秋祠灵气郁千盘,九曲峰高缥缈看。洞口桃花迷客径。涧边瑶草醮仙坛。云封石壁丹炉火,鹤唳槎松碧宇寒。漫自拂衣尘世里,姓名何日问骖鸾。"⑤

《洞霄宫志》著录有董宗原《洞霄宫》和诗:"苍崖翠壁耸岩峣,秘殿清宫接九霄。千树桃花迷古洞,一溪云母碓秋潮。仙人环佩灵风

---

① 何建明主编:《中国地方志佛道教文献汇纂·诗文碑刻卷(第142册)》,国家图书馆出版社,2013年,第293页。诗前有小序,此不录。
② 陈田辑撰:《明诗纪事》,上海古籍出版社,1993年,第2205页。
③ 何建明主编:《中国地方志佛道教文献汇纂·诗文碑刻卷(第149册)》,国家图书馆出版社,2013年,第418~419页。
④ 吴云编:《古韵流风》,西泠印社出版社,2007年,第176页。
⑤ 何建明主编:《中国地方志佛道教文献汇纂·诗文碑刻卷(第149册)》,国家图书馆出版社,2013年,第420~421页。

满，武帝郊坛梦雨飘。几度凭君呼吸处，五铢衣惹白云饶。"① 然未著录《余杭县志》所录此诗。

（3）陆进《游洞霄宫》："太乙坛高兴可乘，翠蛟亭回看云蒸。数株松色疑秦树，三月桃花似武陵。问道久餐金掌露，论心已近玉壶冰。忽惊腋下清风起，身在丹峰第一层。"②

"陆进，字荩思，仁和人，余杭岁贡，官温州训导，有《巢青阁集》。"③《洞霄宫志》《洞霄诗集》俱未著录陆进其人其诗。

其他如（清）张吉安等修、朱文藻等纂《余杭县志》亦收录很多《洞霄宫志》《洞霄诗集》未录之诗文，多为闻人儒身后作家之作。如洪亮吉的《九锁山望天柱峰诗》"苍苍九层山"、张吉安的《雨后过九锁山诗二首》"湿云拨去夕阳初""涧草岩花媚晚晴"、陆顺豪的《游白鹿山记》"大涤之中峰曰白鹿山"、俞廷橰《将赴昭通陆行抵富阳途中回望天柱峰有作》"峨峨天柱峰"等。④ 此不赘。

## （二）《仙都志》

**1. 李卫《敕修浙江通志》**

（1）叶梦得《仙都观记》："仙都观，在缙云县东四十里。旧传黄帝炼丹其上，今为道观。唐李阳冰为令时，书'黄帝祠宇'四大字，

---

① 张智、张健主编：《中国道观志丛刊续编（第17册）》，广陵书社，2004年，第401～402页。

② 何建明主编：《中国地方志佛道教文献汇纂·诗文碑刻卷（第149册）》，国家图书馆出版社，2013年，第421页。

③ （清）吴颢辑，吴振棫补辑：《国朝杭郡诗辑（卷一）》，第37页，同治十三年（1874）刊本。

④ 何建明主编：《中国地方志佛道教文献汇纂·诗文碑刻卷（第150册）》，国家图书馆出版社，2013年，第26～33页。

尚存……"①

《仙都志》未著录叶梦得其人其文。

（2）虞集《玉虚宫记》："缙云仙都山者，道书以为元都祈山洞天，黄帝于此炼丹仙去。唐天宝中，赐号仙都山祠。宋治平三年，赐名玉虚宫。……"②

《仙都志》未著录此文。

2.（清）曹抡彬等修，朱肇济等纂《处州府志》［清雍正十一年（1733）刻本］

（明）郑汝璧《游仙都记》："仙都山，志称三百里，度邑所居，犹然郭廓耳。而鼎湖诸胜则去邑可二十里许，盖道家所称祈仙二十九洞天者……"③

"郑汝璧（1546—1607），字邦章，号昆岩、愚公，缙云（今浙江丽水）人。隆庆二年（1568）进士。始授刑部江西司主事，累迁云南司郎中……著述甚丰，亦能文，有《由庚堂诗文集》等。"④《仙都志》编于元代，自未著录此文。

3.（清）令狐亦岱等修，沈鹿鸣等纂《缙云县志》［清乾隆三十二年（1767）刻本］

（1）李棠《仙都山》："偶因清赏到仙家，羽客相迎坐煮茶。古洞云藏丹灶药，清香风度碧莲花。鼎湖元鹤闲春昼，轩后旌幢隔彩霞。

---

① 何建明主编：《中国地方志佛道教文献汇纂·诗文碑刻卷（第133册）》，国家图书馆出版社，2013年，第242~243页。此节录其文，仅便检索，下同。

② 何建明主编：《中国地方志佛道教文献汇纂·诗文碑刻卷（第133册）》，国家图书馆出版社，2013年，第243页。

③ 何建明主编：《中国地方志佛道教文献汇纂·诗文碑刻卷（第209册）》，国家图书馆出版社，2013年，第6页。文长节录，下同。

④ 程章灿主编：《诗栖名山》，凤凰出版社，2015年，第119页。

何日披衣来此地，养生亦学饭胡麻。"①

"李棠（1400—1460），字宗楷，号蒙斋，缙云宫前人。明宣德五年（1430）进士。初授刑部主事，因耿直廉明，为尚书魏源所器重……著有《蒙斋文集》《诸庆集》《蒙斋奏议》等。"②

（2）周南《仙都山》："玉柱峰头近太华，孤高遥映赤松家。空山飞翠钟声暗，流水浮云鹤影斜。古殿久通青鸟使，中天时泛碧莲花。地灵真与尘凡异，欲觅仙人醉九霞。"③

"周南，字文化，缙云人。成化十四年（1478）进士。除六合知县，擢御史，出按畿辅。弘治初，再按广东……"④

（3）明邑令雷叔闻《仙都山》："小院黄花秋色明，豆丛瓜架晚凉生。云蒸海岸千峰湿，潮涌溪城万甲鸣。肺热欲餐莲鼎雪，身闲偏爱石田耕。玉泥金简无消息，倚槛长歌太古情。"⑤

"雷叔闻，字实先，江陵人。万历戊子（1588）举人。初官长沙教谕，升蜀县令。少负隽才，淹通经史，及登贤，书学益博。仕蜀尚风厉，豪右屏迹。改江南司理，升景东府丞，挂冠归。"⑥ 此传中未言其任缙云邑令事迹，与志中所注"邑令"不相合，不知是否为诗之作者，

---

① 何建明主编：《中国地方志佛道教文献汇纂·诗文碑刻卷（第211册）》，国家图书馆出版社，2013年，第362页。
② 虞文喜主编，孙世森、蔡德邻副主编：《丽水地区人物志》，浙江人民出版社，1995年，第29～30页。
③ 何建明主编：《中国地方志佛道教文献汇纂·诗文碑刻卷（第211册）》，国家图书馆出版社，2013年，第363页。
④ （清）张廷玉等撰：《明史》，载中华书局编辑部编：《"二十四史"（简体字本）》，中华书局，2000年，第3305页。
⑤ 何建明主编：《中国地方志佛道教文献汇纂·诗文碑刻卷（第211册）》，国家图书馆出版社，2013年，第363页。
⑥ 廖元度选编，湖北省社科院文学研究所校注：《楚风补校注（下）》，湖北人民出版社，1998年，第204页。

录以备考。

（4）李邦柱《仙都山》："仙灵窟宅蓬莱天，丹灶云房漫纪年。历落层崖藏古洞，崎嵚片石漱寒泉。不妨夜月沿轻棹，且喜禅床便醉眠。只此佳山堪卒岁，何须别觅买山钱。"①

"李邦柱（1568—1641），字尔直。缙云人。明万历四十六年（1618）岁贡。授抚州府经历，迁思恩知县。捐俸创庙庑，备仪器，开文风。署池州事，声望著。以忤上归。有《紫云山房集》《樾涧吟草》《测蠡稿》。"②

上述诗人均为明代人，《仙都志》自未著录其人其诗。另志中尚有多篇七绝诗作为《仙都志》所未及录者，兹不录全诗，简列如次：（宋）沈括《仙都》"苔封辇路上青山"，③赵抃《玉虚宫》"宫前车辙状分明"、《步虚宫》"妙峰高处即仙居"、《鼎湖峰》"不见青莲花落时"、《水仙洞》"路入云端步步轻"、《隐真洞》"仙洞常年卧白云"、《忘归洞》"洞天日月最迟迟"，④韩元吉《玉虚宫》"槛外风高山月明"，⑤谢翱《望仙都山二首》"鼎湖只在柱峰上""道人诵经半峰下"。⑥

---

① 何建明主编：《中国地方志佛道教文献汇纂·诗文碑刻卷（第 211 册）》，国家图书馆出版社，2013 年，第 363～364 页。
② 《浙江古今人物大辞典》编委会编：《浙江古今人物大辞典（续编）》，方志出版社，2001 年，第 32 页。
③ 何建明主编：《中国地方志佛道教文献汇纂·诗文碑刻卷（第 211 册）》，国家图书馆出版社，2013 年，第 371～372 页。
④ 何建明主编：《中国地方志佛道教文献汇纂·诗文碑刻卷（第 211 册）》，国家图书馆出版社，2013 年，第 372～373 页。
⑤ 何建明主编：《中国地方志佛道教文献汇纂·诗文碑刻卷（第 211 册）》，国家图书馆出版社，2013 年，第 373 页。
⑥ 何建明主编：《中国地方志佛道教文献汇纂·诗文碑刻卷（第 211 册）》，国家图书馆出版社，2013 年，第 374 页。

4. （清）汤成烈修，尹希伊纂《缙云县志》［清道光二十九年（1849）刻本］

（1）（宋）赵镇《妙庭观玉泉池诗》："一脉泠泠绝点埃，方池幽洞自潆洄。源从白石云边出，流向青莲座下回。禹穴鳞游残雪喷，祗园花堕暗香来。可人最是清秋夜，月白沙青宝镜开。"①

"赵镇（1152—1207），字国宁，缙云（今属浙江）人。以荫补将仕郎，为将作监主簿。"②《仙都志》未著录赵镇其人其诗。

（2）（明）李瑜《宿妙庭观诗》："晴日西风绝顶游，乾坤万里入吟眸。摇空湖水通银汉，驾辇危楼下斗牛。丹灶飞烟迷古洞，赤幢飘影动高秋。夜来对榻松房沓，身世浑疑是十洲。"③

"李瑜，浙江缙云县人。字良卿，号云川……授工部主事，凤阳知府。"④ 李瑜是明代诗人，他的诗作《仙都志》自未著录。

5. （清）何乃容、葛华修，潘树棠纂《缙云县志》［清光绪二年（1876）修，七年（1881）刻本］

（1）《仙都山潜说友题记》："景定甲子四月六日，潜说友君高父约田桂发德芳游仙都，德芳泛舟，偕弟仲猷允夫、客王惟勤德广、沈赡谦父来……"⑤

"潜说友，自君高，缙云（今属浙江）人。理宗淳祐四年（1244）

---

① 何建明主编：《中国地方志佛道教文献汇纂·诗文碑刻卷（第211册）》，国家图书馆出版社，2013年，第398～399页。
② 北京大学古文献研究所编：《全宋诗》，北京大学出版社，1995年，第31486页。
③ 何建明主编：《中国地方志佛道教文献汇纂·诗文碑刻卷（第211册）》，国家图书馆出版社，2013年，第399页。原诗"赤"字后衍一"白"字。
④ 多洛肯：《明代浙江进士研究》，上海古籍出版社，2004年，第279页。
⑤ 何建明主编：《中国地方志佛道教文献汇纂·诗文碑刻卷（第212册）》，国家图书馆出版社，2013年，第41页。

进士。"①

（2）《仙都山陈绍若题记》："天台陈绍若叨宰斯邑，闻境内有祈仙洞天，为一邑奇观。越明年春仲，与客会稽袁文英、丹丘陈兴老来游。历览胜概，竟日而归。时咸淳己巳，谨题。"②

陈绍若，据《题记》，乃天台人，咸淳五年（1269）时任缙云知县，生平不详。

（3）陈本卿《小蓬莱题记》："咸淳辛未，天台陈本□□□□□惟叙来游，邑人田季玉不期而会，友人周至。"③

陈本卿，生平不详。

（4）《仙都山陈仁玉独峰大雪歌并陈绍若题记》："景定甲子正月二十三日，仙居陈仁玉归自三山，来游仙郡独峰，雪适大作，助我奇观，抚栏引酌，为之浩歌，歌阕因录藏山中，歌曰：仙居仙人游仙都，帝遗滕六为先驱……"④

"《宋诗纪事》：陈仁玉，号碧栖，仙居人，第进士。有诗载《吴礼部诗话》及《洞霄诗集》《式古堂书考》。"⑤

上列此四篇宋人题记，《仙都志》俱未收录。

---

① 北京大学古文献研究所编：《全宋诗》，北京大学出版社，1995年，第40323页。
② 何建明主编：《中国地方志佛道教文献汇纂·诗文碑刻卷（第212册）》，国家图书馆出版社，2013年，第42~43页。
③ 何建明主编：《中国地方志佛道教文献汇纂·诗文碑刻卷（第212册）》，国家图书馆出版社，2013年，第43页。
④ 何建明主编：《中国地方志佛道教文献汇纂·诗文碑刻卷（第212册）》，国家图书馆出版社，2013年，第43~45页。
⑤ 何建明主编：《中国地方志佛道教文献汇纂·诗文碑刻卷（第212册）》，国家图书馆出版社，2013年，第45页。

### (三)《通玄观志》

**1.**（清）李卫等修，傅王露等纂《西湖志》［清雍正十三年（1735）刻本］

（1）黄唐《通玄观诗》："云气深深护石坛，红尘飞不到栏杆。清阴满地无人迹，一径松风鹤梦寒。"①

黄唐，"南宋福州长乐（今属福建）人，一说福州闽清（今属福建）人，字雍父，一字信厚。早年治《周易》。淳熙四年（1177）太学两优释褐，授迪功郎、太学录。淳熙十年（1183），除校书郎。历任秘书郎、著作佐郎、著作郎。淳熙十六年（1189），出知南康军。绍熙二年（1191），以朝请郎为提举浙东常平"②。《通玄观志》未录黄唐其人其诗。

（2）贺洪《题寿域楼诗》："百尺亭亭倚太清，绮云浮盖护雕楹。龙光夜透思陵敕，鹤背时闻子晋笙。天目远分山脉秀，海门遥驾旭轮升。登临每起游仙兴，欲御天风过岛瀛。"③

《通玄观志》录有贺洪同名作，与此诗相较词句微异，可供校勘之用："岩际高楼逼太清，长松千尺护雕楹。龙光夜动思陵敕，鹤背时闻子晋笙。天目远分山脉秀，海门遥驾旭轮明。登临每起游仙兴，欲御长风上五城。"④

---

① 何建明主编：《中国地方志佛道教文献汇纂·诗文碑刻卷（第145册）》，国家图书馆出版社，2013年，第373页。
② 杨倩描主编：《宋代人物辞典（上）》，河北大学出版社，2015年，第281页。《西湖志》中黄唐列于元代诗人贯云石之后，或为元代诗人，未知是否为此黄唐。
③ 何建明主编：《中国地方志佛道教文献汇纂·诗文碑刻卷（第145册）》，国家图书馆出版社，2013年，第373～374页。
④ 四库全书存目丛书编纂委员会编：《四库全书存目丛书·史部（第二四六册）》，齐鲁书社，1996年，第425页。

**2.（清）翟灏《湖山便览》**

高应冕《观白鹿泉》："白鹿何年去，灵源此地留。水从山下出，人向镜中游。影落千峰月，声空万壑秋。岩虚青霭散，天映白云流。玉女漂同色，紫阳山共幽。心颜若为洗，不复变沧州。"①

高应冕，"字文中，仁和人。嘉靖甲午举人，官光州知州"②。著有《白云山房集》二卷。《通玄观志》未著录高应冕其人其诗。

### （四）《重阳庵集》

**1.（清）李卫《西湖志》**

（1）《宋理宗真武像赞》（在吴山重阳庵）："于赫真武，启圣均阳。克相炎宋，宠绥四方。累朝钦奉，显号徽章。其右我宗祐，万亿无疆。（正书上有丙午御书二印，下有道经小字一段。经文不录。）"③

《重阳庵集》未著录此赞辞，且所录文记亦未见宋理宗真武像赞之记录。

（2）诸葛鉴元等题名在青衣洞："大唐开成五年六月十□日□□，南岳道士邢令闻、钱塘县令钱华记，道士诸葛鉴元书。（隶书摩崖内损三字。）"④

（3）大字《心经》："在青衣洞，旁刻有佛像。见万历《杭州府

---

① 何建明主编：《中国地方志佛道教文献汇纂·诗文碑刻卷（第147册）》，国家图书馆出版社，2013年，第331页。
② 《文渊阁四库全书（第四册）》，台湾商务印书馆，1986年，第737页。
③ 何建明主编：《中国地方志佛道教文献汇纂·诗文碑刻卷（第146册）》，国家图书馆出版社，2013年，第98～99页。
④ 何建明主编：《中国地方志佛道教文献汇纂·诗文碑刻卷（第146册）》，国家图书馆出版社，2013年，第99页。

志》。"①

《重阳庵集》青衣洞相关文记均未见诸葛鉴元等题名及大字《心经》信息。

**2.**（清）陈景钟《清波三志》

（1）严我斯《重阳庵》："胜地吴山下，招提近可寻。虚堂鸣夕磬，高树坐寒禽。瓢笠忘身世，莺花自古今。倚栏频眺望，愁绝大江阴。"②

严我斯"（1629—约1701），字就思，号存庵，浙江归安人。清康熙三年（1664）甲辰科状元"③。

（2）姚炳《青衣洞》："童子何年至，苍茫见风雨。排冥有残天，插根无寸土。撑拄资谁力，山灵良亦苦。我行怯欹危，微躬学佝偻。呀然洪濛开，石罅微光吐。一径入丹房，是号仙人府。叱石走猿猱，绿云列廊庑。谽谺天风生，盘结阴霞补。青衣应常来，床几相接武。与之坐弈棋，静对还太古。不见令威归，长空闻鹤舞。"④

姚炳，"字彦晖，休宁籍钱唐人，雍正甲辰副贡。有《荪溪草堂集》。"⑤

《重阳庵集》编于明代，自未录清代严斯我、姚炳其人其诗。

---

① 何建明主编：《中国地方志佛道教文献汇纂·诗文碑刻卷（第146册）》，国家图书馆出版社，2013年，第99页。
② 何建明主编：《中国地方志佛道教文献汇纂·诗文碑刻卷（第149册）》，国家图书馆出版社，2013年，第92页。
③ 胡传淮主编，陈名扬、岳敦云、李宝山等副主编：《遂宁风雅》，现代出版社，2017年，第524页。
④ 何建明主编：《中国地方志佛道教文献汇纂·诗文碑刻卷（第149册）》，国家图书馆出版社，2013年，第56页。
⑤ （清）吴颢辑，吴振棫补辑：《国朝杭郡诗辑（卷十二）》，第28页，同治十三年（1874）刊本。

### (五)《武林玄妙观志》

**1.** (清) 李卫《敕修浙江通志》

(1)《天庆观碑》:"《舆地纪胜》:掘得二小石刻,其一北极殿,知州宋坦雍熙三年记并铭。"①

(2)《天庆观增修圣祖殿记》:"《至元嘉禾志》:绍兴二十七年十月,左朝请郎致仕朱敦儒撰。"② 此二碑信息《武林玄妙观志》"碑碣"目下未收录。

**2.** (清) 郑沄《杭州府志》

《天庆观经幢》:"客杭日记:天庆观山门外有经幢二,高宗御书《度人经》。"③

《武林玄妙观志》"碑碣"目下据(元)郭天锡《客杭日记》录有"徽宗皇帝御书碑",然仅言其御书《道德经》,未言及《度人经》,不知此《杭州府志》所论何据。

### (六) 其他存目道教方志

存目道教方志,已难知其具体内容。此处一方面取地方志所录明确标注有道教方志名目者予以汇辑(如《宗阳宫志》),另一方面取涉及道教方志所录宫观或建筑名称者予以汇辑(如《宗阳宫志》涉及之宗阳宫、得月楼、老君台等建筑),希从局部展现存目道教方志艺文之

---

① 何建明主编:《中国地方志佛道教文献汇纂·诗文碑刻卷(第134册)》,国家图书馆出版社,2013年,第3页。
② 何建明主编:《中国地方志佛道教文献汇纂·诗文碑刻卷(第134册)》,国家图书馆出版社,2013年,第3页。
③ 何建明主编:《中国地方志佛道教文献汇纂·诗文碑刻卷(第140册)》,国家图书馆出版社,2013年,第411页。

一斑。为行文简洁,仅列录篇名、作者及部分文句(以括号标识);同一作品著录于多部不同地方志者,仅选取其一,不再重复列录说明。

**1.《宗阳宫志》**

(1)李卫《敕修浙江通志》:杨载《老君台玩月分韵诗》(老君台上凉如水,坐看冰轮转二更)、张昱《和杨仲宏诗》(当时诸老宗阳会,月与浮云几度更)、① 李卫《募修宗阳宫引》(宗阳宫者,宋之德寿宫也。在杭城东南隅,距吴山不数百武)。②

(2)潜说友《临安志》:知仁和县臣郭应酉撰《上梁文》(圣人继天立极,瑞已兆于初潜;上帝储祉垂恩,事莫严于昭受)。③

(3)郑沄《杭州府志》:于冕《宗阳宫记》(宗阳宫,在杭城中,按《郡志》,即宋高宗之德寿宫也)。④ 柯潜《宗阳宫诗》(咫尺仙凡隔,虚明小洞天)。⑤《宗阳宫太乙泉铭》(《钱塘县志》:虞集撰)。⑥《宗阳宫老君十子小像小传石刻》(《钱塘县志》:赵孟𫖯画并书,刻石开元宫)。⑦

(4)(清)陈璚《杭州府志》:元宗阳宫铜钟铭(《两浙金石志》:

---

① 何建明主编:《中国地方志佛道教文献汇纂·诗文碑刻卷(第132册)》,国家图书馆出版社,2013年,第195页。
② 何建明主编:《中国地方志佛道教文献汇纂·诗文碑刻卷(第132册)》,国家图书馆出版社,2013年,第196页。
③ 何建明主编:《中国地方志佛道教文献汇纂·诗文碑刻卷(第137册)》,国家图书馆出版社,2013年,第14页。
④ 何建明主编:《中国地方志佛道教文献汇纂·诗文碑刻卷(第140册)》,国家图书馆出版社,2013年,第83页。
⑤ 何建明主编:《中国地方志佛道教文献汇纂·诗文碑刻卷(第140册)》,国家图书馆出版社,2013年,第85页。
⑥ 何建明主编:《中国地方志佛道教文献汇纂·诗文碑刻卷(第140册)》,国家图书馆出版社,2013年,第348页。
⑦ 何建明主编:《中国地方志佛道教文献汇纂·诗文碑刻卷(第140册)》,国家图书馆出版社,2013年,第355页。

在杭州宗阳宫，篆书十四行，行五字）。① 《宗阳宫碑》（《钱塘县志》：大德八年，任士林撰）。②

**2.《佑圣宫志略》**

彭润章修，叶廉锷纂《平湖县志》［清光绪十二年（1886）刻本］：周时乐《重修佑圣宫记》（节文）（距县西一里而近，故有福地曰佑圣宫，广袤二十亩有奇。旧无碑刻，莫详于创始）。③

**3.《真隐观志》**

戴枚《鄞县志》：史浩《真隐园铭（并序）》（予生赋鱼鸟之性，虽服先训，出从宦游，而江湖山薮之思未尝少间，故随所寓处号曰"真隐"）。④ 全祖望《真隐观洞天古迹记》（四明旧志，由张律以致杨时，皆过于廖略，一切古迹阙而不备）。⑤ 全祖望《史忠定公洞天诗》（乾淳丞相老甘盘，归来别署真隐仙。临行稽首香案前，乞得御书光洞天）。⑥

**4.《旌德观志略》**

（1）郑沄《杭州府志》：宋濂《忠靖王碑记》（岁在阏逢涒滩，斗杓直寅，其日某甲子，东嘉道士储祥曦新作温忠靖王庙成。后十有一

---

① 何建明主编：《中国地方志佛道教文献汇纂·诗文碑刻卷（第141册）》，国家图书馆出版社，2013年，第236页。
② 何建明主编：《中国地方志佛道教文献汇纂·诗文碑刻卷（第141册）》，国家图书馆出版社，2013年，第272页。
③ 何建明主编：《中国地方志佛道教文献汇纂·诗文碑刻卷（第173册）》，国家图书馆出版社，2013年，第194页。
④ 何建明主编：《中国地方志佛道教文献汇纂·诗文碑刻卷（第182册）》，国家图书馆出版社，2013年，第254页。
⑤ 何建明主编：《中国地方志佛道教文献汇纂·诗文碑刻卷（第182册）》，国家图书馆出版社，2013年，第255页。
⑥ 何建明主编：《中国地方志佛道教文献汇纂·诗文碑刻卷（第182册）》，国家图书馆出版社，2013年，第256页。

年，太史氏濂为之记曰)①《旌德观记》(《万历钱塘县志》：洪启睿撰)。②

（2）（清）陈璚《杭州府志》：《旌德观重建先贤祠记》(成化《旧志》：夏时正撰，宁良书、杜□篆额)。③

（3）魏㟲《钱塘县志》：王英《记》(杭旧有先贤祠，在苏堤。宝庆二年，郡守袁韶奏效绍兴鸿禧观建祠，乡名士自许由至张九成及五烈女，凡三十九人，作赞立石，而观之名始创)。④

（4）翟灏《湖山便览》：岳珂《中秋夜宿旌德观无月》(满看金盆涌碧流，西湖从古惬中秋。清班正自重闉隔，尘鞅难从近甸游)。⑤

此外，尚有一些道观，虽未见有道教方志存世或存目，然就地方志所录众多相关诗文看亦足以编成一部道观志，如慈溪县的清道观。（清）杨正筍修，冯鸿模纂《慈溪县志》［清雍正八年（1730）刻本］录有夏时正《重建清道观记》、冯益《清道观天开图画记》、王镕《清道观蓬莱轩记》、颜鲸《重修清道观碑记》4 篇文记，以及刘天相《仙人好楼居为清道观蓬莱轩赋》《清道观秋日》《清道观》、陈敬宗《游清道观》、叶本《清道观》《清道观和韵》、徐一忠《夏日过清道观（二首)》《清道观远眺》、沈大忠《题清道观》、叶维荣《清道观次韵》、冯

---

① 何建明主编：《中国地方志佛道教文献汇纂·诗文碑刻卷（第 140 册)》，国家图书馆出版社，2013 年，第 68 页。

② 何建明主编：《中国地方志佛道教文献汇纂·诗文碑刻卷（第 140 册)》，国家图书馆出版社，2013 年，第 398 页。

③ 何建明主编：《中国地方志佛道教文献汇纂·诗文碑刻卷（第 141 册)》，国家图书馆出版社，2013 年，第 277 页。

④ 何建明主编：《中国地方志佛道教文献汇纂·诗文碑刻卷（第 142 册)》，国家图书馆出版社，2013 年，第 178 页。"祀"字据郑沄《杭州府志》"旌德观"条补入；"张九"亦据之补正。

⑤ 何建明主编：《中国地方志佛道教文献汇纂·诗文碑刻卷（第 146 册)》，国家图书馆出版社，2013 年，第 369 页。

元仲《清道观（五首）》、刘成郊《客回过清道观与张炼师话旧》、周鸿宪《清道观》、刘国杰《清道观留别》《清道观留赠羽士冯守恒》、张楷《访王炼师不遇》、刘钟《清道观仙宫》、龙德孚《清道观留别父老（二首）》《同冯修吾、屠长卿至观中剪除障翳》《自题清道观生祠》《题清道观》、屠隆《清道观》、颜鲸《和游清道观》、刘伯渊《清道观》、姚应龙《蓬莱轩访炼师》、王梴《避暑清道观》、僧圆复《游清道观》、冯昌《重建清道观咏》、万表《与王同野避暑清道观》、黄宗羲《舟泊夹田桥登清道观留赠张炼师》、陈吴岳《清道观留客厅》、钱文荐《清道观》、陈廷瓒《集唐咏清道观四景》（四首）42首诗歌。① 若再增以（明）李逢甲修，姚宗文纂《慈溪县志》［明天启四年（1624）刻本］所录金鉴《清道观避暑》、陈茂义《秋夜宴清道观》、姚应龙《题清道观》、冯叔吉《同龙伯贞、屠纬真游清道观分韵得兵字》、袁宗泗《清道观》5首，② 关于清道观的诗歌共计有47首。如此多的诗文汇集于地方志中，既说明了清道观在慈溪的重要地位，也说明了地方志在保存道教宫观文献方面的重要作用。设若得人，旁搜远绍，编纂一部《清道观志》，亦应是水到渠成之事。

## 第二节　金石典籍对道教方志的辑补

"人生非金石，岂能长寿考？"金石是古人游乐抒怀、记事传道，

---

① 详见何建明主编：《中国地方志佛道教文献汇纂·诗文碑刻卷（第185册）》，国家图书馆出版社，2013年，第280～370页。
② 详见何建明主编：《中国地方志佛道教文献汇纂·诗文碑刻卷（第185册）》，国家图书馆出版社，2013年，第208～238页。

实现"立言"以不朽的重要载体。或建筑落成以志庆，或整理教派以立规，或乐善捐施以旌表，或游目骋怀以述兴，钟鼎彝器款识、穹碑短碣记文、摩崖题壁诗作纷现叠出。金石文献既是前人藉以传播四方、垂名后世的中介，也是后人取以研究的重要材料。翻检金石典籍，自有可以辑补道教方志之处。

## 一、金石典籍与地方志不同的编纂表现

金石典籍一般可以分为两种类型，一种是地方志（地域志）中附属的金石或碑碣（碑刻）分目，如（清）司能任修、屠本仁纂《嘉兴县志》[清嘉庆六年（1801）刻本]卷三十四即为"金石"分目，收录有嘉兴地区金石碑刻"碑一百一十二、贴九、幢一、塔一、桥柱三、井栏一，附以砖五，共一百三十二"[1]。另一种则是单纯收录碑刻铭文的金石专志，如（宋）欧阳修《集古录》、（宋）赵明诚《金石录》、（清）阮元《两浙金石志》、丁敬《武林金石记》等。台湾新文丰出版公司印行的大型金石丛书《石刻史料新编》即将二者统摄一处，等量齐观。[2] 如其第一辑十四、十五册所录《两浙金石志》《吴兴金石志》《武林金石志》《台州金石录》《括苍金石志》等为金石专志，而第三辑第七至十一册所录《浙江碑碣通志》《杭州金石志》《钱塘金石志》《湖州金石略》等则是从地域志辑出，重新命名，单独列册之金石典籍。如沈翼机撰《浙江金石碑碣通志》实际为李卫《敕修浙江通志》"碑碣"分卷部分（卷 255～258），绍晋涵《杭州金石志》二卷为郑沄

---

[1] 何建明主编：《中国地方志佛道教文献汇纂·诗文碑刻卷（第 170 册）》，国家图书馆出版社，2013 年，第 133 页。

[2] 新文丰出版公司编辑部编：《石刻史料新编》，新文丰出版公司，1977 年。

《杭州府志》"金石"分卷部分（卷60～61）。[①] 金石专志与地域志中的"碑碣""金石"分卷在内容上虽互相汲取，但在编纂观念、编纂方式、编纂内容上还是有着不同的表现。

作为综合性的方志，地域志涉及面广泛，包括山川、水利、坊巷、丘墓、古迹、人物、寺观、食货、艺文等，而金石文献只是其中的类目之一；且因编纂观念的不同，地域志在辑录金石文献方面并不一致，或录或否，不一而足。如（明）汤齐修、李日华纂《嘉兴县志》即不同于其他嘉兴地方志，未设"金石"卷目[②]，（明）张时彻《定海县志》、（清）阳正笏《慈溪县志》则未设立"金石"或"碑碣"分卷等。换句话说，与金石专志以金石文献为唯一辑录目标不同，在地域志编纂者看来金石文献并非必录的内容。

地域志除了金石卷目取弃标准不一外，在辑录金石文献的准确性上也与金石专志有所不同。（清）陈遹生修，蒋鸿藻纂《诸暨县志》[宣统二年（1910）刻本]"金石"卷小序称："旧志金石无著录，邑士处乡僻，鲜间闻。间有彝鼎，听其漫蚀。自施宿《嘉泰会稽志》著碑刻，李亨特《府志》始标金石之目，而存佚杂载，按籍以求，十无一二。兹编仿山阴杜春生氏《越中金石记》例，分辑存阙，访二类辑存，以见存为断，俱载全文。"[③] 如其所言，其前《诸暨县志》亦未设立"金石"卷目。绍兴地方志自南宋施宿首设"碑刻"目以来，至（清）李亨特方始标"金石"一目；而地域志所录金石文献，来源庞杂，未

---

① 《石刻史料新编》将《敕修浙江通志》定为沈翼机撰，乃是从沈翼机、傅王露等"总修"人的角度去定位的，而非执从于嵇曾筠、李卫、郝玉麟等"总裁"人的身份；其《杭州金石志》二卷题作邵晋涵撰，则是从纂者的角度去定位，而非修者郑沄。

② 《日本藏中国罕见地方志丛刊·（崇祯）嘉兴县志》，书目文献出版社，1991年。

③ 何建明主编：《中国地方志佛道教文献汇纂·诗文碑刻卷（第190册）》，国家图书馆出版社，2013年，第107页。

经审视，其实际涉及的器物多已不存，故"按籍以求，十无一二"。虽然陈遹生《诸暨县志》师法《越中金石记》以存世金石文献为辑录对象，但仍无法改变多数地方志（地域志）"金石"或"碑碣"目所辑"存佚杂载"的问题。就这一点而言，地域志"金石"目所录文献与金石专志所录在编纂观念和具体内容上还是存在很大的不同，即地域志较多地专注于文献自身，而金石专志则较多地专注于存世器物与文献相统一。

金石专志注重存世器物与文献相统一的编纂观念和方式，可从相关凡例和序言中窥见一斑。（清）戴咸弼撰，孙诒让校补《东瓯金石志·凡例》称：

一、是书仿《括苍金石志》而作也。昔吾禾李金澜先生司训处州，著《括苍金石志》，较阮文达《两浙金石志》所收增至数倍，厘为十二卷。余于温州郡庠得宋元碑刻五，皆阮志所未载，遂慨然有志于是……

一、《温州府志》碑碣附经籍后，寥寥无几，摩崖题刻仅存一二，《阮志》所录亦仅四通而已。今就榛莽中搜罗摹拓，四易寒暑，始克成书。为异日续修府志之一助云。

……

一、南北雁荡摩崖最夥，仙岩岑崎次之，四出搜讨，颇鲜同志。平阳徐生淞樵嗜奇好古，欣然为两雁之游。所至探幽䌷险，竟得百余种之多……[①]

---

[①] 《续修四库全书》编纂委员会编：《续修四库全书（九一一·史部·金石类）》，上海古籍出版社，2002年，第285页下～286页。

相比于多数地域志多秉继前志，依据书面文献略作增补的辑录方式，金石专志的编纂者一方面也是务求增入新的铭文碑刻，补辑前志；另一方面则是注重实地的走访搜罗，其探幽缒险，历经寒暑，倍尝艰辛，非意志坚定者往往难以达成。"《温州府志》碑碣附经籍后，寥寥无几，摩崖题刻仅存一二"这一案例，既说明了金石文献搜罗的艰难，也暗示了地域志中金石文献的编纂相较金石专志要容易的多。"尝考金石文字，不独可以证经典之伪，补史文之缺，而都邑之兴衰沿革，往往志乘所不能言，言之未尽者，每于碑刻中见之。"① 正是因为搜集的不易，金石专志所录文献才具备了证经补史、为地域志修纂提供助力等独特价值。

（清）李遇森《括苍金石志·凡例》称：

　　一、是刻必以亲见拓本者方录入。括苍唐刻甚少，原碑皆已磨灭，如李阳冰《孔子庙碑》《忘归台铭》《窪尊铭》《阮客洞处州新驿记》等篆，俱不得见拓本，即不收录……

　　……

　　一、括苍诸石刻向无人汇集，以致日久销灭。余以一年之力，远则托友搜罗，或命工往拓；近则与芝庭、云舫亲自摹拓，仅得此一百余种……

　　一、金石以考证为贵，居万山之中，见闻不广，典籍无多，校辑未免荒陋，同者当辅我以未逮。

　　……②

---

① 《续修四库全书》编纂委员会编：《续修四库全书（九一一·史部·金石类）》，上海古籍出版社，2002年，第638页上。
② 《续修四库全书》编纂委员会编：《续修四库全书（九一一·史部·金石类）》，上海古籍出版社，2002年，第639页下～640页。

文献录用务必亲见拓本，方予辑录，宁缺毋滥。实地文献搜罗则是托友命工，或亲自摹拓；前后历经一年，仅得百余种，搜取之严谨和不易，于中可见一斑。此外，与获取金石文献之不易相应，对所得文献的校勘、解读、考证等也是同样的艰难。毕竟，与书籍中存录的文献不同，金石文献相对独立，缺少文本环境或典籍的支撑；要对其作出准确合理的校订、解读和考证，需要编纂者拥有丰富的资料、广博的学识和敏锐的学术眼光，实非一般的金石爱好者所能为。这也从另一个方面说明了金石专志中所附的纂者考证资料的重要价值，而这恰恰是地域志编纂所缺乏的。

（清）陆心源《吴兴金石记·例言》还说明了地域志"金石"卷与金石专志所录在内容与体式上的不同之处：

> 一、吴兴金石，向无专书，惟《嘉泰吴兴志》有"碑碣"一卷。乾隆中，胡、李两《府志》有"碑版"一门，仅列其目，未录全文。存佚无征，参稽未备。同治中，修《湖州府志》，丁上舍月河辑《金石略》，始载全文。事系创始，舛漏尚多。是编仿《安阳金石记》例，凡吴兴金石肇自三代、断手宋元，注明存佚，以备参考。
>
> ……
>
> 一、碑版之文，现存者必手摹谛审，据拓本载文。漫漶剥落者，其文见于他书，间为旁注，以记其全碑。既佚而文见他书者，注明文见某书，仍详引前籍，载明树立之所。或碑佚而有旧拓本存者，仍载其文。惟三费碑为吴兴最古之石，虽其亡已久，亦据《隶释》载文。
>
> 一、鼎彝之高下围径，碑版之长短宽博，字之大小，俱

用工部营造尺度。其分寸取合今制，且便考量。
　　一、碑有提行，有空格，有抬写，凡篇幅可容，悉依原式。间有两抬三抬之处，限于尺幅，悉以提行概之。
　　……①

　　从所录内容上看，设有"碑碣"或"金石"卷目的地域志，还存在"仅列其目，未录全文"的情况，《嘉泰吴兴志》即其例。而补录全文的同治《湖州府志》，则存在"舛漏尚多"的问题。这说明与金石专志相较，地域志中的"金石""碑碣"文献，或者存在存目无文或未辑录全文的情况，或者存在辑录全文而舛漏较多的情况。究其原因，当由其主要采稽自书面文献，未有实物进行校定所致。金石典籍所辑文献虽非完全来自存世器物，但相较地域志金石文献辑录而言则要谨慎务实的多：一在多据实物拓文，二在征引者必标注出处②，三在说明文献树立之地（或铭刻之地）。在文献呈现形式上，金石专志还要力求真实还原铭刻文字的版式、树立场景等，与地域志"金石"文献通行的仅录其文本的做法也是迥然有别。
　　因而，就文献的辑录来源而言，地域志和金石专志之间存在互相取引的情况，但在文献的真实性上，金石专志因为多了一层存世器物的佐证，在同一文献上其真实性和信息的涵盖量往往会超越地域志所录，相对而言具有更高的文献价值。此取（清）胡承谋纂修《湖州府志》［清乾隆四年（1739）吴兴潘大有刻本］和（清）阮元编《两浙金石志》所录（元）孟淳《长兴州修建东岳行宫记》一文为例，以见其

---

① 《续修四库全书》编纂委员会编：《续修四库全书（九一一·史部·金石类）》，上海古籍出版社，2002年，第443页上。

② 地域志文献辑录也有标注出处的做法，尤以清人所辑为多，如李卫《敕修浙江通志》、张吉安《余杭县志》等。然此并非通行性的做法，与金石专志有所不同。

一斑。

胡承谋《湖州府志》所录以小号字体附于"东岳行宫"条目之下，兹录其文如下：

> （元）孟淳《长兴州修建东岳行宫记》：东岳行宫在长兴五峰之麓，创建于宋之绍兴戊午，迨今几二百载。圮坏不治。知州吕公澍、同知州事马公镕顾瞻祠庭庳陋颓靡，谋更新之，而土木之费无从所出，乃捐禄廪以为众倡。于是僧正明、亨会、纲纪茸事，而邦人欢趋祠下，莫不称力而受任，分曹而责成，输材赴功，百堵俱作。正奠庙堂曰嘉宁之殿，殿前翼为两楼，东拟燕寝，西拟后阁。又东建太室以奉圣母。中殿为献祭之所，两庑列佐神之祠。又南为正门，外为棂星门，藻栌绘栱，焕焉一新。既又筑庵庙左，以居奉祀者。屋以间计，凡七十。因而苴治者二十有一，撤而改建者四十有九。经始于皇庆元年十二月，落成于今年四月。二公属予以记。用述其事，刻于丽牲之石；并谕方来，相继必茸，俾勿坏。若夫任事施财者之氏名，具于碑阴，兹不复云。延祐改元，岁在甲寅，四月十一日记。①

同一文记，（清）阮元《两浙金石志》所录，其文句与胡承谋《湖州府志》所录有较多不同，兹亦录其对应之文记内容如下：

> 《长兴州修建东岳行宫记》资善大夫徽州路总管孟淳撰，

---

① 何建明主编：《中国地方志佛道教文献汇纂·诗文碑刻卷（第156册）》，国家图书馆出版社，2013年，第131页。

集贤侍讲学士中奉大夫赵孟頫书并篆额：东岳行宫者，泰山神之别祠也。自唐封禅始，郡县咸有之。其在长兴五峰之麓者，创建于宋之绍兴戊午，迨今几二百载矣。圮坏不治，神弗顾歆。钦惟皇上嗣服，遍礼百神。知州吕公澍、同知州事马公镕禀令从事，顾瞻祠庭庳陋颓靡，大惧触民望，贻神羞，无以称塞明诏，谋更新之，而土木之费无所从出。乃捐禄廪以为众倡，于是前白云宗僧正明、奉前释教提控僧亨会、会稽诸山尊宿纲纪葺事，而邦人欢趋祠下，莫不称力而受任，分曹而责成。输材赴功，百堵俱作。正奠庙堂曰嘉宁之殿，殿前翼为两楼，东拟燕寝，西拟后阁。又东建太室以奉圣母。中殿为献祭之所，两庑列佐神之祠。又南为正门，外为棂星门，藻栌绘栱，焕焉一新。冕疏黼黻，共严像设。山川改观，神人交欢。既又筑庵庙左，以居奉祀者。屋以间计，凡七十。因而葺治者二十有一，撤而改建者四十有九。经始于皇庆元年十二月，落成于今年四月。二公属予以记。余谓岱宗，鲁望也。何四方之人奔走荐虔，罔敢或后。公羊氏称：泰山之云，不崇朝而雨天下，其威神德惠之所加被。古《记》曰：山有金篋玉策，定人寿修短。又唐张说著《封禅》，赞云：天孙总人灵之府。则人之生死祸福、贵贱贫富，帝实司之。故世之所敬畏而尊事也。厥今遐陬裔壤，孰非神游之所。而长兴之贤守贰独能兴坏起废，仰副上旨，答神休，为民福信，可嘉也。用述其事，刻于丽牲之石；并谕方来，相继必葺，俾勿坏。若夫任事施财者之氏名，具于碑阴，兹不复云。延祐改元，岁在甲寅，四月十一日记。陇西李祐刻字。①

---

① 《续修四库全书》编纂委员会编：《续修四库全书（九一一·史部·金石类）》，上海古籍出版社，2002年，第162页下～163页上。

不难发现,《湖州府志》所录乃《长兴州修建东岳行宫碑记》的节略,保留了碑记中东岳行宫的方位坐落、历史沿革、重修起因、倡修者、经事者、修缮情况、起止时间、作记目的等主要信息,事实原委,记述清晰。与之相较,《两浙金石志》所录自为全本,增加了编纂者和书写篆额者的身份、东岳行宫的属性及创建之始、元仁宗延祐改元祭祀百神的大环境、主持修缮者的具体身份、泰山神的威德和重修东岳行宫的意义、石碑刻工的身份等诸多信息。虽然说就重修东岳行宫史实而言,这些被《府志》着意略去的信息并无碍于事实主体的呈现,但对于学术研究而言,其"求全责备"式的存录还是很有必要的。如修撰人、刻字人、主事人的身份信息等对于考订人物行迹就有着重要的意义;孟淳对泰山神及修建东岳行宫的评议,对于研究士大夫的神道观念等也有着一定的价值。

地域志编纂意在存史,故《府志》对碑记的辑录会略去"细枝末节",而存其大旨。刻有捐施财物名姓的碑阴,自然也就不在其辑录的范围之内。金石专志则不一样,它务求呈现碑铭全貌,因而相对于《湖州府志》所录,阮元《两浙金石志》在碑记之后又著录了《重修建东岳行宫施主题名》《东岳行宫常住田土》《书东岳行祠碑阴》(碑阴所刻)及阮元对碑记的相关说明等文字,其史料及学术的价值自然就提高了很多。兹节录如下:

《重修建东岳行宫施主题名》:正殿并香花亭,白云宗清福院、寂照院、积善院、忠正院、下妙德院;中殿,白云宗万寿寺、东阳寺、报德院、碧云院;崇宁真君殿,本州捕盗司;吴客三真君殿,桥西界张贤;华光楼,平辽乡十都潘海;监生司,收生陈阿范等;子孙司,五熟行因元贵、徐富、周

敬……监修造，州吏赵衮；贴书，张泽……①

《东岳行宫常住田土》：一、田贰亩，坐落尚吴乡六都下蒋村，租米壹硕捌斗，本庙自运，系程二秀舍；一、田陆亩，坐落白乌乡四都草圩村，租米壹硕捌斗，租户丁万三，系蒋百一公舍……②

《书东岳行祠碑阴》：东岳行祠虽非近正，而建在五峰之麓，则胜据也。总管之文固当称雄，而托诸集贤之书，又绝笔也。旧有亭，久圮，独穹碑露立于烟莽中。予惧霜雪之摧剥，苔藓之侵蚀，将益重后人吊古之悲，乃为亭十二楹以覆之。既成，与客携壶来游。咸喜曰："集贤墨妙，于兹重有托矣！"皇明嘉靖癸未仲春既望，知长兴县事前兵科左给事中翰林院庶吉士桐城□□□志。③

（阮元说明）：右碑额题篆书"重建东岳行宫之记"八字，文十八行，行四十字，正书，径一寸。碑阴上层额云"重建东岳行宫施主题名"，下层额云"东岳行宫常住田土"，皆篆书横列。题名二列，字径七分；田土一列，字径五分，皆正书。下一列刻明人建立碑亭题记。向来拓碑者多遗阴面，特表出之。碑为孟淳撰文。淳字能静，汉东人，以荫入官。《元诗爵里》称其皇庆中历处州路总管，有《题高尚书夜山图诗》二首，载《铁网珊瑚》。《宋诗纪事》以

---

① 《续修四库全书》编纂委员会编：《续修四库全书（九一一·史部·金石类）》，上海古籍出版社，2002年，第163页～164页上。
② 《续修四库全书》编纂委员会编：《续修四库全书（九一一·史部·金石类）》，上海古籍出版社，2002年，第164页。
③ 《续修四库全书》编纂委员会编：《续修四库全书（九一一·史部·金石类）》，上海古籍出版社，2002年，第164页下～165页上。

为赵孟淳作，误矣。松雪此书清劲秀拔，骨肉兼到，可以
雁行北海。篆额亦遒劲。当时求公书者，非茅绍之镌刻，
皆不应。此碑为陇西李祐所刻，摹勒之妙，不亚于茅。碑
阴正篆二体又出一手，以之为上，则谬甚。钱辛楣少詹云：
向读《南村辍耕录》，载连枝秀、珠帘秀、顺时秀、天生秀
等，疑为妓女之称。今读此刻，施舍户有程二秀、因千十
二秀、张千十一秀、周季一秀、赵□二秀，始知元时女子
皆以秀为称，若宋人称第几娘也。因氏见于《左氏传》，自
后此姓绝少，此刻因姓凡数人。①

《重建东岳行宫施主题名》《东岳行宫常住田土》将重修行宫涉及的殿宇、器物、题字、执事、田土等分类开列，详细标注每一项关涉的施主或经理人名姓，可谓无一物无来处。这种记录方式既展示了东岳行宫的建置和田土规模，也真切再现了重修时八方丛集襄助的图景和资助群体的职业及身份构成，对了解古代祠庙修建情况等具有重要的认识价值。《书东岳行祠碑阴》叙述明代碑亭的重建情况，乃古人兴功留记的作文传统使然。相比于原始文献突显出的史料价值，阮元所附的说明性文字更具有学术价值，是对碑刻内容的提炼和考订、补充：其一是以文字描绘解释了碑刻的状貌结构，字体构成与版式等；其二是介绍撰记人的生平，并对书丹、篆额、镌刻进行评议；其三是提炼出相关值得注意的问题，如碑阴多为拓文者所忽视（彰显著录的重要意义）、碑阴正篆二体为另一人所刻、钱辛楣据施主名姓发现的元代女子称谓问题和因氏姓氏问题。

---

① 《续修四库全书》编纂委员会编：《续修四库全书（九一一·史部·金石类）》，上海古籍出版社，2002年，第165页上。

因此，虽然说地域志有大量汲引金石专志的情况，但在分析地方志对道教方志的辑补作用时，金石专志还是应单独列出，细加考订。毕竟，同一物事的记录，金石专志中或许能发现更多的为地域志编纂者"所遗"的内容。

《中国地方志佛道教文献汇纂》收录有地方志（地域志）中的"金石"或"碑碣"分卷内容，只是因为材料所限和辑录标准的问题，在品类和内容上难以做到全面。以《石刻史料新编》为例，其所辑（清）李格《杭州金石志》涉及的地域志《杭州府志》，《中国地方志佛道教文献汇纂》即未予著录；其后的潘秉哲《昌化金石志》则虽有辑录，却省却了林灵素《真武咒》、徐中炜《东岳庙碑记》等碑目。因本章第一节"地方志对道教方志的辑补"部分已经涵盖有地域志中"金石""碑刻"的内容论述，为避免重复论证，故此节所论的对象——金石典籍乃特指《两浙金石志》《东瓯金石志》之类的金石专志而言，并不涉及《中国地方志佛道教文献汇纂》中的金石文献，亦不拟补充《石刻史料新编》所辑录金石专卷内容。

## 二、金石典籍对道教方志的辑补

（清）徐士銮在《台州金石录序》中称："金石之学始于宋，录金石而分地亦始于宋。有通天下而录之者，王象之之《碑目》、陈思之《丛编》是也。有即一道而录之者，崔君授之于京兆、刘泾之于成都是也。……而仪征阮文达节相亦曾辑《两浙金石志》，萃十一府之碑碣，又各出所藏彝器，汇为一编，洵大观矣。临海黄子珍茂才博学嗜古，独取浙台六邑之金石，自汉迄元，录而传之，厘为一十八卷，皆以现存为断。其有阮志搜罗未到及新出于榛莽泥土中者，一一编入。至于鼎彝之属，携自外郡，概不入录。"①

循其所论，关乎浙江的金石典籍也主要有三种类型：一类是志在全国范围的金石典籍，其中浙江地区的金石文献只是其辑录的组成部分之一，如（明）于奕正编，（清）孙国敉校补，翁方纲校并跋的《天下金石志》，（清）王昶撰《金石萃编》等；一类是志在浙江全域的金石典籍，如（清）阮元编《两浙金石志》，（清）陆心源撰《吴兴金石记》；一类是浙江某一地的金石典籍，如（清）丁敬撰《武林金石志》。此外，还有一些金石研究类的典籍，如（清）孙诒让撰《古籀余论》、（清）钱大昕撰《潜研堂金石文跋尾》等。而从文献辑补的角度而言，与方志中乡镇志、县志、府志、通志的详略关系相近，浙江局地金石典籍、浙江金石典籍和全国金石典籍三者之间亦呈现出由详备而至简要的趋势。如（清）郭钟岳所言："瓯郡金石，惟阮志采入数种，余多未录，考古者憾焉。……若夫考核之详，搜罗之富，实足以补《两浙金石志》及《寰宇访碑录》之所佚阙，他书更可无论。"② 本文即以（清）阮元《两浙金石录》、李遇孙《括苍金石志》、邹柏森《括苍金石志补遗》为例，寻绎金石典籍对浙江道教方志的辑补之处。

### （一）《仙都志》

**1.** （清）阮元《两浙金石志》

（1）《唐李阳冰倪翁洞题字》

倪翁洞过仙都访□□□□□□□□□会稽□□□□□此

---

① 中国东方文化研究会历史文化分会编：《历代碑志丛书（第 20 册）》，江苏古籍出版社，1998 年，第 291 页下。
② 《续修四库全书》编纂委员会编：《续修四库全书（九一一·史部·金石类）》，上海古籍出版社，2002 年，第 285 页上。

方题名，八分书，在左下。王瑜中玉此方题名，正书，左右下。①

李阳冰倪翁洞三字石刻，《仙都志》"初阳谷洞（倪翁洞）"条下有相关说明②，然未辑录其下之题名。王瑜中玉，生平不详。阮元《题字》下说明称："右刻在处州缙云县，篆书，三字，字高二尺，广八尺。此刻载《舆地碑目》，云在处州仙都山初阳谷。倪翁，不知何许人，事迹无征。宋郡守钱竽诗云：'初旸便是扶桑谷，洞里倪翁招我来。'即此阳冰之篆。同时，又有《阮客旧居诗》。欧阳文忠公谓为缙云之隐者。彼以遁俗为高，而终以无名于后世，可谓获其志矣。倪翁颇类是，在传不传之间耶？阳冰是篆淳古严肃，不似黄帝祠宇'天清地宁'诸刻……"③ 这段说明性字体，介绍倪翁个性，可补充《仙都志》"初阳谷洞"条之记录。

（2）《唐黄帝祠宇石刻》：

黄帝祠宇李阳冰丹阳葛蒙勒石④

李阳冰黄帝祠宇篆额，《仙都志》"玉虚宫"条下有相关记录，然未辑录"丹阳葛蒙勒石"。阮元《石刻》下说明称："右刻在缙云县，

---

① 《续修四库全书》编纂委员会编：《续修四库全书（九一〇·史部·金石类）》，上海古籍出版社，2002年，第466页上。"左右下"的"左"字以为"在"字之误。

② 《道藏（第一一册）》，文物出版社，上海书店，天津古籍出版社，1988年，第78页上。

③ 《续修四库全书》编纂委员会编：《续修四库全书（九一〇·史部·金石类）》，上海古籍出版社，2002年，第466页下。原文为"黄帝词字"，"词"当为"祠"之误刻，此正之。

④ 《续修四库全书》编纂委员会编：《续修四库全书（九一〇·史部·金石类）》，上海古籍出版社，2002年，第466页下。

'黄帝祠宇'四字，径二尺，上有款。'李阳冰'三字，径三寸六分，皆篆书。'丹阳葛蒙勒石'六字，正书，径二寸五分。此书结体遒紧，笔力雄伟。胡志通书碑后诗所谓'古篆夸雄奇，玉柱贯金钮''想当落笔时，云梦吞八九'是也。元初得此刻，疑为祠匾重摹于石者；后见王象之《舆地纪胜》，作黄帝祠宇篆额，《复斋碑目》有'《唐仙都山黄帝祠堂碑》，袁鹭撰，云游子正书，咸通八年立'，其为祠额明矣。楼钥《北行日记》：'谒黄帝祠宇，李阳冰篆额，今留郡庠。'是宋季祠犹如故也。葛蒙，丹阳镌字之人。徐浩书山阴县额三字，即其所勒，款题同此，见《嘉泰会稽志》。"① 其字体描述、碑额和祠宇的沿革考证、葛蒙的介绍等可补充《仙都志》所未录。

**2.（清）李遇孙《括苍金石志》**

（1）《沈绅仙都山题记》

  三行七字，左文，八分书，字径二寸。在李阳冰篆书"倪翁洞"洞字左旁。过仙都访云堂洞祐岁二月庚戌再会稽沈绅公仪嘉②

《仙都志》著录有沈绅题记信息，文称"嘉祐间会稽沈绅，宣和间开封刘公长卿，绍兴间钱塘虞公似平，及前后名公二十余人，各记游山岁月，并摩崖于初阳谷中"③，然未著录摩崖文字。《题记》下引汤成烈《跋》称："右会稽'沈绅题记'，三行，左读，八分书。称嘉祐岁而不书年，殊为疏略。考嘉祐为宋仁宗第九建元，凡八年而英宗即

---

① 《续修四库全书》编纂委员会编：《续修四库全书（九一〇·史部·金石类）》，上海古籍出版社，2002年，第466页下～467页上。
② 《续修四库全书》编纂委员会编：《续修四库全书（九一二·史部·金石类）》，上海古籍出版社，2002年，第9页下。
③ 《道藏（第一一册）》，文物出版社，上海书店，天津古籍出版社，1988年，第84页中。

位,此不知是何年也。沈绅,无考。云堂洞,《括苍汇纪》《旧志》均不载。著此可补诸志之遗。《缙云县志》汤成烈果卿《跋》。"① 汤成烈考辩年月,标明了该题记对地方志的补辑价值。

(2)《王瑜题名》

> 两行,行二字,正书,字径二寸、二寸四五分不等。在李阳冰篆书"倪翁洞"洞字右旁。王瑜中玉②

此题名与其后所附"过仙都访□□……"题名,阮元《两浙金石志》俱录之,然附于李阳冰"倪翁洞"题字后,且未作论说。《括苍金石志·王瑜题名》下引汤成烈《跋》称:"右《王瑜题名》,无号年。审其书体,当是宋人,因次沈绅题名后。王瑜,无考。《宋史·王珪传》:珪字禹玉,成都华阳人,历事仁宗、英宗,官至宰相。从兄琪,字君玉,历知扬、润二州,以礼部侍郎致仕。瑜字中玉,未知是其族否。《缙云县志》汤成烈果卿《跋》。"③ 其下又录殷甫按语称:"谨按二刻原本均列在李阳冰篆书'倪翁洞'洞字左右下……按公仪尚有石门洞残刻,则书'嘉祐五年、公仪、飞瀑'等字。据此,知公仪曾游仙都,自石门观瀑后重过留题也。是刻在嘉祐五六年无疑。殷甫。"④ 按语一方面推定了王瑜所处的时代及可能的出身,另一方面则考订了

---

① 《续修四库全书》编纂委员会编:《续修四库全书(九一二·史部·金石类)》,上海古籍出版社,2002年,第9页下~10页上。
② 《续修四库全书》编纂委员会编:《续修四库全书(九一二·史部·金石类)》,上海古籍出版社,2002年,第10页上。
③ 《续修四库全书》编纂委员会编:《续修四库全书(九一二·史部·金石类)》,上海古籍出版社,2002年,第9页下~10页上。
④ 《续修四库全书》编纂委员会编:《续修四库全书(九一二·史部·金石类)》,上海古籍出版社,2002年,第10页。

沈绅题记的留题时间。诸多记述，可补《仙都志》《两浙金石志》之漏缺。

（3）《虞似平等仙都山摩崖》

　　六行，行十字，正书，径四寸。绍兴丙子钱塘虞似平智甫自芝田簿移摄令季秋晦日邀丞东莱张良弼梦符簿荆溪庄玠德将尉建阳陈旦明仲游仙都山虞似昌刚甫自姑苏来同游①

《仙都志》著录有虞似平等摩崖信息，然未著录摩崖文字。李遇孙《摩崖》说明称："右初阳谷虞似平等摩崖，似平自青田主簿移摄缙云令事，时偕僚属游仙都山，相与摩崖。似昌殆似平之兄弟也。四人衔名《志》皆失载。"② 这段说明仅据摩崖交待事实，未考订同游四人生平。《虞智父重修仙都山摩崖》："四行，行五字，正书。绍兴丁丑孟秋上浣令朱循道丞虞智父挈家来游。"③ 此摩崖乃虞似平第二次游仙都所留题。李遇孙《摩崖》说明称"右摩崖亦在初阳谷，前似平自青田簿来摄县事，是时又任缙云丞也"④，交待了摩崖的位置及留题的背景。

（4）《留元刚仙都山摩崖》

　　十四行，行十字，正书，径五寸。嘉定丙子四月十有二日留

---

①　《续修四库全书》编纂委员会编：《续修四库全书（九一二·史部·金石类）》，上海古籍出版社，2002年，第29页上。
②　《续修四库全书》编纂委员会编：《续修四库全书（九一二·史部·金石类）》，上海古籍出版社，2002年，第29页上。
③　《续修四库全书》编纂委员会编：《续修四库全书（九一二·史部·金石类）》，上海古籍出版社，2002年，第29页下。
④　《续修四库全书》编纂委员会编：《续修四库全书（九一二·史部·金石类）》，上海古籍出版社，2002年，第29页下。

元刚来游仙都访小蓬莱漾舟溪曲散步岩扉倚竹清啸虚谷响
答恍焉浮湘中溯武夷之旧已乃登倪翁洞扣初阳谷问舍玉虚
会饮宿云浩歌长吟月午无寐睨空碧之石想轩黄之驭质疑祛
妄出有入无明日竟留览图索胜穷足力之所到而去同游者应
镛周表留暄赵善溪周建子俞兴孙郭磊卿子潇侍将还赵希衮
自越至①

　　《仙都志》中"留元刚"作刘元刚，文中称"嘉定间，刘元刚、郭磊卿等《游仙都记》，摩崖于初阳谷外石壁上"②，然未录文记内容。《摩崖》下说明称："右留元刚仙都山摩崖，在青莲石上。所题诸景历历如在目前，可作《游仙都山小记》。元刚字茂潜，丞相申公之子，朝请郎直显谟阁学士。此刻殆知温州军州时所题耳。云舫。"③介绍了留元刚之身份。云舫，即参编《括苍金石志》之丽水人王尚赓。说明之下又引汤成烈《跋》称："考元刚泉州永春人，丞相留正之孙，非子也。官起居舍人。正子恭、丙、端皆为尚书郎，见《宋史》正本传。……同游者周、留、俞四人无考。应镛，《咸淳临安志》行在所录学校有建宗学并学官题名记，金华应镛撰《记》，后书嘉定庚辰。庚辰为嘉定十三

---

　　①《续修四库全书》编纂委员会编：《续修四库全书（九一二·史部·金石类）》，上海古籍出版社，2002年，第46页。此段文记似可标点为："嘉定丙子四月十有二日，留元刚来游仙都。访小蓬莱，漾舟溪曲，散步岩扉，倚竹清啸，虚谷响答，恍焉浮湘中，溯武夷之旧已。乃登倪翁洞，扣初阳谷，问舍玉虚，会饮宿云，浩歌长吟，月午无寐。睨空碧之石，想轩黄之驭，质疑祛妄，出有入无。明日竟留，览图索胜，穷足力之所到而去。同游者应镛、周表、留暄、赵善溪、周建子、俞兴孙、郭磊卿、子潇侍。将还，赵希衮自越至。"
　　②《道藏（第一一册）》，文物出版社，上海书店，天津古籍出版社，1988年，第84页中。
　　③《续修四库全书》编纂委员会编：《续修四库全书（九一二·史部·金石类）》，上海古籍出版社，2002年，第46页下。

年，元刚题记在九年，相去仅隔五年，即此应镛无疑。郭磊卿，字子奇，仙居人，嘉定七年进士。端平初拜右正言，寻擢右史，以直言为史嵩之所忌，除起居郎，卒，谥'正肃'，有《兑斋集》，见《宋诗纪事》。……赵善渶、赵希衮二人是宋宗室。按衮即裕字，见《广韵》，《宋史·宗室世系表》无名。又《世系表》太宗第四子商王元份房有善昊而无善渶。商王七世孙为赠武翼大夫士趋，孙赠金紫光禄大夫，不尤第四子，岂即其人，而《世系表》传刻有误耶？《记》称'问舍玉虚，会饮宿云'，'宿云'当亦玉虚宫道宇别名。著此可补《旧志》之缺。《缙云县志》汤成烈果卿《跋》。"① 《跋》中对留元刚、应镛、赵善渶、赵希衮的身份作了详细的考辩。

（5）《田君锡等仙都山题名并陈绍若题记摩崖》

　　　　田君锡等题名，三行，两行凡八字，末行七字，字径三寸、三寸五分不等。陈绍若题记，八行，七行行十五字，末行十二字，字径二寸、二寸二三分不等，俱正书。嘉定丙子重阳前一日邑人田君锡天台陈伯奇伯彝来游②

　　　　嘉定九禩严君偕季父访亲戚田君同游于此记岁月于崖壁间阅二十七年绍若始生又二十七年绍若叨宰斯邑访而得之虽风雨剥蚀之余笔墨俨然如新非有物以呵护之耶命工刊之旦夕迎侍严君来观云何不喜咸淳五年七月既望男宣教郎知处州缙

---

① 《续修四库全书》编纂委员会编：《续修四库全书（九一二·史部·金石类）》，上海古籍出版社，2002年，第46页下～47页上。
② 《续修四库全书》编纂委员会编：《续修四库全书（九一二·史部·金石类）》，上海古籍出版社，2002年，第47页上。

云县主管劝农公事绍若谨书[①]

《仙都志》"灵泽庙"条下引《郡志》记有陈绍若祈雨请额的事迹，文称："宋咸淳七年，知县陈绍若祷雨有感，保奏敕赐庙额，至今士民祈雨辄应，古庙甚隘，恒定新之。"[②] 然文中未录其题记摩崖的信息。田君锡、陈伯起、陈伯彝三人，《仙都志》俱未著录。《田君锡等仙都山题名并陈绍若题记摩崖》下说明称："右陈伯奇仙都初阳谷磨崖，道光壬辰冬，命工往拓此本，归途为风雨所损，几无字可辨。幸有笔录副本可据，急为编入。凡游名山胜景至再至三原无足异，而陈伯奇游此，偶题二十二字于崖上，不意五十年后其子绍若来宰斯邑，笔墨如新，始命工勒石。斯真有呵护之者耶！亦可作千古佳话矣。云舫。"[③] 这段说明交待了拓本的经过，点明文记中父子先后游历，子偶遇父题崖，为之勒石的奇异经历。其下又附按语称："谨按原本田君锡等题名只二十二字，绍若题记一百十三字。今观摩崖，'陈伯奇'下脱一'伯'字，'绍若始生'下脱一'又'字，'旦夕'二字误作'石'字，'既望'下□是'男'字，'知处州府''府'字衍文，'主管'下□是

---

① 《续修四库全书》编纂委员会编：《续修四库全书（九一二·史部·金石类）》，上海古籍出版社，2002年，第47页。此段文记似可标点为："嘉定九禩，严君偕季父访亲戚田君，同游于此，记岁月于崖壁间。阅二十七年，绍若始生。又二十七年，绍若叨宰斯邑，访而得之，虽风雨剥蚀之余，笔墨俨然如新，非有物以呵护之耶？命工刊之，旦夕迎侍。严君来观，云何不喜？咸淳五年七月既望，男宣教郎知处州缙云县主管劝农公事绍若谨书。"

② 《道藏（第一一册）》，文物出版社，上海书店，天津古籍出版社，1988年，第80页中。

③ 《续修四库全书》编纂委员会编：《续修四库全书（九一二·史部·金石类）》，上海古籍出版社，2002年，第47页下。

'劝'字，俱系副本编入之误，爰照崖刻补正。殷甫。"① 按语交待了据摩崖补正原本的情况，体现了编者严谨务实的治学之风。殷甫，即《括苍金石志》校补海昌人邹柏森。

（6）《赵立夫仙都山摩崖》

    八行，行九字，正书，径三四寸不等。乐清赵立夫奉祠东归访仙都登初阳谷飓舟小蓬莱下憩流盘礴回视二十年间缚缨王朝抗尘京兆得此闲适岂不顿快时绍定辛卯立夏后二日也子时诂侍行友人宋正礼同游②

《仙都志》未著录赵立夫其人。《摩崖》下说明称："右赵立夫仙都山磨崖。按立夫字德成，乐清人，初登开禧第，为龙泉簿；再中法科，出知严州。储粟备荒，最声上彻，进太府卿兼知临安府。……寻除刑部尚书，进宝谟阁学士。观其所题'回视二十年缚缨王朝，抗尘京兆，得此闲适，岂不顿快'之句，则知立夫委身君国之日，无一息非关心民瘼之时也。……云舫。"③ 这段说明交待了赵立夫的生平。其下复引汤成烈《跋》考辩赵立夫及其子时诂："按辛卯为理宗绍定四年，立夫《宋史》无传，《宗室世系表》：魏王廷美十子，四广陵郡康简王德雍，

---

① 《续修四库全书》编纂委员会编：《续修四库全书（九一二·史部·金石类）》，上海古籍出版社，2002 年，第 47 页下。据前文，此引文中"□"当为"脱"字。

② 《续修四库全书》编纂委员会编：《续修四库全书（九一二·史部·金石类）》，上海古籍出版社，2002 年，第 57 页。此段文记似可以标点为："乐清赵立夫奉祠东归，访仙都，登初阳谷，飓舟小蓬莱下，憩流盘礴。回视二十年间缚缨王朝，抗尘京兆，得此闲适，岂不顿快。时绍定辛卯立夏后二日也。子时诂侍行，友人宋正礼同游。"

③ 《续修四库全书》编纂委员会编：《续修四库全书（九一二·史部·金石类）》，上海古籍出版社，2002 年，第 57 页下。

德雍第四子安定侯承操……彦译三子,三即立夫。立夫六子,长即时诂,即《题记》所云'子时诂侍行'者是也。《咸淳临安志》秩官七:赵立夫,温州人,理宗绍定元年十二月十三日以朝请大夫尚书右司郎中除太府少卿兼知临安府……《缙云县志》汤成烈果卿《跋》。"①

(7)《王埴小蓬莱歌后题崖》

据录本编入。小蓬莱歌已缺仙都洞天秀出东浙有黄帝祠孔子岁仲春邑令合僚佐帅诸生行舍采礼先过初阳谷已乃瞻独峰挹仙水泛蓬莱而归予莅邑三载心甚乐之去日为歌以诒邑人使刻之石咸淳元年岁在乙丑八月□日□王埴②

《仙都志》录有王埴事迹,云"邑令王埴《小蓬莱歌》,磨崖于石壁。已上转运副使叶清臣至邑令王埴,俱宋时人"③,然未录《小蓬莱歌序》及歌辞。《题崖》后附有两段说明,其一称:"右王埴《小蓬莱歌》并摩崖,墨拓失于水,亦据录本编入,惜歌不录。……则其宰缙云也,当在景定、咸淳间耳。云舫。"④ 这一段对孔子庙和王埴相关仕宦经历作了考证;其二乃针对其一补辑《小蓬莱歌》之议,称:"谨

---

① 《续修四库全书》编纂委员会编:《续修四库全书(九一二·史部·金石类)》,上海古籍出版社,2002年,第57页下~58页上。
② 《续修四库全书》编纂委员会编:《续修四库全书(九一二·史部·金石类)》,上海古籍出版社,2002年,第66页上。王埴原本作"王𡎺"。此段文记似可以标点为:"仙都洞天,秀出东浙,有黄帝祠、孔子。岁仲春,邑令合僚佐帅诸生行舍采礼,先过初阳谷,已乃瞻独峰,挹仙水,泛蓬莱而归。予莅邑三载,心甚乐之。去日,为歌以诒邑人,使刻之石。咸淳元年岁在乙丑八月□日□王埴。"
③ 《道藏(第一一册)》,文物出版社,上海书店,天津古籍出版社,1988年,第84页中。
④ 《续修四库全书》编纂委员会编:《续修四库全书(九一二·史部·金石类)》,上海古籍出版社,2002年,第66页。

按：原本因墨拓失于水，仅据录本编入，惜歌未录。今夏游仙都，访小赤壁，瞻仙人榜，横亘百余丈，平展如张画。上刻王埴歌序，历历在目。惟高处有漫漶莫辨者数十字，揆之前序及果卿辑入《缙云县志》歌语，均有脱落。爰本崖刻补正，分行志后。歌中棘字作㯥，从古文书。殷甫。"① 邹柏森亲历其地，以摩崖中可辨文字与前序及汤成烈《缙云县志》所录互相参校，补正辑录《小蓬莱歌》之文辞。即此下第8条所录《王埴小蓬莱歌摩崖》。

（8）《王埴小蓬莱歌摩崖》

"小蓬莱歌"四字，篆书，径五寸二分。序七行，六行行十二字，末行五字。歌十四行，十三行行十四字，末行十字。年月款二行，行凡九字。字径三寸六七分至四寸不等，俱正书。小蓬莱歌（篆体）仙都洞天秀出东浙有黄帝祠宇近年始嗣孔子岁仲春邑令合僚佐帅诸生行舍菜礼先过初阳谷已乃瞻独峰挹仙水泛蓬莱而归予莅邑三载心甚乐之去日为歌以诒邑人使刻之石上②

"仙之山兮□□仙之水兮委佗驾轻车兮□□□扁舟兮咏歌轶层巅兮□□□□流兮白石楚楚上切汉兮□□□□兮在下厓花予春芳涧……憺忘归大宋咸淳元年岁在乙丑八月朔日永嘉王埴"③

---

① 《续修四库全书》编纂委员会编：《续修四库全书（九一二·史部·金石类）》，上海古籍出版社，2002年，第66页下。
② 《续修四库全书》编纂委员会编：《续修四库全书（九一二·史部·金石类）》，上海古籍出版社，2002年，第66页下～67页上。
③ 《续修四库全书》编纂委员会编：《续修四库全书（九一二·史部·金石类）》，上海古籍出版社，2002年，第67页。

此条《摩崖歌序》与第7条所录《题崖》在文字上还是有所不同，以之校勘，第7条"黄帝祠""孔子"之间脱"宇近年始嗣"五字，"采"当为"菜"，"刻之石"下脱一"上"字。经其校补，第7条所录语句上的扞格不通之处顿然明朗。

（9）《陈绍若等初阳谷摩崖》

> 九行，行九字，正书，径二三寸不等。咸淳□□重阳日天台陈绍若□□舜龙继可□□□□遇表兄田埕□途同访仙都是日也□气澄清水天一色览山川胜概俗怀为之洒然晚泊玉虚次日游小蓬莱泛舟而归道士韩□□与焉①

《仙都志》未有此摩崖记录。《摩崖》下说明称："右邑令陈绍若初阳谷摩崖，在赵立夫之上。岁次磨灭，以前田君锡揆之，知其为咸淳五年也。"② 这段说明介绍了摩崖位置、字貌及推定摹刻时间等情况。

地方金石典籍中尚有很多仙都山的金石记录，多为《仙都志》所未录，可资以辑补。如（清）邹柏森辑《括苍金石补遗》（四卷）录有《林子方等仙都山题记》（咸淳元年）"六行，五行凡八字，末行二字，径三寸七八分、四寸一分不等，正书。竹村林子方月崖曹复初平山王舜俞偕弟柳塘德载同仰独峰暮归命舟游泳于此时咸淳乙丑夏五既望"③、《陈本卿小蓬莱题记》（咸淳七年）"六行，行五字，字径六寸

---

① 《续修四库全书》编纂委员会编：《续修四库全书（九一二·史部·金石类）》，上海古籍出版社，2002年，第70页上。
② 《续修四库全书》编纂委员会编：《续修四库全书（九一二·史部·金石类）》，上海古籍出版社，2002年，第70页上。
③ 王德毅主编：《丛书集成续编（第九三册）》，新文丰出版公司，1989年，第618页下。

六七分，正书。咸淳辛未天台陈本卿偕侄惟允惟叙来游邑人田季玉不期而会友人周至"①。

## （二）《洞霄图志》《洞霄宫志》

（清）阮元《两浙金石志》

（1）《宋陈述古等大涤洞题名》

<blockquote>癸巳夏述古来陈良孙张焘游②</blockquote>

《题名》涉及的三位人物中，《洞霄图志》《洞霄宫志》仅著录陈良孙一人的生平事迹，而题名和同游一事则无相关记录。阮元《题名》下说明："右在余杭大涤洞口，摩崖正书，二行，字径三寸余，左行。两旁又有陈良孙、张焘续题，正书二行，分列，字径二寸。按述古字行之，陈尧佐子也，仁宗宝元二年，官尚书金部员外郎。弟求古，字师之，官殿省丞。子知素，官济源尉。皆见述古《济源庙题名》。欧阳公撰《尧佐神道碑》，以述古、求古为尧佐子。《宋史》以述古为尧咨子，与博古同附尧咨《传》后，误矣。厉樊榭诗'微明秉烛触暗壁，古灵题字来寻看'，又误。此述古为陈襄，盖陈襄字述古；此名述古，字行之也。陈良孙，南渠人，道号寝虚先生。童年得道，隐居吴山，喜天柱山水，与幽人韵士往来其间，事载《洞霄图志》。张焘，字全

---

① 王德毅主编：《丛书集成续编（第九三册）》，新文丰出版公司，1989年，第619页上。此《题记》可辑补上引（清）何乃容、葛华修，潘树棠纂《缙云县志》所录之遗缺，即"卿偕侄惟允"五字。

② 《续修四库全书》编纂委员会编：《续修四库全书（九一〇·史部·金石类）》，上海古籍出版社，2002年，第558页下。

翁，安陆人，见东坡诸题名。癸巳，仁宗皇祐之五年也。"① 在描述字体之外，这段说明考订交待了陈述古、陈良孙、张琦三位人物的生平事迹，其中陈述古、张琦二人事迹可补充《洞霄图志》《洞霄宫志》所录。

（2）《宋陈求古等题名》

陈求古同弟袭古象古男知本游洞天外生范子明书丙申三月二十日②

陈求古、陈袭古、陈象古、陈知本、范子明，《洞霄图志》《洞霄宫志》均未著录其人其作。阮元《题名》下说明："右在大涤洞内，摩崖正书，三行，字径二寸余。陈求古有永嘉县积谷山飞霞洞口至和二年六月《题名》，曾任永嘉守也。按丙申应是仁宗致和三年，九月改嘉祐。《洞霄图志续》作嘉祐丙申，误。'外生'应是'外甥'别体字。"③ 这段说明描述字体，介绍陈求古生平事迹，进而以摩崖石刻考订《洞霄图志续》时间记录之误。④

---

① 《续修四库全书》编纂委员会编：《续修四库全书（九一〇·史部·金石类）》，上海古籍出版社，2002年，第558页下。
② 《续修四库全书》编纂委员会编：《续修四库全书（九一〇·史部·金石类）》，上海古籍出版社，2002年，第558页下～559页上。
③ 《续修四库全书》编纂委员会编：《续修四库全书（九一〇·史部·金石类）》，上海古籍出版社，2002年，第559页上。
④ 笔者认为此乃（清）朱文藻所纂《洞霄图志续》，现已散佚。

(3)《宋陈袭古题名》

　　陈袭古丙申三月二十日游①

此与陈求古题名同时，乃同游另题。阮元《题名》下说明："右在大涤洞内，摩崖正书，三行，字径一寸。"②

(4)《宋韩希祖题名》

　　韩□希祖嘉祐八年首夏廿七日同邵熙载游大涤③

韩希祖、邵熙载二人，《洞霄图志》《洞霄宫志》均未著录其人其作。阮元《题名》下说明："右在大涤洞内，摩崖正书，三行，字径二寸。"④

(5)《宋孔文仲等题名》

　　富咸文之□□抑之被府命按视邑事邵舜臣熙载摄□完次
　　孔文仲□甫余杭□邂逅宿于洞霄质明游云□□时嘉祐癸卯□
　　月十三日⑤

---

① 《续修四库全书》编纂委员会编：《续修四库全书（九一〇·史部·金石类）》，上海古籍出版社，2002年，第559页上。
② 《续修四库全书》编纂委员会编：《续修四库全书（九一〇·史部·金石类）》，上海古籍出版社，2002年，第559页上。
③ 《续修四库全书》编纂委员会编：《续修四库全书（九一〇·史部·金石类）》，上海古籍出版社，2002年，第560页下。
④ 《续修四库全书》编纂委员会编：《续修四库全书（九一〇·史部·金石类）》，上海古籍出版社，2002年，第560页下。
⑤ 《续修四库全书》编纂委员会编：《续修四库全书（九一〇·史部·金石类）》，上海古籍出版社，2002年，第560页下。

富咸、孔文仲、邵舜臣等,《洞霄图志》《洞霄宫志》俱未录其人其作。阮元《题名》下说明:"右在余杭县大涤洞内,摩崖正书,十行,字径四寸,陈求古题名之下。孔文仲,字经父,临江新喻人,嘉祐六年进士,熙宁间,任余杭尉。"① 介绍了孔文仲的生平事迹。

(6)《宋张靓大涤洞题名》

张靓熙宁甲寅十二月十六日至镎随行②

张靓,《洞霄图志》《洞霄宫志》俱未录其人其作。阮元《题名》下说明:"右在大涤洞内,摩崖正书,三行,字径一寸。张靓字子明,见南屏石屋王廷老《题名》。"③ 补充交待了张靓的简略信息。

(7)《宋赵彦肤等大涤洞题名》

赵公□彦肤章□阝基吴石韫玉卫稷秀实同游绍兴二十七年三月十六日④

赵彦肤、卫稷等人《洞霄图志》《洞霄宫志》俱未录其人其作。⑤

---

① 《续修四库全书》编纂委员会编:《续修四库全书(九一〇·史部·金石类)》,上海古籍出版社,2002年,第560页下。
② 《续修四库全书》编纂委员会编:《续修四库全书(九一〇·史部·金石类)》,上海古籍出版社,2002年,第569页下。
③ 《续修四库全书》编纂委员会编:《续修四库全书(九一〇·史部·金石类)》,上海古籍出版社,2002年,第569页下。
④ 《续修四库全书》编纂委员会编:《续修四库全书(九一一·史部·金石类)》,上海古籍出版社,2002年,第1页下。
⑤ 《嘉兴历代进士研究》载:"绍兴二十四年(1154)甲戌科:……卫稷,嘉兴人。仲达子。处州教授。"当即此题名中之卫稷。详见丁辉、陈心蓉:《嘉兴历代进士研究》,黄山书社,2012年,第442页。

阮元《题名》下说明："右在大涤洞内，摩崖正书，五行，字径三寸。"①

（8）《宋大涤洞残题名》

淳祐辛亥十二月张□来游②

《洞霄图志》《洞霄宫志》俱未录此题名。阮元《题名》下说明："右在大涤洞内，摩崖正书，三行，字径二寸余。"③

### （三）《通玄观志》

（清）阮元《两浙金石志》

（1）《宋创建通玄观碑》

此碑乃刘敖所撰《创建通玄观记》，《通玄观志》已辑录，然阮元在《碑记》下的说明旁征博考，可藉以补充相关信息。

右在杭州七宝山东南麓通玄观，正书，十二行，行四十四字。此鹿泉真人刘敖自述之文。敖本典领宁寿观，置胥吏，给清卫兵，用大中祥符故事。后十年，遂请弃，宜专奉宁寿香火。诏如所请，改左右街都道录，仍领观事，加少师，赐紫衣。特以梦感之兆，又卜地为茅君玉清诸殿，高宗御书

---

① 《续修四库全书》编纂委员会编：《续修四库全书（九一一·史部·金石类）》，上海古籍出版社，2002年，第1页下。
② 《续修四库全书》编纂委员会编：《续修四库全书（九一一·史部·金石类）》，上海古籍出版社，2002年，第90页下。
③ 《续修四库全书》编纂委员会编：《续修四库全书（九一一·史部·金石类）》，上海古籍出版社，2002年，第90页下。

"通玄"二字赐之。文中种种"玄门宿虑有在"以下，颇涉夸诩。果出自肺腑，胡十年而后弃官耶？嘉定时，又主上虞之明德观，则以宁宗后父杨浙故宅也。文又云"赉紫衣暨七宝"，此山之所由名也。《咸淳临安志》止载有三：一宋鼎，宋孝武帝孝建元年作；一唐钟，本唐澄清观旧物，上有河东薛泚铭；一褚遂良小楷《阴符经》。陆游《宁寿观记》似乎有六，所云"鸿钟，大鼎，华盖，宝剑，褚遂良、吴道子之遗迹，卓乎秘府之奇珍"是也。华盖似是一物。近志本《咸淳志》之说，增以吴道子南方星君像、玉靶剑、七宝数珠、轩辕镜，为观中七宝。吴道子画及剑见陆游《记》。惟数珠、古镜未考所自耳。七宝今惟宋鼎尚在北直丰润，疑亦金人所徙，其铭犹有传者。"富贵，岑通也。"语不可解，《今志》改作"梦幻"。"请额月弦，而石壁裹于月望。"未知上弦下弦，月望则月中。观中凿有石壁，以刻诸种。非履其地，不知为何语。"左右街"本之唐人，《今志》伪作"卫"。篆额亦教书，而"创"字从"走"，"记"字从"匹"者，皆不足校。[①]

说明文字在描述碑文状貌之外，对文记的内容作了详细的说明和考订，主要有四点：一是介绍了刘敖的生平，二是评议刘敖文记中淡泊名利实乃夸饰自荣之语，三是考订通玄观"七宝"的由来、存废与具体所指，四是解释、校订文记中的部分词语。阮元《两浙金石志》所录刘敖《创建通玄观记》乃据碑刻原文而录，与姜南、吴陈琰《通玄观志》所录在文句上略有差异。如阮元所录"富贵，岑通也"，《通

---

① 《续修四库全书》编纂委员会编：《续修四库全书（九一一·史部·金石类）》，上海古籍出版社，2002年，第6页下～7页上。

玄观志》作"富贵，梦幻也"；文末落款"皇宋绍兴三十二年龙集壬午七月中元日，奉敕左右街大都道录少师赐紫衣真人法名能真鹿泉刘敖撰并书篆"①，《通玄观志》作"绍兴三十二年七月中元日记"②。阮文乃据碑实录，若文中《今志》指的是《通玄观志》，则今四库全书存目本《通玄观志》相较阮元所见本当有删改，即文末落款删去了刘敖的头衔及"皇宋""龙集"等语词。然今本《通玄观志》中并没有"七宝"的具体记载，不知文中所称《今志》何指。

（2）《宋高宗赐刘能真御制诗刻》

宋高宗御制赐诗《通玄观志》已辑录，然未录碑刻之落款：

赐能真御宝臣何宗亮抚刻③

阮元诗下说明："右在吴山通玄观，摩崖正书，十三行，行十五字，字径一寸。是刻无年月，在观后石壁上。按敖《观记》，讫程壬午之申，石壁襄于月望，是高宗二十二年七月之十五日。高宗六月内禅，刻石应在孝宗时。此七月不改元，故不书年月，仍附绍兴末。"④ 对文字进行了描述，并考订了镌刻的时间。

---

① 《续修四库全书》编纂委员会编：《续修四库全书（九一一·史部·金石类）》，上海古籍出版社，2002年，第6页下。
② 四库全书存目丛书编纂委员会编：《四库全书存目丛书·史部（第二四六册）》，齐鲁书社，1996年，第443页下。
③ 《续修四库全书》编纂委员会编：《续修四库全书（九一一·史部·金石类）》，上海古籍出版社，2002年，第9页上。
④ 《续修四库全书》编纂委员会编：《续修四库全书（九一一·史部·金石类）》，上海古籍出版社，2002年，第9页上。

(3)《宋刘能真创建通玄观记》

皇宋绍兴壬午岁中元节日,都录少师鹿泉真人刘能真开山建观,请赐额曰'通玄',奉安元始天尊、三茅真君香火,朝元礼圣,福国太平。能真谨录。①

此段文记《通玄观志》未辑录。阮元《记》下说明:"右在通玄观后,摩崖隶书,七行,行十一字,径一寸五分。后有正德戊辰本观徐道彰跋云:'右石壁《记》乃开山刘真人手笔也,距今四百余年。两经兵燹,旧刻不伤,字角微刓。道彰虞后愈昏,艰于辨认,故少加抉剔,庶祖师之文不泯,而嗣观者有所鉴云。'"② 此徐道彰跋文《通玄观志》亦未辑录。

**(四)《重阳庵集》**

(清)阮元《两浙金石志》
(1)《唐南岳道士邢□等题名》

大唐开成五年六月十八日□□□□岳道士邢□钱唐县令钱华记道士诸□□元书③

---

① 《续修四库全书》编纂委员会编:《续修四库全书(九一一·史部·金石类)》,上海古籍出版社,2002年,第9页上。
② 《续修四库全书》编纂委员会编:《续修四库全书(九一一·史部·金石类)》,上海古籍出版社,2002年,第9页上。
③ 《续修四库全书》编纂委员会编:《续修四库全书(九一〇·史部·金石类)》,上海古籍出版社,2002年,第479页下。

《重阳庵集》据《杭州志》称"(重阳庵)始自唐开成年间,祖师韩道古结茅以居",并录有三十八代天师张与材所书"青衣洞天吴山福地十方大重阳庵"十四字摩崖石刻,① 然未辑录此等题名。阮元碑《题名》下说明:"右题名在钱塘县吴山青衣洞,文七行,八分书,径寸余。《癸辛杂志》云:'阅古泉铦旁有开成元年南岳道士邢令闻、钱唐县令钱华题名,道士诸葛鉴元镌之日。'今拓本'开成'下确是五字,'邢'下只一字,似'全'字。诸葛鉴元乃书石之人,并非镌石者。《书史会要》载'诸葛鉴元善八分书',想亦据此刻也。"② 此段记录描述了题名文字,并征引《癸辛杂志》《书史会要》对题名人物进行考证,指出了所引资料与题名间的龃龉之处。阮元以"□"标识不能识别的字,力求保留题名的原文形态,并将相关考证或补充说明性的文字材料附在题名之后,无疑是较为科学的做法。与之对应,(清)孙星衍、邢澍编《寰宇访碑录》所录青衣洞题名称:"《吴山青衣洞邢全等题名》诸葛鉴元八分书开成元年六月"③,既在辑录文字上有所节略,不能反映题名的本来面貌,还将邢全、诸葛鉴元的姓名予以落实,让阅者不能知晓人物姓名来源所据。与阮元所录相较,高下立判。

(2)《宋理宗御书真武像赞》

于赫真武启圣均阳克相炎宋宠绥四方累朝钦奉显号徽章
其右我宋社万亿无疆正书,六行,字径一寸,上有"丙午""御书"

---

① 王国平主编:《西湖文献集成(第 24 册)》,杭州出版社,2004 年,第 937 页。
② 《续修四库全书》编纂委员会编:《续修四库全书(九一○·史部·金石类)》,上海古籍出版社,2002 年,第 479 页下。
③ 中国东方文化研究会历史文化分会编:《历代碑志丛书(第 23 册)》,江苏古籍出版社,1998 年,第 342 页。

二印。①

　　北极佑圣助顺真武灵下阙太阴化生水□□□虚危上应龟蛇□□周行六合咸摄□□无幽不察无愿□成劫终劫始剪□□□救护群品家□□□数终末甲妖□流行上帝有敕吾□降灵阐扬正法荡□□兵化育黎兆协□中兴敢有小鬼欲来现形吾自一视五岳推倾急急如律令小楷书，十五行。淳祐十二年岁次壬子正月元日立于金地山圣烈行宫□□□刻石细楷书，一行，在画像之左。②

此两段像赞《重阳庵集》未辑录。阮元《像赞》下说明："右在吴山重阳庵，凡二列，上刻理宗赞，下刻像上题字，十四行。碑已中断。案真武像见于载纪者有二。《梦粱录》：淳熙岁，诏改孝庙旧邸为道宫，以奉真武；御制真武赞及宸翰《黄庭经》，皆刻之石以赐。《咸淳临安志》：真圣观，在六和塔侧，宝庆二年，道士江师隆创，有真武像，淳祐间摹本上进。赞后有丙午印，为淳祐之六年，或即师隆所进之本，而刻于十二年欤？圣烈行宫，疑即奉祀之所。"③阮元所论，分析了宋理宗真武像赞的题写摹本及刊刻时间的关联。

---

① 《续修四库全书》编纂委员会编：《续修四库全书（九一一·史部·金石类）》，上海古籍出版社，2002年，第90页下。赞辞为四言体式，唯末句"其右我宋社万亿无疆"例外。

② 《续修四库全书》编纂委员会编：《续修四库全书（九一一·史部·金石类）》，上海古籍出版社，2002年，第90页下～91页上。此段赞辞亦为四言体式，唯末句"急急如律令"句式不同。

③ 《续修四库全书》编纂委员会编：《续修四库全书（九一一·史部·金石类）》，上海古籍出版社，2002年，第91页上。

（3）《元张与材重阳庵题字》

　　十方大重阳庵正书，二行，字径一尺。大素□□广大真人管领江南诸路道教嗣汉三十八代天师张□□书额正书，款在左。吴山福地正书，字径六寸。齐公后人黄中氏洛阳宰逊□施财刻石摩崖纪胜正书，款在右。青衣洞天正书，字径六寸全真派下□□□□山□□□张□材建立正书，款在左。①

《重阳庵集》据《杭州志》录有张与材题"青衣洞天、吴山福地、十方大重阳庵"14字摩崖题字，然未录题字后"齐公后人黄中氏"等款识。阮元《题字》下说明："右在吴山重阳庵摩崖。按庵始唐开成间……《元史·释老传》：元贞元年，与材嗣为三十八代，袭掌道政。时潮啮盐官、海盐两州，与材以术治之，遂息。此即其题字时也。《画髓元诠》：与材字国梁，号薇山，别号广微子，封留国公。"② 介绍了题字的时间和张与材的生平。

### （五）《武林玄妙观志》

（清）阮元《两浙金石志》
《宋至德坛铜器》

　　绍兴二年大宁厂臣苏汉臣监督姜氏铸至德坛用③

---

① 《续修四库全书》编纂委员会编：《续修四库全书（九一一·史部·金石类）》，上海古籍出版社，2002年，第274页上。
② 《续修四库全书》编纂委员会编：《续修四库全书（九一一·史部·金石类）》，上海古籍出版社，2002年，第274页上。
③ 《续修四库全书》编纂委员会编：《续修四库全书（九一〇·史部·金石类）》，上海古籍出版社，2002年，第620页上。

《武林玄妙观志》"道院"目录有"至德观"沿革及相关文记，然未著录宋至德坛铜器及铭文。阮元《铜器》下说明："右宋至德坛铜器，钱唐赵氏藏。盖长方，皆雷回纹，左右有兽面，盖面水纹，作梅花十六朵，每瓣穿空出气，似今之熏炉状。其底有铭，篆书，凡二十字。按：《咸淳临安志》，南宋时吴山有至德观，盖即此坛也。《图绘宝鉴》：'苏汉臣，开封人，宣和画院待诏，师刘宗古，工画，释道人物臻妙，尤善婴孩。绍兴间，复官大宁厂。'又案：《居易录》载宋方炉款识文，与此同云。姜氏，即姜娘子，南宋人，善铸铜器者。"[①] 描述了铜器纹饰、形状、铭文位置，考订苏汉臣、姜氏之身份。"盖即此坛也"虽为推测之论，然亦可藉以聊补一二。

综上，金石典籍对道教方志的辑补价值是不容忽视的，无论是就"遗漏"内容的增入，还是就已著录内容的补充、勘校，金石典籍都有其可资参用之处。而在金石典籍所录摩崖题名、碑铭像赞、诗歌题记之下，编纂者附录的说明性、考辩性文字，更有其独特的史料和学术价值，是道教方志编纂与研究中难得的文献补充。

## 第三节　佛教方志对道教方志的辑补

同属宗教专志的佛教方志，其分类和编纂观念与道教方志类似，即在类型上可分为佛教山志、佛寺志、佛庵志等；在编纂上则多持守

---

[①] 《续修四库全书》编纂委员会编：《续修四库全书（九一〇·史部·金石类）》，上海古籍出版社，2002年，第620页。（元）夏文彦《图绘宝鉴》原文无"大宁厂"三字，详见《文渊四库全书（第八一四册）》，台湾商务印书馆，1986年，第601页上。

显扬寺庵、发扬本门宗风的观念，搜检取舍，一以事归佛门为要。虽然说佛教方志中的宗教畛域观念较强，但佛道二教有时候往往并不能作出截然地分割，如宫观和寺庵可能坐落同一名山，明贤仕宦、高僧大道迭相交游，仙灵传说、奉祀神祇交相取用等，从而使得佛教方志有意无意间会辑录一些道教方志可堪取资的内容，成为道教方志编纂或研究的文献来源之一。

### 一、佛教方志中道教方志文献的辑录情况

究竟有多少部存世浙江佛教方志，迄难定论。广陵书社出版发行的白化文、张智主编《中国佛寺志丛刊》（130册）和台湾明文书局印行的杜洁祥主编《中国佛寺史志汇刊》（110册）两相交合，大体能够收纳绝大多数的存世浙江佛教方志。[①] 据笔者统计，二者共辑录浙江佛教方志72部。因资料所限和编纂者目力所及的不同，二者在辑录的内容上存有一些分歧，相对而言，《丛刊》辑录更为全面，如所辑《北天目灵峰寺志》《济师塔院志》《柳亭庵志》《长水塔院纪》《明恩寺志》等皆为《汇刊》所未辑录。当然，《汇刊》亦辑有《丛刊》所未录者，如（明）周应宾纂辑《重修普陀山志》，《丛刊》录有（民国）王亨彦辑《普陀洛迦新志》，却未录此本。

二者还存在同名佛教方志取用版本不同的情况。如《虎跑定慧寺志》，最早的为康熙中本然深禅师所撰稿本，后毁于咸丰年间；《汇刊》取用的版本为清光绪二十六年（1900）释圣光的重辑本，而《丛刊》

---

[①] 具体请参看白化文，张智主编：《中国佛寺志丛刊》，广陵书社，2011年；杜洁祥主编：《中国佛寺志汇刊（第一辑、第二辑）》，明文书局，1980年；杜洁祥主编：《中国佛寺志汇刊（第三辑）》，丹青图书公司，1985年。

取用则是释常仁的重纂本,并改题作《虎跑泉定慧寺志》。《丛刊》本《虎跑定慧寺志》是在康熙残本、光绪本的基础上重辑增补而成,将光绪八卷本"勒分六卷,又列序例、目录为首卷,而别为《湖隐禅院记事》一卷"。① 据释常仁志前按语落款"岁在戊午交谷雨日",光绪二十六年后清代已无戊午年,可知释常仁重纂本的编定当在民国戊午年,即民国 7 年(1918)。又《丛刊·虎跑佛祖藏殿志》题解称:"按南京图书馆旧藏有《虎跑定慧寺志稿》,惜已佚失,遂使南屏旧迹,渺无可稽。"② 所言《虎跑定慧寺志稿》当为释圣光或释常仁稿本,实际并未散佚,乃编者未及考见而言之。

编纂者方面,二者也有分歧之处。如《理安寺志》,《汇刊》题作《武林理安寺志》,视为大儒杭世骏撰;《丛刊》则题作《理安寺志》,署为(清)释实月纂。实际上,据志中所辑杭世骏和释实月《序》即可考见其编纂情况。杭世骏《序》称:"向有《寺纪》四卷,法雨大师所手定也。斯时规条初设,铨次未周,抱残守缺,留以有待。智朗上人承诸尊宿之后,节缩衣食,誓发宏愿,欲以世出世间之文字,成佛法之金汤。礼币及门,请余秉笔。小友周进士辰告、汤孝廉铧斋为余先撰《长编》,芟薙繁冗,别为八门,厘然完备。"③ 释实月《序》称:"(余)爰录陈文,遍寻故实,得稿若干。复由不解属文,送龙泓丁处士编辑。而龙泓复不戒于火,屋庐焦土,诸稿尽失……丙子春,因萼棠汤孝廉得识堇浦杭太史,承为不请友,操觚是任。再事搜寻,远陟匡阜而舟过鄱阳,滨覆者数次,所得之稿不敌前之六七,幸而载,阅

---

① 白化文、张智主编:《中国佛寺志丛刊(第 126 册)》,广陵书社 2011 年,第 2 页。
② 白化文、张智主编:《中国佛寺志丛刊(第 72 册)》,广陵书社 2011 年,第 72 册。
③ 白化文、张智主编:《中国佛寺志丛刊(第 77 册)》,广陵书社 2011 年,第 9 页。

寒暑，刻印俱竟。先师公案得了，此理安无志而有志矣。"[1] 据二《序》，释实月搜集之本已毁于丁龙泓家火灾。后杭世骏受释实月之托重新搜集编纂，期间得到了周辰告、汤辁斋二人的相助，最终定稿，刊刻印行，成就今存之八卷本《理安寺志》。《汇刊》认为编纂者为杭世骏是接近事实的，而《丛刊》署名为释实月当误。总体来说，在利用佛教方志时，应将《丛刊》《汇刊》结合起来，互为比照取勘，补辑参用，不能执守一家。

　　佛教方志在编纂上基本是以佛门之事为要，较少涉及道教方面的内容。与道教方志相比，在体例上除了常见的山水、建置、人物、诗文、碑刻之外，亦非常注重法派、寺产、法理等方面的记录。如（清）释际祥纂《净慈寺志》[2]，"书凡二十卷，首二卷，末一卷，分列十二门，首二卷为恩遇，录谕旨、御制诗文、恩赉。以下为兴建、支院、寺产、住持、法嗣、塔院、山水、园亭、古迹、艺文、杂记、外纪等十二门。"[3] 门类详备，涵盖了多数佛教方志辑录的要目。又如《龙兴祥符戒坛寺志》设有"僧伽著述"卷目，辑录僧侣著述，《圣因接待寺志》设有"法语"卷目，辑录高僧法语，与"塔院"卷目相类，都是佛教方志较为独特的卷目设置。

　　依笔者检视，佛教方志中事涉道教方志文献的辑录主要表现在四个方面，即宫观祠庙、仙道名贤、山水胜迹和碑铭诗文。因山水胜迹并不能表现出鲜明的宗教属性，故本文以佛教方志为目，综合宫观、

---

[1] 白化文、张智主编：《中国佛寺志丛刊（第77册）》，广陵书社2011年，第15～16页。

[2] 白化文，张智主编：《中国佛寺志丛刊（第63册）》误将作者"释际祥"题作"释际禅"。

[3] 杜洁祥主编：《中国佛寺志汇刊（第一辑·第17册·113)》，明文书局，1980年，卷首。

人物、诗文三方面分别论之。

　　基于彰显佛门、类有专属的编志观念，佛教方志对宗教场所的辑录多限于佛门寺庵，很少有收录道教宫观祠庙的情况。《丛刊》《汇刊》所辑72部浙江佛教方志中录有宫观祠庙的寥寥无几，大概只有《武林梵志》《天童寺志》《武林灵隐寺志》《龙兴祥符戒坛寺志》《西天目祖山志》《东天目昭明禅寺志》《云栖志》《天台山方外志》等数部而已。① 且辑录宫观祠宇数量极少，应该算作勉强记录。如《武林梵志》共收录杭州寺庵四百三十余座，而其辑录的道观仅有洞霄宫一座，且加旁注云"此系三十六洞天之一，故附载"②。实乃因其洞天的地位而不得不录，加以附注说明，似要撇清干系，以免遭受书体不纯等批评的意思，这也反映了多数佛教方志编者不涉他教的编志观念与态度。

　　与宫观祠庙的辑录态度相应，佛教方志中亦较少辑录事关道教的诗文。宫观、人物、诗文三者中相对突出的是仙道名贤，多数佛教方志有意无意间都会涉及。一方面是葛洪、许迈、茅盈一类的仙道人物可以以其神异色彩为寺庵所在地增色，另一方面则是赵抃、苏轼、赵孟頫一类的名贤可以以其社会影响力为寺庵和僧侣增重。因为名贤的交往对象往往多涉道门，佛教方志对其生平或事迹的记录无意中就会为疏于此方面记录的道教方志提供文献参考。

---

　　① 释传灯纂《天台山方外志》编纂观念与其他佛教方志不同，将在第二部分单独论列，此部分略而不论。
　　② 杜洁祥主编：《中国佛寺志汇刊（第一辑·第7册·104）》，明文书局，1980年，第554页。

## (一)（明）吴之鲸撰《武林梵志》

**1.** 宫观祠庙

洞霄宫，在县西南十八里。汉元封三年，建宫坛于大涤洞前。唐弘道元年，有潘先生者于洞下建天柱观，南向，四维辟封三步，禁樵采，为长生林。中宗时，赐观庄一所。后有朱法师改观为北向，乾宁二年，钱武肃王与闾丘方远相度山势，复改南向。未纳土时，尝改天柱宫。宋祥符八年，陈尧叟奏改今名，赐仁和县田一十五顷，并赐钟磬法具等，岁度行童一人，应天庆节设醮以祝圣寿……乾道二年三月，寿皇洎显仁皇太后临幸……洪武二十三年重建，历二十余年而后，修垣钜殿、门庑室庐、庖庾坛墠皆次第用完，无改旧观矣。①

此则记录之文字与《洞霄图志》《洞霄宫志》所录大体相同，不同之处有："辟封三步"《洞霄图志》作"壁封千步"，"未纳土时"《洞霄图志》作"钱氏纳土时"，"祥符八年"《洞霄图志》作"祥符五年"，"寿皇洎显仁皇太后临幸"《洞霄图志》作"德寿太上皇洎显仁皇太后临幸"，②"洪武二十三年"《洞霄宫志》作"明洪武初"。③据其文，当

---

① 杜洁祥主编：《中国佛寺志汇刊（第一辑·第7册·104）》，明文书局，1980年，第544～546页。
② 《洞霄图志》所录见《文渊阁四库全书（第五八七册）》，台湾商务印书馆，1986年，第408～409页上。
③ 张智、张健主编：《中国道观志丛刊续编（第17册）》，广陵书社，2004年，第43页。

与《洞霄宫志》"至宫之沿革，从碑刻记载得之，了然可稽"① 相类，亦为综稽碑志和地方志文献而成。只是所录除补充了洞霄宫明代重建的具体年份外，与《洞霄图志》《洞霄宫志》相较，文句错误较多，或为传写、刻印不细谨所致。

**2.** 仙道名贤

《武林梵志》未收录仙道人物，然收录了很多同样见录于道教方志中的名贤事迹和诗文，如赵抃、钱镠、苏轼、王安石、杨杰、贯云石、陆游、赵孟頫、黄溍、张翥、聂大年、徐一夔、杨维桢、张宁、虞集、郑清之、李邴等。这其中，《洞霄诗集》《洞霄宫志》辑录有赵抃、钱镠、苏轼、杨杰、陆游、赵孟頫的诗歌或文记，《通玄观志》辑录有赵孟頫、虞集、贯云石、张翥的诗歌，《委羽山志》辑录有黄溍的文记，《武林玄妙观志》辑录有苏轼、虞集、张翥的诗歌，《紫阳庵集》辑录有聂大年的诗歌，《吴山伍公庙志》辑录有张宁的诗歌和王安石、苏轼、虞集、徐一夔的文记，而都省却了赵抃、张翥等所录作家的生平介绍。唯有作为提举洞霄宫官员的郑清之、李邴有其非常简略的介绍："李邴，字汉老，任城人，知行台三省枢密院事，与吕颐浩不合至。"② "郑清之，鄞人，左丞相，枢密使，以乞去授观文殿学士至。"③

兹举一二《武林梵志》所录名贤生平事迹，一则见其辑录笔法，二则见其参稽价值：

---

① 张智、张健主编：《中国道观志丛刊续编（第 17 册）》，广陵书社，2004 年，第 41 页。

② 张智、张健主编：《中国道观志丛刊续编（第 17 册）》，广陵书社，2004 年，第 107～108 页。

③ 张智、张健主编：《中国道观志丛刊续编（第 17 册）》，广陵书社，2004 年，第 113 页。

李邴，字汉老，济州任城人。崇宁中，官翰林学士，后拜参知政事，谥文敏，有《草堂集》一百卷。公浮游尘外，心醉祖道有年，闻大慧示众语曰："庭前柏树子，今日重新举。打破赵州关，特地寻言语。敢问既是打破赵州关，为甚么却特地寻言语？"后以书咨决曰："近扣筹室，伏蒙激发，忽有省入。顾惟根识暗钝，平生学解尽落情见，一取一舍，如衣坏絮行草棘中，适自缠扰。今一笑顿释所疑，欣幸何量！"又书曰："比蒙诲答，备悉深旨。邴自验者三：一事无逆顺，随缘即应，不留胸中；二宿习浓厚，不加排遣，自尔轻微；三古人公案，旧所茫然，时复瞥地，非大宗匠委曲垂慈，何以致此。"大慧杲禅师时卓锡径山。①

　　李邴，《宋史》有传，《武林梵志》所录生平大要乃截取《宋史》本传而就，然较《洞霄宫志》仅录其相关提举行迹已周详全面得多。当然，其主要篇幅放在李邴醉心佛教及与大慧宗杲书信往来咨询佛理一事上，既展现了李邴参禅学佛的一面，又借以突显了武林梵宫与高僧的地位，乃志在显扬佛门的编志观念使然。

　　黄溍，字晋卿，义乌人。自幼笃学，博极群书，发为文章，如澄湖不波、一碧万顷。与柳贯、虞集、揭奚斯游，人号为"儒林四杰"。延祐初进士，累官侍讲学士，谥"文献"。公于佛典横襟考究。天历初，诏天下善书僧儒会杭净慈寺，泥金书《大藏尊经》，公亦在诏内。而公必与僧同餐，若别为

---

① 杜洁祥主编：《中国佛寺志汇刊（第一辑·第8册·104）》，明文书局，1980年，第668～670页。

治具则不乐甚，至掣肘诟骂，不食而去。尝为僧题悬崖画壁兰云："袅袅春风一样吹，托身高处拟何为。从渠自作颠倒想，要见悬崖撒手时。"公为元叟端公、笑隐䜣公、悦堂訚公撰诸《塔铭》，脍炙人口。有稿三十卷行于世。①

黄溍，《元史》有传，《武林梵志》所录乃撮其大要。其主要篇幅亦放在黄溍净慈寺之会及为僧人题壁、撰《塔铭》上，意在突显黄溍与佛门的关系。"必与僧同餐"一段的描写彰显了佛教的吸引力，颇具文学色彩。

　　徐一夔，字大章，天台人。洪武六年，以儒士荐，授浙江杭州府学教授，博雅通经，教法严整，为文有法度，士林服之。召入纂修《元史》，赐蟒龙，复任。寻为省臣，在任凡九年。所著有《始丰稿》。湖上勒石之文多其手笔，若本寺止庵德祥、同庵夷简与之最善，尝为平山禅师撰《塔铭》并同庵新钟之《偈序》。②

徐一夔，《明史》有传，文称："徐一夔，字大章，天台人。工文，与义乌王祎善。洪武二年八月诏纂修礼书，一夔及儒士梁寅、刘于、曾鲁、周子谅、胡行简、刘宗弼、董彝、蔡深、滕公琰并与焉。明年书成，将续修《元史》，祎方为总裁官，以一夔荐。一夔遗书曰……一夔遂不至。未几，用荐署杭州教授。召修《大明日历》，书成，将授翰

---

① 杜洁祥主编：《中国佛寺志汇刊（第一辑·第 8 册·104）》，明文书局，1980年，第 705～706 页。
② 杜洁祥主编：《中国佛寺志汇刊（第一辑·第 8 册·104）》，明文书局，1980年，第 720～721 页。

林院官，以足疾辞，赐文绮遣还。"① 与《明史》所录相较，此段文记有几处值得商榷。一是按《明史》所记，徐一夔于洪武三年修成礼书，"未几，用荐署杭州教授"，而《武林梵志》称徐一夔于洪武六年授杭州府学教授，洪武三年至六年历时三年之久，绝非"未几"，故文记"洪武六年"之说可能有误。二是《明史》明确说明徐一夔以书信辞却纂修《元史》事务，不知文记中纂修《元史》、赐蟒龙的事迹何据。② 三是《明史》言其修成《大明日历》后，以足疾辞归，未见"寻为省臣，在任凡九年"的记录。当然，文记所录徐一夔生平虽有不细谨的偏失，但记录其工于为文的事迹，尤其是他与僧人的交往及执笔撰文等，还是大大丰富了徐一夔这一文士形象。

不难发现，《武林梵志》这种辑录名贤生平事迹的做法虽有不经之处，但在交待人物主要生平事迹之余，重点记述人物与佛门的交往，既补辑了人物为正统史传所忽视或有意略去的宗教情缘，丰满了人物形象，又起到了藉以为佛门增重的效果。与之相比，道教方志中仅仅辑录名贤诗文、而略去作者行迹的做法，无疑有"暴殄天物"之嫌。

**3. 碑铭诗文**

《武林梵志》洞霄宫记录之下，附有（明）王达《记》一篇和陈尧佐、林逋、赵抃、苏轼、赵公硕、潘良玉、赵汝谈、曹元翰（《洞霄诗集》作"鲁元翰"）、白驹任、张舆、赵居仁所咏洞霄宫诗11首，俱为《洞霄宫志》或《洞霄诗集》所辑录。然间亦有文词歧异可供校勘者，

---

① （清）张廷玉等撰：《明史》，载中华书局编辑部编：《"二十四史"（简体字本）》，中华书局，2000年，第4893~4894页。

② （清）嵇曾筠等监修，沈翼机等编纂：《浙江通志》卷一百八十一载朱彝尊所撰《徐一夔传》称："灵谷寺初建，敕一夔自杭州撰碑文以进，称旨，赐蟒衣彩币。"似即此"赐蟒龙"一事。详见《文渊阁四库全书（第五二四册）》，台湾商务印书馆，1986年，第65页上。

如赵公硕的诗："里服萧萧入翠微,虚亭高敞纳晴晖。仙归洞府云烟冷,春入名山笋蕨肥。缓引壶觞聊自适,暂捐朱墨便忘归。会当结屋山中住,始悟人间万事非。"①"里服"《洞霄诗集》作"野服","入"作"款","纳"作"射","会当"作"会须"。又如张舆诗之尾联"此行不为长生诀,要续游仙第二篇"②,《洞霄宫志》作"此去长生有丹诀,南华好续梦游篇"③。

### (二)(清)释德介纂《天童寺志》

宫观祠庙:

> 鬼谷子祠,太白山之北。其祠倚山临水,幽深阒寂,人迹罕到,真游仙所宅也。夏侯曾先《地志》云:鬼谷子庙,三面连山,前有清溪之水,泉源不绝,山崖重叠,云雾蔽亏。晋郭璞曾到,有《游仙诗》曰:清溪千余仞,中有一道士。云生梁栋间,风吹窗牖里。借问此阿谁,云是鬼谷子。④

此段记录主要取引自(南朝陈)夏侯曾先所撰《会稽地志》,其中补充交待了鬼谷子祠的具体位置。鬼谷子乃道教人物,加之有游仙及郭璞等记录,自应为道教祠庙。

---

① 杜洁祥主编:《中国佛寺志汇刊(第一辑·第7册·104)》,明文书局,1980年,第551页。
② 杜洁祥主编:《中国佛寺志汇刊(第一辑·第7册·104)》,明文书局,1980年,第554页。
③ 张智、张健主编:《中国道观志丛刊续编(第17册)》,广陵书社,2004年,第364页。
④ 杜洁祥主编:《中国佛寺志汇刊(第一辑·第14册·109)》,明文书局,1980年,第707页。

## （三）（清）释际祥纂《净慈寺志》

**1.** 宫观祠庙

上清宫：

《武林旧事》：葛仙翁炼丹旧址，道士胡莹微祖筑庵，郑丞相清之曾此读书。淳祐中重建，赐今额，理宗御书"清净道场"四大字。

《湖山便览》：上清宫，据《武林旧事》云，似即甘园小蓬莱址，属谢府，时改筑道院也。

郑清之《上清宫诗》：上清仙腹正便便……①

此段记录主要采自地方志，乃综稽地志而成。这种辑录方式实为佛教方志的编纂方式之一。

**2.** 仙道名贤

《净慈寺志》收录有仙道名贤人物多位，其中"仙道"人物辑录有葛洪、吕岩、张伯雨三位，名贤则有屠隆、杨杰、赵抃、郑清之、虞集、赵孟頫、杨维桢、黄溍、徐一夔、田汝成、虞淳熙、黄汝亨、范允锵等。与之相关，《洞霄图志》辑录有葛洪事迹；《委羽山志》辑录有葛洪生平事迹、屠隆的诗歌；《通玄观志》辑录有屠隆、田汝成、范允锵的诗文；《重阳庵集》辑录有张雨的诗歌；《武林玄妙观志》《东林山志》辑录有吕洞宾生平、事迹和诗歌；《金鼓洞志》辑录有吕洞宾仙

---

① 杜洁祥主编：《中国佛寺志汇刊（第一辑・第 18 册・113）》，明文书局，1980年，第 1067 页。

迹与事迹、张雨和虞淳熙的诗歌；《洞霄宫志》辑录有张雨的诗歌、黄汝亨的诗文；《吴山伍公庙志》辑录有屠隆的诗歌。

《净慈寺志》所录仙道，重点亦在突显净慈一地或高僧的重要地位。如葛洪遗迹遍天下，很多"神异"之地都有其炼丹井的遗存，净慈南屏山也是如此："晋葛洪，字稚川，著《抱朴子》，博闻深洽，江左绝伦。尝至南屏中峰之阳，睹嘉木森秀，清泉甘冽，遂栖隐，炼丹于此。有丹井存焉，至今称小蓬莱。"① 对吕岩的记录更是为了衬托突显黄龙禅师的道行：

> 吕岩，字洞宾。既得仙道，遇黄龙禅师升座，师云："会有窃法者。"岩出，曰："云水道人。"师云："云尽水干时如何？"岩无对。师代云："黄龙现。"岩去，夜以飞剑协师，师指剑，剑植地。岩至，拔剑，不能起。师更为启发，岩大悟，皈依，有"自从一见黄龙后，始觉当初错用心"之句。圆照本禅师坐夏宗镜堂，有道人卉衣至，本视之曰："黄龙旧话，何不举似？"道人笑曰："钱大安用饶舌？"御风疾去。卉衣者，洞宾也；钱大者，本前身也。②

吕洞宾是道教奉祀的重要仙真之一，是道众、文人雅士、普通民众敬仰的对象。无论是《武林玄妙观志》中的蕉叶题诗，还是《东林山志》中的榴皮题壁、《金鼓洞志》中的吕祖自画像和"飞来野鹤"题壁，都是道教宫观藉以营造神异，借以自重的重要载体。而《净慈寺志》对

---

① 杜洁祥主编：《中国佛寺志汇刊（第一辑·第18册·113）》，明文书局，1980年，第1393页。
② 杜洁祥主编：《中国佛寺志汇刊（第一辑·第19册·113）》，明文书局，1980年，第1394页。

吕洞宾的记载，完全以其受黄龙禅师点化为重心，无论是机锋斗法还是飞剑斗法，吕洞宾都是完败。吕洞宾最终开悟皈依，其"错用心"的叹悟给人以浪子回头之感，不管是杜撰还是嫁接故事，《净慈寺志》所录借以打压道教、彰显佛教的用意都非常明显。

辑录名贤生平事迹，其意自在突显寺庙、佛门，即便所录名贤与寺庙或僧人的关涉疏离，修志者仍会牵强引录。如明代田汝成：

> 田汝成，字叔禾，性颖敏，博学强记，流览百家言，覃心作述。为文沉涵秾郁，有东汉齐梁风，尤善为记事书，缃缃多雅致。两为督学使者，盛有文誉。嘉靖初，同黄省曾五岳理椑，寻南山下净慈寺，循宗镜堂，左登绝顶，披险西讨，各赋五言古风二首。著《西湖游览志》行世。杭士自宏、德来，扬声艺苑者汝成为最。①

文记所录田汝成事迹，主要篇幅在于其生平及在文苑影响力的介绍，涉及净慈寺的仅有其与黄省曾循净慈寺登南屏山顶并赋诗一事，且原本就与寺庙关涉不大。这一"牵强"的名贤辑录方式还涉有多人，如汪之萼葬父南屏山、万斯大曾游南屏山、范允镐曾读书南屏等，《净慈寺志》均不厌其烦，专文著录。

当然，名贤著录的主体仍在其与寺庙和高僧间的密切关系，《净慈寺志》所录多数名贤如杨杰、赵抃、郑清之、虞集、赵孟頫、黄溍等都是备述其与佛教的缘分。如赵孟頫：

---

① 杜洁祥主编：《中国佛寺志汇刊（第一辑·第19册·113）》，明文书局，1980年，第1803～1804页。

赵孟頫，字子昂，号松雪，宋宗室。母邱夫人梦一僧入寝室，觉而生公。年十二即好写《金刚经》，与僧语，亲若眷属。皈重天目中峰本禅师，每受书，必焚香望拜。公后提举浙江儒学，过净慈。时元庵会藏主居蒙堂，公与雅善，尝为写其所作诗，成巨轴，复题其后。公又手绘观佛及中峰祖像贻寺。后入翰林，遣问中峰《金刚般若》大意，师答以《略义》一卷。①

赵孟頫，《元史》有传。文记所言赵孟頫的出身及"提举浙江儒学""入翰林"都符合史录。然其母梦僧入寝室而生赵孟頫、年幼雅好佛门、与中峰本禅师交往等皆正史所不录，或杜撰或实录，意在藉以提升佛门的影响力则是无疑义的。

### （四）（清）孙治撰，徐增重编《武林灵隐寺志》

#### 1. 宫观祠庙

紫芝道院，宋咸淳间，道士陈崇真卜居于此北高峰东，俗名庆化山。

明真宫，在九里松旁。宋嘉定中建，宁宗书匾，疑为道院也。并驼巘岭下至灵隐，左右各建置不一。其所流传者如兴福院、资德庙、万寿院、灵曜观、崇寿院、升仙宫、多福院、大明寺、永清寺、履泰将军庙，或为兰若，或为道院，

---

① 杜洁祥主编：《中国佛寺志汇刊（第一辑·第19册·113）》，明文书局，1980年，第1782~1783页。

或为香火院，或为土地祠，略为疏记，不能尽详也。①

紫芝道院，《中国地方志佛道教文献汇纂》未见辑录，杭州道教方志也未见相关记录。明真宫，《咸淳临安志》有其纪录，文称："在九里松步司前，军教场之北。嘉定中建，宁宗皇帝御书'明真'二字。"② 灵曜观，《咸淳临安志》有其纪录，作"灵耀观"，文称："在钱塘驼巘岭下，绍定中建，咸淳初改为女冠。"③ 升仙宫，《汇纂》及浙江道教方志未见相关记录。

**2. 仙道名贤**

《武林灵隐寺志》辑有众多仙道名贤，其中仙道人物有许迈、葛洪等，名贤有罗隐、赵抃、苏轼、赵孟頫、白珽、虞集、张雨、黄溍、陈仕贤、孙枝、柴祥、虞淳熙、屠隆、诸余龄、柴应权、李流芳等。尤其是名贤，虽所录生平大都文字不多，却能较好地补足道教方志所涉人物之缺失。仙道名贤中，《洞霄图志》《洞霄宫志》辑有许迈的生平和遗迹、罗隐的诗歌和事迹；《通玄观志》辑录有陈仕贤的诗文，孙枝、柴祥、柴应权的诗歌；《重阳庵集》辑有孙枝、诸余龄修建天医行宫的事迹；《吴山伍公庙志》辑有罗隐的诗歌和陈仕贤捐俸修庙的事迹；《金鼓洞志》征引白珽的赋作、辑有李流芳作《紫云洞图》并题跋的事迹。此以《通玄观志》为例，以见其对人物生平的辑补作用。

---

① 杜洁祥主编：《中国佛寺志汇刊（第一辑·第23册·118）》，明文书局，1980年，第120页、第124页。

② 何建明主编：《中国地方志佛道教文献汇纂·寺观卷（第111册）》，国家图书馆出版社，2013年，第152页。

③ 何建明主编：《中国地方志佛道教文献汇纂·寺观卷（第111册）》，国家图书馆出版社，2013年，第154页。

（1）陈仕贤

陈仕贤，福州人，嘉靖二十二年为杭州太守。击杨梿真伽像于飞来峰。①

（2）孙枝

孙枝，号思泉，以冀宁分守归，闭户著书。与同志诸公为胜游高会，与者许少厓先生岳、顾西岩先生言、吴桂轩先生遵晦、赵望云先生应元、胡顺所先生孝、金莲峰先生阶、柴醴泉先生祥、严顺庵先生大纪、吕葵阳先生元。四时皆有雅集。独于灵隐听禅，与看花修禊不同，邦人至今以为盛事。②

（3）柴祥

柴祥，号醴泉，天性笃孝。官御史，直谏有声。已陈情终养者二十年，转外台，尤持廉平。居乡淳厚不伐，人称长者。③

---

① 杜洁祥主编：《中国佛寺志汇刊（第一辑·第 23 册·118）》，明文书局，1980 年，第 284～285 页。
② 杜洁祥主编：《中国佛寺志汇刊（第一辑·第 23 册·118）》，明文书局，1980 年，第 285～286 页。
③ 杜洁祥主编：《中国佛寺志汇刊（第一辑·第 23 册·118）》，明文书局，1980 年，第 286 页。

### (4) 柴应权

柴应权，号洞山，官学训，即醴泉公季子。素与来道之、沈无回、孙思泉诸先生读书灵鹫，以文义切磋。晚尤归心白业，为本山檀护。①

《通玄观志》所录陈仕贤等四人，均无其生平事迹介绍，仅在诗作或记文上标注有部分作者信息：陈仕贤《通玄观志旧序》下标注"赐进士第中宪大夫知杭州府事福清希斋陈仕贤序"，柴祥《游通玄观》诗下标注"仁和柴祥醴泉"，孙枝《祝筠坡李炼师寿序》下标注"钱塘孙枝"，柴应祥《通玄看竹》诗下标注"仁和柴应权洞山"。② 四人《明史》亦无其传，阮元《两浙輶轩录》也未录其人，此更加可以说明《武林灵隐寺志》所录生平小传的文献价值。

### (五)（明）释广宾撰《杭州上天竺讲寺志》

#### 1. 宫观祠庙

灵卫祠，祀朱跸也。跸安吉人，建炎三年为钱塘令。十二月，金虏由西溪并天竺而进，金胜、祝威二将于葛岭编竹覆泥以陷之。跸率义勇二千款其前锋，中流矢，二败，犹叱

---

① 杜洁祥主编：《中国佛寺志汇刊（第一辑·第23册·118）》，明文书局，1980年，第290页。
② 详见四库全书存目编纂委员会编：《四库全书存目丛书（史部第二四六册）》，齐鲁书社，1996年，第407页下、第428页下、第459页下、第437页上。

以战。退守天竺山，伤重而死。咸淳四年，诰封为列侯。①

《灵卫庙志》所录与《杭州上天竺讲寺志》中所言朱跸抗金事迹有异，一是未如寺志所言金兵由西溪、天竺进兵；二是朱跸迎敌及伤重而亡在金胜、祝威设防葛岭之前，非寺志所言在之后。疑此记录乃有意改订传闻或碑记所录，意在突显朱跸的事迹及其与上天竺的关联。

**2. 仙道名贤**

《杭州上天竺讲寺志》所录俱为名贤，题以外护法的身份，其中涉及道教方志所录的有赵抃、苏轼、杨杰、李纲、陆游、楼钥、黄潜、沈遘、郑清之、吴潜、商辂、孙孟、陈善等。其中《洞霄宫志》录有李纲、吴潜的生平（俱提举洞霄宫），《重阳庵集》录有陈善的文记和事迹，《武林玄妙观志》录有商辂事迹，《金鼓洞志》录有楼钥的事迹，《委羽山续志》录有楼钥的诗歌，《吴山伍公庙志》录有沈遘、孙孟的事迹。寺志所录多要言不烦，重在突显所录人物与上天竺讲寺或高僧间的关系，如（宋）沈遘、（明）商辂：

> 沈遘，字文通，皇祐七年八月以起居舍人、知制诰、礼部侍郎出为杭州守。遘，浙人也，从父老请大士，以音声为佛事，宜教不宜禅，亦为具奏。赐名"灵感观音院"，诏辩才法师弘天台教观。②
>
> 商辂，淳安人，盖资德大夫、正治上卿、太子少保、吏

---

① 杜洁祥主编：《中国佛寺志汇刊（第一辑·第 26 册·121）》，明文书局，1980年，第 205～206 页。

② 杜洁祥主编：《中国佛寺志汇刊（第一辑·第 26 册·121）》，明文书局，1980年，第 330 页。

部尚书兼文渊阁学士制诰，经筵官也。成化丙申，为上竺撰《钟楼记》。①

## （六）（清）张大昌辑《龙兴祥符戒坛寺志》

**1. 宫观祠庙**

宝极观

《嘉靖仁和县志》：宝极观，旧名玄元庵，在观桥西北茶场巷。元延祐五年，道士张无为创建，既又有汪月海、蔡元真重开拓之，殿宇一新，以接往来云水。逮至我朝，有真人周思得者归老羽化，赐观额。

《西湖游览志》：宝极观，在报恩坊内，旧玄元庵……

《仁和县志》：观中祀真武帝，左为崇恩殿，右为隆恩殿，后太清殿，前为四将殿，缭以门垣，翼以廊庑……②

此亦综稽地方志而成，未取引金石碑刻或其他实地材料。

**2. 碑铭诗文**

《龙兴祥符戒坛寺志》"金石"卷录有两篇关于宝极观的碑记，即（明）彭华所撰《建宝极观记》和（清）魏谦升所撰《宝极观重建三清殿碑铭》。观其文记，当为碑刻之实录，保留了碑刻文献的原始状貌。

---

① 杜洁祥主编：《中国佛寺志汇刊（第一辑·第26册·121）》，明文书局，1980年，第328页。

② 杜洁祥主编：《中国佛寺志汇刊（第一辑·第29册·125）》，明文书局，1980年，第62~64页。

彭华,《明史》有其传,附于万安传中,文称:"华,安福人,大学士时之族弟,举景泰五年会试第一。深刻多计数,善阴伺人短,与安、孜省比。尝嗾萧彦庄攻李秉,又逐尹旻、罗璟,人皆恶而畏之。逾年,得风疾去。"[1] 魏谦升,(清)潘衍桐辑《两浙輶轩续录》卷三十一载其生平,文称:"魏谦升,字雨人,号滋伯,钱塘禀贡,官仙居训导,著《书三味斋稿》。《府志》:谦升九岁能词翰,弱冠,以诗古文词雄长坛坫,尤工书。选仙居训导,不就。家居北郭外西马塍,面山枕湖,花木荟蔚,日夕吟讽其中,以著述自娱者垂五十年。有《书三味斋稿》若干卷,《翠浮阁词》一卷。咸丰十一年,杭州再陷,死万安桥下,继妻周氏同时殉节。周亦能书,世以鸥波夫妇拟之。"[2] 此二碑记阮元《两浙金石志》、丁敬《武林金石记》、倪涛《武林石刻记》等金石专志均未收录。《中国地方志佛道教文献汇纂》所辑李卫《浙江通志》录有(明)倪谦撰《敕赐宝极观碑记》和(明)廖道南撰《重修宝极观碑记》,(清)郑沄《杭州府志》、(清)陈璚《杭州府志》、(明)沈朝宣《仁和县志》和(清)赵世安《仁和县志》亦有同样的记录,然皆为存目,未录碑文。魏谦升所撰碑铭在咸丰年间,晚于李卫、郑沄、赵世安纂志之时,然光绪年间续编的陈璚《杭州府志》亦未收录此文。以笔者目力所及,唯有丁丙《北隅续录》卷上"宝极观"条收录有此二文记,但所录去除了碑文的抬头与落款,不能完整展示碑刻的全貌。兹据寺志补足抬头、落款,节录全文如下:

《明成化十八年建宝极观记》碑高七尺,横四尺,正书,字径

---

[1] (清)张廷玉等撰:《明史》,载中华书局编辑部编:《"二十四史"(简体字本)》,中华书局,2000年,第3008页。
[2] 《续修四库全书》编纂委员会编:《续修四库全书(一六八六·集部·总集类)》,上海古籍出版社,2002年,第204页上。

寸，额篆书。

《敕赐宝极观记》

赐进士第通议大夫太子詹事兼翰林学士经筵讲官同修国史安成彭华撰文

赐进士出身奉议大夫右春坊右庶子同修国史兼经筵官仁和汪谐书丹

赐进士出身大中大夫广西布政使司右参政致仕仁和朱镛篆盖

成化辛丑春，大德显灵宫弘道真人吕师道亨奏：杭州玄元庵，臣之师周思得发身之所。庵距府治北七里许，元延祐五年，道士章无为创，后汪月海、蔡原真颇开拓之。至人异士接踵其间，赤脚张亦尝留宿月余。臣师为人介直清修，精五雷法。太宗皇帝召至京师，御便殿，亲试其能，深加奖励，建天将庙居之。扈从北征，效劳尤多，凡祈雨旸、祛妖邪、祛疠疫，靡不响应。宣宗皇帝改庙为大德观，封臣师为履和养素崇教弘道高士管道录司事，为朝天宫、大德观住持。景泰庚午，乞归老玄元庵，年九十三以终。讣闻，遣行人许箎谕祭，追号阐法通灵真人。出其门以显者不下百余人，而臣荷蒙皇上奖赉尤厚。臣不敢昧所自，请大其庵，乞赐额。制曰：可。其改为宝极观……

成化十八年岁次壬寅夏五月癸未望道士王道昌住持林应祥立石。①

---

① 杜洁祥主编：《中国佛寺志汇刊（第一辑·第29册·125）》，明文书局，1980年，第154～158页。

《咸丰三年宝极观重建三清殿碑铭并序》碑高八尺,横五尺,字径寸二分,正书。

儒学训导钱唐魏谦升撰文

兵部右侍郎钱唐戴熙书丹

《书·洪范》:"锡汝保极"。郑康成曰:"又赐女以守中之道。"《说文》:宝,徐锴曰:"人所保也。"古文宝作𠣪,是保极即宝极。故唐王勃《乾元殿颂》曰"皇图宝极"矣。又《灵宝本元经》:四人天外曰"三清境",亦名"三天"。《太真经》:圣登玉清,真登上清,仙登太清。道家三清殿,岂其所自来邪?浙江会城羲同坊西北有宝极观,旧名元元庵,创自元延祐五年。迨明永乐间,真人周思得诏征扈驾有功,始扩而大之,赐额"宝极观"。中殿曰"祐圣",左右殿曰"崇恩""隆恩",前殿以奉四将。后为太清阁,其高切云,为锡福祝釐之所。……

皇清咸丰纪元岁次辛亥闰八月谷旦建。①

## (七)(清)吴本泰撰《西溪梵隐志》

**1. 宫观祠庙**

(1)东岳行宫

在法华山下坞口。东向,前门三楹,从左右廊入,正殿

---

① 杜洁祥主编:《中国佛寺志汇刊(第一辑·第29册·125)》,明文书局,1980年,第201~204页。

内龛奉东岳天齐大圣神圣，祠宇壮丽，肸蠁著灵。《百咏》注云：前著衣亭，后梳妆楼，两庑七十二司，威仪甚盛。碑云：自宋以来五百余禩，涌甘泉以疗疫，感异梦以募修。每年三月二十八日，相传神诞，香花幡盖，建设斋仪。远近士女麇至，舣棹浮舫，因以为春游焉。①

（2）清溪道院

在安乐山下，唐宝历间，羽士费玄真开山，代有高行之士。宋徐提举隐此，与灵隐济书记相善，故济公时游永兴、福胜、福清诸刹焉。②

（3）神仙宫

在溪东，端平间女真魏无瑕筑室隐此。③

东岳行宫，（清）魏㟙修，裘琏等纂《钱塘县志》所录文字与《西溪梵隐志》基本相同。④ 然《县志》为清康熙五十七年（1718）刻本，《西溪梵隐志》编于清顺治年间，若二者间存在参用关系的话，《县志》

---

① 杜洁祥主编：《中国佛寺志汇刊（第一辑·第30册·126）》，明文书局，1980年，第58页。
② 杜洁祥主编：《中国佛寺志汇刊（第一辑·第30册·126）》，明文书局，1980年，第101页。
③ 杜洁祥主编：《中国佛寺志汇刊（第一辑·第30册·126）》，明文书局，1980年，第102页。
④ 何建明主编：《中国地方志佛道教文献汇纂·诗文碑刻卷（第142册）》，国家图书馆出版社，2013年，第189～190页。

所录当参稽《西溪梵隐志》而就。清溪道院，（清）郑沄《杭州府志》据《西溪梵隐志》收录，然略去了徐提举与灵隐济书记相善等事涉佛门的内容。① 神仙宫，（清）李卫《西湖志》据《西溪百咏序》著录，内容可据以增补，其文称："宋御书神仙宫额，黄冠千指。至端平间，有女真魏无瑕筑室退居于此。今惟宫名存焉。"②

**2. 碑铭诗文**

《西溪梵隐志》志在著录佛教文献，但其中亦阑入了三篇涉道诗文，即（清）黄灿《东岳来鹤山房赠曹炼师》、（宋）刘禹的《法华山重修东岳庙记》和（明）郎瑛《重修东岳行宫碑记》。黄灿，《国朝杭郡诗续辑》有其传略，并辑录有此诗，文称"黄灿，字维含，仁和人。维含为明江西参议汝亨孙，诸生茂梧子。……"③ 黄灿是明代黄汝亨之孙，他幼年丧父，由母亲抚养教育，早岁即有文名。刘禹，生平不详，观其文记中"嘉定"年号和落款"宋城"，可能为南宋宁宗时期河南商丘人。《全宋文》未录刘禹其人其文；《中国地方志佛道教文献汇纂·诗文碑刻卷》所辑民国汪坚清修，姚寿慈纂《杭县志稿》（抄本）录有此文，作者题为刘禹。郎瑛《重修东岳行宫碑记》中提及的"宋碑"不知是否即为此《法华山重修东岳庙记》。"郎瑛（1487—1566），明文学家。字仁宝，仁和（今浙江杭州）人。读书广博，撰有笔记《七修类稿》。另有《萃忠录》《青史衮钺》，已不传。"④ 郎瑛《碑记》，

---

① 详见何建明主编：《中国地方志佛道教文献汇纂·诗文碑刻卷（第140册）》，国家图书馆出版社，2013年，第192页。

② 何建明主编：《中国地方志佛道教文献汇纂·寺观卷（第118册）》，国家图书馆出版社，2013年，第186页。

③ （清）吴振棫纂辑：《国朝杭郡诗续辑（卷一）》，第25页，光绪二年（1876）杭州丁氏刊本。

④ 辞海编辑委员会编著：《辞海·文学分册》，上海辞书出版社，1981年，第80页。

（清）郑沄《杭州府志》著录其目，未录其文。兹全录诗歌、节略碑记如下：

### 东岳来鹤山房赠曹炼师

黄　灿

独卧北窗下，澄怀太古悠。乱丛荒院静，高树小池幽。地既远嚣市，人还凌劲秋。夜深钟磬杳，素羽欻来游。①

### 法华山重修东岳庙记

刘　霨

望秩山川者有国之常典，致敬鬼神者先圣之格言。自唐虞三代迄于我宋，遍祀五岳之礼尚矣。然大而郡邑，小而镇市，独建立岱宗庙貌，凡水旱疾疫必祷之，何哉？考之道经，谓五岳受天明命，咸有职掌，而生民之寿夭穷通、死生祸福咸系焉。及采诸世俗之流传，谓灵响之卓卓在人耳目者，今行都之汤镇、西溪之法华山者是也。……宋城刘霨谨斋沐而为之记。②

### 重修东岳行宫碑记

郎　瑛

泰山，五岳之长也。王者受命，必告岱以祈永；历代封禅，必登祭以报功。是以天下崇奉。而吾杭钱塘适当东南，庙居三焉：一在邑中吴山；一在郭外八盘岭；一在法华山，去城

---

①　杜洁祥主编：《中国佛寺志汇刊（第一辑·第30册·126）》，明文书局，1980年，第161页。

②　杜洁祥主编：《中国佛寺志汇刊（第一辑·第30册·126）》，明文书局，1980年，第183～186页。

三十里，人心趋向，于此为最。祈寿者往焉，招魂者往焉，追远者往焉；雨阳不时，惑于天疫疠灾、伤尤于怪，皆赴诉而祷之……今年三月，余往谒之，见宋碑露于日下，召祝郑仕成语曰："石久风雨，坏无日矣，即蔽护之可也。"……①

尚有很多佛教方志辑录有道教方志文献内容，可为道教方志的编纂提供辑补。如（明）释广宾纂，（清）释际界增订《西天目祖山志》著录有紫阳宫、至道宫、万寿宫三所道教宫观，王谷神、皮元曜、魏伯阳、张道陵、左慈、葛玄、葛洪、严青、许迈、大徐五仙、小徐五仙、张丞、崔丞、徐灵府、徐仙姑、唐子霞、莫洞一（月鼎）、阮日益、张君实等多位仙道人物生平，以及谢枋得《张真人生日》贺文；（明）张元忭撰《云门志略》录有葛玄、葛洪、陶弘景、老叶道人等仙道生平和孙绰《天平山铭》；（清）释松华、陈兆元辑《东天目山昭明禅寺志》著录有紫阳宫，许迈、葛洪、陆羽、徐灵府、徐仙姑、徐五真人、钱镠、苏轼、陆游、唐子霞、阮日益、叶林、杨维桢、黄汝亨、虞淳熙等多位仙道名贤，以及沈越（樾）《洞霄宫志序》等文记。此不赘举。

## 二、"释氏仙风，玄谈释理，不妨并志"的佛教方志

与道教方志意在弘扬道教的本旨相同，佛教方志的编纂也是为了显扬佛门，因而多数佛教方志在编纂观念上持守僧家阵垒。《杭州上天竺讲寺志》孙时伟《序》称："古来志舆图多为经世之用，惟王子纪五

---

① 杜洁祥主编：《中国佛寺志汇刊（第一辑·第 30 册·126）》，明文书局，1980 年，第 186～189 页。

山，东方朔撰《十洲》，陶弘景谱金坛林屋，杜光庭考洞天福地，则皆出世之观，又只为寻玄采真作津梁耳。《西域记》《洛阳伽蓝记》以后，阐宗风者其欣览于兹编。"① 甚至以佛教方志的阐扬宗风，视界高迈，来暗示道教方志寻玄采真、格局低下。在这类观念的指导下，佛教方志对涉道教事物的辑录多为零星点缀、或仅收录不得不录者，如《净慈寺志》《武林灵隐寺志》辑录葛洪、许迈、吕岩、张伯雨等，俱为影响深远的仙道人物。又如《西溪梵隐志》对祠庙的辑录："至如丛祠社庙，神灵肸蠁，虽不在梵刹之列，得因地附见焉。"② 实际上，在《西溪梵隐志》辑录的祠庙中，真正涉及道教的也仅有东岳行宫、神仙宫和清溪道院3座宫观，相对于其中所录119座寺庵宫观院庙几乎可以忽略不计，且其卷目标为"纪刹（附禅师略传）"，近乎纯以佛门为体的编纂意旨甚为明确。

在坚持佛门壁垒的"主流"佛教方志编纂观念之外，还有一种从地域或方外的视角来审视佛道二教，给予双方以相对平等地位的观念，其代表性的佛教方志即《天台胜迹录》与《天台山方外志》。

### （一）《天台胜迹录》

（明）潘珹《天台胜迹录》收录于杜洁祥《中国佛寺志汇刊》第二辑，白化文《中国佛寺志丛刊》未予收录，许是编者对其定性不同所致。即《丛刊》编者认为《天台胜迹录》虽然辑录了众多天台佛教胜迹诗文，但全志并非为佛门而作，编者亦为儒生，不当列入佛教方志。《汇刊》编者则以其所录基本以佛道教胜迹为纲目，辑有大量涉佛涉道

---

① 杜洁祥主编：《中国佛寺志汇刊（第一辑·第26册·121）》，明文书局，1980年，第11～12页。

② 杜洁祥主编：《中国佛寺志汇刊（第一辑·第30册·126）》，明文书局，1980年，第46页。

的诗文，以篇目而论自应列入佛教方志之属。据（明）王燨《天台胜迹录序》："天台之名闻于世，自晋刘阮而已然矣。虽其说涉于荒唐，难以尽信，而山水之胜不可诬也。厥后词臣墨客流寓寄傲于其间者盛，而述作之富不可胜纪。潘梅壑氏产于兹土，惧其久而散逸，乃博考群籍，旁搜石刻，选粹正讹，汇次成帙，命曰《天台胜迹录》。"① 则潘珹辑录诗文的目的一在整理艺文、传之久远，二在为天台山水增辉，故虽名之曰《天台胜迹录》，实际意在天台地域之胜迹，并非是为了显扬佛教、道教胜迹。就这一点来说，《丛刊》未录，似在其理。笔者以《汇刊》著录，且全志主要是以佛道教胜迹为纲目来辑录诗文，有意无意间还是突显了志书的宗教意味，故权且按《汇刊》的归类将其列为佛教方志，简要论述一二。

潘珹，史无其传。王燨《天台胜迹录序》称："梅壑名珹，字子良，尝著《山川昆虫百咏》《重修天台诗选》。"② 潘珹《天台胜迹录跋》落款称："嘉靖丙午重阳日天台山中人梅壑潘珹跋。"③《序》《跋》中又有"遇与不遇""潦倒无成"等语，据之则潘珹乃天台人，主要生活在明嘉靖年间，一生沉落不偶，唯咏诗辑诗，编纂《胜迹录》以传世。《天台胜迹录》成书于嘉靖二十五年（1546），其诗文既有搜自典籍者，亦有作者四处寻访、得之摩崖者，还有一二自创的诗歌。

《天台胜迹录》共四卷，辑录诗文 943 篇（3 篇为赋，余皆诗歌），涉及作家 413 位，卷首有王燨《序》，卷尾有潘珹《跋》。卷目安排上

---

① 杜洁祥主编：《中国佛寺志汇刊（第二辑·第 9 册·211）》，明文书局，1980 年，第 3 页。
② 杜洁祥主编：《中国佛寺志汇刊（第二辑·第 9 册·211）》，明文书局，1980 年，第 5 页。
③ 杜洁祥主编：《中国佛寺志汇刊（第二辑·第 9 册·211）》，明文书局，1980 年，第 448 页。

大体以天台胜迹为目，以作者时代先后为序，以类相从，来辑录历代诗文。作者身份上以儒者为主体，间及白玉蟾、皎然等一二佛道人物，如孟浩然、李白、刘禹锡、吕颐浩、陈尧佐、楼钥、曾几、陆龟蒙、杨维桢等。卷一为天台山、天台十景、国清寺等胜迹，卷二为赤城山、中严寺、玉京洞、玉京山、太平寺、大慈山、大慈寺、高明寺、澄心寺、长寿寺、华顶、石桥、慈胜寺、大同寺、静居庵等胜迹，卷三为万年寺、玉霄峰、桐柏观、桐柏山、福圣观、天台观、妙乐观、金庭洞、西定慧院、护国寺、接待寺等胜迹，卷四为桃源洞、刘阮庙、广严寺、寒岩、明岩、永福寺、宝兴寺、无相寺、水陆寺、普闻寺、九里寺、宁国寺、开岩寺、禅林寺、阐法寺、大觉寺、慧明寺、宝华寺、东安稳寺、资福寺、灵康庙等胜迹。

正因为潘珹编纂《天台胜迹录》是出于保存乡梓山水文献的目的，因而在诗文取汲上便不会持有或儒或释或道的门户壁垒。《天台胜迹录》中涉佛涉道的诗文比重主要由天台胜迹的佛道类属及其涉及的名家之作的数量来决定，虽然说志中佛教胜迹及诗文的数量远超道教，但这是由天台佛、道二教的实力及寺观分布造成，潘珹在编纂中客观地给予了佛、道二教以相对等视的地位则是无须争辩的。

天台虽为道教圣地，宫观祠庙林立，然其存世道教方志仅有徐灵府的《天台山记》和元代不著撰人的《天台山志》。《天台山记》乃单篇文记。《天台山志》据《道藏提要》称："本书非全面详悉之山志，只是取部分材料随手纂集而成，故编次缺乏系统体例。于所据资料，均全文抄录。"① 实际上《天台山志》只是一部草编之作，无论是在体例上还是在征引的作品上都非常粗泛，而且编纂时代较早，辑录作品仅有13篇，即文5篇：（晋）孙绰《天台山赋》、（唐）崔尚《桐柏宫

---

① 任继愈主编：《道藏提要》，中国社会科学出版社，1991年，第434页。

碑》、(宋)夏竦《琼台双阙铭》《重建道藏经记》、曹勋《重修桐柏记》；诗 8 首：李白《题桐柏观》《琼台》、柳泌《琼台》、罗隐《送尊师东游有寄》、吕洞宾诗一首、白玉蟾《题桐柏观》(二首)《桐柏观留别》。[1] 这为后世增补天台道教方志文献提供了广阔的空间。细绎《天台胜迹志》，即可发现众多可以补辑《天台山志》的诗文作品，因诗文过多，不烦细列，仅以桐柏观一处为例，简论如下：

《天台胜迹录》"桐柏观"胜迹下共辑录作品 84 篇，涉及作家 69 位。其中统一以《桐柏观》为题的诗作 69 首，涉及诗人 59 位，分别是李白、释皎然、任翻、皮日休、苏浩然、白玉蟾（三首）、葛闳、姚舜谐、郑薰、赵师秀、李昉、张无梦、元居中、宋荀龙、姚祐、姚鹄、张师中、章得象、元积中、高凭、罗适（二首）、元佟复、张天雨、贡师泰、王文简、余阙、赵仪凤、童全、揭轨、任中立、左吉、毛渐、夏竦、洪适、杨愈、万奴、余爽、太史章、李仲偃、释长吉、别罗沙、杨维桢（六首）、吴昊（二首）、周朴（道士）、孙何、宗泐、顾硕、丁彦俊、徐一夔、范理、胡融、范吉、潘渊（二首）、徐商、周应显、王度、庞栎、潘珹、蔡宗尧。诸作中，李白、白玉蟾《桐柏观》四首诗作见录于《天台山志》。

另标题名的诗作 14 首，铭 1 篇，涉及作家 12 人，分别为孟浩然《宿桐柏观》、钱起《过桐柏山》、白玉蟾《桐柏山书怀》、蔡潮《桐柏书感》、黄绾《寄题桐柏观》、高似孙《夜宿桐柏观》《再至桐柏》《桐柏台夜作》《次韵沈台州游桐柏山》、许载《和李掌教游桐柏》、丘嵩

---

[1] 《道藏·天台山志》所录诗歌多数未有题名（详见《道藏（第一一册）》，文物出版社，上海书店，天津古籍出版社，1988 年，第 91~96 页），此李白《琼台》、柳泌《琼台》、罗隐《送尊师东游有记》乃据《全唐诗》补入题名，夏竦《琼台双阙铭》据《全宋文》补入题名，白玉蟾《题桐柏观》则据《全宋诗》补入题名。又李白《题桐柏观》《全唐诗》作《天台晓望》，夏竦《重建道藏经记》《全宋文》未予辑录。

《次虞都宪韵》、胡融《桐柏碑》、孔天胤《桐柏宫憩眺》、张铁《奉和孔文谷韵》、夏竦《桐柏钟铭》。

诗歌的内容，大多不出寻仙访圣、修道悟玄、览景凝神、思古咏怀的游仙格调，如白玉蟾和章得象《桐柏观》诗：

> 身落天台古洞天，蒲团未暖又飘然。如何庵不琼瑶地，想是吾非桐柏仙。无复得餐三井水，未曾深结九峰缘。杖头挑月下山去，空使寒猿啸晚烟。①

> 万仞攀萝上翠岑，豁然平地九峰心。参差珠树和云出，咫尺丹霞有路寻。洞口碧畦长种玉，坛边古篆欲生金。桑田未变桃先熟，谁见蓬莱水浅深。②

一处胜迹，涉及如此之多的作家、作品，若再增以桐柏观琼台双阙等景致的诗文，可足以编纂一部《桐柏观志》。据《道藏提要》考订，《天台山志》撰于元末至正二十七年（1367），③《天台胜迹录》中"桐柏观"胜迹诗文涉及的70位作家中主要活动于《天台山志》编志前的可能有53人，涉及作品68篇。④ 此与《天台山志》辑录7位作家，12篇作品形成极大的反差，更不用说《天台胜迹录》中尚有玉京洞、妙乐观、福圣观、刘阮庙、桃源洞等胜迹所涉及的大量涉道作家

---

① 杜洁祥主编：《中国佛寺志汇刊（第二辑·第9册·211）》，明文书局，1980年，第259页。
② 杜洁祥主编：《中国佛寺志汇刊（第二辑·第9册·211）》，明文书局，1980年，第264页。
③ 任继愈主编：《道藏提要》，中国社会科学出版社，1991年，第433~434页。
④ 《天台圣迹录》所辑以《桐柏观》为题的作家中最后一位为徐一夔（1319—1399），计48位；另标题名作家中高似孙为南宋人，丘嵩为明代人，许载则生平不详，可明确计入者有7位，去除重复计算的白玉蟾、夏竦，计5位。二者共计53位。

及其诗歌了。由此显见《天台胜迹录》所录内容对道教方志的重要辑补价值，这主要有两方面的原因，一是天台作为道教圣地尚缺少一部"体大思精"的道教方志，二是潘瑊佛道等视的编纂观念使然。

除辑补道教方志外，《天台胜迹录》所录涉道诗文对《全宋诗》等也有一定的辑补价值。如苏浩然（苏瀣）的《桐柏观》诗："上尽峥嵘万仞岭，四山围绕洞中天。秋风吹月琼台晓，试问人间过几年。"[①]《全宋诗》"苏瀣"条下据（宋）林表民《天台续集别编》辑录有《国清寺》《大慈寺》《题石桥》三首诗歌，然未辑录此诗。[②] 姚舜谐《桐柏观》诗："万寻华顶地宽平，谁凿胚胎聚结成。洞口花深仙路近，岩前尘少客衣轻。月梧拥翠云根蔽，台阁凌虚斗柄横。予恐有名藏玉室，远寻金鼎扣长生。"[③]《全宋诗》"姚舜谐"条下据（宋）李庚《天台续集》辑录有《题共乐堂》《题东掖山承天院》二首诗歌，未辑录此诗。[④] 元居中的《桐柏观》诗："路在青云上，人居紫府中。山城矗银汉，洞户锁瑶空。圣帝神踪鹿，仙家宝篆红。琼台松桂合，终日韵天封。"[⑤]《全宋诗》"元居中"条下据（宋）潜说友《咸淳临安志》辑录有《临安石》《风水洞》《上祖无择》三首诗歌，亦未辑录此诗。[⑥]《全

---

① 杜洁祥主编：《中国佛寺志汇刊（第二辑·第9册·211）》，明文书局，1980年，第258页。
② 北京大学古文献研究所编：《全宋诗》，北京大学出版社，1995年，第7382页。
③ 杜洁祥主编：《中国佛寺志汇刊（第二辑·第9册·211）》，明文书局，1980年，第259～260页。
④ 北京大学古文献研究所编：《全宋诗》，北京大学出版社，1995年，第12224页。
⑤ 杜洁祥主编：《中国佛寺志汇刊（第二辑·第9册·211）》，明文书局，1980年，第262页。
⑥ 北京大学古文献研究所编：《全宋诗》，北京大学出版社，1995年，第4444页。

宋诗订补》亦未辑录苏瀚、姚舜谐、元居中其人其诗。

## (二)《天台山方外志》

（明）释传灯辑《天台山方外志》共 30 卷，清光绪甲午（1894）重刊，卷首有（清）韩殿爵、张迈、杨晨 3 篇《序》及（明）王孙熙、虞淳熙、屠隆、顾起元、释传灯 5 篇《序》，卷末附有（清）释敏曦、伊觉任 2 篇《跋》，[①] 乃一部体大思精之作，其内容体制在佛教方志中堪称翘楚。《志》由释传灯定稿于明万历辛丑（1601），至清光绪甲午重刊，其间历经了近四百年。据释敏曦《跋》：

> 前年复谒息庵居士于吴门，语及山志。居士曰："吾家径山全藏中，语录、山志为南北藏所未收者甚夥，曾忆有《天台志》在。"遂发箧开缄，果出示幽溪先师所著《方外志》三十卷，完善无缺。敏曦欢欣顶礼而受持，曰："踏破芒鞋无觅处，得来全不费工夫。当速付枣梨。"觉尘沈居士从旁赞曰："二公满愿，会有夙因，现成先刊，勿减勿增。"敏曦夕阳晚景，才亦不胜续编新志，还俟后人客僧，于是唯唯而退，爰诠次所问答，以备修志者择焉。[②]

---

[①]《丛刊》《汇刊》皆辑有《天台山方外志》，《汇刊》取用的是光绪甲午佛陇真觉寺藏版，《丛刊》则据原刻由上海集云轩校印，二者在字体及内容上还是有所出入。如卷首韩殿爵、张迈、杨晨的 3 篇手写序言，《丛刊》《汇刊》所录在字体和排版上皆不相同，《汇刊》本 3 篇《序》后皆有钤印，《丛刊》本则无。又如《汇刊》本卷末仅录有释敏曦的 1 篇跋文，且残缺不全；《丛刊》本卷末则录有释敏曦和伊觉任所撰完整的 2 篇跋文，且附有 1 篇勘误表。其外，二者在书名题字、正文排版、页数等方面也不相同。

[②] 白化文、张智主编：《中国佛寺志丛刊（第 81 册）》，广陵书社 2011 年，第 666～667 页。

则《天台山方外志》在很长一段时间内皆散佚无闻，后由释敏曦于许息庵居士处觅得，重新付梓，即为今天存世之本。因释敏曦自觉无力修辑新志，加上沈觉尘居士不要增减的建议，光绪重刊本实际上完全保留了明代万历本的原貌，其内容体例均沿袭未改。

《天台山方外志》体例详备，据释传灯自序，全志在内容上以"考"名目，共分为20类，即山名考、山源考、山体考、形胜考、山寺考、圣僧考、祖师考、台教考、高僧考、神仙考、隐士考、神明考、金汤考、盛典考、灵异考、塔庙考、古迹考、碑刻考、异产考、文章考：

> 始于山之名，终于山之文章。盖名者实之宾也，微名无以显实，首以山名考。缘名求实，形胜虽山之实质，源又山之起祖，次以来源考。形胜与山，其犹影响，山之形声乃吾心之灵觉也，次以山体考。有形声矣，影响从之，次以形胜考。依形胜以建名刹，次以山寺考。石梁方广，赤城支提，菩萨圣僧，灵宅攸托，次以圣僧考。智者依山而进道，后代继祖以传灯，次以祖师考。祖因山而得名，法因山而立目，次以台教考。教得人以弘，人得教以立，次以高僧考。桐柏桃源，洞府在焉，次以神仙考。察岭欢溪，考槃是宫，次以隐士考。名山胜刹，赖神功为之密护，次以神明考。三宝阴翊，世道藉权贵为之显持，次以金汤考。历代奉法者咸有匮遗，如陈宣帝之捐调、隋炀帝之施品，物岁归化，事尚传闻，为法门盛事，次以盛典考。石梁之现光现花，佛陇之见桥见雀，同乎见闻，异乎常论，次以灵异考。古佛舍利，奉安高显，诸祖灵骨，瘗之方坟，次以塔庙考。智者降魔于华顶，

寿公入定于天柱，至于一石一泉，皆前人之遗迹，次以古迹考。人与山名欲同垂于不朽，或刻石以记名，或树碑而颂德，次以碑刻考。菩提琪树，灵根托于名山，罗汉怪松，天葩生于圣地，次以异产考。上之王臣以及墨客，或因人而著作，或缘景以纫思，皆有足以光彩名山，宪章人物，次以文章考。①

从其命意及所录看，20类中去除可佛可道的山名考、山源考、山体考、形胜考、异产考，剩余的15类中与道教直接相关的有山寺考、神仙考、隐士考、灵异考、古迹考、碑刻考、文章考7类；而佛教则涉及"神仙考""隐士考"之外的所有13个分类，其中"圣僧考""金汤考"等8类为佛门专类。佛道相较，佛教的主体地位十分明显。佛教的主体地位还表现在卷目命名及内容构成上。如"山寺考"下共录有佛教寺、庵、院、社等90所，道教宫、观、庵、院等26所，②佛道寺观在数量上差距明显，不过道教宫观的数量实际上也是相当可观的。志书在寺观卷目命名上直接标以"山寺考"，其题解也称"依形胜以建名刹，次以山寺考"，俱忽视"宫观"二字，显示了释传灯的佛教本位观念。

既然在卷帙安排上如此偏重佛教，那么其"方外志"的命名又该作何解释呢？《钦定四库全书总目》称："此书成于万历癸卯，出自释

---

① 杜洁祥主编：《中国佛寺志汇刊（第三辑·第8册）》，丹青图书公司，1985年，第48~51页。
② 《天台山方外志》目录称宫有五所，是将仁靖、纯素二宫合为一所而言，此乃元代仁靖纯素道人所建，以道号命名，分居桐柏观左右，实际应为仁靖宫、纯素宫两所宫观。

家之手，述梵迹者为多，与专志山川者体例较殊。故别题曰《方外志》焉。"① 即以史家地理类山川专志为标准，认为《天台山方外志》因著录佛教事迹为多，不类山志之正体，故不能题作《天台山志》，而需要题以"方外志"来相区别。其实，"方外"本是地方志中的一个类属，主要著录的是佛教、道教等宗教及医药、卜筮类的人物或事迹。释传灯以"方外"为书名，其用意自然也是参稽了地方志中的"方外"分类观念。在《天台山方外志序》中他对"方外志"这一题名做出了解释：

> 然则山因人显，人以山名，山已有志，人胡可略？旧为是志者谓释老非志所急，故存而不书，或书而不详。然有世间法、出世间法，达人大观，无可不可。若分门立户，不营冰炭，宜其目为天地间之尤物也。今之所志，亦谓世间法，非出世之所急，故存而不书，非若冰炭之相视也。为县志已备，故不复疣赘云……发前人之所不发，书前人之所未书，述而不作，以成一家之书。名曰《天台山方外志》，盖取异于县志之所略耳，观者请以此意恕之。②

文中"山已有志"当指的是遵从史家地志，较少辑录佛道教文献的天台地方志。释传灯编纂《天台山方外志》的出发点是基于天台山旧志和县志等地方志对天台佛道教文献的有意忽视，他搜集整理，述而不作，为的就是要纂就一部天台山的宗教专志。题名为"方外"，是从有

---

① （清）纪昀总纂：《四库全书总目提要》，河北人民出版社，2000年，第2010页。
② 杜洁祥主编：《中国佛寺志汇刊（第三辑·第8册）》，丹青图书公司，1985年，第47～51页。

别于"方内"即世间的角度来着眼的。因而，以世间为对立面，释传灯以"方外"并提佛道，给予了佛道二教以相对平等的地位，也从编纂观念和编纂体例上将《天台山方外志》与一般的佛寺志区别开来。只是基于释传灯佛教徒的身份和见识，以及天台山佛道二教间自然存在的实力差距，《天台山方外志》在体例安排和内容辑录上便较为明显地表现出了以佛教为本位、"述梵迹者为多"的特点。

这一佛道相对等视的观念，亦可从释传灯在志中对道教神仙思想的回护中见其一斑。如其"神仙考"卷前小序即有一段关于刘晨、阮肇入桃源，与仙女婚配的说辞：

> 然刘阮踪迹，道家传谈以为盛事，而或者以神仙绝欲、无婚配事难之，而道士卒无以自解。不知仙者同于欲界，杂于地居，进于人而劣于天。而欲界六天尚未出欲，矧神仙乎？第欲情渐薄，与人为异……而儒者陆可大又以费礼刺之，其诗有云"古来贤洁羞自媒，神仙往往非凡胎。刘晨阮肇如有道，讵肯费礼婚天台"云云。此不独欲以方内之教以绳方外，且又欲以儒礼而训神仙矣。不知彼有仙缘，缘即良媒，若董永之孝感而天帝妻之以仙女。董以天为媒，安知刘阮不以仙为媒乎？禅者或又曰："若如子言，则宋景祐中，护国寺僧明照亦见此物。照即叱曰：'山鬼伎俩，复欲魅道人耶！'言已，即隐，此复云何？"余对曰：学佛与学仙异，学仙者惟恐不得见相，学佛者惟恐著相。尚不著佛而求，矧著仙乎？虽一切不著，亦不固，谓之"无"。此三教之道用之所以为异也……①

---

① 杜洁祥主编：《中国佛寺志汇刊（第三辑·第9册）》，丹青图书公司，1985年，第358~360页。

从佛教的欲界和著相理论出发，肯定道教神仙沾染欲情的合理性，为刘晨、阮肇在天台费礼成婚的尘世行为辩解。先有"方内""方外"之辨，后有学佛学仙之论，既划清儒与释道的界限，又弥合释道二教的分歧，诸番言论，都显示了其佛道二教相对等视的"方外"观念。

与《天台山胜迹录》仅辑补诗文不同，《天台山方外志》对道教文献的辑补是较为全面的，山水古迹、宫观建置、仙道名贤、奇闻异事、植物动物、诗文碑刻等皆有涉及。正所谓"其叙事该，稽古博，究理深，为文则求诸辞达而已，不以奇炫人，释氏固其所长，仙宗亦复傍综"。① 此节亦从宫观祠庙、仙道名贤和碑铭诗文三个方面简要论列。

**1. 宫观祠庙**

《天台山方外志》将佛教寺庙与道教宫观均置于"山寺考"卷下，然由"山寺考"的题名和"依形胜以建名刹，次以山寺考"的题解可显见二者的不同地位，即佛教寺庵为卷目主体，道教宫观处于"傍综"之附属地位。全卷下辑录的道教宫观祠庙有桐柏宫、佑圣观、元明宫、洞天宫、仁靖纯素二宫、迎真宫、福圣观、白云昌寿观、玉京观、净元观、圣寿观、妙乐院、法轮院、法莲院、昭庆院、赤城全真道院、鹤峰全真道院、紫霄道院、陶源道院、熙宁道院、养素道院、松隐道院、延真庵、思真庵、卧云庵26所，以观、宫、院、庵命名不等。与之对应，（元）不著撰人《天台山志》仅辑录道教宫观6所，即桐柏崇道宫、洞天宫、玉京观、佑圣观、仁靖纯素宫二宫，二者所录宫观祠庙在数量上差距明显。

《天台山方外志》在宫观记录方面对《天台山志》的辑补可体现在两个方面：一是对《天台山志》所录宫观明代以后沿革情况的增补，

---

① 杜洁祥主编：《中国佛寺志汇刊（第三辑·第8册）》，丹青图书公司，1985年，第22～23页。

二是对《天台山志》未录宫观的方位、建置、沿革等情况的增补。前者如"桐柏观（宫）"。《天台山志》所录及于元至正丁未（1367），时宫观遭遇大火，"宏规巧制，化为丘墟，金碧文章，悉归灰烬。惟檀香像一龛因游者请观，留于涧东之迎仙房，今故物惟此龛及此一房之楼宇耳。"①《天台山方外志》则补充了明初至万历年间的情况：

> 洪武中，道士金静观、提点吴惟敬相继营建。永乐十年，道纪鲍了静又加新之，其间架规模，崇饰艳丽，去旧为远。至今且百余年，道众贫匮，殿宇日就颓坏。宫中碑刻无虑十数，独崔尚所作碑颂，韩择木八分书，古今珍尚，今亦无存矣。其复改桐柏宫，当在本朝，但不知何时耳。②

后者如"白云昌寿观""法莲院"等20所宫观庵院：

> 白云昌寿观，在县西北二十五里桐柏观西，唐大中六年建。旧名白云庵。宋乾道四年，内侍邝守宁弃官入道，乞改庵为观，遂赐今额。邝后于观侧自创白云庵，今俱废。③

> 法莲院，在县西北三十五里十二都，唐咸通六年，道士叶藏质建。以层峦叠出，状似莲花，故号莲峰道院。宋治平

---

① 《道藏（第一一册）》，文物出版社、上海书店、天津古籍出版社，1988年，第93页中。
② 杜洁祥主编：《中国佛寺志汇刊（第三辑·第8册）》，丹青图书公司，1985年，第175页。
③ 杜洁祥主编：《中国佛寺志汇刊（第三辑·第8册）》，丹青图书公司，1985年，第178页。

三年改额，今废。①

此外，《天台山方外志》宫观记录除可对道教方志所录提供增补外，亦可增补地方志所录。如（宋）陈耆卿《赤城志》卷三十"寺观门四"著录有多所宫观，其中天台一地有10所：桐柏崇道观、福圣观、白云昌寿观、洞天宫、光明宫（即元明宫）、昭庆院、法轮院、妙乐院、法莲院、圣寿院。②俱为《天台山方外志》所录。《天台山方外志》以其后撰，可为《赤城志》增补宫观的部分沿革信息或存废情况，如光明宫，《方外志》所录可增补万历庚子（1600）"释子受行结茅于此，竟为释氏宫"③的事实。法轮院，《方外志》所录可增补"元至顺间重修，翰林学士虞集记。今废"④的信息。

2. 仙道名贤

《天台山方外志》设有"神仙考""隐士考"卷目来著录仙道名贤，其仙道与名贤并立专卷的辑录形式，体现了释传灯给予道教人物、儒家名士以相对等视的态度，在诸多佛教方志中乃较为"特立独行"的一类。

《天台山方外志》"神仙考"目下分"神仙"和"道士"两类来辑录仙道人物，以时代为序，共辑录上古轩辕黄帝，商代伯夷叔齐，周代彭宗、王乔、控鹤仙人，西汉茅盈，东汉刘晨、阮肇、王思真、张

---

① 杜洁祥主编：《中国佛寺志汇刊（第三辑·第8册）》，丹青图书公司，1985年，第180页。
② 《文渊阁四库全书（第四八六册）》，台湾商务印书馆，1986年，第850～853页。
③ 杜洁祥主编：《中国佛寺志汇刊（第三辑·第8册）》，丹青图书公司，1985年，第176页。
④ 杜洁祥主编：《中国佛寺志汇刊（第三辑·第8册）》，丹青图书公司，1985年，第179页。

皓、阴长生等神仙 38 位，蜀汉刘根，晋代白云先生，南朝梁夏馥，南朝齐褚伯玉、叶法善，唐代甘泉先生、吴筠、贺知章、田虚应、冯惟良、吴善经、应夷节、闾丘方远等道士 37 人。虽如卷前小序所言"旧志所书仙凡混淆，今为两门，先神仙，次道士"①，实际上就所录人物生平事迹而言，其神仙道士的分类标准并不明显。如司马承祯、张伯端、白玉蟾等高道俱归神仙，而同样具有神异法力或事迹的褚伯玉、叶法善、田应虚、徐灵府、叶藏质等却归为道士。且其中亦有择取不当者，如"化石僧"："天台山东有洞，入十余里有居人市肆，多卖饮食。乾符中，有游僧入洞，经历市中，饥甚，闻食香，买蒸饼啗之。同行一僧服气不食。行十余里，出洞门，已在青州牟平县，而食僧俄变为石。"② 若以人物身份论自当归入高僧类，若从事迹看则可归于异闻或灵异类，列于"道士"目中明显为编纂不严而至阑入者。

《天台山方外志》所辑仙道人物中，很多都为道教方志专传著录，如刘处静著录于《仙都志》，许迈、司马承祯、叶法善、吴筠、闾丘方远著录于《洞霄图志》，吕洞宾、白玉蟾、张契真著录于《武林玄妙观志》，羊愔、杜光庭、王中立著录于《委羽山志》等。虽然《天台山方外志》所录仙道生平事迹，一般不出道观志所录，但仍有可供辑补之处，尤其是事关天台的仙道人物行迹。如白玉蟾：

> 白玉蟾，得法于张伯端之再传。往还天台诸山，博洽儒书，究竟禅理，出言成章，文不加点。用都天大雷之法，祈禳辄应，时言休咎，惊动聋俗。尝堕西湖，绕寻不见，达旦，

---

① 杜洁祥主编：《中国佛寺志汇刊（第三辑·第 9 册）》，丹青图书公司，1985 年，第 360 页。
② 杜洁祥主编：《中国佛寺志汇刊（第三辑·第 9 册）》，丹青图书公司，1985 年，第 383~384 页。

则在水上，犹醺然也。后尸解于海丰县。（《天台山方外志》）①

白仙师名玉蟾，号琼琯，又号海琼子。本姓葛，世居福之闽清。大父董教琼州，仙师因生于琼，时绍熙甲寅三月十五日也。天资聪敏，髫龀时能诗赋，背诵九经。十二岁即知方外之学。遍游名山，于黎母山中遇神人，授以洞元雷法。开禧丙寅冬，师事陈泥丸真人于罗浮，数年之间，尽得其道。乃披发佯狂，游于海上。出没隐显，变化莫测。嘉定中，至临安，上命馆之太乙宫。尝往来天庆观，与诸道流吟啸辄竟日。时高士陈永灏游武夷，仙师赠之以诗。未几飘然而去。（《武林玄妙观志》）②

与《武林玄妙观志》所录相较，一是增补了白玉蟾承继张伯端道法的信息，即陈泥丸（陈楠）乃张伯端金丹派南宗法派弟子；二是补充了白玉蟾曾往来天台诸山的行迹；三是交待了白玉蟾最终尸解之地。

又如吕洞宾：

五代吕洞宾，游天台，居福圣观，灵应事迹甚多。尝题一绝于壁云："青蛇绕地月徘徊，夜静云闲鹤未回。欲度有缘人换骨，暂留踪迹在天台。"宋绍兴间，一丐者负其母歌于市，但云"只两口"。既久，询群丐所聚，则无是人。一日，到台州，出崇和门，至泉井洋。掷其母于水，乃一巨瓢，跨而升

---

① 杜洁祥主编：《中国佛寺志汇刊（第三辑·第9册）》，丹青图书公司，1985年，第374页。
② 王国平主编：《西湖文献集成（第24册）》，杭州出版社，2004年，第1074页。

空。人方思"两口"乃"吕"字也。(《天台山方外志》)[①]

　　仙师姓吕，讳岩，字洞宾，号纯阳子，河中永乐县人。以德宗贞元十四年四月十四日巳时生。生有异表，鹤顶龟背，凤目疏眉。读书日记万言，矢口成文。而性好清虚，不慕荣贵。懿宗咸通中，举进士第，游长安酒肆，遇云房仙师授以枕，就之熟睡。梦中升沉万态，荣悴千端。恍然而觉，仙师遂悟，弃官归隐。后云房以仙道传之，又得火龙真人天遁剑法。自此周游海内，自称"回道人"。又号无上宫、昌虚中等名。隐显变化，人莫能识。玄妙在唐时为紫极宫，仙师一日来游，题诗于壁曰："宫门一闲人，临水凭栏立。无人知我来，朱顶鹤声急。"后至宋元间，仙师三过本观，题诗蕉叶云。(《武林玄妙观志·吕洞宾仙师》)[②]

与《武林玄妙观志》所录相较，增补了吕洞宾游天台、居福圣观、题诗于壁及负母跨瓢的神异事迹，对于考订吕洞宾行迹与影响等有着一定的参考价值。

《天台山方外志》"隐士考"目下分"隐士"和"侨寓"两类辑录名贤人物，以时代为序，共辑录汉代高察，晋代褚世标，南朝齐顾欢、杜京产、褚伯玉，南朝梁庾肩吾，唐代张濆、郑隐君，五代钟隐，宋代贾嗣业等隐士60位，南朝梁沈约，唐代王展、项斯、曹唐、周朴、奚承芳，宋代成大亨等侨寓12人。所录很少有见录于道教方志者。依笔者目力所及，仅有《委羽山志》《天台山志》分别录有陶宗仪和曹勋

---

　　[①] 杜洁祥主编：《中国佛寺志汇刊（第三辑·第9册）》，丹青图书公司，1985年，第373页。

　　[②] 王国平主编：《西湖文献集成（第24册）》，杭州出版社，2004年，第1072~1073页。

的文记，然未有生平介绍。这一方面是因为《天台山方外志》所录名贤多与天台相关，他们少有道教徒那样游走于不同宗教胜地的经历，故其行迹诗文难以为道教方志所记录；另一方面则是因为天台虽然贵为道教胜地，却缺少一部与其宗教地位相符的"体制宏大"的道教方志，使得《天台山方外志》所录名贤，其行迹诗文很少出现在天台地方性道教方志中。

因为《天台山方外志》所录名贤少有为道教方志著录者，所以其辑补价值更不容忽视。如曹勋：

> 曹勋，子功显，汴梁人，官节度使。绍兴间，奉诏诣金，迎徽庙梓宫南还。竣事言还，乞身奉祠，谥忠靖，提举桐柏崇道寿昌观，因寓天台。[1]

此段文记一方面可以补足《天台山志》所辑乾道四年（1168）《重修桐柏宫记》的作者信息，另一方面对于《宋史·曹勋传》，亦可以补充其乞身奉祠、提举桐柏观的经历。[2]

### 3. 碑铭诗文

《天台山方外志》对诗文碑铭的辑录主要在"碑刻考"和"文章考"卷目中，其中"碑刻考"为碑铭存目，"文章考"则以敕、书、疏、戒、序、论、记、赞、赋、诗等文体为序，辑录历代作品。

"碑刻考"以金石录的方式记录了天台山佛道碑刻，所录文记以碑

---

[1] 杜洁祥主编：《中国佛寺志汇刊（第三辑·第9册）》，丹青图书公司，1985年，第406页。

[2] （元）脱脱等撰：《宋史》，载中华书局编辑部编：《"二十四史"（简体字本）》，中华书局，2000年，第9251页。

刻为据，附有碑文存亡情况说明；其文存者全文录入《方外志》，不存者则存目备考。兹列其事关道教者如下：

《金庭馆碑》，（梁）沈约撰，碑亡，文入本志。

《修桐柏观记》：（唐）元稹、刘处静撰，碑文俱亡。

《新桐柏观碑颂》：（唐）崔尚撰，韩择木八分书，玄宗题额。在妙山，碑仆三截，中截犹存，文入本志。

《玉霄宫记》：（唐）御史陆潜撰，碑文俱亡。《褚伯玉碑》，（唐）孔稚圭撰，碑文俱亡。

《桐柏上清阁记》：（唐）学士郑仁规撰，碑文俱亡。

《重修桐柏观记》，（宋）曹勋撰，碑亡，文入本志。《重修桐柏道藏记》，（宋）夏竦撰，碑文俱亡。《重修老君殿记》，（宋）天台居士鲍嶷撰，松阳陈戒书，碑文俱亡。《桐柏金箓斋记》，（宋）郡守曾会撰，又有《设醮铭》《灵宝斋（记）》《投龙记》，皆会撰，碑文俱亡。《重建三真人殿碑》，（宋）句曲山道士王简竹撰，范子诠书，薛如初篆额，碑文俱亡。《天台观碑》，（宋）隐居徐观撰，道士杜有廷书，碑文俱亡。

《刘阮洞记》，（宋）郑至道撰，碑亡，文入本志。

《重建法轮真一宫记》，（元）学士虞集撰，碑文俱亡。

《祀夷齐碑记》，郡守张廷臣撰，碑文俱亡。《夷齐碑颂》，在桐柏宫。《重建桐柏山门记》，国初道士吴彦钦撰，碑文俱亡。[1]

---

[1] 杜洁祥主编：《中国佛寺志汇刊（第三辑·第9册）》，丹青图书公司，1985年，第525～529页。《灵宝斋记》《投龙记》原文作"《灵宝斋投龙记》"，笔者据《台州金石录》《天台山方外志要》所录改之。

所录 17 篇文记中，（唐）崔尚《新桐柏观碑颂》和（宋）夏竦《重修桐柏道藏记》2 篇文记为《天台山志》全文辑录，故《天台山方外志》所言《重修桐柏道藏记》"碑文俱亡"并不属实。又孔稚圭乃南朝齐作家，录文所言误之。《天台山方外志》所录俱以碑刻为据，乃碑记的原初状态，不仅可供编纂道教方志文献时取用，还可为金石专志和地方郡县志编纂者所取用。如《台州金石录》所辑《玉霄宫记》《重建桐柏山门记》《桐柏金箓斋记》《灵宝斋记》等条下俱称"见《天台山方外志要》"[①]。《天台山方外志要》是（清）齐召南据《天台山方外志》节略之本，后陈韶、严杰重加修订，其大要都是依据《天台山方外志》而纂定的，故《台州金石录》所辑《玉霄宫记》等金石文记实乃依本《天台山方外志》。又如（清）赵亮熙修，王彦威、王舟瑶纂《台州府志》所录《玉霄宫记》条下称："见《方外志》，言碑与文俱亡。"[②]《桐柏观建金箓斋记》《设醮斋》《投龙记》《重修桐柏宫经藏记》等条亦据《方外志》云"碑与文俱佚""碑与文俱亡"，都是取用《天台山方外志》的文献而纂定。

"文章考"乃全文辑录天台方外之敕疏类应用文和诗词文赋，其与道教相关者如下：文录部分共辑录 22 篇，以文体分类，敕 1 篇、序 5 篇、记 10 篇、碑 2 篇、赞 2 篇、赋 2 篇。具体是：唐睿宗《赐司马承祯置观敕》、崔尚《桐柏观颂序》、（明）徐一夔《何宪副集天台山赋为诗序》、范理《天台要览序》、李素《天台胜迹序》、黄司寇《天台胜迹录序》、郑至道《刘阮洞记》、李弥纶《元应善利广济真人祠记》、曹勋《重修桐柏观记》、叶良佩《天台山记》、薛应旂《天台山志》《桐柏山

---

[①] 中国东方文化研究会历史文化分会编：《历代碑志丛书（第 20 册）》，江苏古籍出版社，1998 年，第 563~565 页。

[②] 何建明主编：《中国地方志佛道教文献汇纂·诗文碑刻卷（第 200 册）》，国家图书馆出版社，2013 年，第 199 页。

志》、张存《游采烟次桃源记》、《游桐柏宫记》、李汶《游天台纪略》、王士性《入天台山志》、（梁）沈约《桐柏山金庭观碑》、崔尚《桐柏观碑》、（晋）陆机《王子乔赞》、（梁）江淹《王子乔赞》、（晋）孙兴公（孙绰）《天台山赋》、白玉蟾《天台山赋》。其中，《天台胜迹录序》之"黄司寇"指的是黄岩王燫，其序收录于潘珹《天台胜迹录》。李素《天台胜迹序》乃李素为其所纂《天台胜迹》自序之文，非为潘珹《天台胜迹录》所作之序。李素《天台胜迹》未见存世本，书名录于黄虞稷《千顷堂书目》。①

诗录部分《天台山方外志》与《天台胜迹录》类似，亦以天台山、桐柏观、桃源洞、琼台等胜迹为目来辑录诗歌，但在涉及的胜迹、作家和作品数量上前者相对后者都要略逊一筹，二者就同一胜迹所录诗人诗作亦有所不同。此以桐柏观胜迹为例，略作说明。《天台山方外志》"桐柏观"目下共辑录相关诗作 38 首，涉及作家 32 位。分别是李白、释皎然、李峤、任翻、皮日休、孟浩然（二首）、白玉蟾（四首）、郑熏、姚鹄、周朴、钱起、章得象、葛闳（二首）、元积中、赵师秀、李昉、元居中、夏竦、杨愈、万奴、释长吉、孙何、高似孙、王文简、赵仪凤、杨维桢（二首）、揭轨、释宗泐、丁彦俊、潘渊、蔡宗尧、胡融。这些诗作与《天台胜迹录》所录相较，有几处不同：一是增加了李峤及其《桐柏观》诗："蓬阁桃源两处分，人间海上不相闻。一朝琴里悲黄鹤，何日山头理白云。"② 此诗《全唐诗》卷 61 有辑录，题作《送司马先生》，末句"理白云"作"望白云"。③ 二是《天台胜迹录》所辑苏浩然《桐柏观》诗"上尽峥嵘万仞巅"，《天台山方外志》题为

---

① 《文渊阁四库全书（第六七六册）》，台湾商务印书馆，1986 年，第 214 页上。
② 杜洁祥主编：《中国佛寺志汇刊（第三辑·第 10 册）》，丹青图书公司，1985 年，第 950 页。
③ 中华书局编辑部点校：《全唐诗（增订本）》，中华书局，1999 年，第 728 页。

孟浩然作。此诗《全唐诗（增订本）》《全宋诗》俱未收录，未知孰是。从二志均将此诗置于皮日休诗作之后、白玉蟾诗作之前看，似应以《天台胜迹录》所题苏浩然（苏澥）为是。[①] 三是增加了葛闳又一《桐柏观》诗："桃花烂漫春溪暖，紫玉箫沉月榭昏。未觉台中光景晚，人间归去见来孙。"[②] 四是将"郑薰"题作"郑熏"。据张忠纲《全唐诗大辞典》："郑薰，字子溥。文宗大和二年（828）进士，任户部员外郎、郎中。武宗时历任台州、漳州刺史、考功郎中。"[③] 与《天台胜迹录》"郑薰，台州刺史"[④] 相合，故当以《天台胜迹录》所题"郑薰"为是。

因而，若从天台山道教诗文辑录的角度看，《天台山方外志》可与《天台胜迹录》相互参稽取用，不可偏执一端。

总之，佛道俱为"方外"，佛教方志的编纂自然不能完全摒弃道教方志的文献材料，无论宫观祠庙，还是仙道名贤、碑铭诗文，道教方志的编纂与研究等都有可资取鉴者。

---

[①] 白玉蟾为南宋道士，苏澥于北宋神宗熙宁二年（1069）任天台令，将其置于（唐）皮日休后、（南宋）白玉蟾之前符合时序要求。

[②] 杜洁祥主编：《中国佛寺志汇刊（第三辑·第10册）》，丹青图书公司，1985年，第953页。

[③] 张忠纲主编：《全唐诗大辞典》，语文出版社，2000年，第150页。

[④] 杜洁祥主编：《中国佛寺志汇刊（第二辑·第9册）》，明文书局，1980年，第260页。

# 结　论

　　道教方志是以存史、弘教为目的记录某一特定地区道教发展情况的文献。它一般以道教宫观祠庙为主体，广泛辑录与之相关的山水景致、宫观建置、道教人物、教派传衍、宗教思想、神异故事、诗文题记等文献，有的则专门辑录某一道教宫观祠庙或道教胜地诗文题咏。

　　明代《道藏》"三洞十二部经"的分类中，道教方志被归入纪传类，与《穆天子传》《列仙传》等人物纪传同列，这是因为它们"记志本业，传示后人"的文体属性是相通的。因而，就本体而言，道教方志虽然辑录的文献内容庞杂，但并不会改变其道教典籍的属性。只是与其他道经相比，道教方志的宗教神学色彩要淡化很多，史传的崇实特点较为明显，某种意义上说，道教方志堪称道教文献中的"信史"。对于开展道教研究来说，道教方志不仅是重要的文献资料来源之一，也应是研究的主体对象。

　　浙江是近古中国道教较为发达的省份，域内宫观林立，高道辈出，道教方志的编撰、刊刻与收藏蔚然成风，其存世道教方志的数量在国内各省份中位居前列，具有充分的代表性。对浙江道教方志进行整体性研究，对于考察道教方志的编纂规律，探讨道教方志的本体特征，认识其宗教学、文学和文献学价值以及开展相关道教研究等都有着重要的意义。

浙江近古道教方志数量颇为可观，其基础在于浙江道教的发展，而根本动力则是来自浙江优越的经济条件和统治者的宗教态度与政策。浙江经济的飞速发展肇端自五代钱镠吴越国时期，至南宋时期，浙江一跃而成为中国经济文化的中心。其后，元明清三代，浙江经济总体上在国内均居于领先的行列。与经济地位的提升相伴，五代吴越钱氏政权对神道设教的重视和两宋崇道的大环境为浙江道教的发展提供了政治上的支持，也形成了浙江道教传播的历史特点，至元明清三代，相延不替。在经济发展的基础上，宫观的建设、高道的辈出推动了浙江道教方志的编纂、刊刻与收藏，加上浙江深厚的文化积淀和优越的社会历史环境，最终使得存世道教方志品类丰富多样。

道教方志的编纂群体主要由帝王、士大夫和道士构成，其中道士和士大夫是编纂的绝对主体。编纂群体的身份定位决定了不同的编纂目的，进而带来道教方志体例与内容方面的差异。士大夫群体主要秉持的是儒家传统的史传或修志观念，从儒学正统的视角审视道教方志，强调道教神道设教、匡助儒学的辅助作用，以及补辑史志，增辉山林的文献价值。道士群体的编纂目的较为集中，主要表现在宣教、弘教上，强调道教方志对宫观沿革、教派传衍等信息的辑录，注重其存史的实效和维系道教长期发展的文献意义。士大夫群体的文化修养普遍高于道士群体，因而从总体上看，其主持编纂的道教方志在数量、卷帙、质量等方面均大大超越道士所纂，宗教的色彩也相对淡化一些。道教方志的流传方式基本离不开单纯抄录、刊刻和抄录刊刻相结合三种形式。受制于刊刻高昂的成本、较少的受众群体和藏书家传统的"宗经"类的藏书观念，道教方志的刊印流传和收藏颇为不易，这也是存世道教方志数量总体上较少的原因之一。

道教方志内容庞杂而可信度高，从宣教、弘教的角度看，其宗教学价值主要体现在教派传衍、道教与儒释二教的交流、道教宫观管理制度和崇祀文化的记录上。对教派传衍的记录会因道教方志类型的不同而有所分别，一般来说，道教山志关注的对象主体在山地形胜，祠庙志则缺少法派的生成条件，故二者较少这方面的记录；宫观专志因为立足于宫观而大多具备法派生成的条件，所以成为辑录法派传承的主体。道教与儒释二教交流方面，儒教居于主体，道教和佛教乃其从属。实力最弱的道教一方面争取儒教的支持以获得良好的外部发展环境，另一方面又与佛教形成以合作交流为主的方外群体，共求发展。从社会事功到诗文唱和，文献材料班班可稽。宫观的存续、教派的传衍离不开管理制度，道教方志所录宗教管理制度主要分为国家宗教事务管理政策和宫观的局地宗教管理制度，从宏观和微观两个层面规范或助力道教的发展。局地宗教管理制度"院规""庙制"的衍生，既可藉以观察宫观和教派的内部运作状况，也可借以考见道教的实际生存状态。如《金鼓洞志》对"院规"的详加辑录从一个侧面反映了清代龙门派金鼓洞支派得不到官方支持，需要依赖教派自身的管理以获取生存与发展空间的现实。此外，道教宫观祠庙奉祀的神灵与官方祭神、民间俗神之间有着千丝万缕的联系。官方祭神中有被道教纳入神仙谱系的，道教神灵中也有被官方选取奉祀以护佑国祚的；民间俗神多而繁杂，一些颇具影响力的神灵既会得到官方的封敕认可，也会被道教所吸纳，归入其神仙谱系。

　　与史家方志相比，道教方志因其宗教属性而在编纂观念、卷目设置和文学风貌上表现出较大的不同，具有更为鲜明的文学属性。如道教方志在文献的辑录上不回避或排斥神异不经的人物故事、事迹，卷目设置上偏重于诗文碑铭等艺文的著录，行文上喜爱描摹、渲染类的表现手法，文献辑录上注重有意识的创编等。

　　道教方志辑有大量的作品，涉及诗词文赋、制敕诏赞等诸多文体。由宋至明清，道教方志的文体分类及作品辑录的意识逐渐增强，尤其是明清时期，受地方志编纂大环境和士大夫为主体的编纂群体的影响，道教方志在体制和文体分类上相对趋于成熟。当然，文体分类和作品辑录还会受到道教方志的类型和主体对象的影响，如道教山志多注重山水和仙迹类作品的辑录，宫观专志多注重与宫观、道人、法派相关作品的辑录，祠庙志因神灵多为官方奉祀，制、敕、诰、祭文类的公文相对辑录较多。道教方志的文体分类观念大体与古代主流的文体分类观念相近，辑录的作品文类以记体为多，诗体则以五律、七律、七绝为多，这与文体的体式特点、道教文学的创作需求、创作旨趣等密切相关。道教方志所辑文学作品思想内容丰富，既有富有宗教意味的谈玄论理、存思游仙，也有关乎日常生活的交游隐逸之乐。

　　道教方志居于方志体系的末端，所辑文献是史籍、地域志编纂的重要来源。史籍、地域志体制宏大，编纂观念正统，对人物生平事迹、历史事件、寺观沿革等记录难以周详，尤其是在涉及佛道教宗教事物方面，有意无意的"遗漏"较多。道教方志小而详实，翻检整理，自能发现很多可供辑补史籍、地域志中人物事迹、历史事件和寺观沿革方面的文献材料。道教方志注重艺文的辑录，保存有大量的诗文作品，可据以辑补相关诗文集。如孟宗宝《洞霄诗集》、闻人儒《洞霄宫志》中即辑有部分《全宋诗》失录的作家作品，姜南、吴陈琰《通玄观志》辑有《全宋文》失录的南宋刘敖《创建通玄观碑记》。道教方志中关于道教人物、教派流衍、宫观沿革的记录也可以为其他道经和佛教方志提供辑补文献，如朱文藻《金鼓洞志》"邻庵"卷记录了清嘉庆年间杭州栖霞岭北的诸多佛教庵院存续情况，并附有多篇明清作家的诗文作品，即可据以增补吴之鲸《武林梵志》所录庵院信息。

道教方志著录的文献来源广泛，既有宫观道士整理存录的诗文作品、碑刻铭文、戒律法规，也有编纂者从史籍、地域志、金石典籍、佛寺志、文人作品集中检阅搜罗而来的文献。因而，从道教方志编纂的角度出发，爬梳翻检地域志、金石典籍、佛教方志，亦能从中发现很多可以辑补道教方志的文献。如阮元《两浙金石志》中即辑有很多《洞霄宫志》《通玄观志》《重阳庵集》未辑的重要摩崖碑刻。

总之，对道教方志开展整体性研究更易发现道教方志编纂的规律和体例特点，及其宗教学、文学和文献辑补价值，为开展道教研究提供参考。浙江道教方志研究仅为道教方志整体性研究的一个局地案例，限于条件和笔者能力，在内容上还有很多不完善之处，如对道教方志文献辑补价值的发掘不够全面，对道教文体及文学作品的分析不够深入、缺乏足够的纵向和横向比较等，尚需在日后的研究中专章细绎。

# 主要参考文献

## （一）原始文献和原典

1. 《道藏》，北京：文物出版社，上海：上海书店，天津：天津古籍出版社，1988年。

2. 胡道静、陈耀庭、段文桂等主编：《藏外道书》，成都：巴蜀书社，1994年。

3. 龚鹏程、陈廖安主编：《中华续道藏初辑》，台北：新文丰出版公司，1999年。

4. 周燮藩主编、王卡分卷主编：《中国宗教历史文献集成·三洞拾遗》，合肥：黄山书社，2005年。

5. 广陵书社编：《中国道观志丛刊》，扬州：江苏古籍出版社，2000年。

6. 张智、张健主编：《中国道观志丛刊续编》，扬州：广陵书社，2004年。

7. （宋）张君房编，李永晟点校：《云笈七签》，北京：中华书局，2003年。

8. 何建明主编：《中国地方志佛道教文献汇纂》，北京：国家图书馆出版社，2013年。

9. 石光明、董光和、杨光辉编：《中华山水志丛刊·山志卷》，北京：线装书局，2004年。

10. 白化文、张智主编：《中国佛寺志丛刊》，扬州：广陵书社，2011年。

11. 杜洁祥主编：《中国佛寺史志汇刊（第一、二辑）》，台北：明文书局，1980年。

12. 杜洁祥主编：《中国佛寺史志汇刊（第三辑）》，台北：丹青图书公司，1985年。

13. 《文渊阁四库全书》，台北：台湾商务印书馆，1986年。

14. 四库全书存目编纂委员会编：《四库全书存目丛书》，济南：齐鲁书社，

1996 年。

15. 《续修四库全书》编纂委员会编：《续修四库全书》，上海：上海古籍出版社，2002 年。

16. （清）纪昀总纂：《四库全书总目提要》，石家庄：河北人民出版社，2000 年。

17. 新文丰出版公司编辑部编：《丛书集成新编》，台北：新文丰出版公司，1985 年。

18. 王德毅主编：《丛书集成续编》，台北：新文丰出版公司，1989 年。

19. 张元济主编：《四部丛刊续编》，上海：商务印书馆，1934 年。

20. （清）鲍廷博辑，（清）鲍祖志续辑：《知不足斋丛书》，上海古书流通处影印本，1921 年。

21. 《中国方志丛书》，台北：成文出版社有限公司，1983 年。

22. 《日本藏中国罕见地方志丛刊》，北京：书目文献出版社，1991 年。

23. 《中国地方志集成·浙江府县志辑》，上海：上海书店，1993 年。

24. 《中国地方志集成·乡镇志专辑》，上海：上海书店，1992 年。

25. 中国东方文化研究会历史文化分会编：《历代碑志丛书》，南京：江苏古籍出版社，1998 年。

26. 新文丰出版公司编辑部编：《石刻史料新编》，台北：新文丰出版公司，1977 年。

27. 王国平主编：《西湖文献集成》，杭州：杭州出版社，2004 年。

28. 王国平总主编：《杭州文献集成》，杭州：浙江古籍出版社，2017 年。

29. （清）李卫、嵇曾筠等修：《浙江通志》，上海：商务印书馆，1934 年。

30. （汉）司马迁撰、（宋）裴骃集解、（唐）司马贞索隐、（唐）张守节正义：《史记》，北京：中华书局，2000 年。

31. （后晋）刘昫等撰：《旧唐书》，北京：中华书局，2000 年。

32. （宋）欧阳修撰，（宋）徐无党注：《新五代史》，北京：中华书局，2000 年。

33. （元）脱脱等撰：《宋史》，北京：中华书局，2000 年。

34. （明）宋濂等撰：《元史》，北京：中华书局，2000 年。

35. （清）张廷玉等撰：《明史》，北京：中华书局，2000 年。

36. （清）赵尔巽等撰：《清史稿》，北京：中华书局，1977 年。

37. （宋）李焘撰，上海师范大学古籍整理研究所、华东师范大学古籍整理研究所点校：《续资治通鉴长编》，北京：中华书局，1992 年。

38. （明）陈邦瞻撰：《元史纪事本末》，北京：中华书局，1979 年。

39. （清）徐松辑：《宋会要辑稿》，北京：中华书局，1957年。

40. （清）龙文彬纂：《明会要》，北京：中华书局，1956年。

41. （清）章学诚著，叶瑛校注：《文史通义校注》，中华书局，1985年。

42. 刘锦藻撰：《清朝续文献通考》，杭州：浙江古籍出版社，2000年。

43. 中华书局编辑部点校：《全唐诗（增订本）》，北京：中华书局，1999年。

44. 北京大学古文献研究所编：《全宋诗》，北京：北京大学出版社，1995年。

45. 陈新、张如按、叶石健等补正：《全宋诗订补》，郑州：大象出版社，2005年。

46. 曾枣庄、刘琳主编：《全宋文》，上海：上海辞书出版社，合肥：安徽教育出版社，2006年。

47. 李修生主编：《全元文》，南京：江苏古籍出版社，1999年。

48. 《清代诗文集汇编》编纂委员会编：《清代诗文集汇编》，上海：上海古籍出版社，2011年。

49. 陈田辑撰：《明诗纪事》，上海：上海古籍出版社，1993年。

50. 王卡点校：《老子道德经河上公章句》，北京：中华书局，1993年。

51. （南朝·宋）刘义庆撰，徐震堮著：《世说新语校笺》，北京：中华书局，1984年。

52. （梁）萧统编，（唐）李善注：《文选》，上海：上海古籍出版社，1986年。

53. （清）王文诰辑注，孔凡礼点校：《苏轼诗集》，北京：中华书局，1982年。

54. （宋）叶梦得撰，（宋）宇文绍奕考异，侯忠义点校：《石林燕语》，北京：中华书局，1984年。

55. （金）丘处机著，赵卫东辑校：《丘处机集》，济南：齐鲁书社，2005年。

56. （明）宋濂：《宋濂全集》，杭州：浙江古籍出版社，2014年。

57. （明）张岱著，云告点校：《琅嬛文集》，长沙：岳麓书社，2016年。

58. （明）吴讷著，于北山校点：《文章辨体序说》；（明）徐师曾著，罗根泽校点：《文体明辨序说》，北京：人民文学出版社，1998年。

59. （清）吴玉树辑：《东林山志》，回仙观藏版，清嘉庆十八年（1813）刊本。

60. （清）洪升著，刘辉笺校：《洪升集》，杭州：浙江古籍出版社，2012年。

61. （清）吴振棫纂辑：《国朝杭郡诗续辑》，光绪二年（1876）杭州丁氏刊本。

62. （清）吴颢辑，（清）吴振棫重编：《国朝杭郡诗辑》，同治十三年（1874）刊本。

63. （清）姚礼撰辑；周膺，吴晶点校：《郭西小志》，杭州：浙江工商大学出版社，2013年。

## （二）专著和论文集

1. 陈国符著：《道藏源流考》，北京：中华书局，1963年。
2. 任继愈主编：《道藏提要》，北京：中国社会科学出版社，1991年。
3. 任继愈主编：《中国道教史》，上海：上海人民出版社，1990年。
4. 卿希泰主编：《中国道教》，北京：知识出版社，1994年。
5. 孙昌武著：《道教文学十讲》，北京：中华书局，2014年。
6. ［日］福井康顺等监修，朱越利等译：《道教》，上海：上海古籍出版社，1990年。
7. ［日］秋月观暎著，丁培仁译：《中国近世道教的形成》，北京：中国社会科学出版社，2005年。
8. ［日］窪德忠著，萧坤华译：《道教史》，上海：上海译文出版社，1987年。
9. 朱越利主编：《理论·视角·方法——海外道教学研究》，济南：齐鲁书社，2013年。
10. 朱越利著：《道经总论》，沈阳：辽宁教育出版社，1991年。
11. 李小荣著：《敦煌道教文学研究》，成都：巴蜀书社，2009年。
12. 孔令宏、韩松涛、王巧玲著：《浙江道教史》，北京：中国社会科学出版社，2015年。
13. 林正秋著：《杭州道教史》，北京：中国社会科学出版社，2011年。
14. 任林豪、马曙明著：《台州道教考》，北京：中国社会科学出版社，2009年。
15. 朱封鳌著：《天台山道教史》，北京：宗教文化出版社，2012年。
16. 刘永海著：《元代道教史籍研究》，北京：人民出版社，2010年。
17. 唐代剑著：《宋代道教管理制度研究》，北京：线装书局，2003年。
18. 向仲敏著：《两宋道教与政治关系研究》，北京：人民出版社，2011年。
19. 葛兆光著：《道教与中国文化》，上海：上海人民出版社，1987年。
20. 詹石窗著：《道教文化十五讲》，北京：北京大学出版社，2003年。
21. 余嘉锡著：《四库提要辨证》，北京：中华书局，1980年。
22. 曾枣庄著：《中国古代文体学》，上海：上海人民出版社，上海书店出版社，2012年。

23. 吴承学著：《中国古代文体学研究》，北京：人民出版社，2011年。
24. 仓修良著：《方志学通论》，济南：齐鲁书社，1990年。
25. 傅振伦著：《中国方志学通论》，上海：商务印书馆，1935年。
26. 刘光禄编著：《中国方志学概要》，北京：中国展望出版社，1986年。
27. 周迅著：《中国地方志》，北京：商务印书馆，1998年。
28. 刘光禄著：《中国方志学概要》，北京：中国展望出版社出版，1983年。
29. 曹刚华著：《明代佛教方志研究》，北京：人民大学出版社，2011年。
30. [日]斯波义信著，方健、何忠礼译：《宋代江南经济史研究》，南京：江苏人民出版社，2001年。
31. 漆侠著：《宋代经济史》，上海：上海人民出版社，1987年。
32. 陈国灿、奚建华著：《浙江古代城镇史》，合肥：安徽大学出版社，2003年。
33. 李幹著：《元代社会经济史稿》，武汉：湖北人民出版社，1985年。
34. 赵德馨主编：《中国经济通史》，长沙：湖南人民出版社，2002年。
35. 张研著：《清代社会经济史研究》，北京：北京师范大学出版社，2010年。
36. 葛剑雄主编：《中国人口史》，上海：复旦大学出版社，2000年。
37. 顾志兴著：《浙江藏书史》，杭州：杭州出版社，2006年。
38. 马积高著：《赋史》，上海：上海古籍出版社，1987年。
39. 孙克强、杨传庆、裴喆编著：《清人词话》，天津：南开大学出版社，2012年。

## （三）论文

1. 段祖青：《宋前茅山宗文学研究》，湖南师范大学博士论文，2013年。
2. 张群：《南岳山志研究》，武汉大学博士论文，2013年。
3. 孙齐：《唐前道观研究》，山东大学博士论文，2014年。
4. 胡锐：《道教宫观文化研究》，四川大学博士论文，2003年。
5. 张全晓：《明代武当山志研究》，华中师范大学博士论文，2011年。
6. 张勇：《明代道教方志研究》，山东大学硕士论文，2013年。
7. 万霞：《明清浙江山志述论》，复旦大学硕士论文，2010年。
8. 刘玉霞：《道济诗文考证及其佛教形象分析——以佛典、寺志、方志为中心》，福建师范大学硕士论文，2011年。
9. 刘雅萍：《中国道教方志研究概述》，《图书馆理论与实践》2011年第8期。

10. 刘凯：《唐末五代杭州天柱观与江南道教发展论考——以钱镠所撰〈天柱观记〉为中心》，《中山大学学报（社会科学版）》2014 年第 2 期。

11. 李会敏，杨波，周亮，郑群明，王凯：《基于"洞天福地"的中国"福地"分布探究》，《湖南师范大学自然科学学报》2016 年第 4 期。

12. 雷闻：《龙角仙都：一个唐代宗教圣地的塑造与转型》，《复旦学报（社会科学版）》2014 年第 6 期。

13. 张崇富：《龙虎山法派考》，《宗教学研究》2016 年第 4 期。

14. 王志中：《道教龙门派源流考略》，《世界宗教研究》1997 年第 2 期。

15. 孙亦平：《论全真道龙门派在江南地区的传播与发展》，《宗教学研究》2010 年第 3 期。

16. 郭峰、梅莉：《晚清杭州玉皇山福星观传戒历史初探》，《宗教学研究》2013 年第 3 期。

17. 王兆鹏、孙凯云：《寻找经典——唐诗百首名篇的定量分析》，《文学遗产》2008 年第 2 期。

# 后 记

2007年，我接到同学兼好友浙江大学古籍研究所朱大星副教授的电话，获邀参加他主持的省社科规划重点课题"《洞霄图志》等九种文献点校"，我承担了《金鼓洞志》《通玄观志》和《重阳庵集》三部道教方志的整理任务。这是我第一次深入接触道教方志。在整理文献的过程中，我多次得到朱大星副教授的指导，并有幸参加了浙江大学古籍所组织的学术交流会，聆听张涌泉、束景南等先生的教诲，获益良多。之后，我便开始关注一些道教方志文献，申报相关课题，撰写论文。

2015年9月至2019年12月，我在福建师范大学攻读博士学位，主修专业方向为"宗教文化与中国文学"。我的导师李小荣先生专门为我开设了"敦煌道教文学研究"课程，并建议选取明代《道藏》"三洞十二部经"中的一类文体作为研究对象，开展专题研究。在李老师的指导下，我基于过去的研究基础，选定了"浙江近世道教方志研究"这一题目，拟定研究大纲，确立研究重点。鉴于单位缺乏本专题研究条件的现实，之后的工读结合生活中，我更多地将精力花在了电子文献资料的搜集、整理与研读上。在文献的电子化及传播上，道教文献与汉语佛教文献相差甚远。佛教文献不仅有集中了多部佛教藏经和丛刊、体制宏大、可以检索的电子版"CBETA汉文大藏经"（其文献库仍在持续不断的开发更新中），还整理有"无尽"的佛教电子图书文献（如《禅林类聚》《禅门逸书》《民国佛刊文献集成》等）。其中CBETA免费提供下载，多数佛教电子图书也不难获得下载途径，这种相对"开放"的文献传播形式为佛教研究者提供了极大的便利。反观道教文献，虽然在电子图书文献整理方面有《道藏》《藏外道书》《敦煌道藏》《中华续道藏初辑》《三洞拾遗》等可以颉颃一二，而在电子化检索方面则仅有一部《道藏》可供检索，差距悬殊。因而，就研究的准备工作而言，道教文献资料获取的难度相对较大，对文献资料的选择、记录、比对、分析也耗时较多。

　　研究的过程并不轻松，一方面在于本人虽有一些相关研究经验和成果，但都是基于某一道教方志的个体研究，对道教方志的整体研究尚缺乏一个相对明晰的认识；另一方面则在于现有的可供借鉴的道教方志研究成果不多，特别是在浙江道教方志总体性研究方面尚属空白。虽经导师的指点，廓清了一些模糊认识，但在具体的研究中，仍是遇到了三个方面的难题。一是道教方志内涵与外延的界定及存世、存目道教方志的梳理。内涵与外延决定文献的定性与取舍，道教方志研究及整理方面的成果虽多，但学界在其内涵的界定和选取的标准上并不划一，甚至出现彼此龃龉的情况。唯有清晰界定道教方志的内涵，将其与地理类山志、佛教山志乃至宗教人物志等区别开来，才能梳理现有的文献资料，勾勒出相对较为完整的道教方志研究对象。二是方志文学研究问题。传统方志研究一般都归属于史学研究范畴，对于方志是否具备文学属性，其文学属性的特质表现在什么方面，学界仍存有争议。三是地方志文献中广义道教方志文献的爬梳。地方志卷帙浩繁，版本众多，文献资源来源渠道不一，如何较为全面地从中筛检、获取道教方志文献是一个颇费思量的问题。为此，我查阅了大量的论文、专著和文献典籍，将其中一条条可能适用的信息都记录下来，再"自作主张"，形成自己的观点。虽然勉力完成对浙江道教方志的系统性考察与探讨，也梳理解决了一些问题，但是囿于自身的学养，成果在学术考辨和深入开掘、深层探讨方面还是显得有些单薄。

  本书的截稿，首先要感谢我的导师李小荣先生，感谢他给予我一个从事更高层次研究的机会。他叮嘱我研读《道藏》《藏外道书》等原始文献，要阅读广泛，持论有据，不主故常；为此，论文中引用的每一则文献，我都力求源自原典或经过原始文献的核对，尽量避免舛讹。感谢陈庆元先生，在我访学期间即示我以研究的门径，并在读博时一如既往地为我指点迷津。同时，要感谢浙江大学朱大星副教授，帮助我搜集了大量的道教方志和地方志文献。感谢邱蔚华博士，以她的求学与博士论文写作经历给予我很多忠告，让我少走了很多弯路。正是你们的指导和帮助，文稿才得以顺利完成。

王文章

2023 年 5 月 4 日于杭州白马山庄